소프트웨어 공학의 소개

Software Engineering

2nd edition

소프트웨어 공학의 소개

2nd edition

한혁수 지음

Software Engineering

홍릉과학출판사

머리말

소프트웨어 공학이라는 분야는 학생들이 무조건 어렵다고 생각하는 경향이 있어, 학부 학생들이 소프트웨어 공학의 개념을 쉽게 파악하는데 도움을 주고자 책을 출판하게 되었다.

그 동안 여러 학교에서 교재로 선택되어 학생들이 공부하는데 쓰이기도 하고, 소프트웨어 공학을 공부하는데 입문서로 사람들에게 선택되기도 하였다. 이러한 인기에 부응하고 좀 더 깊이 있는 내용을 담아보고자 욕심을 내어 보았다.

소프트웨어 공학의 소개 2판은 조금 더 자세히 다루었다면 좋았을 것이라는 피드백을 받았던 <설계 및 구현> 부분에 대해 좀 더 상세하게 설명하였다.

소프트웨어 공학은 공학이라는 단어가 내포하듯이 실질적인 내용을 다루는 학문이다. 소프트웨어 개발이라는 매우 어려운 프로젝트를 그 대상으로 하고 있으며, 이론적인 내용이 있기는 하지만 다른 분야와는 달리 실제 상황을 고려해야 하는 경우가 많다.

요구사항의 잦은 변경, 눈에 보이지 않는 진도 등의 많은 어려움들이 소프트웨어 개발에 내포되어 있다. 이로 인해 소프트웨어 개발자는 잡히지 않는 에러, 그로 인한 끝이 없는 밤샘작업, 제품을 인도한 후에도 지속되는 고객의 요구에 따른 재작업 등으로 어려움을 겪으며 작업을 하는 것이 현실이다.

이러한 어려움을 조금이나마 덜어주기 위해, 말 그대로 소프트웨어의 개발을 공학적으로 접근하려는 시도 및 방법들에 관한 것을 공부하는 것이 소프트웨어 공학이다. 학생들은 소프트웨어 프로젝트의 성공 요소들, 즉 우수 사례(Best Practices)를 기반으로 원칙에 입각한 개발을 강조한 개념들을 배우게 된다.

주먹구구식으로 소프트웨어가 개발되는 것을 지양하고, 원칙에 입각한 개발을 지향하는 소프트웨어 공학의 개념들에 대한 이론적인 개념을 공부하면서, 실제 팀 프로젝트 수행을 통해 적용해 볼 수 있도록 구성 하였다.

이 책은 학부 학생들의 입문서로 적합한 내용으로 소프트웨어 공학을 설명하고 있다. 그러므로 좀 더 깊이 있는 내용은 참고 문헌에 나와 있는 훌륭한 책들을 참고하기 바란다.

마지막으로 교정을 도와준 학생들에게 감사한 마음을 전한다.

2016년 10월

한 혁수

차례

PART

1

소프트웨어 공학

CHAPTER

1

소프트웨어와 소프트웨어 공학

소프트웨어란? (What is software?)

- "소프트웨어는 컴퓨터 프로그램 및 이와 연관된 문서이다. 특정 고객을 위한 목적으로 또는 일반 사용자용으로 개발될 수 있다(Software is computer programs and associated documentation. Software products may be developed for a particular customer or may be developed for a general market.)."

소프트웨어 공학이란? (What is software engineering?)

- "소프트웨어 공학은 소프트웨어 생산의 모든 측면과 관련된 공학 분야이다(Software engineering is an engineering discipline which is concerned with all aspects of software production.)."

— by Sommervilley

여러분은 최초로 사용해 본 소프트웨어를 기억하고 있는가?

타자 연습 프로그램, 게임, 브라우저 등의 대답들이 나올 수 있을 것이다. [그림 1-1]과 같이 이제 소프트웨어는 우리 생활의 모든 곳에 자리 잡고 있다. 일반적으로 소프트웨어를 생각하면 컴퓨터를 사용하여 인터넷에서 필요한 정보를 얻거나, 사무용 프로그램을 이용하여 업무를 수행하는 활동들을 연상할 것이다. 그러나 소프트웨어는 컴퓨터 안에만 존재하는 것이 아니라 생활 속 모든 곳에서 사용되고 있다.

예를 들어, 휴대폰의 문자 메시지 전송이나 카메라 기능 등은 단말기 안에 내장된 소프트웨어를 통해 이루어지고 있다. 그리고 비디오 게임기나 TV, 냉장고 등의 가전제품에도 소프트웨어들이 내장되어 다양한 기능을 제공하고 있다. 그 뿐만 아니라 자동차, 항공기 역시 소프트웨어의 의존도가 커지고 있으며, 은행 등의 금융 업무 대부분도 소프트웨어를 통해 이루어지고 있다. 이와 같이 사람들은 일상생활의 많은 부분에 소프트웨어를 사용하며 살고 있다.

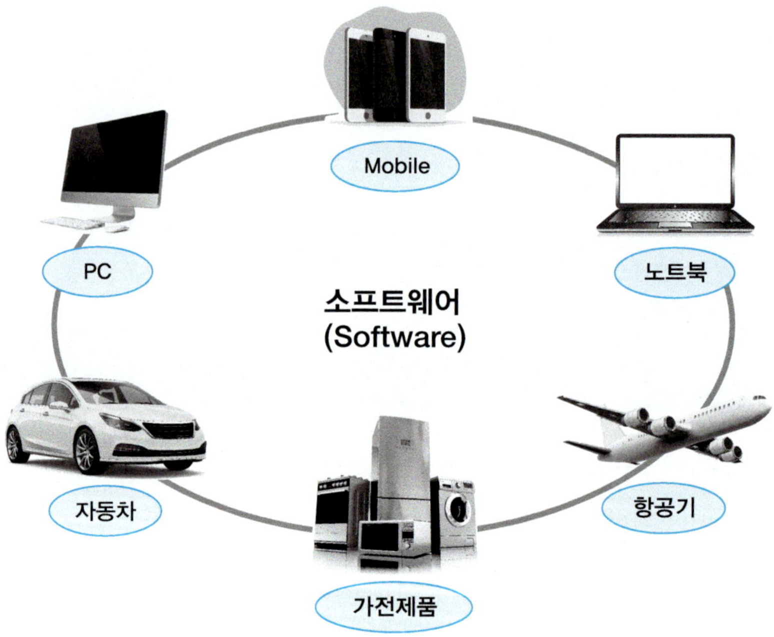

그림 1-1 모든 곳에 사용되는 소프트웨어

그렇다면 이러한 소프트웨어들은 어떠한 과정을 거쳐 개발되고, 그 개발 과정에는 어떠한 어려움들이 있는 것일까?

아직 소프트웨어는 공장에서 제품을 찍어내듯이 자동 생산되지 못한다. 소프트웨어에 대한 요구사항이 주어지면 이미 작성해 놓았던 코드 중 일부는 재사용이 가능하다. 하지만 새로운 소프트웨어마다 주어진 요구사항이 다르기 때문에, 개발자들은 해당 요구사항에 맞게 설계와 구현을 진행하면서 에러를 발견하기 위해 밤을 새우며 소프트웨어를 개발해야만 한다. 이러한 소프트웨어는 하드웨어 제품과는 달리 눈에 보이지 않고 만져지지 않는 특성을 가지고 있으며, 그 특성으로 인하여 소프트웨어 개발자들은 많은 어려움을 겪고 있다[1].

이러한 소프트웨어의 특성을 극복하고 소프트웨어를 체계적으로 개발하기 위해 1960년대에 소프트웨어 공학이라는 용어가 등장하면서 그 후 많은 노력이 시도되어 왔다.

이번 장에서는 소프트웨어 공학을 이해하기 위해 소프트웨어의 개념과 소프트웨어 개발이란 활동이 의미, 소프트웨어 공학이 대두된 배경인 소프트웨어 개발 활동의 어려움 등을 다루어보고자 한다.

1-1 소프트웨어

우리가 사용하는 컴퓨터는 CPU(Central Processing Unit), 하드디스크, 메모리 등의 하드웨어(Hardware)로 구성되어 있다. 이러한 하드웨어는 소프트웨어가 없이는 한낱 고철 덩어리에 불과하다. 그 이유는 소프트웨어가 하드웨어에 생명을 불어넣어 맡은 바 기능을 수행할 수 있도록 하기 때문이다.

Pressman은 소프트웨어를 다음과 같이 정의하고 있다[1].

> "소프트웨어란 하고자 하는 기능이나 성능을 실행하기 위한 명령어(컴퓨터 프로그램), 정보를 적합하게 가공하여 프로그램을 구동시키는 자료구조이며 프로그램의 사용과 동작을 설명한 문서들이다(Software is instruc- tion(computer programs) that when executed provide desired function and performance data structures that enable the programs to adequately manipulate information, and documents that describe the operation and use of the programs.)."

소프트웨어는 자기 디스크나 광디스크와 같은 유형의 매체에 저장되지만 실제로는 개념적이고 무형적이다.

1.1.1 소프트웨어의 분류

소프트웨어는 학자들에 따라 다양한 방식으로 분류되고 있다. 초기에는 소프트웨어의 용도에 따라 다음과 같이 응용 소프트웨어와 시스템 소프트웨어로 구분되기도 했다[2].

● 응용 소프트웨어(Application Software)

응용 소프트웨어란 개인용 컴퓨터에서 흔히 접하는 소프트웨어로 워드 프로세서(Word Processor), 스프레드시트(Spread Sheet), 브라우저(Browser), 그리고 은행 업무나 증권 거래처럼 회사의 업무를 지원하기 위해 사용되는 프로그램 등의 사용자가 원하는 목적에 맞도록 개발된 소프트웨어를 말한다. [그림 1-2]는 대표적인 워드프로세서인 한글 2014와 브라우저인 인터넷 익스플로러 11을 보여준다.

그림 1-2 한글 2014와 인터넷 익스플로러 11

● 시스템 소프트웨어(System Software)

시스템 소프트웨어는 운영체제(Operating System)나 네트워크 관리 프로그램, 파일 관리 프로그램과 같이 하드웨어를 관리하고 응용 소프트웨어를 지원하는 소프트웨어이다. [그림 1-3]은 대표적인 운영체제인 윈도우10(Window 10)과 파일 관리 프로그램인 윈도우 탐색기를 나타낸다.

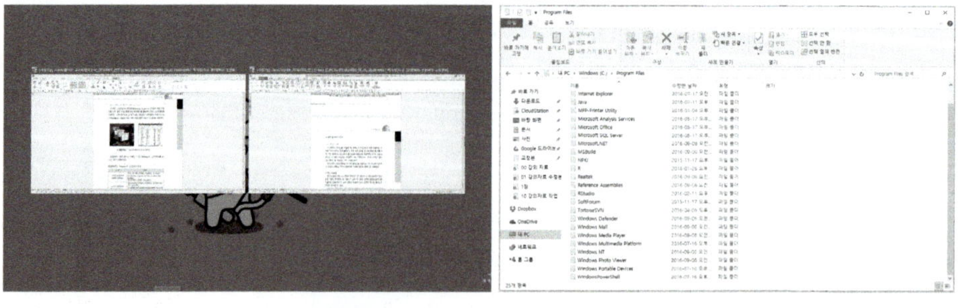

그림 1-3 윈도우10과 윈도우 탐색기

소프트웨어 공학 분야의 유명한 학자인 Pressman은 소프트웨어를 [표 1-1]과 같이 분류했다[1].

표 1-1 Pressman의 소프트웨어 분류

유형	설명
시스템 소프트웨어 (System Software)	다른 프로그램의 수행을 지원해주는 소프트웨어 (A collection of programs written to service other programs) 예) 컴파일러, 에디터, 파일 관리자
실시간 소프트웨어 (Real-time Software)	현실 세계에서 발생하는 이벤트들을 감시/분석/제어하는 소프트웨어 (A software that monitors/analyzes/controls real-world events as they occur is called real time) 예) 자동차 엔진 제어 소프트웨어
비즈니스 소프트웨어 (Business Software)	기업의 운영 또는 의사결정을 지원해주는 소프트웨어 (A software that facilitates business operations or management decision making) 예) 경영정보시스템 (MIS: Management Information System)
공학 및 과학용 소프트웨어 (Engineering and Science Software)	공학 및 과학적 연구를 지원하고, 고속의 데이터 처리가 가능한 소프트웨어 (A software that have been characterized by "number crunching" algorithms) 예) 인공위성궤도분석 소프트웨어, CAD
내장형 소프트웨어 (Embedded Software)	ROM에 탑재되어 특정 기능만 수행하는 소프트웨어(A software that perform very limited and esoteric functions in read-only memory) 예) 전자오븐 제어, 자동차 브레이크 제어 소프트웨어
개인용 소프트웨어 (Personal Computer Software)	개인의 목적을 위해 사용되는 소프트웨어 (A software that support personal purpose) 예) 워드 프로세서, 스프레드시트
웹 기반 소프트웨어 (Web-based Software)	웹을 기반으로 수행되는 소프트웨어 (A software that executes in the web with executable instructions and data) 예) 온라인 회원 관리 소프트웨어
인공지능 소프트웨어 (Artificial Intelligence Software)	컴퓨터 스스로 분석 및 처리를 통해 복잡한 문제 해결을 지원해 주는 소프트웨어 (A software that uses non-numeric and straightforward analysis to complex problem) 예) 패턴 인식 소프트웨어

[그림 1-4]는 Pressman의 소프트웨어 분류에 해당하는 대표적인 예를 보여주고 있다.

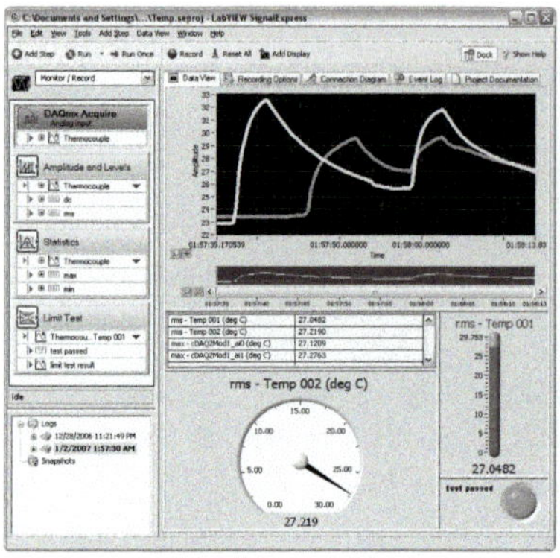

(A) LabView사의 자동차 엔진 제어
소프트웨어인 Signal Express

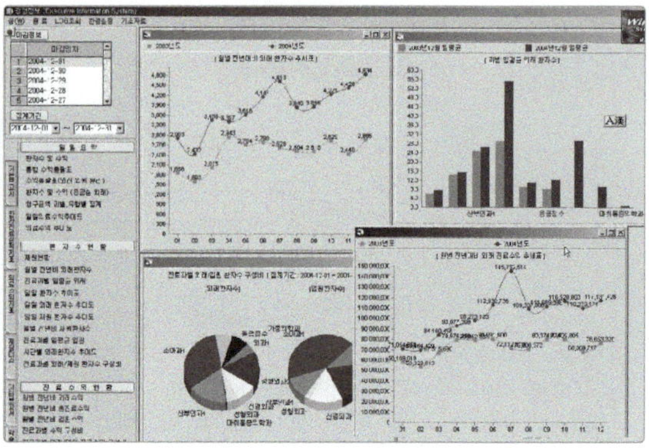

(B) Bit사의 경영 정보 시스템인
Executive Information System

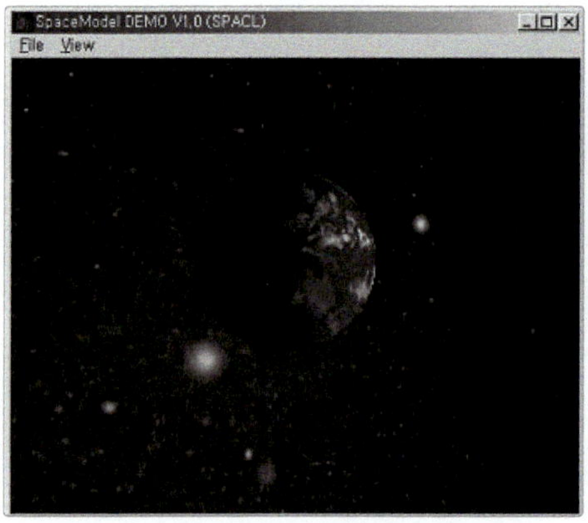

(C) Kaist의 인공위성 3차원
시뮬레이션 SpaceModel

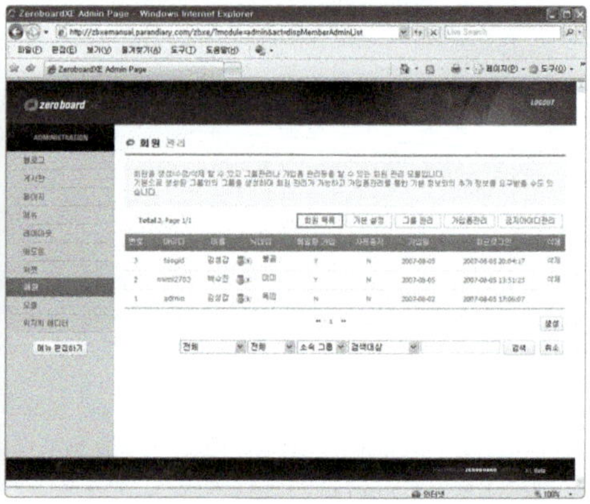

(D) ZeroBoard사의
온라인 회원 관리 소프트웨어

그림 1-4 Pressman의 소프트웨어 분류 예시

또 다른 유명한 학자인 Braude는 소프트웨어를 [표 1-2]와 같이 분류했다[3].

표 1-2 Braude의 소프트웨어 분류

유형	설명
독립형 (Stand-alone)	다른 소프트웨어나 하드웨어에 연결되지 않고, 하나의 컴퓨터상에 존재하는 소프트웨어 (Not connected to other software or hardware, residing on a single computer) 예) 워드 프로세서
내장형 (Embedded)	하드웨어에 탑재되어 특정 기능만을 수행하는 소프트웨어 (part of unique application involving hardware) 예) 자동차 제어 소프트웨어, PDA 내장 소프트웨어
실시간형 (Real time)	아주 작은 시간 단위 내에서 기능을 수행하는 소프트웨어 (must execute functions within small time limit) 예) Radar 관측 소프트웨어
네트워크형 (Network)	특정 기능을 수행하기 위해 네트워크를 기반으로 상호작용 하는 소프트웨어 (consist of parts interacting across a network) 예) 웹 기반의 비디오 게임

이렇게 여러 분류로 나누어 질 수 있는 소프트웨어는 일반 소프트웨어와 임베디드 소프트웨어로 나누어지기도 한다. [표 1-3]은 일반 소프트웨어와 임베디드 소프트웨어를 비교한 것이다.

표 1-3 일반 소프트웨어와 임베디드 소프트웨어

	일반 소프트웨어	임베디드 소프트웨어
정의	PC 등에서 개인 및 범용을 목적으로 수행되는 소프트웨어	특정 기계 또는 시스템 상에서 특정 목적만을 위해 수행되는 소프트웨어
특신	• 비 기능적인 부분에 대한 고려가 많지 않음 • 규격화된 하드웨어 및 OS를 대상으로 좋은 범용 개발 환경을 갖추고 있음 • 개발자들은 소프트웨어 분야의 지식만 갖추고도 개발이 가능	• 비 기능적인 부분을 충분히 고려해야 함 • 확장성이 적음 • 처리 기한이 주어지거나, 외부 영향에 따라 실시간으로 대응해야 함 • 개발자들은 해당 도메인, 하드웨어 및 소프트웨어 분야의 지식을 충분히 갖추고 있어야 함
예	워드 프로세서, 비디어 플레이어	전자오븐 제어, 자동차 브레이크 제어 소프트웨어

1.1.2 소프트웨어의 특징으로 인한 개발의 어려움

건물이나 자동차는 완제품을 보고 구조를 쉽게 파악할 수 있으나, 소프트웨어는 완제품의 구조가 개발된 코드 안에 숨어 있어 파악하기 힘들다. 이러한 특징을 소프트웨어의 비가시성(Invisibility)이라고 한다. Pressman이 정의한 소프트웨어의 특징을 보면[1],

- 소프트웨어는 고전적 의미의 '제조(Manufacture)'가 아니라, '개발(Development)'되는 것이다.
- 소프트웨어는 닳지는 않지만, 요구사항의 변경과 주변 환경의 변화에 따라 수정되고 진화된다.

소프트웨어는 물리적인 형태가 없는 무형의 논리적인 형태를 가지기 때문에, 소프트웨어 개발 과정에 대해 정확하게 이해하기도 어렵고 개발 진행 상황을 파악하기도 어렵다.

또한 최종 산출물이 개발 과정에서 확인되지 않기 때문에 오류를 발견해야 할 시기를 놓치거나 오류에 대한 해결책을 못 찾는 경우가 발생하여, 프로젝트가 지연되고 예상했던 범위를 초과함으로써 프로젝트가 실패할 가능성이 높다. [그림 1-5]는 소프트웨어의 일정 준수가 얼마나 어려운지를 나타내고 있다.

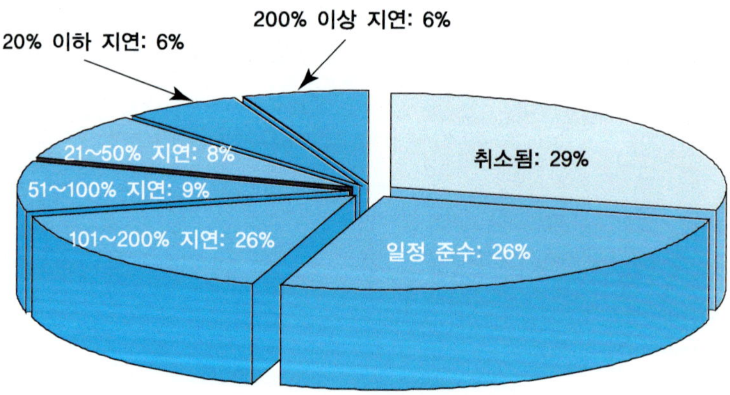

출처: Software Industry Benchmarking Study 2001

그림 1-5 2001년 미국 소프트웨어 프로젝트 결과[4]

1-2 소프트웨어 개발

그림 1-6 일반적인 소프트웨어 개발 단계

일반적으로 소프트웨어의 개발은 [그림 1-6]과 같이 고객의 요구사항을 토대로 고객 및 개발자 간의 공통된 이해를 이끌어내는 요구사항 분석 단계, 고객과 개발자가 공통적으로 이해된 요구사항을 기반으로 무엇을, 어떻게 구현할 것인지 기술하는 설계 단계, 설계된 내용을 실제 적용하는 구현 단계, 구현된 내용이 고객의 요구사항과 일치하는지 확인 및 검증하는 테스팅 단계를 거쳐 최종 소프트웨어 제품 및 솔루션을 만들어 내는 과정을 거치게 된다.

이러한 과정이 가장 보편적이고 기본적인 개발 단계들이고, 이 단계들을 여러 번에 걸쳐서 하는 방법, 특정 부분을 세분화하는 방법 등 다양한 개발 방법들이 존재하고 있다.

예를 들어 만년 달력 프로그램을 작성하는 과정을 생각해 보자. 고객 요구 사항이 "년/월/일을 입력하면, 요일을 출력하는 만년 달력 프로그램을 작성해 주시오."와 같이 도출되었다고 가정하자. 도출된 요구사항은 요구사항 분석 단계를 거쳐, 다음과 같이 분석된다.

- 만년 달력의 입력 범위는 서기 1년 1월 1일부터 10000년 12월 31일까지이다.

- 입력 양식은 년/월/일을 순서대로 질문하고, 사용자가 응답하게 하며, 입력 범위를 벗어나면, 재입력을 요청한다.
- 출력은 요일을 표시한다.

이렇게 분석된 요구사항은 설계 단계를 거치게 된다. 설계 단계는 프로그램이 어떻게 수행되는지를 결정하는 단계로, [그림 1-7]은 만년 달력을 설계한 예이다.

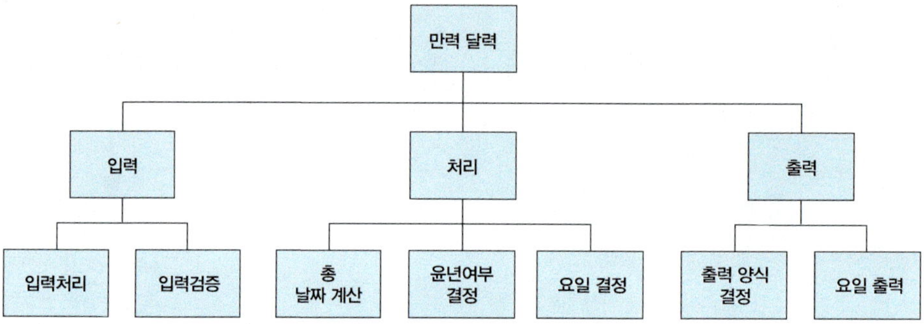

그림 1-7 만년 달력 설계

설계 단계를 마친 다음에는 실제 프로그램을 작성하는 구현 단계를 거치게 된다. [그림 1-8]은 만년 달력의 윤년 여부 결정 단계 알고리즘과 소스 코드를 나타낸다.

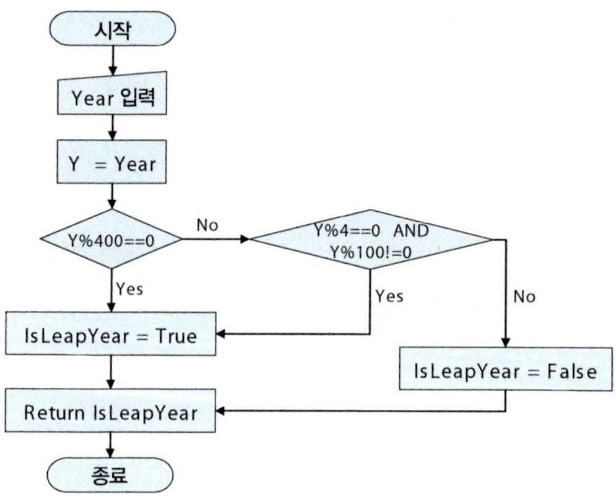


```
if((i % 400 == 0) || (i%4==0 &&
i%100 !=0))
{
        IsLeapYear = True;
} else {
        IsLeapYear = False;
}
Return IsLeapYear
```

그림 1-8 윤년 여부 결정 단계의 알고리즘과 소스코드

구현을 마친 다음에는 프로그램이 정상적으로 수행되는지를 확인하는 테스팅 단계를 거치게 된다. [그림 1-9]는 만년 달력의 윤년 여부 결정 단계 테스팅 결과를 나타낸다.

테스트 케이스 ID " ST-0001					
목적	입력에 대한 올바른 출력을 확인한다.				
테스트 조건	입력은 1년 1월 1일부터 10000년 12월 31일까지로 한다.				
테스터	한동석	테스트 일자	2017.02.11~2017.02.11		
단계	입력값	예상 출력값	실행결과	조치사항	조치결과
1	–10년 입력	오류 : 재입력	오류 : 재입력	-	-
2	2017년 2월 2일	토요일	토요일	-	-
3	12000년 1월 1일	오류 : 재입력	일요일	디버깅 요구	정상 출력

그림 1-9 만년 달력의 윤년 여부 결정 단계의 테스팅 결과

1.2.1 소프트웨어 개발과 연관된 역할들

소프트웨어 개발에는 [그림 1-10]에서 보듯이 크게 고객, 사용자 그리고 개발자의 역할이 존재한다.

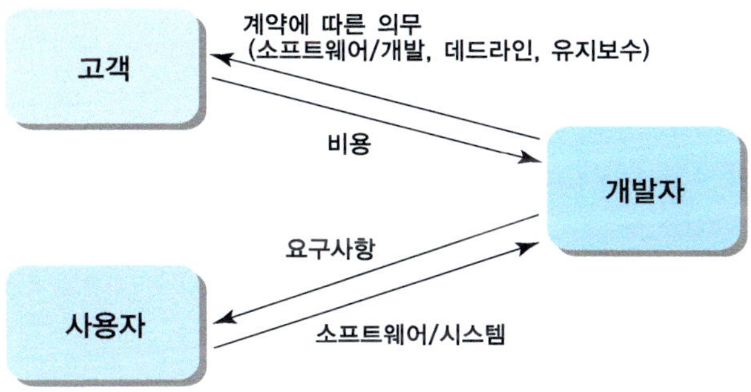

그림 1-10 소프트웨어 개발과 관련된 역할

- **고객(Customer)**

고객의 역할은 소프트웨이의 개발 필요성을 결정하는 것으로 시작된다. 기존에 하던 작업을 소프트웨어를 통해 개선할 수 있다는 사업적 타당성을 판단하여 개발자에게 소프트웨어 시스템 개발을 의뢰하고, 이에 대한 개발비를 제공한다.

- **사용자(User)**

사용자는 개발자에게 소프트웨어 시스템에 대한 사용자 측면에서의 요구사항을 제공한다. 때로는 고객이 사용자의 역할을 같이 할 수도 있다. 다양한 사용자가 존재하는 소프트웨어의 경우에는 사용자의 작업을 이해하고 요구사항을 이끌어내는 것이 소프트웨어 개발의 성패에 큰 영향을 미친다.

- **개발자(Developer)**

개발자는 고객과의 계약에 명시된 주어진 시간 및 비용 내에서 사용자들의 요구사항을 기반으로 소프트웨어 시스템을 개발하는 역할을 한다. 개발자는 1명일 수도 있고, 팀을 구성하여 작업할 수도 있다.

1.2.2 과거의 개발

과거의 소프트웨어 개발은 마치 예술을 하는 것과 같다. 예술가가 자신만의 세계에서 자신만의 방법으로 작품을 만들어 내는 것처럼 여러 소프트웨어 개발자들에게 같은 목적의 소프트웨어를 구현하도록 하여도 그 형태는 모두 다르다.

예를 들어 서로 다른 세 양수가 주어졌을 때, 가장 큰 수를 출력하는 프로그램을 생각해 보자.

```
#include<stdio.h>

int PrintMaxA(int value_a, int value_b, int value_c)
   int max, middle, min;

   if(value_a > value_b)
      max = value_a;
      min = value_b;
   else
      max = value_b;
      min = value_a;


   if(max > value_c)
      if(value_c > min)
         middle = value_c;
      else
         middle = min;
         min = value_c;

   else
      max = value_c;
      middle = value_b;

   return max;
```

그림 1-11 예제 프로그램 A

```
#include<stdio.h>

int PrintMaxB(int a, int b, int c)
   int max;

   max = a > b ? a : b;
   max = max > c ? max : c;

   return max;
```

그림 1-12 예제 프로그램 B

```
#include<stdio.h>

int PrintMaxC(int a, int b, int c)
   int max;

   if((a>b) && (a>c))
      max = a;
   else if((b>a) && (b>c))
      max = b;
   else
      max = c;


   return max;
```

그림 1-13 예제 프로그램 C

[그림 1-11]부터 [그림 1-13]의 프로그램들을 살펴보면 소스 코드의 형태는 모두 다르지만, 결과는 같다는 것을 알 수 있다. 이와 마찬가지로 같은 소프트웨어를 개발하더라도 개발자들이 능력에 따라 다르게 구현될 수 있는 것이다.

[그림 1-14]에서 보듯이 과거에는 개발 체계나 방법론 같은 것이 거의 없었고 그것을 사용하는 사람도 거의 없었기 때문에, 프로그래머는 자신의 기술을 수많은 시행착오 끝에 얻을 수 있었다.

대부분의 소프트웨어는 과학 분야에서만 사용되었으므로, 프로그램의 크기가 작았고 소프트웨어 개발은 매우 단순했다. 사용자가 곧 프로그래머이고 유지보수 또한 자신이 직접 했었다. 문제 해결의 논리는 명확했고 개발 일정은 짧았다. 적은 수의 프로그래머로도 소프트웨어를 개발할 수 있었고, 우수한 프로그래밍 기술을 가진 사람은 소프트웨어 개발의 중요한 성공 요인이었다.

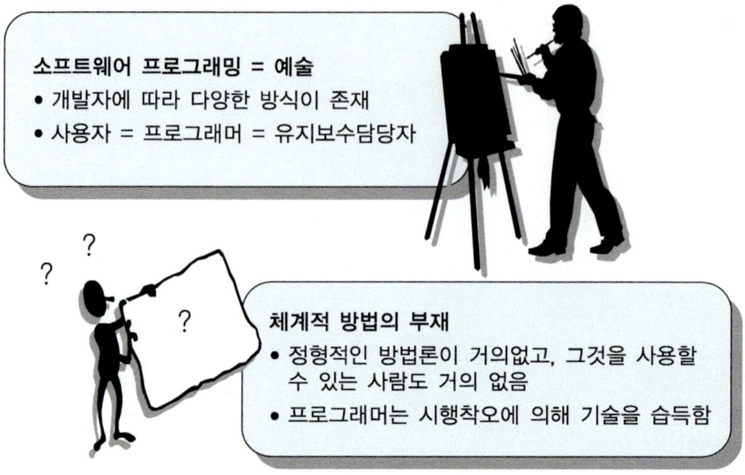

그림 1-14 과거의 소프트웨어 개발

1.2.3 소프트웨어의 위기(Software Crisis)

시간이 흐를수록 소프트웨어가 군사, 의학, 원격통신 시스템과 같은 응용분야에서 그 필요성이 커지면서 점점 더 중요한 영향력을 지니게 되었다. 소프트웨어의 수요는 늘어났고, 그 규모는 기하급수적으로 증가하기 시작했다. 우리 생활에서 소프트웨어의 비중 자체가 크게 늘어난 것이다.

일례로 [그림 1-15]에서 보듯이, 미 공군(U.S Air force)의 전투기에 내장되는 소프트

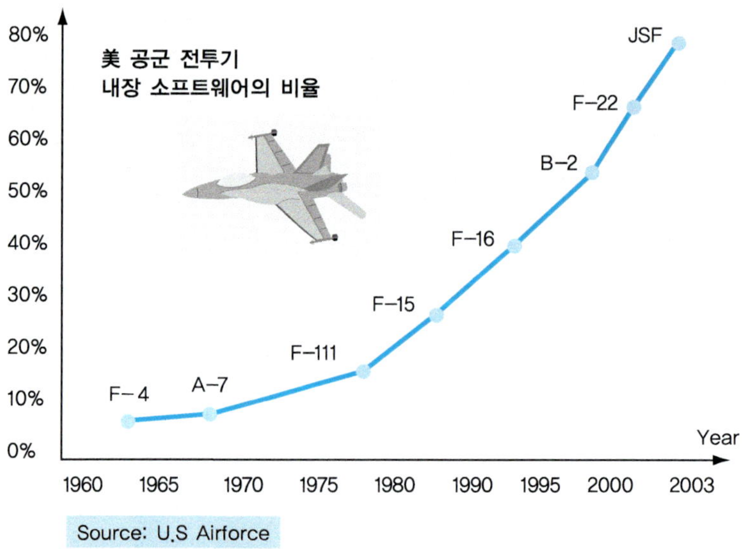

그림 1-15 美 공군 전투기 내장 소프트웨어의 비율[5]

웨어만 해도 1960년대에 제작된 F-4의 기체 한 대당 소프트웨어의 비중이 10%를 밑돌던 것이, 2003년 개발된 전투기에 내장된 소프트웨어의 비중은 80%에 육박했다.

소프트웨어 규모가 커짐에 따라 소규모 프로젝트를 할 때 생기지 않았던 여러 가지 문제들이 [그림 1-16]과 같이 발생하기 시작했다. 사용자의 요구사항이 점점 많아지고 수백 장의 요구사항이 문서로 만들어지기 때문에, 그것을 정확히 분석하는 것은 어려워졌다.

그리고 프로젝트 기간이 증가하고 프로젝트 참여자들이 많아짐에 따라 관리의 중요성이 부각되었다. 비용 및 기간의 산정과 개발자들 간의 의사소통, 그리고 프로젝트 팀 구성 등이 주요한 관리의 대상이 되었다.

소프트웨어의 수요는 늘었지만 소프트웨어의 개발은 여전히 어렵고 힘들어 여러 가지 문제들이 나타나기 시작했는데, 이러한 상황을 총체적으로 소프트웨어의 위기(Software Crisis)라고 한다.

이러한 위기를 해결하기 위해서는 기존의 다른 분야에서 사용했던 공학(Engineering) 패러다임을 이용해야 한다는 결론이 내려졌다. 이에 1968년 독일에서 개최된 NATO Conference에서 소프트웨어 공학(Software Engineering)이라는 말이 처음으로 제안되었다[6].

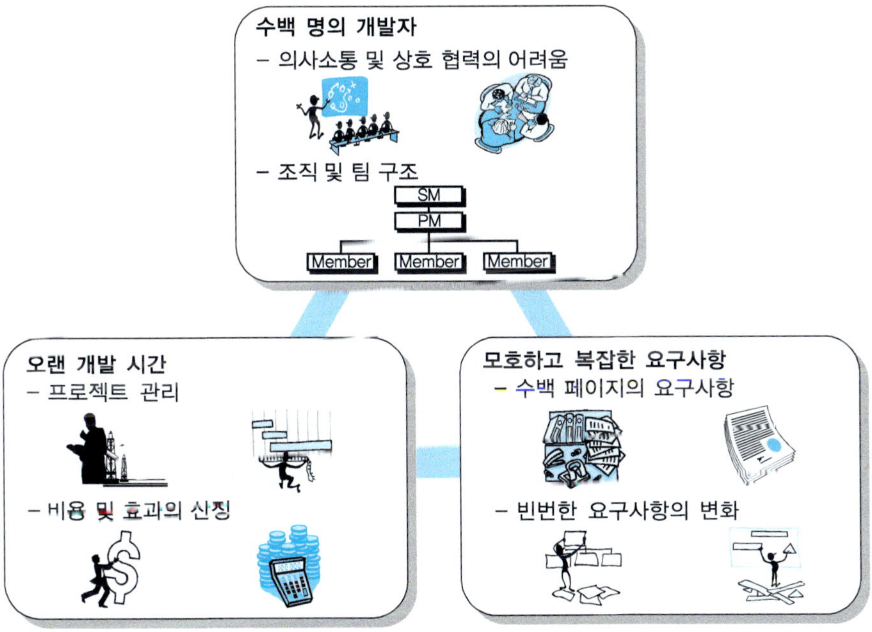

그림 1-16 대규모 프로젝트의 어려움

1-3 소프트웨어 공학(Software Engineering)

소프트웨어 공학은 소프트웨어 개발을 공학적으로 하자는 뜻을 담고 있다. Fred Brooks는 큰 규모의 소프트웨어 개발을 끈끈한 늪에서 빠져 나오고자 안간힘을 쓰는 공룡, 메머드, 호랑이에 비유했다[7]. 그 만큼 소프트웨어의 개발은 어렵고 비용과 시간이 많이 드는 작업이다. 이에 소프트웨어 개발자들은 다른 공학에서처럼 정형화된 기법으로 소프트웨어를 개발해 보려고 많은 노력을 해왔고, 지금도 하고 있다.

1.3.1 소프트웨어 공학의 정의

소프트웨어 공학이란 소프트웨어의 개발, 운용, 유지보수 및 폐기에 대한 체계적인 접근 방법으로 정의된다. 소프트웨어 공학은 소프트웨어의 개발 계획에서부터 개발 후 운영까지의 전 과정에 걸쳐 필요한 이론, 개념 및 기술들을 다루는 학문이다. 또한 소프트웨어를 개발하는 과정에서 생성되는 요구사항 정의서, 분석 및 설계 모델, 프로그램 소스 코드, 목적 코드, 사용자 매뉴얼 등 모든 산출물들이 그 대상이 된다.

소프트웨어 개발의 성공을 가늠하는 3가지 요소는 크게 개발 기간, 소요 비용 그리고 품질이다. 다시 말해, 성공적인 소프트웨어 개발은 품질 좋은 소프트웨어를 예정된 비용으로 계획된 일정에 맞추어 개발하는 것이다. 소프트웨어 공학의 목표는 소프트웨어 개발이 주먹구구식으로 진행되는 것을 막고 체계적이고 공학적인 방법으로 이루어져서, 주어진 비용과 기간에 고객이 원하는 품질 높은 소프트웨어를 개발하는 것이다.

하지만 소프트웨어의 개발은 개발자의 역량, 요구사항의 타당성, 제대로 산정된 비용 및 기간 등 너무나 많은 변수가 영향을 미치기 때문에 공학적 기법을 통해서 모든 문제를 일시에 해결하는 것은 매우 어려운 일이다.

1.3.2 공학과 과학의 차이

공학이라는 용어는 전자공학, 건축공학, 토목공학 등 많은 분야에서 사용되어 왔다. 과학이 자연 자체를 대상으로 법칙을 탐구하는 것에 반해, 공학은 실제적 문제(Practical Problem)를 해결하거나 실제적인 산출물을 생산해 내기 위해 자원과 비용을 효과적으로 활용하면서, 과학적 지식을 적용하는 것이다.

공학은 업무 분야에서 문제가 발생하였을 때, 실무자(Engineer)가 적절한 해답을 찾을 수 있도록 체계적으로 정리된 기술적 지식을 제공한다. 이러한 공학의 발달로 실무자는 특별한 재능을 가진 천재들이나 전문가에 의존하지 않고도 당면한 문제를 해결할 수 있다. 예를 들어 토목 공학자는 도로나 댐, 교량과 같은 구조물 건설에 공학 원리와 기술을 적용한다. 구조 설계에는 미리 정해진 절차와 표준이 있고, 지진과 바람 등의 외부 영향에 대하여도 고려해야 할 사항에 대한 지침이 있다. 이와 같이 튼튼한 구조물을 건설하는 토목 공학자에게 기술, 절차 그리고 도구가 적용되는 것처럼 공학적 지식은 실제 업무에 중요한 역할을 한다[8].

그림 1-17 과학, 공학, 예술의 차이

소프트웨어 개발에서 프로그래머들은 소프트웨어 프로젝트를 "한 번 사용되고 끝나는(One-off)"프로젝트라고 생각하는 경향이 있다[9]. 그러나 새로운 프로젝트는 과거 유사한 프로젝트를 참조하여 과거에 했던 실수를 줄이고, 과거에 잘 됐던 부분을 수용함으로써 성공률을 높일 수 있다.

과거에 사용했던 소프트웨어 개발 기술, 절차 그리고 도구의 우수한 사례(Best Practices)들을 정리하여 지침을 만들고, 이러한 공학적 지식이 개발자들을 도울 수 있도록 하는 것 역시 소프트웨어 개발에서 중요한 부분이다.

1.3.3 소프트웨어 공학의 영역들

소프트웨어 공학은 [그림 1-18]에서 보이는 것처럼 생산성을 높이는 여러 가지 방법론과 도구, 관리 기법 등이 연구되고 있으며, 요구공학, 테스팅, 개발 방법론, 아키텍처 등 여러 영역으로 나누어진다.

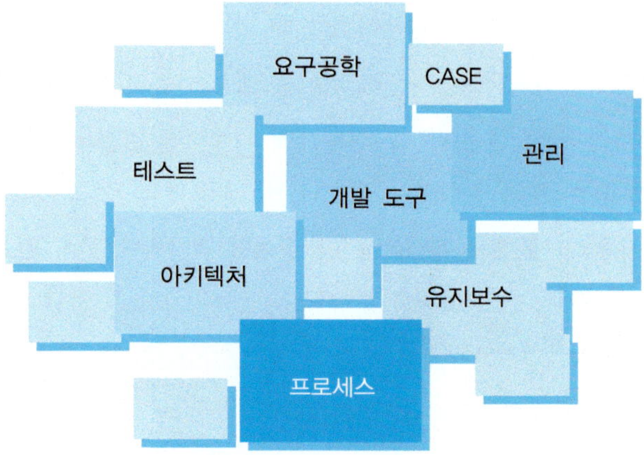

그림 1-18 소프트웨어 공학의 영역들

(1) 요구공학(Requirement Engineering)

소프트웨어 개발에서는 무엇을 개발해야 하는 것인지 정확히 아는 것은 매우 중요하다. 요구사항 분석은 소프트웨어 개발에서 수행되는 첫 번째 작업으로써, 개발될 시스템에 대한 고객의 요구를 이해하고 목표와 제약사항을 확립하여 시스템을 만족시킬 기능, 성능 그리고 다른 시스템과의 인터페이스 등을 정의하는 과정이다.

개발 제품에 대한 요구사항이 잘못 분석된다면, 최악의 경우 개발이 끝난 후에 수정을 해야 하기 때문에 비용의 증가, 납기 지연 또는 품질의 저하를 가져올 수 있다. 그렇기 때문에 요구사항을 정확하게 이해하는 것은 소프트웨어를 성공적으로 개발하는 데 필수 요건이 된다.

요구공학 분야에서는 요구사항 추출, 요구사항 저장, 요구사항 변경 프로세스 그리고 요구사항 관리 지원 도구에 대한 다양한 공학적 접근이 연구되고 있다.

(2) 아키텍처(Architecture)

소프트웨어 아키텍처는 시스템의 주요 기능 또는 서비스를 제공하는 구성 요소와 이 구성 요소들 간의 관계, 그리고 시스템의 기능, 속성 및 제약사항 등을 적절히 반영하는 구조가 서로 조직화되어 목표 시스템의 전체적인 형태를 표현한 것이다. 여기서 적절히 반영하는 구조란 기존의 아키텍처 스타일을 문제 영역에 적절하게 변형 또는 조합하고, 해당 스타일에서 언급하는 컴포넌트(Component)와 커넥터(Connector)로 시스템을 분할하여 구조화한 것을 의미한다.

아키텍처 분야에서는 아키텍처 유형 분류, 아키텍처 정의 언어, 아키텍처 분석 방법론 등이 연구되고 있다.

(3) 개발 방법론(Development Methodology)

개발 방법론이란 시스템을 개발하기 위하여 어떠한 방법으로 진행할 것인가를 다루는 분야이다. 어떻게 구조화할 것인가? 어떤 단위를 사용하여 분석할 것인가? 어떠한 산출물이 나와야 하는가? 등에 대한 답이 될 수 있다.

우리가 많이 접할 수 있는 대표적인 개발 방법론은 구조적 방법론, 객체지향 방법론, 컴포넌트 방법론 등이 있다. 이 중 어떤 방법론을 선택할 것인지에 대한 해답은 없다.

개발 방법론은 개발 기술의 진화에 따라 계속적으로 연구, 발전되고 있으며, 개발 조직의 특성과 여건에 맞게 조정, 재 정의될 수 있다.

(4) 테스팅(Testing)

소프트웨어 테스팅에는 모듈 단위의 단위 테스팅, 시스템 통합 시에 사용되는 통합 테스팅, 요구사항을 검증하는 시스템 테스팅 등이 있다. 소프트웨어 규모가 커지면서 전체 소프트웨어를 속속들이 테스팅 하는 것은 불가능하기 때문에 효과적인 테스트 케이스를 산출하는 방법론은 반드시 필요한 연구 과제이다. 또한 개발 방법론에 따라 테스팅 방법도 달라져야 하므로 객체지향 방법론, 컴포넌트 방법론, 분산 환경에서의 다양한 테스트 방법들이 연구되고 있다.

(5) 프로세스(Process)

소프트웨어 프로세스는 소프트웨어의 개발 및 진화에 사용되는 활동, 방법 및 실무 활동(Practice)들의 집합으로 일반적으로는 최종 소프트웨어 제품을 생산하기 위하여 요구되는 인력, 절차, 방법, 장치 및 도구들을 통합하는 수단을 말한다.

이 분야에서는 프로세스의 정의를 위한 방법과 프로세스 관리 활동을 지원하기 위한 조직 및 관리 기반구조 등에 대한 연구가 이루어지고 있다. 또한 소프트웨어 프로세스의 특성을 설명하는 모형과 효과적인 소프트웨어 프로세스의 실현을 위한 단계적 접근 방법을 명시하는 모델에 관한 연구도 이루어지고 있다. 이러한 모델에는 프로세스 개선 로드맵(Road map)으로 소프트웨어 프로세스가 달성해야 할 단계 및 수준과 각 수준에 도달하기 위한 기준도 포함된다.

(6) 형상 관리(Configuration Management)

일반적으로 소프트웨어 개발 프로젝트는 여러 사람이 팀을 이루어 개발한다. 이러한 소프트웨어 개발 프로젝트는 새로운 산출물이 생성되고 계속해서 버전 업이 되어, 주요 문서의 무결성을 유지해야 하는 공동작업의 어려움이 존재한다.

형상이란 소프트웨어 개발 산출물(문서, 소스코드 등)이 배치되어 있는 것으로 볼 수 있고, 개발 산출물들의 배열의 변화를 관리하는 것을 형상관리라고 할 수 있다. 형상관리는 이렇게 개발 중 작성되는 산출물이 공동 작업으로 인해 중복되거나 삭제되는 것을 방지하고, 변경 발생 시 추적이 가능하도록 하기 위해 일어나는 활동이다. 또한 변경한 내용은 기록하고 그 기록과 실제 변경 내용이 일치하는지의 여부를 확인한다.

형상관리의 활동으로는 크게 형상관리 항목을 식별하는 형상 식별, 형상에 대한 변경 요청이 있을 경우 변경 여부와 변경 활동을 통제하는 형상 제어, 형상 변경에 대한 내용을 기록 및 보고하는 형상 상태 보고 그리고 형상 항목이 요구사항에 맞게 수정이 되었는지 확인하는 형상 감사가 있다.

(7) 품질(Quality)

소프트웨어 분야에서의 품질은 제품 품질(Product quality)과 프로세스 품질(Process quality)로 나눌 수 있다.

여기서 제품 품질은 제품 자체가 가지는 품질을 의미한다. 프로세스 품질은 제품이 프로세스를 통해 생산되는 것과 연관되는 것으로, 소프트웨어를 개발하는 프로세스가 정확하고 우수하면 좋은 품질의 소프트웨어를 생산할 가능성이 높다는 것을 의미한다. 하지만 소프트웨어 프로세스의 품질은 제품 그 자체의 품질을 보증해 주지는 못한다.

소프트웨어 품질 향상을 위한 연구 분야에는 제품 품질의 보증을 위한 SQA(Software Quality Assurance) 활동, 제품 검사, 검토 등을 지원하는 평가 모델, 국제표준 등이 연구되고 있다.

(8) 재사용(Reuse)

소프트웨어에서 재적용하는 지식은 단순히 코드에만 관련된 것이 아니다. 응용 분야에 관한 지식, 개발 경험, 설계에 관한 지식, 시스템 구조에 관한 지식, 요구 분석 사항, 설계, 문서 등도 포함될 수 있다. 코드 재사용의 한계를 극복하기 위한 방법으로 코딩 단계 이전의 분석 설계 단계에서 만들어진 산출물을 재사용하려는 노력이 계속되고 있다.

재사용에 대한 연구는 1970년대 Ada 프로그래밍 언어가 패키지(Package)라는 구문을 가지면서 본격적으로 이루어졌으며, 1980년대에 객체지향 방법론을 거쳐 현재의 컴포넌트 기술, DSSA(Domain Specific Software Archi tecture), 프로덕트 라인(Product Line)까지 꾸준히 진행되고 있다.

(9) 프로젝트 관리(Project Management)

프로젝트 진행을 위해서는 개발자뿐만 아니라 요구사항 관리자, 설계자, 테스터, 형상 관리 담당자 등 다양한 영역의 사람들이 각자의 일을 진행하고, 이러한 역할이 유기적으로 결합되어 하나의 프로젝트가 완성된다. 그러나 이렇게 각기 다른 영역에서 일하는 사람들은 자신이 속하지 않은 다른 영역의 일에 대해 잘 알지 못하는 경우가 대부분이다.

때문에 이를 총체적으로 관리하고 각각의 업무를 분담 및 관리하는 영역이 별도로 필요하다. 또한 프로젝트의 일정 및 인력, 예산 등을 관리하여 프로젝트를 성공으로 이끌기 위한 관리가 필요하다.

이러한 업무를 프로젝트 관리라고 하며 이것을 담당하는 사람을 프로젝트 관리자(Project Manager)라고 한다. 프로젝트 관리자는 프로젝트 전체 업무를 파악하고 각각의 담당자에게 언제 어떤 일을 할당 할지, 어떤 순서로 일을 진행해야 하는지 등을 파악하여 인력 및 일정 등을 관리한다.

프로젝트 관리에는 문서 관리, 일정 관리, 예산 관리, 인력 관리, 고객 관리, 위험 관리, 품질 관리 등 다양한 영역들이 존재한다. 전문적인 프로젝트 관리 분야의 지식이 집약된 PMBOK(Project Management Body of Knowledge)에서는 이러한 프로젝트 관리 영역을 프로젝트 통합 관리, 프로젝트 범위 관리, 프로젝트 일정 관리, 프로젝트 비용 관리, 프로젝트 품질 관리, 프로젝트 인적자원 관리, 프로젝트 의사소통 관리, 프로젝트 위험 관리, 프로젝트 조달 관리의 9가지 영역으로 분류하고 있다.

(10) 정형 기법(Formal Method)

소프트웨어의 결함을 줄이고 동시에 품질을 높이기 위한 방법으로 소프트웨어 검증이 이루어지고 있다. 소프트웨어 검증은 구현된 소프트웨어가 의도대로 정확한 동작을 하는지 확인하는 것을 말하며, 기존의 검증 방법으로는 리뷰(Review)와 테스팅(Testing)이 있다. 그러나 이러한 방법은 사람이 결함을 찾는 방식이기 때문에 시간과 노력에 비해 효과적으로 결함을 찾아내기가 쉽지 않으며, 시스템 행위의 일부만을 다루기 때문에 시스템의 정확성을 검증하기에는 미흡한 점이 있다.

이에 대한 보완으로 정형적인 방식을 이용한 정형 기법이 연구 및 사용되고 있다.

정형 기법은 수학과 논리학에 기반을 둔 방법으로 하드웨어나 소프트웨어 시스템을 명세하거나 검증하는 기법이다.

정형 기법에는 크게 정형 명세(Formal Specification)와 정형 검증(Formal Verification)이 있는데, 정형 명세는 정형 논리(Formal Logic) 또는 수리 논리(Mathematical Logic)등을 이용하여 시스템이 동작할 환경, 시스템이 만족해야 할 요구사항, 요구사항을 수행할 시스템 설계 등을 기술하는 것으로, 소프트웨어 개발 초기단계에서 개발자가 모든 요구 사항들을 생략하지 않고 명확하게 명세하도록 유도한다.

정형 검증은 수식이나 기호를 사용하여 시스템을 정형화함으로써 보다 체계적으로 시스템의 전체 범위를 검증 할 수 있는 방법이다. 이러한 검증방법의 예로 모델체킹(Model Checking)이 있는데, 이 방법은 검증할 대상을 모델(Model)로 표현하고 그 대상의 속성을 수학에서 사용하는 논리식으로 표현한 후, 모델과 논리식의 만족성 관계를 조사하여 검증하는 방법이다. 모델체킹의 검증 과정은 대부분이 자동화되어 SMV와 같은 관련 도구를 통해 쉽게 결함을 찾을 수 있다[10].

(11) 유지보수(Maintenance)

최초에 모든 고객의 요구사항을 반영하여 소프트웨어를 개발했을지라도 고객의 요구사항이 추가되거나 시스템 환경이 변경되는 이유로 소프트웨어는 계속해서 개선된다. 즉, 소프트웨어가 고객에게 인도된 후에 폐기될 때까지 개선을 목적으로 수정 또는 보완하는 일을 유지보수라고 한다.

유지보수는 요구사항 오류, 설계 오류, 구현 오류 등의 수정을 목적으로 수행하는 수정 유지보수(Corrective Maintenance), 시스템의 플랫폼 변경과 같은 새로운 환경으로의 적응을 목적으로 수행하는 적응 유지보수(Adaptive Maintenance), 새로운 요구사항을 추가하거나 시스템의 구조와 성능을 개선하여 소프트웨어를 완전하게 만드는 목적으로 수행하는 완전 유지보수(Perfective Maintenance), 소프트웨어의 잠재적인 결함을 사전에 방지하기 위한 목적으로 수행하는 예방 유지보수(Preventive Maintenance)로 구분한다.

01 연습문제

1. 소프트웨어가 가지고 있는 특성에 대해 설명하라.

2. 소프트웨어 공학이란 무엇인가?

3. 소프트웨어 공학이 나타나게 된 배경은 무엇인가?

4. 소프트웨어 위기를 설명하라.

5. 소프트웨어 공학의 분야들을 나열하라.

6. 소프트웨어 개발과 관련된 고객, 사용자, 개발자의 역할에 대하여 설명하라.

팀 프로젝트 (1, 2주차)

이번 주 할 일

일자	본문 목차	본문 내용	프로젝트 활동	제출물
1주		과목 소개	프로젝트 소개	
2주	1장	S/W와 SE	1차 팀 구성	
3주	2장	생명주기	2차 팀 구성	
4주	3장	프로젝트	제안서	완성된 팀 구성
5주		제안서 발표		제안서
6주	4장	요구사항	요구사항 명세서	
7주	5장	계획(1)		요구사항 명세서
8주	중간고사			
9주	5장	계획(2)	계획서	
10주	6장	위험관리		계획서
11주	7장	설계	설계서	
12주	8장	V&V(1)		설계서
13주	8장	V&V(2)	테스트 결과 보고서	
14주		프로젝트 발표		테스트 결과 보고서
15주	9장	형상관리		최종 보고서
16주	기말고사			

이 책에서는 소프트웨어 공학에 대한 이해를 돕기 위해 3~4명이 팀을 이루어 할 수 있는 간단한 팀 프로젝트를 수행할 것을 권유한다. 프로젝트의 주제는 다양하겠지만, 여기서는 인터넷을 사용함에 있어서 흔히 접하고 있는 메신저 개발을 다룬다.

메신저 프로젝트 소개 - “Small Messenger” Project

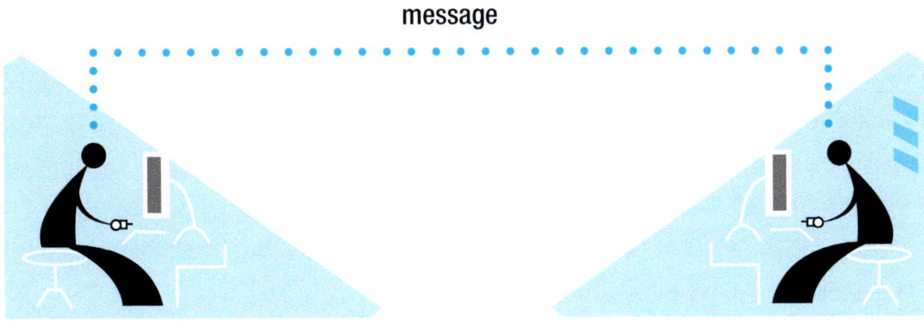

메신저(Messenger)란 인터넷 상에서 실시간으로 메시지와 데이터를 주고받을 수 있는 소프트웨어를 말한다[11]. 이러한 메신저는 발전을 거듭하여 메시지와 데이터 전송 뿐 만 아니라 이모티콘 전송, 플래시 배경, 음성 대화 그리고 화상 대화에 이르기까지 다양한 기능을 제공하고 있다.

그러나 이 프로젝트는 4주 일정의 프로젝트이므로 상업적인 메신저가 제공하는 모든 기능을 다루는 것은 어렵다. 그러므로 여기에서는 메신저에서 없어서는 안 될 로그인 기능, 친구목록(메인창) 기능, 1:1 대화 기능에 한정하여 개발 프로세스 전반에 대한 예제를 보여줄 것이다.

메신저의 명칭은 “Small Messenger”로 하며, 인터페이스는 다음과 같다.

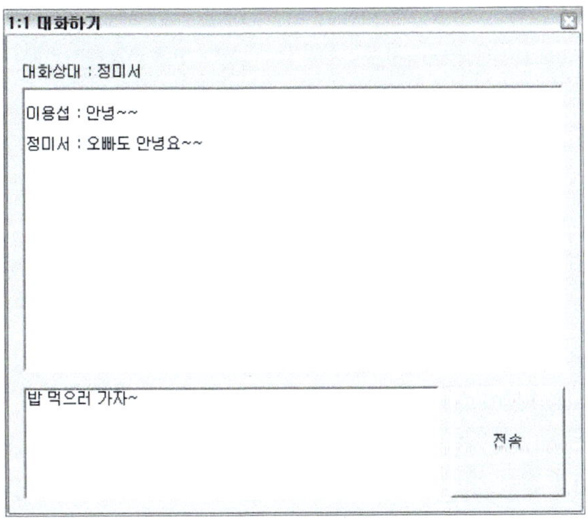

[1:1 대화창]

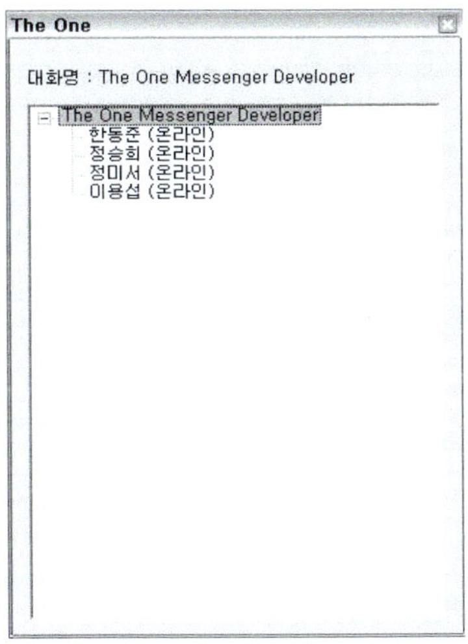

[메인창]

프로젝트 발표가 있는 14주차 전까지의 각 장에는 본 페이지와 같은 프로젝트 부분이 첨부되어 있다. 각 프로젝트 부분은 수업 해당 주와 본문 내용에 따라 분류되어 있으며, 어떤 프로젝트 활동을 해야 하는지 가이드를 해 줄 것이다.

이번 주 팀 프로젝트 활동은 함께 프로젝트를 진행할 팀을 1차적으로 구성하는 것이다. 앞서 언급하였듯이 메신저 프로젝트는 많은 기능을 포함한 큰 프로그램을 구현하는 것이 아닌, 3~4명의 전산 전공 학부생이 약 4주 간 진행할 수 있는 크기이다. 따라서 팀을 구성하지 않고 혼자 한 학기 동안 구현할 계획을 가진 학생들도 있을 것이다. 하지만 앞서 본문에서 언급했듯이 실제 우리가 사용하는 소프트웨어는 날로 커져가고 있으며, 대부분의 경우에 프로젝트 팀을 구성하여 여러 명이 각자의 역할을 가지고 참여하기 때문에 팀의 일원으로서 프로젝트에 참여해 보는 것이 중요하다.

따라서 앞으로 진행될 메신저 프로젝트 역시 작은 팀을 구성하여 소프트웨어 공학 전반에 대한 지식뿐 아니라, 팀 내에서 각자 역할의 중요성에 대해서도 공부할 수 있도록 진행될 것이다. 팀은 3~4명 정도로 구성하며, 반드시 팀장을 임명해야 한다.

그러나 수강신청 변경 등을 고려하여, 팀 구성의 확정은 2차로 다음 주에 완성하도록 한다.

참고문헌

[1] Roser S. Pressman, "Software Engineering a Practitioner's Approach 5/e", McGraw-Hill Higher Education, 2001

[2] 최은만, "소프트웨어 공학", 희중당, 1999

[3] Eric J Braude, "Software Engineering An Object-Oriented Perspective", 2000

[4] John D. Vu, "Process Improvement In Retrospective", SEPG Conference March 2005, Seattle, Washington

[5] Steve McConnell 저, 김덕규 외 역, "소프트웨어 프로젝트 생존전략", 인사이트, 2003

[6] James F. Peters, Witold Pedrycz, "SOFTWARE ENGINEERING–An Engi- neering Approach", John Wiley & Sons, Inc., 2000

[7] Brooks, Frederick P., Jr., "No Silver Bullets-Essence and Accidents of Software Engineering,"Computer, April 1987

[8] Mary Shaw, David Garlan, "Software Architecture–Perspectives on an Emerging Discipline", Prentice Hall, 1996

[9] Ian Sommervile 저, 권기태, 남영광 역, "소프트웨어 공학 7판", 홍릉과학출판사, 2006

[10] 남원홍 외, "SMV를 이용한 모델체킹 검증 기법의 사례연구", 한국정보과학회, 1999

[11] 네이버 백과사전, http://100.naver.com/

CHAPTER

2

소프트웨어 프로세스와 생명주기

소프트웨어 프로세스란? (What is software process?)

- "소프트웨어 제품을 생산하는 데 사용하는 노구, 방법, 실무 활동의 집합(A set of tools, methods, and practices we use to produce a software product)"

— by Watts S. Humphrey

가끔 일을 하다 보면 주위 사람에게 일을 천천히 순서대로 하라는 주문을 받을 때가 있다. 그렇게 해야만 하고자 하는 일을 중간에 빠뜨리는 일 없이 온전히 해낼 수 있기 때문이다. 건물을 지을 때 기반 공사를 하지 않고 건물을 올릴 수 없고, 은행에 가서 입금을 할 때 순서표를 뽑은 후에 창구로 가는 것처럼, 모든 업무에는 각기 일의 순서를 나타내는 프로세스가 있다. 이사를 하거나 쇼핑을 하는 일에도 프로세스가 있고, 공항에서 입국을 할 때에도 미리 정의된 프로세스에 따라 입국을 하게 된다. [그림 2-1]은 일상에서의 프로세스를 나타낸다.

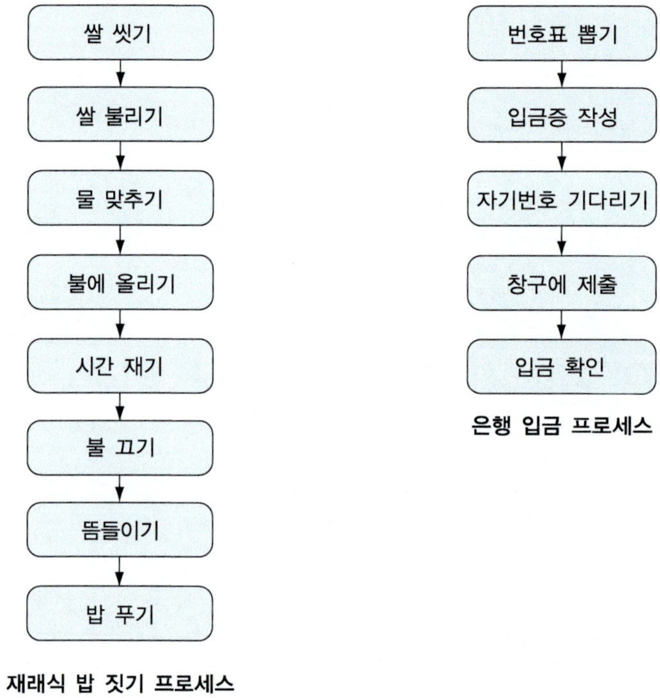

그림 2-1 일상생활에서의 프로세스

어떤 일에 프로세스가 없다면, 즉 주어진 일을 해결하기 위한 일의 순서가 정해져 있지 않은 경우에는 저마다 원하는 방식대로 일을 하기 때문에 큰 혼란을 야기할 수 있다. 앞서 예를 든 은행에서 입금을 하게 되는 경우처럼 입금을 하기 위해 순서표를 뽑지 않고 바로 창구에 제출하는 것이 허용된다면 이로 인해 발생되는 혼란은 불 보듯 뻔한 일이다. 우리가 은행에 가서 순서표를 뽑고 해당 번호가 호출될 때까지 마음 편히 기다릴 수 있는 것은 입금을 하는 데 필요한 일의 프로세스가 정해져 있기 때문이다.

2-1 프로세스

앞서 살펴보았듯이 프로세스란 주어진 목적을 위해 수행되는 일련의 절차이다. 우리가 흔히 말하는 "절차"가 주어진 일을 해결하기 위한 단순한 일의 순서라면, "프로세스"는 그 순서가 완전히 정해진 상태를 말한다. 그래서 주어진 일을 해결하는 데 사용되는 프로세스만 알고 있다면 누구나 그 일을 순서대로 해결할 수 있게 되는 것이다.

[그림 2-2]에서와 같이 프로세스는 ① 인력, ② 절차, ③ 도구의 세 가지 요소로 설명할 수 있다[1]. 앞서 밥 짓는 일을 예로 들면, ① 배고픈 사람이, ② 정해진 절차에 따라 ③ 전기밥솥을 이용해서 밥 짓기를 하는 것이다.

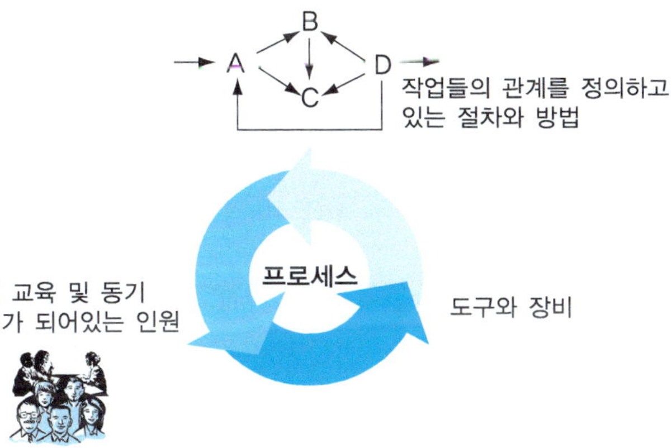

그림 2-2 프로세스-인력, 절차, 도구의 통합

이렇듯 프로세스는 원하는 결과나 작업 산출물들을 만들기 위해 사람, 기술, 조직 구조, 그리고 관리 등을 전체적으로 통합해 주는 접착제와 같은 수단이다. 또한 프로세스에는 각 순서와 활동이 명확하게 정의되어 있어서 그 프로세스를 사용하는 조직원들의 공통적인 행동 양식을 지정해 주는 역할을 한다.

만약 현재의 프로세스에 불편한 점이 있다면 이를 고쳐가면서 지속적으로 프로세스를 개선할 수 있다. 특히 IT 기술의 발달로 기존의 프로세스들은 점점 단순화되고 사용자에게 편리한 방향으로 바뀌고 있다.

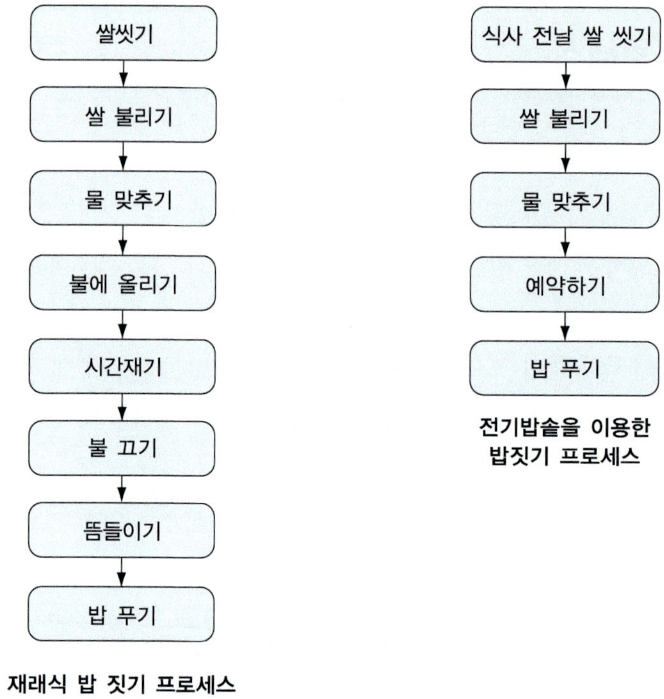

그림 2-3 IT를 활용한 프로세스 개선 사례

특정 시간을 예약하여 밥이 완성되도록 하는 IT 기술이 포함된 전기밥솥이 개발된 후, 원하는 시간을 선택하여 밥 짓기가 가능해졌다. 사람들은 꼭 식사 전에 밥을 할 필요가 없어졌고, 쌀도 식사 전이 아닌 자기가 편할 때 미리 씻어 놓으면 된다. 그리고 은행의 전산화로 인해 인터넷 뱅킹을 이용하여 굳이 은행에 직접 나가 기다리지 않아도 집에서 손쉽게 은행 업무를 할 수 있게 되었다.

[그림 2-3]은 [그림 2-1]의 프로세스가 개선된 후의 모습을 보여주고 있다.

2-2 소프트웨어 개발 프로세스

소프트웨어 개발에서도 프로세스는 중요한 역할을 한다. 소프트웨어 개발의 목표는 "정해진 기한 내에, 주어진 예산을 이용해 사용자가 원하는 좋은 품질로 개발하는 것"이다. 하지만 이러한 목표를 달성하기란 쉽지 않다. 앞서 설명했듯이 소프트웨어의 요구사항이 복잡해지고 규모가 커지면서 정해진 기간 내에 고품질의 소프트웨어를 개발하는 것은 점점 더 어려워지고 있다.

과거에는 이러한 문제를 기술의 향상과 우수 인력 확보를 통해 해결하려고 하였다. 하지만 우수 인력 확보와 기술의 향상으로도 소프트웨어 프로젝트의 문제점을 완전히 해결할 수는 없었다. 대형 프로젝트를 성공시킨 조직의 우수 사례(Best Practice) 등의 분석을 통해 소프트웨어 프로젝트의 성공에는 기술과 인력만이 아니라 프로세스가 중요한 역할을 한다는 것을 인식하게 되었다.

CMM/CMMI의 기초를 만든 Watts S. Humphrey는 "소프트웨어 제품의 품질은 그 제품을 만들기 위해 사용된 프로세스의 품질에 의해 결정된다(The quality of a software system is governed by the quality of the process used to develop and evolve it)."라고 말하면서 소프트웨어 개발 프로세스의 중요성을 강조하였다. 현재는 많은 조직에서 소프트웨어 개발에 효과적인 프로세스를 도입하기 위해 노력하고 있다.

그렇다면 소프트웨어 개발에서의 프로세스는 어떻게 정의할 수 있을까? [표 2-1]을 보면 프로세스가 다양하게 정의되고 있지만, 일반적으로 소프트웨어 프로세스는 개발에 필요한 절차만이 아니라 그와 관련된 인력, 방법, 도구들이 통합되는 수단을 말한다. 다시 말해서 소프트웨어 프로세스는 소프트웨어와 이에 관련된 산출물을 개발, 유지하기 위해 사용하는 활동, 방법, 절차의 집합이라고 할 수 있다. 예를 들어 웹사이트를 구축하는 회사가 고객으로부터 요구사항을 제시 받을 때, [그림 2-4]와 같은 프로세스가 적용될 수 있다.

[그림 2-4]는 고객요구사항 도출 프로세스를 프로세스 플로우 다이어그램(Process Flow Diagram)의 하나인 Swim Lane[3]으로 표현한 것으로, 가로축은 한 사람 혹은 여러 사람이 담당하는 역할을 나타내고 세로축은 작업의 순서를 나타낸다. [그림 2-4] 프로세스의 순서를 살펴보면 다음과 같다.

표 2-1 소프트웨어 프로세스의 정의[2]

자료원	소프트웨어 프로세스 정의
IEEE-STD-610	주어진 목적을 달성하기 위한 순서적인 절차 틀
Olson et al. (1989)	특정한 목표나 목적을 달성하기 위한 활동, 작업 및 절차들의 집합
SEI CMM (Humphrey, 1989: Paulk et al., 1993)	소프트웨어의 생산 및 진화에 사용되는 활동, 방법 및 실무활동들의 집합 인력, 절차, 방법, 장치 및 도구들이 원하는 산출물을 생산할 수 있도록 통합하는 수단

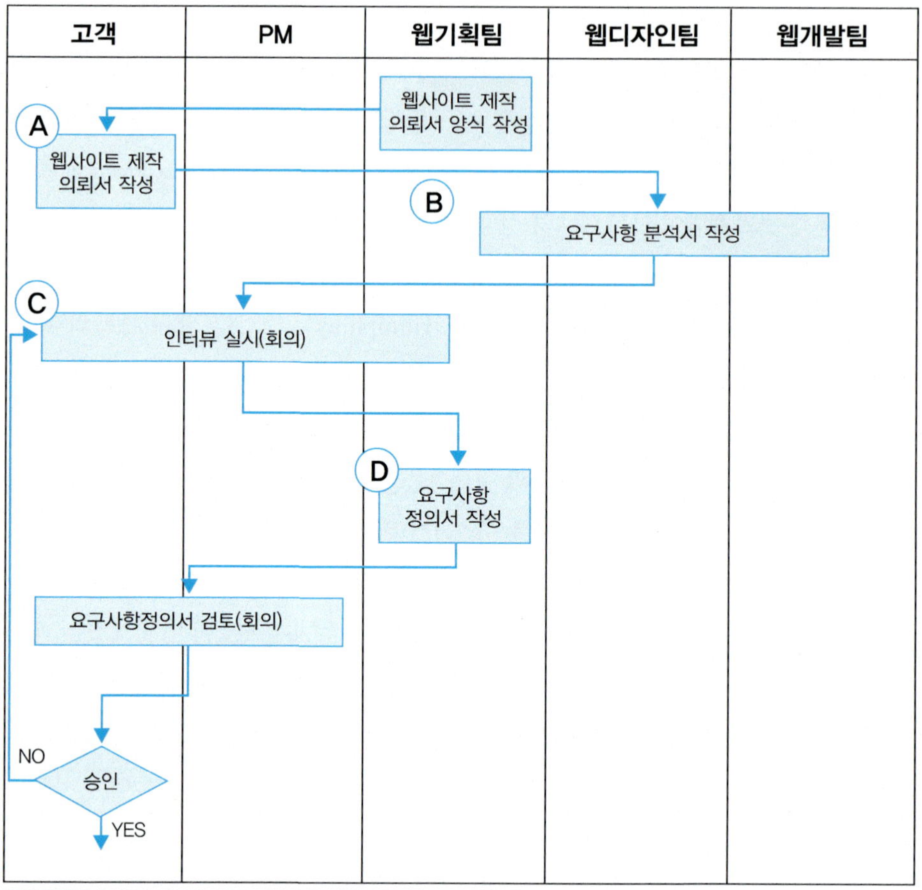

산출물

A. 웹사이트 제작 의뢰서
B. 웹사이트 제작 요구사항 분석서
C. 회의록
D. 요구사항정의서

그림 2-4 고객요구사항 도출 프로세스

■ 웹사이트 제작 의뢰서 작성

고객은 웹사이트 제작 의뢰서를 통해 요구사항을 작성한다. [그림 2-5]는 웹사이트 제작 의뢰서에 나타나는 고객 요구사항의 일부를 보여준다.

NO	요구항목	주요기능	비고
1	사이트 소개	연혁 관리, 업무 관리, 인사말 관리	
2	교육 소개 관리	교육과정 소개 관리, 교육신청 절차 소개 관리, 교육 신청서 다운받기, 문의 메일 보내기	
3	컨퍼런스 관리	초대글 관리, 프로그램 소개 관리, 강연자 소개 관리 컨퍼런스 등록 절차 안내 관리, 온라인 등록, 사전등록, 행사장 약도 관리, 스폰서 소개 관리	
4	공지사항 관리	교육 관련 공지사항 관리 컨퍼런스 관련 공지사항 관리	게시판
5	회의문의 관리	회원 문의 응답, 삭제 관리	게시판
6	회원관리	회원 가입/탈퇴, 회원 로그인, 회원 문의 글쓰기	

그림 2-5 웹사이트 제작 의뢰서 예제

■ 요구사항 분석서 작성

웹 기획팀, 웹 디자인팀 그리고 웹 개발팀은 고객으로부터 의뢰받은 요구사항을 분석하여 고객의 의도를 파악한다.

■ 인터뷰 실시

고객과 PM, 웹 기획팀은 요구사항에 대한 논의 및 협의를 하기 위해 인터뷰를 실시한다. 이때 PM과 웹 기획팀은 요구사항 분석서를 바탕으로 고객에게 질문을 하여 좀 더 분명하게 고객의 의도를 파악한다.

■ 요구사항 정의서 작성

웹 기획팀은 고객의 요구사항과 인터뷰 결과를 기반으로 요구사항 정의서를 작성한다. [그림 2-6]은 앞서 살펴본 웹사이트 제작 의뢰서를 기반으로 요구사항 분석과 인터뷰 결과를 종합하여 작성한 요구사항 정의서의 일부를 보여준다.

<table>
<tr><th>요구사항명</th><th colspan="3">상세요구사항</th><th>우선
순위</th><th>비고</th></tr>
<tr><td>관리자모드</td><td colspan="3">사이트 수정 및 업데이트, 게시판 관리</td><td>1</td><td>관리자 사전교육
실시 요망</td></tr>
<tr><td>회원가입</td><td colspan="3">회원정보: 이름, 전화번호, 관심분야, 직업, 회사,
E-Mail, 메일링 수신 여부</td><td>1</td><td>중복회원가입 불가</td></tr>
<tr><td>회원관리</td><td colspan="3">회원 가입/탈퇴 관리, 로그인 권한, 회원 문의 글씨기 권한</td><td>1</td><td></td></tr>
<tr><td>메일링</td><td colspan="3">1. 메일링 체크 회원에게 교육, 컨퍼런스 정보 발송
2. 온라인 등록 시 등록 완료 메일 발송</td><td>1</td><td></td></tr>
<tr><td rowspan="5">메뉴</td><td>회사소개</td><td rowspan="5">서브
메뉴</td><td>연혁, 업무, 인사말 관리</td><td rowspan="3">1</td><td rowspan="3">2, 4 웹사이트
메뉴 구성표 참조</td></tr>
<tr><td>교육소개</td><td>교육과정, 교육신청,
교육신청서 다운</td></tr>
<tr><td>컨퍼런스</td><td>초대글, 프로그램 소개, 강
연자, 등록절차, 온라인사전
등록, 행사장 약도, 스폰서</td></tr>
<tr><td>공지사항</td><td>교육 관련 공지, 컨퍼런스
관련 공지
글쓰기, 수정, 삭제
제목에 말머리[교육 공지]
[컨퍼런스 공지] 구분</td><td>2</td><td>관리자만 가능</td></tr>
<tr><td>회원문의 게시판</td><td>글쓰기, 수정, 삭제
회원문의 게시판에 관리자
답글 가능</td><td>2</td><td>로그인 회원만 가능
공지 게시판 답글
불가
회원 답글 불가</td></tr>
<tr><td>최신 공지사항</td><td colspan="3">메인 화면에는 공지사항에 가장 최신 글을 표시해야 함.</td><td>2</td><td></td></tr>
<tr><td>교육 및
컨퍼런스 공지</td><td colspan="3">새로운 교육과 컨퍼런스 개최 시 메인 화면에 공지</td><td>1</td><td></td></tr>
</table>

그림 2-6 요구사항 정의서 예제

요구사항 정의서 검토

고객과 PM은 작성이 완료된 요구사항 정의서를 함께 검토한다.

승인

고객은 요구사항 정의서 검토 결과를 바탕으로, 요구사항의 변경, 추가 혹은 제거와 같은 수정사항이 있을 경우, '인터뷰 실시'로 돌아가 PM, 웹기획팀과 함께 요구사항에 대한 논의 및 협의를 다시 실시한다. 만약 수정사항이 없다면 고객은 요구사항 정의서를 승인한다.

지금까지 소프트웨어 개발에서의 요구사항 도출 프로세스에 대해 살펴보았다. 소프트웨어 개발은 점점 더 큰 규모로, 분산된 환경에서 진행되는 경우가 증가하고 있다. 전체 프로젝트를 관리하기 위해 필요한 프로세스들이 잘 정의되어 있어야만 참여자들 간의 원활한 작업을 가능하게 하고, 산출물 관리, 위험 관리, 품질 관리 등을 통해 시행착오를 최대한 줄이면서 할당된 예산 및 시간 내에 프로젝트를 성공적으로 이끌 수 있을 것이다.

2-3 소프트웨어 개발 생명주기

2.3.1 소프트웨어 개발 생명주기란?

소프트웨어 개발 생명주기(Software Development Life Cycle)란 소프트웨어를 어떻게 개발할 것인가에 대한 전체적인 큰 흐름을 나타내는 추상적 표현으로, 순차적 또는 병렬적인 단계로 구성된다. 생명주기는 개발 모델이라고도 하고 소프트웨어 공학 패러다임이라고도 한다. 소프트웨어 개발 생명주기의 각 단계에는 관련된 여러 활동들이 정의되어 있고, 이 활동들을 통해 다음 단계에 활용될 수 있는 산출물이 만들어진다.

이러한 생명주기 모델은 전체 프로젝트의 비용 산정과 개발 계획을 수립할 수 있는 기본 골격을 제시하고 참여자들 간에 의사소통의 기준과 용어의 표준화를 가능하게 한다. 또한 각 단계별로 그 단계의 완성을 나타내는 산출물을 정의함으로써 문서화가 충실한 프로젝트 관리를 가능하게 한다.

2.3.2 소프트웨어 개발 생명주기 모델의 종류

생명주기 모델은 조직과 프로젝트의 특성에 맞게 잘 구성하여 사용해야 한다. 프로젝트의 규모, 요구사항의 명확성, 응용 분야의 특징 등을 고려하여 가장 적합한 생명주기 모델이 개발되어야 한다.

여기서는 잘 알려진 개발 생명주기 모델들의 특징을 살펴보고 비교해 본다.

(1) 주먹구구식 개발 모델(Build-Fix Model)

일반적으로 개발자들은 바로 코딩에 들어가는 경향이 있다. 요구사항 분석이나 설계 단계 없이 일단 개발에 들어가는 것이다. 그리고는 만족할 때까지 수정 작업을 한다. [그림 2-7]과 같은 이러한 방식을 주먹구구식 개발 모델이라고 한다. 이 모델은 크기가 매우 작은, 그래서 한 명의 개발자로도 단시간 내에 개발을 끝낼 수 있는 경우에는 유용할 수 있겠지만, 일반적인 개발에서 사용하기에는 많은 문제를 가지고 있다.

정해진 개발 순서가 없기 때문에 계획이 정확하지 않고, 관리자는 현재 진행 상태나 앞으로 해야 할 일을 파악하기 힘들며, 개발 문서가 없기 때문에 개발은 물론이고 유지보수에 많은 어려움이 따른다[4]. 이러한 주먹구구식 모델의 많은 문제는 이후 등장하는, 보다 "체계적"인 여러 소프트웨어 개발 생명주기 모델의 연구를 가져오게 되었다.

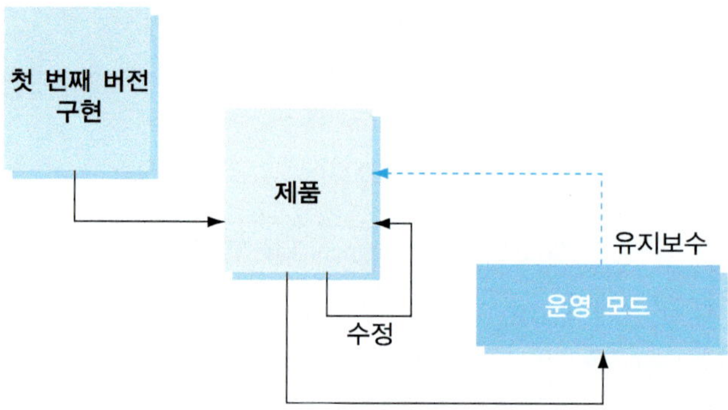

그림 2-7 주먹구구식 개발 모델

(2) 폭포수 모델(Waterfall Model)

폭포수 모델은 순차적으로 소프트웨어를 개발하는 전형적인 개발 모델이다. 아마도 대부분의 소프트웨어 개발 프로젝트에 기본적으로 채택되는 모델이고, 가장 많이 사용되는 모델이라고 할 수 있다.

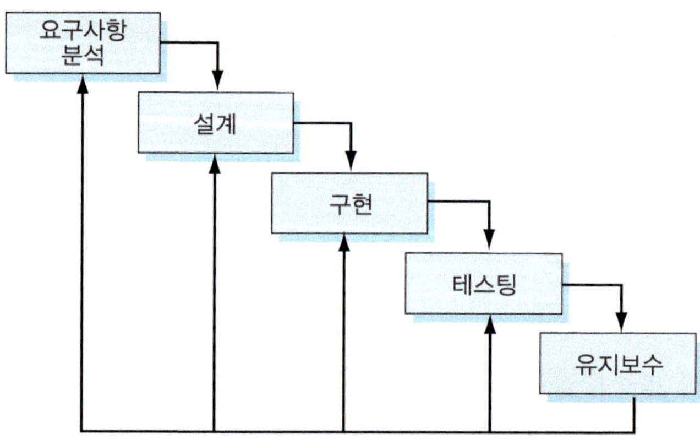

그림 2-8 폭포수 모델

이 모델은 소프트웨어 프로세스의 초기 모델로, [그림 2-8]과 같이 소프트웨어 개발의 전 과정을 요구사항 분석, 설계, 구현, 테스팅, 유지보수로 나누어 체계적이고 순차적으로 접근한다.

- **요구사항 분석**: 요구사항 분석 단계는 개발하고자 하는 소프트웨어에 대한 요구사항을 수집하고 문제를 이해, 분석하는 단계이다. 소프트웨어 엔지니어 또는 분석가는 고객의 요구사항을 기능, 성능, 인터페이스 등으로 파악하고 문서화한다. 이 단계의 산출물은 요구사항 명세서(Requirement Specification)이다.
- **설계**: 설계 단계에서는 모든 시스템의 구조를 결정하게 된다. 소프트웨어 설계는 프로그램의 데이터 구조, 소프트웨어 구조, 인터페이스 구조, 알고리즘 등을 포함한다. 이 단계의 산출물은 설계 명세서이다.
- **구현**: 구현 단계는 설계 명세서를 시스템의 실제 모습으로 변환시키는 것이며, 실제로 설계의 각 부분을 기계가 읽을 수 있는 형태로 변환하는 것이다. 만약 앞 단계의 설계가 세부적인 단계까지 서술되었다면 코드로의 변환은 쉽게 이루어진다. 이 단계의 산출물이 바로 프로그램이다.
- **테스팅**: 테스팅 단계는 프로그램이 입력에 따라 요구되는 결과대로 작동하는지의 여부와 내부적인 이상 여부 및 오류를 발견하기 위해 수행된다. 체계적으로 테스팅을 수행하기 위해서 테스팅 계획이 세워지며 이를 문서화한다.
- **유지보수**: 소프트웨어는 고객에게 전달된 이후에도 항상 변경이 있을 수 있다. 변경이 발생하는 요인은 다양하겠지만, 오류가 발생하는 경우나 소프트웨어가 새로운 운영체제나 주변 장치 등과 같은 외부 환경의 변화를 수용해야 할 경우 또는 고객이 기능이나 성능의 향상을 요구하는 경우 등이 있다. 이미 개발된 소프트웨어에 위와 같은 변경사항을 수정하는 것을 유지보수라 한다. 유지보수에는 잘못된 것을 수정하는 수정 유지보수, 새 환경에 적응시키는 적응 유지보수, 새로운 기능을 추가하는 기능 추가 유지보수 등이 있다.

폭포수 모델은 요구사항 분석, 설계, 구현, 테스팅, 유지보수라는 틀을 소프트웨어 시스템 개발의 전형으로 제시한다[5]. 폭포수 모델은 각 단계별로 정형화된 접근 방법과 체계적인 문서화를 할 수 있고 또한 각 단계별로 산출물을 체크함으로써 프로젝트의 진행을 명확하게 할 수 있다는 장점이 있다.

하지만 폭포수 모델은 몇 가지 문제점을 갖는다. 첫째, 각 단계는 앞 단계가 완료될 때까지 대기 상태에 있어야 한다. 일반적으로 개발 초기에는 고객이 원하는 모든 요구사항을 명시적으로 작성하는 것이 매우 어렵다. 그럼에도 불구하고 폭포수 모델에서는 요구사항 분석 단계에서 완벽한 분석을 요구한다. 즉 요구사항이 만족스럽게 나오기 전에는 설계 작업을 시작할 수 없는 것이다. 둘째, 폭포수 모델에서는 실제적으로 작동하는 소프트웨어를 개발 후반부에서야 볼 수 있다. 수행 가능한 제품은 구현 단계를 거쳐야만 모습을 나타내기 때문에 고객은 개발된 제품이 자신이 원하는 것이었는가를 확인하기 위해 개발 후반부까지 오래 기다려야만 한다. 만약 그 제품이 고객이 요구한 시스템이 아니라면 수정하는 데 많은 시간이 걸릴 것이고, 최악의 경우 프로젝트가 실패할 수도 있다.

(3) 원형 모델(Prototyping Model)

앞에서도 언급했듯이 소프트웨어 개발 초기에 요구사항을 완전히 파악하는 것은 매우 어렵다. 때로는 고객 자신이 진정으로 원하는 시스템이 무엇인지 구체적으로 모르는 경우도 있다. 이러한 경우에 유용하게 사용되는 생명주기 모델이 [그림 2-9]와 같은 원형 모델이다.

원형 모델은 폭포수 모델의 단점을 보완하기 위한 것으로 점진적으로 시스템을 개발해 나가는 접근 방법이다. 고객이 제공한 초기 요구사항으로부터 빠른 설계 과정을

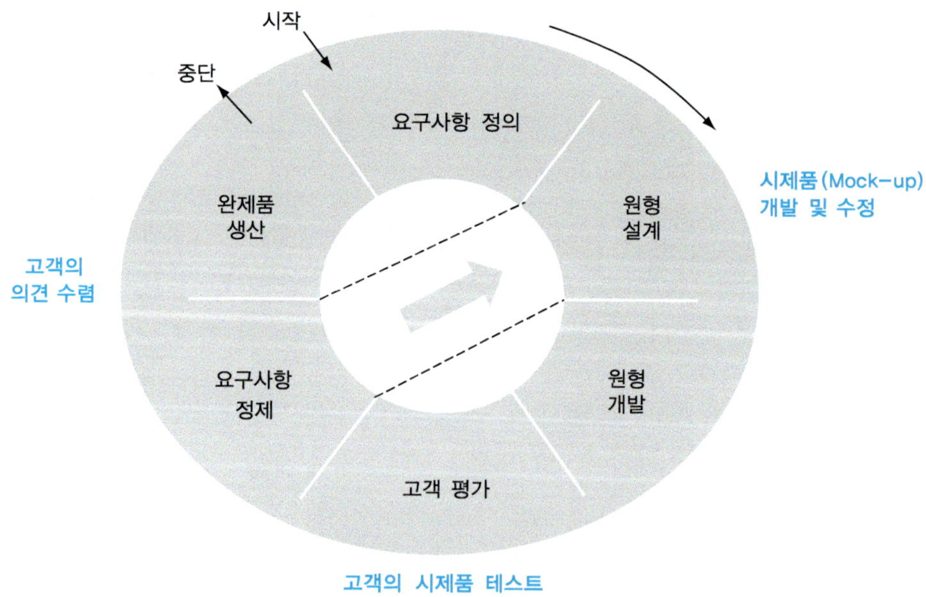

그림 2-9 원형(Prototype) 모델

거쳐 임시 구현, 즉 원형(Prototype)을 만든다. 이 원형을 고객과 사용자가 함께 평가한 후 소프트웨어의 요구사항을 정제하여, 보다 완전한 요구사항 명세서를 완성한다.

원형 모델의 주목적은 원형을 가능한 빨리 개발한 후 고객과 검증하는 것이다. 고객으로부터 피드백을 받은 후에는 원형을 폐기하는 경우도 있고 시스템 기능 중 중요한 부분만 구현하여 피드백을 얻은 후 지속적으로 발전시켜 완제품을 만들어 낼 수도 있다.

원형 모델의 각 단계를 구체적으로 설명하면 다음과 같다.

- **요구사항 정의(Requirements gathering and refinement)**: 원형 모델의 요구사항 정의는 폭포수 모델과 달리 개발 전에 완벽하게 명세할 필요는 없다. 고객의 일부 요구사항 또는 불완전한 요구사항으로부터 제품의 윤곽을 잡는다.
- **원형 설계(Quick design)**: 주어진 요구사항을 기반으로 빠른 설계를 한다. 원형 모델의 실제 설계는 주로 제품의 사용자 인터페이스에 초점을 맞춘다.
- **원형 개발(Building prototype)**: 설계된 원형을 RAD(Rapid Application Development) 도구 등을 사용하여 빠르게 구현한다. 구현되는 원형은 고객이 요구하는 기능을 구현하고 필요한 요소를 파악하는 데 중점을 둔다. 이 때 성능이나 타 시스템과의 상호 연동, 오류 관리 및 데이터 검증 등은 최소화하거나 무시할 수 있다. 구현 단계에서 중요시해야 할 사항은 프로그램의 신뢰도나 품질이 아니라 가능한 빨리 원형을 구현하는 것이다.
- **고객 평가(Customer evaluation of prototype)**: 고객 평가 단계는 원형 모델에서 가장 중요한 단계이다. 평가는 고객과 개발자가 함께한다. 이 때 고객의 요구사항을 정확하게 규명하기 위해 원형에 대한 사용 및 평가 시간을 충분히 제공할 필요가 있다. 이 단계에서 도출되는 자료들은 개발될 소프트웨어의 요구사항을 정제하는 데 중요한 정보로 활용된다.
- **원형 정제(Refining prototype)**: 원형 정제 단계에서는 원형이 어떻게 수정되어야 할지를 결정한다. 즉 원형 개발과 검증, 그리고 요구사항 정제의 순환을 반복하면서 추가적인 정보를 통해 요구사항을 완성해 나간다.

(4) 나선형 모델(Spiral Model)

나선형 모델은 폭포수 모델과 원형 모델의 장점을 수용하고 새로운 요소인 위험 분석(Risk Analysis)을 추가한 점증적 개발 모델이다. 즉 나선형 모델은 프로젝트 수행 시 발생하는 위험을 관리하고 최소화하려는 것이 목적이다.

나선형 모델은 여러 개의 작업 영역으로 구분될 수 있는데, [그림 2-10]은 4개 작업 영역으로 구분된 나선형 모델을 나타내고 있다.

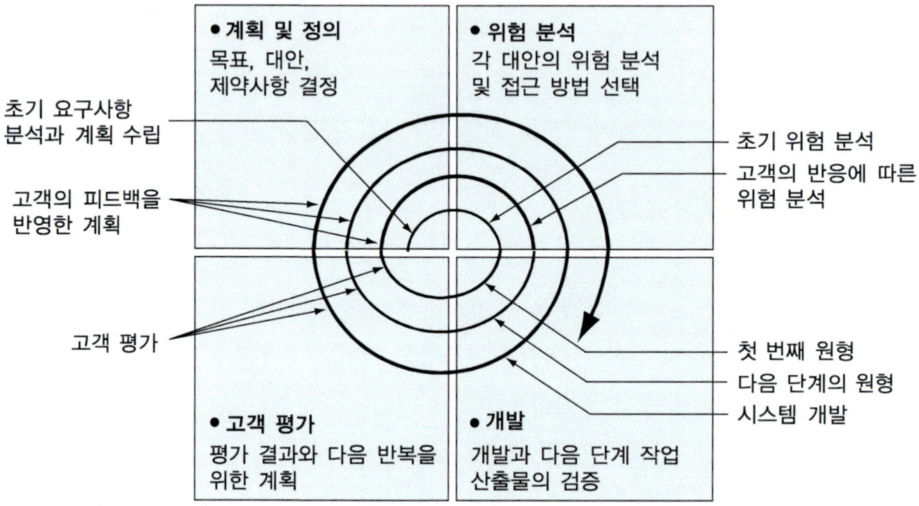

그림 2-10 나선형 모델[6]

나선상의 각 원은 소프트웨어 개발의 점증적 주기를 표현하고 있다. 가장 안쪽의 타원부터 차례대로 개념적 개발 프로젝트, 실제 제품이 개발되는 프로젝트, 제품 향상 프로젝트, 유지보수 프로젝트이다. 개념적 개발 프로젝트에서의 위험 분석은 개발하고자 하는 소프트웨어의 목적을 고려하여 제품을 완전히 새로 개발할 것인지, 아니면 구입하거나 재사용할 것인지를 원형을 만들어 판단한다.

나선형 모델은 단계가 명확하게 구분되지 않는다. 각 단계는 엔지니어가 프로젝트의 성격이나 진행 상황에 따라 나누게 된다.

본문에서는 4개의 단계로 나누어 설명한다.

- **계획 및 정의 단계**: 개발자가 고객을 만나 개발하고자 하는 제품에 대한 의견을 듣는다. 개발자는 고객과의 인터뷰나 기타 요구사항 수집 방법을 통해 고객의 의도를 파악하고 계획을 위한 자료로 활용한다. 여기서 개발자는 제품의 성능, 기능을 비롯한 시스템의 목표를 규명하고 제약 조건을 파악한다. 특히 목표와 제약 조건에 대한 여러 대안들을 고려하고 평가함으로써 프로젝트 위험의 원인을 규명할 수 있다.

- **위험 분석 단계**: 초기의 요구사항을 토대로 위험을 규명한다. 위험을 정확히 정의한다는 것은 매우 어려운 작업이지만 잘못될 가능성을 미리 예측하여 위험을 최소화해야 한다. 개발하려는 시스템의 기술적 위험, 정보의 부족 등을 예측하고, 여러 위험 제거 기법을 통해 위험을 방지한다. 위험에 대한 평가가 이루어지면 프로젝트를 계속 진행할 것인지 아니면 중단할 것인지를 결정한다.
- **개발 단계**: 시스템에 대한 생명주기 모델을 선택하거나 원형 또는 최종적인 제품을 만드는 단계이다. 즉 어떠한 모델을 적용하여 시스템을 개발할 것인가를 결정한다. 만약 사용자 인터페이스가 중요하다면 원형 모델을, 시스템 통합에 위험이 존재하거나 요구사항을 잘 이해했다면 폭포수 모델을 적용할 수 있다. 그 외에 컴퓨터 시스템의 성능 측정을 위해 표준적으로 마련된 프로그램들을 실행시켜 그 수행 속도로 성능을 평가하는 벤치마크나 시뮬레이션을 통한 요구사항의 세분화도 고려할 수 있다.
- **고객 평가 단계**: 앞 단계에서 구현된 소프트웨어를 고객이나 사용자가 평가한다. 고객이 평가하는 대상은 시뮬레이션 모델이나 원형 또는 실제 시스템일 수 있다. 따라서 이 단계에서는 고객의 피드백을 얻는 데 요구되는 여러 작업을 포함하며 다음 단계에 고객의 평가를 반영할 수 있는 자료를 획득할 수 있다.

이 모델은 고비용의 시스템 개발이나 시간이 많이 소요되는 큰 시스템 구축 시 효과적이다. 대규모 시스템에 나선형 모델이 적합한 이유는 시스템이 개발 생명주기 진행에 따라 개발되므로 개발자나 고객이 각 전개 과정에 따른 위험을 잘 파악하여 대처할 수 있기 때문이다. 즉 프로젝트의 모든 단계에서 기술적인 위험을 직접 고려할 수 있어 사전에 위험을 감소시킬 수 있다. 또한 각 단계에서 적당한 테스팅이 이루어져 개발 과정에서 발생하는 많은 문제점의 해결 방안이 마련되기 때문에 테스팅에 소비되는 많은 비용이나 제품의 개발이 늦어지는 등의 문제를 해결할 수 있다.

하지만 나선형 모델도 몇 가지 한계점을 가지고 있다. 이 모델이 위험을 조정하는 데 있어 강한 장점을 가지고 있는 반면에 그것이 약점으로 작용할 수도 있다. 만약 개발자가 위험을 파악하는 기술이 부족하거나 위험을 정확하게 분석하지 못했다면 심각한 문제를 야기할 수 있다. 또한 비교적 새로운 접근 방법이고 폭포수 모델이나 원형 모델보다 상대적으로 복잡하여 프로젝트 관리 자체를 어렵게 할 수 있다.

2-4 소프트웨어 개발 방법론

소프트웨어 개발 생명 주기가 전체적인 큰 흐름을 나타낸 것이라면, 소프트웨어 개발 방법론은 큰 흐름과 더불어 각 단계에서의 방법과 활동들을 포함하고 있는 보다 상세하고 구체적인 프로세스들의 집합이다.

2.4.1 UP(Unified Process)

UP는 Jacobson, Booch, Rumbaugh에 의해 1999년에 개발된 객체지향 소프트웨어 개발 방법론이다. IBM사가 소유하고 있는 RUP(Rational Unified Process)와 거의 혼용되어 쓰이고 있는데, RUP는 상업용 제품으로 판매되고 있기 때문에, 여기서는 일반적인 개념인 UP에 대해 설명하기로 한다.

(1) UP의 특징

■ **UP는 반복적(Iterative)이고 점진적(Incremental)인 개발 방법이다.**

UP는 [그림 2-11]과 같이 여러 번의 반복(Iteration)을 거치며 수행된다. 각각의 반복은 요구사항, 분석, 설계, 구현 그리고 평가 과정을 포함하고 있어 자체로서도 하나의 개발주기를 이룬다. 이러한 반복적인 개발 방법에서는 반복마다 실행 가능한 릴리즈(Release)가 산출되고, 반복이 거듭될수록 향상되어 결국 최종 시스템으로 발전된다.

■ **유스케이스(Use Case)를 기반으로 한다.**

UP는 요구사항을 식별하고 정의하는데 UML의 유스케이스를 사용한다. 시스템의 기능적 요구사항들을 유스케이스를 통해 파악하고 기록하며, 프로젝트 전 과정을 통해 참조 하도록 한다.

유스케이스에 관한 자세한 사항은 4장을 참조하기 바란다.

■ **아키텍처 중심의 개발을 지향한다.**

시스템 전체의 아키텍처(Architecture)는 프로젝트 참여자들에게 최종 산출물의 모습을 인지하게 하고, 상세 설계와 개발의 중심역할을 한다. 하나의 아키텍처로 전체 시스템의 모습을 표현하기 힘든 경우에는 다양한 관점에서의 아키텍처를 개발할 필요가 있다.

■ 위험 관리를 중시한다.

프로젝트의 성공에 장애가 될 수 있는 위험요소들을 파악하고, 위험도가 높은 것일수록 프로젝트 초기에 처리 방안을 찾아 해결하도록 한다.

(2) UP의 개발활동

UP에서의 여러 개의 반복 프로세스는 [그림 2-11]처럼 4개의 범주로 분류 된다. 가로축은 시간의 흐름을 의미하고 세로축은 특정 시간대에서 수행해야 할 액티비티(Activity)를 의미한다. [그림 2-11]에서 가로축을 통해 소프트웨어 개발주기가 여러 번의 반복으로 이루어져 있는 것을 확인할 수 있고, 세로축에 있는 워크플로우(Workflow)가 반복 진행됨에 따라 각기 얼마만큼의 비중으로 수행되어야 하는가를 확인할 수 있다.

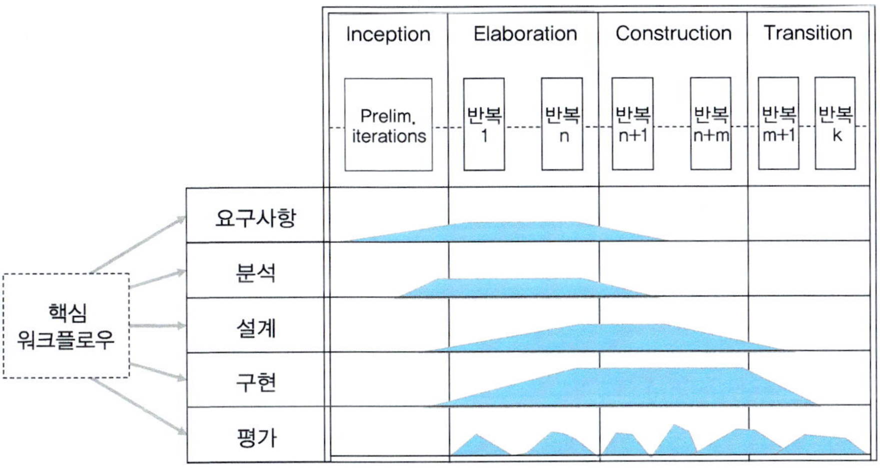

그림 2-11 UP의 핵심 워크플로우와 페이즈

■ 도입(Inception)

도입은 소프트웨어 개발에 관련된 사람들(고객, 사용자 등)과 개발을 준비하는 단계이다. 이 단계에서는 [그림 2-12]와 같이 요구사항 관련 작업의 비중이 크게 나타난다. 프로젝트의 목표와 실현 가능성에 대해 파악하고, 대략적인 비용 평가를 통해 프로젝트의 개발 여부를 결정하는 등 전체 요구사항을 이해하는데 중점을 둔다.

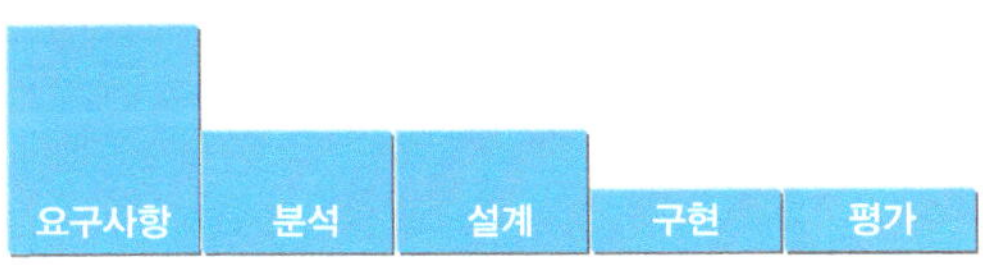

그림 2-12 도입단계의 반복 워크플로우

도입단계의 분석활동은 유스케이스와 액터 정도로 나타낸 유스케이스 다이어그램을 개발한다. 이 단계에서의 구현 및 평가활동은 몇 가지 중요한 요구사항을 분명히 하기 위한 프로토타입을 개발하는 정도로 다른 활동에 비해 상대적으로 비중이 낮다.

■ 상세(Elaboration)

상세는 대부분의 요구사항들과 개발 시스템에 대한 기본적인 아키텍처가 작성되는 단계이다. 이 단계에서는 [그림 2-13]과 같이 요구사항, 분석 그리고 아키텍처 확정을 위한 설계 관련 작업의 비중이 크게 나타난다. 또한 시스템 구성에 관련된 위험 요소를 식별하고 이를 완화하는데 중점을 둔다.

그림 2-13 상세단계의 반복 워크플로우

상세단계의 분석활동은 전반적인 요구사항을 정의하기 위해 개발할 기능의 대부분을 유스케이스로 작성하며, 설계활동은 실행 가능한 수준의 아키텍처를 구성한다. 또한 구축단계에 대한 프로젝트 계획을 상세히 작성한다. 구현 및 평가 활동은 시스템의 중요한 기능에 대해서만 이루어진다.

■ 구축(Construction)

구축은 설계를 기반으로 시스템을 구축하는 단계이다. 이 단계에서는 [그림 2-14]와 같이 전반적으로 시스템을 구현하고 평가하는 작업의 비중이 크게 나타난다.

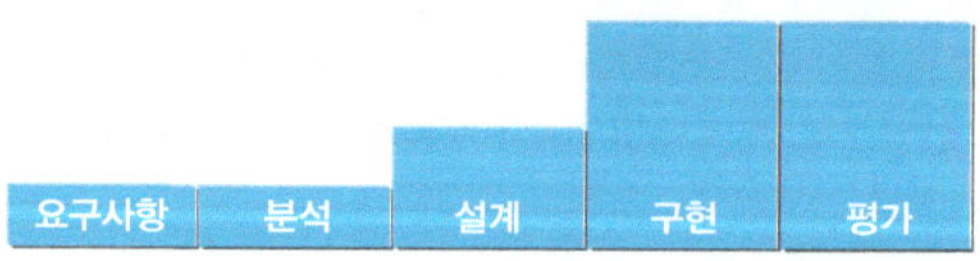

그림 2-14 구축단계의 반복 워크플로우

이 단계에서는 사용자에게 인도가 가능한 시스템을 구현하게 되므로, 시스템에 필요한 모든 컴포넌트(Component) 및 기능 등이 개발되고 평가된다.

■ 이행(Transition)

이행은 제품의 완성 단계이다. 이 단계에서는 [그림 2-15]와 같이 설계, 구현 그리고 평가활동의 비중이 크게 나타난다. 때문에 시스템 개발을 완료하고 그에 따른 품질을 보장하여 사용자에게 제품을 인도하는데 중점을 둔다.

그림 2-15 이행단계의 반복 워크플로우

이 단계에서는 완성된 시스템 및 산출물을 사용자에게 인도하기 위하여 사용자 환경에서 인수테스트가 수행되고 시스템에 대한 사용자 교육 및 훈련이 수행된다.

(3) UP의 개발활동 예제

UP의 개발활동을 다음의 예제를 통해 살펴보자. UP 개발방법론으로 진행 될 이 프로젝트는 4개월 동안 수행되는 것으로, 쇼핑몰 웹사이트를 개발한다.

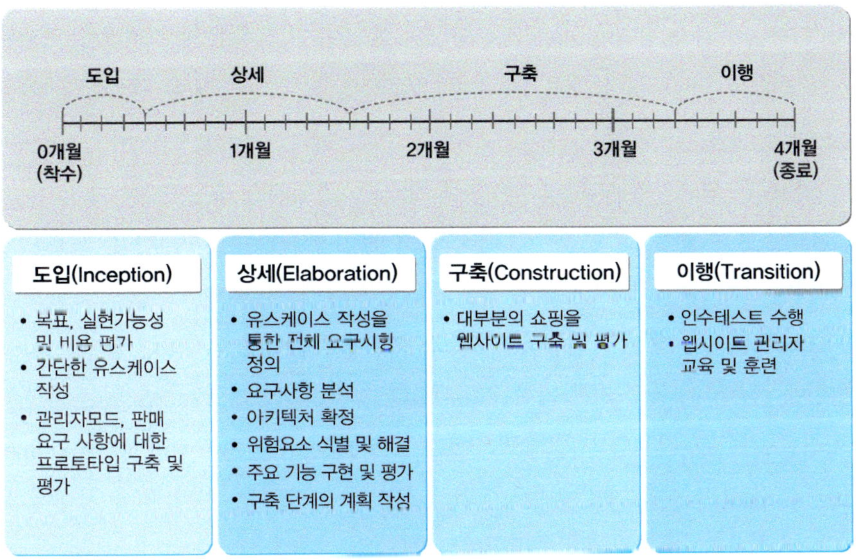

그림 2-16 UP를 통한 쇼핑몰 웹사이트 개발

[그림 2-16]과 같이 이 프로젝트는 약 2주 정도의 도입단계, 4주 정도의 상세단계, 8주 정도의 구축 계 그리고 3주 정도의 이행단계를 거쳐 프로젝트를 종료할 계획이다.

도입단계에서는 쇼핑몰 웹사이트의 목표인 온라인 판매활동에 대해 분석하고 개발하고자 하는 관리자 모드, 판매, 결제, 배송 등의 요구사항이 실현 가능한지를 평가한다. 또한 요구사항에 대한 전반적인 이해를 돕기 위해 유스케이스를 간단히 작성하고, 주요 요구사항인 관리자 모드와 판매 요구사항에 대한 프로토타입을 구축하고 평가한다.

상세단계에서는 전체 요구사항을 정의 및 분석하고 아키텍처를 정의하여 쇼핑몰 웹사이트에 대한 구조를 확정하고 평가한다. 또한 위험 요소를 식별하여 완화시키는 노력을 한다.

구축단계에서는 상세 단계에서 구성된 쇼핑몰 웹사이트 아키텍처를 구현하는 단계로 관리자 모드, 판매, 결제, 배송 등의 기능이 각각 짧은 반복을 통해 구축되고, 각 반복이 종료될 때 마다 실행 가능한 기능이 결과물로 나타난다.

마지막 이행단계에서는 구축된 쇼핑몰 웹사이트를 고객의 사용 환경에서 평가하고 담당자에 대한 교육 및 훈련을 실시한다.

2.4.2 XP(eXtreme Programming)

Agile(경량, 기민한) 프로세스 지지자들은 프로세스 중심의 개발방법론들이 실제 문제 해결보다는 그 외의 작업에 많은 시간과 노력을 요구하기 때문에 오히려 프로젝트의 성공에 방해가 된다고 주장하며, 2001년에 'Agile연합'이라는 모임을 결성했다. 이들은 소프트웨어 개발 프로젝트 수행 시 발생하는 어려움을 극복하고자 'Agile 소프트웨어 개발 선언문'을 발표하였는데, 그 선언문의 내용은 '가볍지만 충분한'이라는 원칙을 가진 Agile 소프트웨어 개발방법론의 가치와 원칙을 제시하는 것이었다[7]. 프로세스와 도구보다는 개인과의 상호작용을 중요시하고 문서화에 집중하기 보다는 제대로 동작하는 소프트웨어의 개발에 집중하며, 고객과의 계약 협상에 집중하기 보다는 고객과의 협력에 집중하는 등의 기본 가치를 내세웠다.

이러한 가치를 적용한 개발방법론에는 XP, Adaptive Software Development, Scrum, Crystal 등 여러 개발방법론이 있다. XP는 이러한 개발 방법론 중 국내에 가장 많이 소개된 Agile 소프트웨어 개발방법론이다.

(1) XP의 특징

1990년대 초, Kent Beck이 창시한 XP는 '고객의 요구사항은 변경된다.'는 가정으로 두고, 여러 번의 '릴리즈(Release)'및 '반복(Iteration)'을 통해 고객의 피드백을 수용해야함을 주장한다. 이를 위해 고객과 개발팀이 함께 상주하여 필요한 경우 언제라도 커뮤니케이션(Communication)이 가능해야 한다고 주장한다. 일반적으로는 적은 수의 개발자로 구성된 웹 기반 소프트웨어 개발 팀에 적합한 개발방법론이라고 할 수 있다[8].

XP에서는 고유의 용어들을 사용하고 있는데, 이 중 가장 먼저 눈에 띄는 것이 스토리(Story)이다. 고객의 요구사항을 스토리 혹은 사용자 스토리(User Story)라고 하는데, 이는 사용자 관점에서 보는 시스템의 기능에 대한 짧은 설명이다. 이것은 [그림 2-17]과 같이 고객이 작성하는 것으로, 4 × 6cm 혹은 5 × 8cm 정도 크기의 백지로 된 카드에 몇 줄로 간결하게 각각의 스토리를 작성하게 된다[8]. 이 스토리는 개발자가 1주일 이내에 대략적인 구현이 가능한지에 대한 가늠이 가능할 정도로 단순해야 한다.

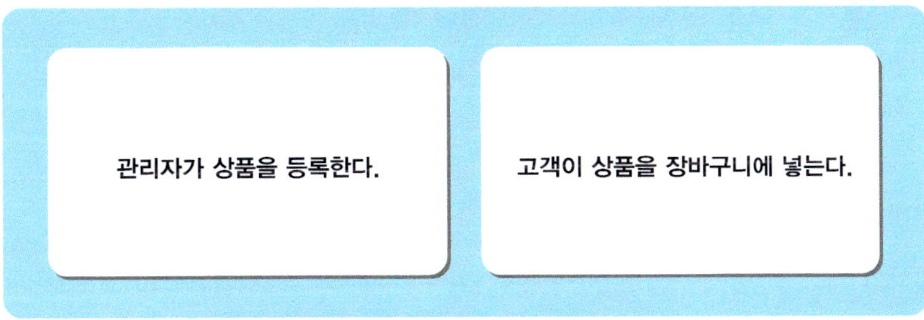

그림 2-17 스토리가 작성된 카드의 예

XP에서 다루어지는 용어들을 몇 가지 더 정리해 보면 [표 2-2]와 같다.

표 2-2 XP 용어

용어	설명
스토리(Story)	고객이 직접 작성하는 사용자 요구사항
스토리 추정	개발자가 고객이 제시한 스토리가 어느 정도의 난이도 또는 기간인지를 결정하는 것
릴리즈(Release)	고객에게 구현된 제품을 배포 하는 것
반복(Iteration)	하나의 릴리즈 안에 반복되는 작업
드라이버(Driver)	짝 프로그래밍에서 키보드를 치면서 코드를 작성하는 사람
파트너(Partner)	짝 프로그래밍에서 드라이버를 도와 코드의 구조 및 결함에 대한 조언을 하는 사람

XP에서는 [표 2-3]과 같이 개발자, 관리자 그리고 고객으로 역할이 구분된다. 개발자는 고객의 요구사항인 스토리의 난이도를 결정하여 소프트웨어를 설계, 구현 및 테

스트를 한다. 관리자는 개발 활동에 직접적으로 관여하지는 않으나 개발 활동을 지시하며 이에 대한 정리 및 결과보고 활동을 함으로써 개발자 앞에 놓인 개발 이외의 장애물을 제거해준다. 고객은 개발팀과 함께 상주하면서 요구사항인 스토리를 제출하고 스토리의 구현 순서를 결정하며 구현된 스토리에 대해 인수테스트를 실시한다.

표 2-3 XP에서의 역할

역할	활동
개발자	• 스토리 난이도 추정 • 소프트웨어 설계, 구현, 테스트 실시
관리자	• 개발자 앞에 놓인 개발 이외의 장애물 제거 • 개발 활동에 직접 관여하지 않고 개발 활동을 지시, 정리 및 결과 보고
고객	• 스토리를 제출하고, 스토리 구현 순서를 결정 • 구현된 스토리의 인수 테스트 실시 • 개발팀과 함께 상주

(2) XP의 개발활동

XP에서의 개발활동은 [그림 2-18]과 같이 고객으로부터 스토리를 받는 것으로 시작된다. 스토리를 기반으로 개발자와 고객은 스토리 추정을 통하여 전체 프로젝트가 몇 번의 릴리즈로 구성될 것인지 등에 대한 계획을 수립한다.

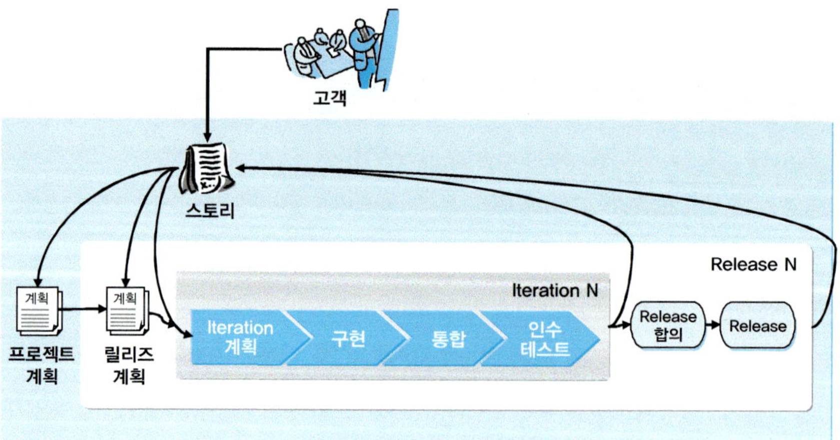

그림 2-18 XP 프로세스

나의 릴리즈 시작 시에는 해당 릴리즈에서 개발될 스토리가 결정되고, 해당 릴리즈가 몇 번의 반복을 거칠 것인가를 결정한다. 하나의 반복은 계획, 구현, 통합, 테스트의 태스크(Task)로 이루어진다. 즉, 전체 태스크가 종료되면 해당 반복의 하나의 스토리가 종료되는 것이고, 전체 반복이 종료되면 해당 릴리즈 하나가 종료된다.

하나의 반복에서는 어느 개발자가 어느 스토리를 구현할 것인지에 대해 결정하며, 구현 시에는 짝 프로그래밍을 통한 구현과 단위 테스트가 수행된다. 이후 구현된 부분을 전체 시스템에 통합하는 과정을 거쳐 전체 시스템의 테스트를 수행하고 마지막으로 고객의 인수테스트를 수행한다.

(3) XP의 개발활동 예제

XP의 개발활동을 다음의 예제를 통해 살펴보자. XP 개발방법론으로 진행될 이 프로젝트는 3개월 동안 수행되는 것으로 쇼핑몰 웹사이트를 개발한다.

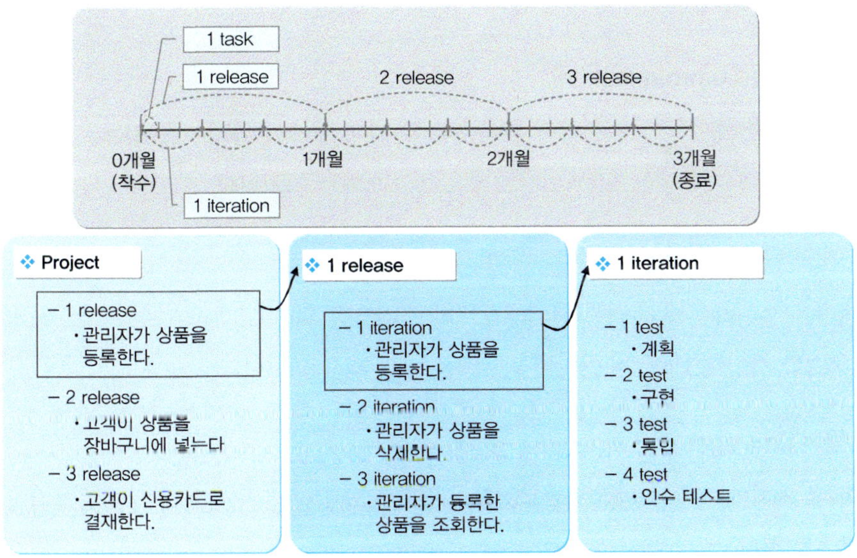

그림 2-19 XP를 통한 쇼핑몰 웹사이트 개발

[그림 2-19]와 같이 이 프로젝트의 계획을 간단히 살펴보면, 3개월의 기간 동안 3번의 릴리즈를 할 계획이다. 첫 번째 릴리즈에서는 우선순위가 높은 스토리인 '쇼핑몰 웹사이트의 관리자 기능'을 개발한다(여기서 스토리 우선순위는 가정임). 두 번째 릴리즈에서는 다음으로 우선순위가 높은 '고객이 상품을 구매할 수 있는 기능'을 개발한다. 마지막 릴리즈에서는 '고객이 주문한 상품을 결제할 수 있는 기능'을 개발한다.

첫 번째 릴리즈를 구체적으로 살펴보면, 3번의 반복을 거칠 계획으로 첫 번째로 관리자가 상품을 등록하는 스토리를 개발하고 두 번째로 관리자가 상품을 삭제하는 스토리를 구현하며, 마지막으로 관리자가 등록된 상품을 조회하는 스토리를 구현하는 것으로 릴리즈를 종료할 계획이다. 여기서 첫 번째 반복은 하나의 스토리를 직접적으로 개발하는 계획, 구현, 통합 그리고 인수테스트의 태스크로 이루어진다.

(4) XP의 가치 및 실천사항

XP는 '가볍지만 충분한' 개발을 위해 지켜야 할 5가지 가치(Value) 및 13가지의 실천사항(Practice)을 제시하고 있다. 5가지의 가치는 다음과 같은 의미를 가진다[8].

■ 단순성(Simplicity)

요구사항 정의 및 명세, 상위 및 하위 설계 등과 같이 설계를 위한 많은 양의 문서를 작성하여야 하는 다른 개발방법론과는 달리, 시스템 구조에 대한 큰 그림에 대해 개발팀이 합의한 후 구현하여 설계의 단순함을 실현하는 가치이다.

■ 의사소통(Communication)

고객 및 동료 개발자와의 원활한 의사소통을 위해 고객이 항상 개발팀에 상주하여야 하며 문서보다는 구두에 의한 의사소통을 중요시하는 가치이다.

■ 피드백(Feedback)

개발자가 수행하는 지속적인 단위테스트와 릴리즈를 위한 고객의 인수테스트 시 발견된 부적합 사항에 대해, 개발팀이 피드백을 받는 것을 의미한다.

■ 용기(Courage)

위의 세 가지 가치들을 꾸준히 이행할 수 있도록 개발팀이 가져야 하는 마음가짐의 가치를 의미한다.

■ 존중(Respect)

프로젝트에 참여하는 모든 사람이 프로젝트에 기여함을 인정하고 존중하는 것을 의미한다.

이러한 가치를 중심으로 중요시 여겨지는 13가지의 실천사항은 다음과 같다.

■ **계획 게임(The Planning Game)**

일반적인 프로젝트에서는 프로젝트 초기에 고객의 요구사항을 바탕으로 전체 일정을 정의하는 것과 달리 프로젝트 시작 시 고객의 스토리를 바탕으로 몇 번의 릴리즈와 반복을 할 것인지 결정을 하고, 매 릴리즈와 반복의 시작 시 구현해야 하는 스토리를 고객과 개발팀이 함께 결정하는 것을 말한다.

■ **짧은 릴리즈 주기(Small Release)**

프로젝트 종료 후 전체 시스템을 고객에게 인도하는 것과는 달리, 프로젝트를 몇 번의 릴리즈와 반복으로 나누고, 각 반복의 종료마다 완성된 시스템을 고객에게 인도하고 고객의 피드백을 받음으로써 프로젝트가 의도된 방향에서 벗어나는 것을 방지하는 것이다. 앞서 살펴본 [그림 2-19]의 예제는 반복 종료 후 각 반복에서 구현한 스토리들을 고객에게 인도함으로써 '짧은 배포 주기'실천사항을 수행한다.

■ **메타포(Metaphor)**

전체 시스템을 대상으로 사용할 수 있는 상징적인 내용을 찾음으로써 개발팀이 시스템에 대해 쉽게 이해하여 단순한 설계를 가능하도록 한다. 예를 들어 앞서 살펴본 [그림 2-19]와 같은 쇼핑몰 웹사이트를 개발할 경우의 메타포는 실생활의 슈퍼마켓에서 진열된 상품들을 장바구니에 담고 계산대에서 결제하는 것으로 생각할 수 있다. 이로써 개발팀은 자신의 실제경험에 비추어 쇼핑몰 웹사이트 구축에 대한 시각을 가짐으로, 설계를 구상하는 것이 단순해지고 시스템의 동작을 쉽게 이해할 수 있다.

■ **단순 설계(Simple Design)**

일반적인 개발에서 설계서의 작성 완료 후 구현하는 것과 달리 현재 구현하는 스토리에 필요한 부분만 설계하는 것을 의미한다.

■ **테스트 우선 개발(Test-First Development)**

스토리를 명확히 이해하고 결함이 없는 코드를 작성하기 위하여 테스트케이스(테스트 코드)를 구현 전에 작성하는 것이다. 일반적으로 테스트 우선 개발을 위해서 Junit과 같은 테스트 프레임워크를 사용한다.

■ **리팩토링(Refactoring)**

이미 구현한 코드에 대해서 개선이 필요할 경우 개발 기간 중 언제라도 코드를 수정하고 개선하여 코드의 품질을 높이는 것이다.

■ 짝 프로그래밍(Pair Programming)

드라이버 혹은 파트너 역할을 가진 2명의 개발자가 한 팀이 되어 코드를 구현하는 것을 말한다. 드라이버는 코드를 직접 작성하는 역할을 담당하며, 파트너는 드라이버의 실수 방지를 위해 조언 및 리뷰를 담당한다. 이를 통해 코드의 결함률을 낮추고 코드 구조를 명확히 한다.

■ 코드 공동 소유(Collective Code Ownership)

작성된 코드에 대해 개발 팀 모두가 책임을 가지는 것이다. 앞서 언급한 리팩토링의 경우에도 개발자 자신이 구현한 코드가 아니더라도 코드 공동 소유의 실천사항에 의해 다른 개발자가 코드를 수정 및 개선 할 수 있다.

■ 지속적인 통합(Continuous Integration)

개발자가 구현한 단위시스템을 지속적으로 전체 시스템에 통합하는 것이다.

■ 주당 40시간 작업(40 Hour Week)

개발자가 최적의 상태에서 개발할 수 있도록 야근 등의 추가 작업을 하지 않고 일과 시간에만 개발을 하는 것을 말한다.

■ 고객의 참여(On Site Customer)

요구사항에 대한 원활한 소통을 위해 고객이 개발팀에 상주하는 것이다.

■ 코딩 표준(Coding Standard)

효과적인 공동 작업을 위하여 개발 팀이 코딩할 때 지켜야 하는 띄어쓰기 규칙과 변수, 메소드 등의 명명 규칙을 정하는 것이다. 이를 통해 '코드 공동 소유'의 실천사항을 수행하는데 도움이 된다.

■ 전체 팀(Whole Team)

원활한 의사소통을 위해 프로젝트에 참여하는 대부분의 사람들이 같은 공간에서 함께 개발하도록 하는 것을 의미한다.

지금까지 XP에 대한 개념 및 특징에 대하여 살펴보았다. XP 역시 우수 사례(Best Practice)를 바탕으로 개발된 방법론이기 때문에 모든 것을 따르려고 노력하기 보다는 자신의 조직 및 프로젝트 특성에 적합한 부분을 선별해서 적용하는 것이 중요하다.

2.4.3 마르미(MaRMI: Magic and Robust Methodology Integrated)

마르미는 한국전자통신연구원(ETRI: Electronics and Telecommunications Research Institute)의 소프트웨어 공학 연구팀에서 국내 여건을 반영하여 개발한 한국형 소프트웨어 개발 방법론이다.

이는 1994년 처음으로 개발된 마르미를 시작으로, 마르미-II, 마르미-III 그리고 마르미-RE까지 발표되는 과정에서 특징이나 구성 등에 많은 변화가 있었는데, 이에 대해 간단히 살펴보자.

(1) 마르미

1994년부터 1997년까지 개발된 최초의 마르미는 구조적방법의 소프트웨어 개발을 지원하는 방법론으로, 관련 국제 표준인 ISO12207을 수용하여 개발 프로세스를 계층화하고 상세화 한 정보시스템 구축 방법론이다. 또한 개발과 관리를 결합하고 산출물을 간소화하여 개발 조직이 체계적으로 소프트웨어를 개발 및 관리할 수 있도록 하는 것이 특징이다[10].

(2) 마르미-II

1995년부터 1998년까지 개발된 마르미-II는 이전의 마르미와는 달리 UML기반 객체지향 시스템 개발을 지원하는 방법론이다. 이는 UML, 반복적이고 점진적인 개발 프로세스 그리고 위험 관리 등에 대한 방안을 실제 소프트웨어 개발 현장에서 활용할 수 있는 실용적인 방법으로 제시하고 있으며, 개발 절차를 4단계, 25활동, 77작업으로 구성하여 구체적이고 상세하게 제공한다.

이에 관련된 상세한 내용은 부록을 참조하기 바란다.

(3) 마르미-III

1999년에는 선제 소프트웨어를 이루는 여러 컴포넌트를 먼저 개발하고 이들을 조립하여 하나의 소프트웨어를 개발하는 컴포넌트 기반의 소프트웨어 개발(CBD: Component Based Development)을 지원하는 마르미-III의 개발이 시작되었다. 이는 처음으로 발표한 공개 버전 1.0과 J2EE까지 지원하는 버전 2.0, 그리고 .NET을 추가로 지원하는 버전 3.0에 이어, 2003년에는 웹서비스 기반 개발 방법의 지침을 보강한 버전 4.0을 마르미-III 시리즈의 최종버전으로 발표하였다[11].

이에 관련된 상세한 내용은 부록을 참조하기 바란다.

(4) 마르미-RE

2003년 마르미-III 버전 4.0과 함께 발표된 마르미-RE는 코볼 등의 프로그래밍 언어로 개발된 소프트웨어를 재활용하여 컴포넌트 기반의 소프트웨어로 변환함으로써, 신규 시스템 개발 시 기존의 주요 부분들을 체계적으로 활용하도록 하는 '재공학(Re-Engineering)'에 필요한 지침을 제공하는 방법론이다[11][12].

02 연습문제

1. 소프트웨어 개발 생명주기의 역할은 무엇인가?

2. 소프트웨어 개발 생명주기 단계 중 가장 오랜 시간이 걸리며, 대부분의 비용을 차지하는 단계는 무엇인가?

3. 소프트웨어 개발 생명주기 중 폭포수 모델(Waterfall Model)의 개발 단계를 표현하라.

4. 폭포수 모델에 대하여 설명하라.

5. 실제 상황이 나오기 전에 가상으로 시뮬레이션을 통해 최종 결과물에 대한 예측을 할 수 있는 소프트웨어 개발 생명 주기는 무엇인가?

6. 원형 모델의 가장 큰 장점은 무엇인가?

7. 원형 모델의 개발에 필요한 작업을 순서대로 표현하라.

8. 나선형 모델에 대하여 설명하라.

9. 나선형 모델의 태스크(Task)를 나열하라.

10. Jacobson, Booch, Rumbaugh에 의해 1999년에 개발된 객체지향 소프트웨어 개발 방법론인 UP(Unified Process)의 특징을 나열하라.

11. XP(eXtreme Programming)는 어떠한 방법론인가?

12. XP에서 고객의 요구사항을 무엇이라 하는가?

13. 한국전자통신연구원의 소프트웨어 공학 연구팀에서 국내 여건을 반영하여 개발한 한국형 소프트웨어 개발 방법론은 무엇인가?

팀 프로젝트 (3주차)

이번 주 할 일

일자	본문 목차	본문 내용	프로젝트 활동	제출물
1주		과목 소개	프로젝트 소개	
2주	1장	S/W와 SE	1차 팀 구성	
3주	2장	생명주기	2차 팀 구성	
4주	3장	프로젝트	제안서	완성된 팀 구성
5주		제안서 발표		제안서
6주	4장	요구사항	요구사항 명세서	
7주	5장	계획(1)		요구사항 명세서
8주	중간고사			
9주	5장	계획(2)	계획서	
10주	6장	위험관리		계획서
11주	7장	설계	설계서	
12주	8장	V&V(1)		설계서
13주	8장	V&V(2)	테스트 결과 보고서	
14주		프로젝트 발표		테스트 결과 보고서
15주	9장	형상관리		최종 보고서
16주	기말고사			

이번 주 팀 프로젝트 활동은 지난주에 구성하였던 팀 구성을 완성시킨다. 1장에서 언급하였듯이, 3~4명의 팀원을 구성하고 팀장을 선출해 앞으로 진행할 프로젝트의 고정된 구성원을 만든다.

이번 주에 만들어진 팀 구성은 이 프로젝트가 끝날 때까지 함께 해야 한다. 팀장은 팀원의 명단과 간단한 신원을 작성하여 제출하도록 한다.

참고문헌

[1] Mary Beth Chrissis, Mike Konrad, Sandy Shrum, "CMMI®2/e", Addison- Wesley, 2006

[2] 한/카네기멜론대학 기술교류협회, "최신 소프트웨어 공학기법", Vi.I. LAND, 2002

[3] Wikipedia, http://en.wikipedia.org

[4] Stephen R. Schach 저, 유해영 역, "구조적 소프트웨어 공학과 객체-지향 소프트웨어 공학", 이한출판사, 2001

[5] 김수동, "소프트웨어 공학(실무자를 위한)", 에드텍, 1999

[6] Roser S. Pressman, "Software Engineering a Practitioner's Approach 5/e", McGraw-Hill Higher Education, 2001

[7] Alistair Cockburn, "Agile Software Development", Addison-Wesley, 2002

[8] Ron Jeffries, Ann Anderson, Chet Handrickson, "Extreme Programming Installed", Addsion-Wesley, 2002

[9] 한혁수, 한동준, "애자일(Agile) 개발에서의 형상 관리 프로세스 적용", 제28회 한국정보처리학회 제14권 제2호, 2007

[10] 김진삼, "마르미-II 개발방법론", 한국전자통신연구원, 2001

[11] ETRI보도자료, "ETRI, S/W 개발방법론 '마르미-III 4.0'및 재공학 방법론 '마르미-RE'개발", 2003.10

[12] 전자신문, "ETRI SW개발방법론 마르미RE 개발", 2004. 3

PART

2

소프트웨어 프로젝트

CHAPTER

3

프로젝트 관리

프로젝트란? (What is a project?)

- "프로젝트는 유일한 제품이나 서비스를 만들기 위해 수행되어야 할 일시적인 행동(A project is a temporary endeavor undertaken to create a unique product or service)"

프로젝트 관리란? (What is project management?)

- "프로젝트의 요구사항을 만족시키기 위해 지식, 기술, 툴 및 기법을 프로젝트 활동에 적용하는 것(The application of knowledge, skills, tools, and techniques to project activities to meet project requirements.)"

— by PMBOK (Project Management Body of Knowledge)

프로젝트는 우리가 사용하는 아주 흔한 단어이다. 새로운 것을 만들어 내거나 힘든 문제를 해결하기 위해 치밀한 계획을 세우고 이에 따라 행동한다면, 이 때 주로 프로젝트란 용어를 사용한다. "신제품 개발 프로젝트", "스타 만들기 프로젝트", "이미지 변신 프로젝트" 등이 그 예가 될 수 있다.

무언가 쉬워 보이고 늘 하는 작업에는 프로젝트라는 단어를 붙이지 않는다. 중요하고 어렵다는 의미를 포함하고 있기 때문에, 프로젝트가 끝나고 나면 "성공" 또는 "실패"라는 결과가 관심의 대상이 된다.

프로젝트는 기간으로 분류해 볼 때, 짧게는 몇 달부터 길게는 몇 십 년이 걸리는 것도 있다. 또한 참여 인원으로 분류해 보아도 몇 명이 참여하는 프로젝트와 몇 백 명이 참여하는 프로젝트도 있다. 비용도 마찬가지이다. 프로젝트 기간이 길수록 참여 인원이 많을수록 비용과 그 실패의 위험도 크다. 모든 프로젝트에는 언제 발생할지 모르는 위험 요소들이 자리 잡고 있는데, 프로젝트가 복잡해질수록 이러한 위험 요소는 더욱 커지는 것이다.

모든 프로젝트에는 책임자가 있다. 이 사람을 프로젝트 관리자(PM: Project Manager)라고 부른다. 프로젝트 성공에 프로젝트 관리자의 역할은 매우 중요하다. 경험이 풍부하고 훌륭한 리더로서의 자질을 갖춘 프로젝트 관리자는 프로젝트의 성공 요소들을 활용하고 위험 요소들에 적절한 대책을 세워가며 프로젝트를 훌륭히 이끌어 낸다.

3-1 프로젝트의 정의

프로젝트와 관련된 대표적인 문서로는 PMBOK(Project Management Body of Knowledge)이 있다. 이 문서는 세계적으로 프로젝트와 관련된 표준으로 자리 잡고 있기 때문에 모든 프로젝트 관련 내용은 이 문서에 근거하는 것이 일반적이다.

PMBOK에서는 프로젝트를 다음과 같이 정의하고 있다.

> "프로젝트는 유일한 제품이나 서비스를 만들기 위해 수행되어야 할 일시적인 행동(A project is a temporary endeavor undertaken to create a unique product or service)"

이 정의에서 "일시적인(Temporary)"과 "유일한(Unique)"이라는 단어를 주목할 필요가 있다. "일시적인"이 아닌, 반복적이고 일상적인 작업은 프로젝트라고 부르지 않는 것이다. 또한 "유일한" 작업이 아닌 이미 했던 것과 똑같은 작업은 프로젝트라고 부르지 않는다. 정의에 나타난 이러한 특징들로 인해 프로젝트는 일상 업무(Operation)와 구분이 가능하다. 우리의 일상 업무는 같은 일의 반복이라고 볼 수 있기 때문이다.

프로젝트로 분류되는 작업들의 예를 살펴보면, 신제품 및 서비스 개발, 새로운 운송 수단의 설계, 빌딩 혹은 공장의 건설, 정치적인 목적으로 수행하는 캠페인 등이 있다.

특정 프로젝트는 목표와 기간 이외에도 비용, 관리자(PM), 참여자, 요구되는 기술 등의 구성 요소를 갖는다.

그림 3-1 프로젝트의 구성요소

3-2 소프트웨어 프로젝트

어떤 조직이나 개인이 소프트웨어의 도움 없이 하던 작업에 소프트웨어를 활용하기로 결정하면서 소프트웨어 개발의 첫 단계가 시작된다. 예를 들면, 문서로 보관하던 종업원 기록부를 전자 문서화하여 데이터베이스에 넣고, 원하는 정보를 쉽게 찾고 수정하기를 바라는 순간 인사 관리 소프트웨어에 대한 요구가 만들어 지는 것이다. 이렇게 소프트웨어가 필요한 조직은 요구사항에 맞는 소프트웨어를 획득(Acquire)하려고 한다.

이미 시중에 나와 있는 소프트웨어는 구입하면 되지만, 그렇지 않은 경우에는 개발을 해야 한다. 소프트웨어 개발을 직접 할 수 있는 능력을 갖추고 있지 않은 조직은 소프트웨어 개발 전문 업체에게 개발을 의뢰한다.

이 때 개발을 의뢰하는 조직이나 개인은 발주자(Acquirer)가 되고, 의뢰를 받는 조직이나 개인은 공급자 또는 수주자(Supplier)가 된다. 발주자를 고객(Customer)이라고 부르기도 하고 수주자를 개발자(Developer)라고 부르기도 한다.

소프트웨어의 개발은 발주자, 또는 고객이 요구사항을 주면 수주자로서, 즉 개발자가 그 요구사항에 맞는 소프트웨어를 개발하는 프로젝트이다.

그림 3-2 소프트웨어 프로젝트

소프트웨어 프로젝트의 프로세스를 좀 더 자세히 서술해 보면 다음과 같다.

● 소프트웨어 제품 구상

발주자는 원하는 소프트웨어 제품을 구상하고, 그 가치를 검증한다. 제품의 투자 대비 효과를 예측하고, 사업에 미치는 영향을 파악한다. 원하는 제품의 기능 요구사항, 성능 요구사항들을 정의한다.

● 소프트웨어 제안 요청서(RFP: Request for Proposal) 배포

제품을 자체 개발하지 않는 경우에는 개발 회사들에게 제안서를 작성하도록 하기 위한 제안 요청서를 발송한다.

제안서 제출

제품의 개발을 원하는 개발 회사들은 제안서를 작성하여 발주자에게 제출한다.

예) 일반적인 제안 요청서 양식

목차

Ⅰ. 프로젝트 개요

1. 프로젝트 명
2. 프로젝트 목적
3. 프로젝트 결과물
4. 프로젝트 내용
5. 특이 사항
6. 기 간
7. 비 용
8. 추진 일정

…

Ⅳ. 별지 서식

제안서 심사

여러 회사가 제안서를 제출하면 이미 정해진 기준에 따라 심사하여 수주자를 선정한다.

계약서 작성

일단 수주자가 선정되면 발주자와 수주자 사이에 계약이 체결된다.

예) 일반적인 계약서

소프트웨어 개발 계약서

한국 발주사(이하 "갑"이라 함)와 개발 코리아(이하 "을"이라 함)는 제 2조에 명시한 "소프트웨어 개발"의 관련 업무에 대하여 다음과 같이 계약을 체결한다.

— 다음

제 1조 계약의 목적

제 2조 계약 내용

제 3조 협조 사항

제 4조 계약 기간

제 5조 계약 금액

제 6조 사용 및 저작권한

제 7조 계약의 해지 및 통보

제 8조 비밀 유지의 의무와 손해배상

제 9조 기타

- **프로젝트 시작 및 수행**

계약이 완료되고 나면 수주자는 프로젝트를 시작한다. 완성이 될 때까지 마일스톤(Milestone: 이정표라는 뜻으로 소프트웨어 개발의 중요 시점을 말한다. 주요 마일스톤 시점으로는 요구사항 분석 종료, 설계 종료, 구현 종료 등이 있다) 별로 또는 발주자의 참여가 필요할 때 회의를 갖고 요구사항의 변경 같은 중요한 사항들을 협의한다.

- **프로젝트 종료 및 제품 인도**

소프트웨어 개발이 끝나고 나면 발주자의 인수 테스트를 거쳐 제품이 인도된다.

3-3 소프트웨어 프로젝트의 성공 요소

소프트웨어 공학 개론이나, 프로젝트 관리 세미나에서 주로 언급되는 내용 중에 하나는 소프트웨어 프로젝트의 성공률이 30% 정도라는 것이다. 낮은 프로젝트 성공률이 전하는 메시지는 소프트웨어 개발 프로젝트가 어렵다는 것이고, 이를 극복하기 위한 방법을 찾아야 한다는 것이다.

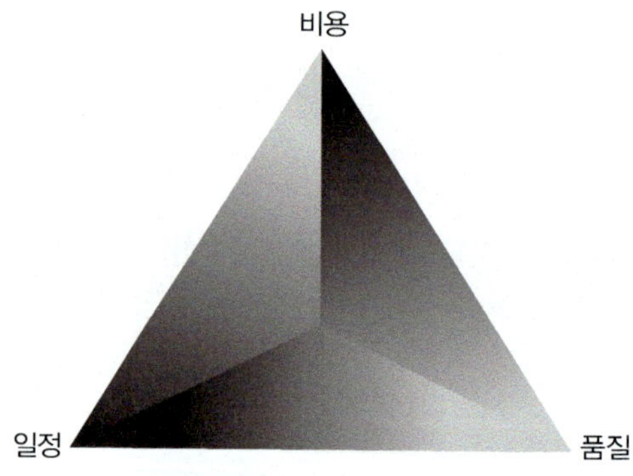

그림 3-3 프로젝트의 성공 요소

일본의 프로젝트 관리 전문가 Kentaro Ito는 "프로젝트는 왜 실패하는가?"라는 책에서 소프트웨어 프로젝트는 성공하는 것이 당연한 것인가, 실패하는 것이 당연한 것인가라는 질문을 던진다. 만약 성공하는 것이 당연하다면 성공률이 실패율보다 훨씬 높아야 하고, 실패하는 경우에는 프로젝트 관리자 및 참여자가 무엇인가 큰 실수를 했다는 방식으로 접근하게 된다. 하지만 소프트웨어 프로젝트처럼 성공률이 낮은 경우에는 실패하는 것이 일반적이라고 관점을 바꾸면, 실패한 담당자를 비난하기 보다는 실패를 줄이기 위한 많은 대책을 강구하게 되어 보다 나은 결과를 가져온다고 주장한다. 같은 개념을 자동차 사고에 적용해 보자. 자동차 사고는 발생하는 것이 정상인가? 그렇지 않은가? 만약 자동차 사고가 발생해서는 안 되는 것이라면, 사고를 낸 운전사는 큰 처벌을 받고, 운전면허증을 받는 것은 매우 어렵게 된다. 그러나 만약 자동차 사고가 발생할 수밖에 없다는 방식으로 접근하게 되면, 자동차 사고를 줄이기 위한 다양한 노력을 하게 되는 것이다. 교차로에는 경고문을 붙이고, 보이지 않는 길에는 거울을 설치하고, 또 사고가 났을 때 인명 피해를 줄이기 위해 에어백(Air Bag)을 설치하는 등의 작업을 하게 된다[1].

소프트웨어 프로젝트처럼 완벽한 요구사항 정의와 진도 확인이 어려운 프로젝트에서는 실패하는 것이 오히려 당연한지도 모른다. 이렇게 소프트웨어 프로젝트의 어려움을 인식하는 순간 우리는 그 대책을 준비한다. PMBOK을 개발한 이유도 많은 프로젝트 참여자들에게 프로젝트 관리에 도움이 되었다고 입증된 방안들을 지침서로 제공해 줌으로써, 실패를 줄이도록 하는 것이다.

3-4 소프트웨어 프로젝트의 잘못된 통념

프로젝트가 성공하기 위해서는 현실을 직시하는 것이 필요하다. 막연히 잘 될 것이라는 생각을 하는 순간에 프로젝트는 위험에 처하게 된다. 치밀한 준비와 관리가 얼마나 중요한가는 1911년에 있었던 남극 탐험이 좋은 예가 된다.

1911년 두 탐험대가 남극을 정복하겠다는 비전을 가지고 야심만만하게 길을 떠났다. 하나는 노르웨이의 로널드 아문센(Ronald Amundsen)이 이끄는 팀이었고, 또 하나는 영국의 로버트 팰콘 스코트 경(Sir Robert Falcon Scon)이 이끄는 팀이었다.

먼저 아문센은 에스키모들의 여행법과 남극 지역을 여행한 사람들의 경험담을 철저히 분석해서 탐험 장비와 루트를 연구했다. 그 결과, 모든 장비와 물품들을 에스키모개가 끄는 썰매로 운반함이 최상의 길임을 알아낸다.

탐험 대원들을 선발할 때도 개썰매를 모는 전문가들과 숙달된 스키어들을 모집하고, 과거의 성공 사례들을 분석하여 하루에 6시간씩 15~20마일 정도 움직이도록 계획을 짜고 힘든 일들은 개에게 시켰다. 또한 남극점까지 이르는 루트 곳곳에 중간 베이스캠프들을 세우고 물품들을 가득 채워 둠으로써, 실제 탐험대가 지고 가는 짐의 양을 최소한으로 줄일 수 있었다. 대원들의 체력을 고려하여, 복장이나 장비도 가장 가볍고 튼튼한 최상으로 갖추도록 했다. 이렇게 아주 작은 것까지도 사전에 철저히 준비한 덕분에, 아문센의 탐험대는 부상 없이 남극점을 정복하고 돌아올 수 있었다.

그러나 영국 해군 장교였던 스코트는 남극 지방을 몇 번 여행한 경험만 믿고 지나치게 낙관적이었다. 전혀 상세한 사전 답사를 하지 않았고, 위험 요소에 대한 관리 방안도 세우지 않았다. 그는 아문센과는 달리 개썰매가 아닌 모터 엔진으로 끄는 썰매와 망아지들이 짐을 지고 가게 했는데, 길을 떠난 지 얼마 되지 않아 모터 엔진들은 다 얼어붙어서 못쓰게 되어 버렸고, 망아지들은 동상에 걸려 죽었다. 할 수 없이 탐험 대원들이 200파운드가 넘는 짐이 실린 썰매들을 끌고 가야 했다. 이런 상황에서 성공이란 기대할 수 없다.

소프트웨어 프로젝트에서도 관리도 마찬가지로 중요하다. 실패하는 프로젝트들에 참여한 관리자, 개발자들은 각자의 입장에서 잘못된 통념들을 갖고 있다. Pressman은 이러한 통념들을 다음과 같이 정리했다[2].

관리자

"우리 팀 개발 표준을 개발자들도 다 알고 있을 거야."

"우리는 정말 비싸고 좋은 개발 툴이 있지."

"어, 일정이 촉박하네.. 개발자 몇 명 더 투입하면 일정 맞출 수 있을 거야."

개발자

"프로그램이 실행만 되면 우리 일은 끝."

"프로그램이 실행되기 전까지 품질을 어떻게 알 수가 있어?"

"프로젝트는 프로그램만 잘 나오면 끝이지, 다른 것은 뭐가 필요하겠어?"

그림 3-4 잘못된 통념들

관리자의 잘못된 통념

1. "우리에게는 개발 표준이 있고, 모든 개발자들은 개발 표준을 이해하고 따를 것이다."
2. "우리는 최신의 개발 툴이 있으므로, 프로젝트에서 성공할 것이다."
3. "개발 일정에 뒤쳐져 있는 경우에는, 개발자들을 더 투입하여 일정을 따라잡을 수 있다."
4. "일단은 납기를 준수하고, 나중에 유지보수 작업을 하면 된다."

개발 표준을 작성해 놓은 문서가 있다고 해서, 모든 참여자가 그것을 이해하고 따르리라 생각하면 안 된다. 또한 표준에도 문제가 있을 수 있기 때문에 실무자들의 의견을 반영하여 항상 수정하고 개선할 준비를 하여야 한다. 개발 도구가 최상이라고 해도 그것이 프로젝트에서 효과를 발휘하기 위해서는 많은 시간이 걸린다. 그 도구의 활용과 더불어서 관련된 활동들과의 상호작용에 대한 관리가 있어야 한다. 프로젝트 중간에 투입되는 새로운 개발자들은 프로젝트의 현재까지의 상황을 이해하고 필요한 기술을 습득하는 데 시간이 걸리고, 인원이 늘어나면서 발생하는 의사소통 경로가 증가하기 때문에 그로 인한 기간의 지연도 고려해야 한다. 납기를 무리하게 맞추느라 품질을 희생하고 나면 나중에 많은 작업을 처음부터 다시 해야 하는 문제가 발생한다. 그러므로 처음부터 끝까지 일관성 있게 프로젝트를 관리해야 한다.

개발자의 잘못된 통념

1. "프로그램이 실행되면 개발 작업은 끝이다."
2. "프로그램을 실행하기 전까지는 소프트웨어의 품질을 평가할 수 없다."
3. "성공적인 프로젝트의 산출물은 오직 프로그램 코드뿐이다."

프로그램이 수행만 된다고 해서 끝난 것이 아니다. 추후의 요구사항 변경에 따라 유지보수가 가능하도록 개발이 되어야 한다.

2장의 프로젝트 개발 생명주기 동안에 생성되는 산출물들의 관리는 주기적으로 관리되어야 하고 이러한 문서들은 코드 못지않게 중요하다. 정확한 요구사항 없이 설계 문서가 완전할 수 없고, 설계 문서의 결함은 곧 개발 코드의 결함으로 이어진다. 그러므로 각 산출물들은 검증 작업을 거쳐야 하고, 검증된 문서들은 다음 단계 활동의 근간이 되어야 한다.

위와 같은 그릇된 통념들로 가득 찬 참여자들은 소프트웨어 프로젝트 실패의 또 하나의 요인이라 할 수 있다. 이러한 잘못된 생각을 바로잡는 것은 성공적인 소프트웨어 개발로 가는 첫 걸음이라 할 수 있다.

3-5 프로젝트 관리

Steve McConell은 그의 저서인 "소프트웨어 프로젝트 생존 전략"에서 "소프트웨어 프로젝트는 일반적으로 두 가지 이유 중 하나로 인해 실패한다. 프로젝트 팀이 소프트웨어 프로젝트를 성공적으로 수행하는데 필요한 지식을 가지고 있지 않거나, 프로젝트를 효과적으로 수행하는데 필요한 의지가 없어서다."라고 말하고, 성공을 위해 필요한 지식을 제시했다[3]. 다른 전문가들도 각자가 자신들의 경험을 바탕으로 프로젝트를 성공하기 위한 관리 방법들을 가지고 있을 것이다. 프로젝트 관리의 대표적인 지침서인 PMBOK은 프로젝트를 수행함에 있어서 필요하다고 판단되는 관리 기법을 담고 있다. PMBOK에서는 프로젝트 관리를 다음과 같이 정의하고 있다.

> "프로젝트의 요구사항을 만족시키기 위해 지식, 기술, 툴 및 기법을 프로젝트 활동에 적용하는 것 (Project management is the application of knowledge, skills, tools, and techniques to project activities to meet project requirements.)"

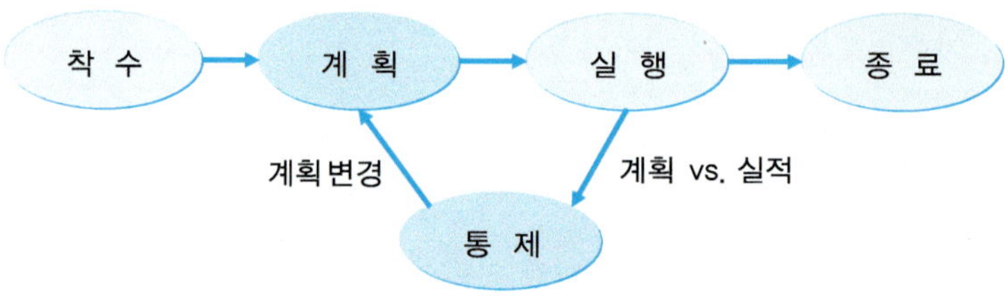

그림 3-5 프로젝트 관리 프로세스

프로젝트 관리 프로세스들을 크게 단계별로 나타내 보면 다음과 같다.

● 착수

새로운 프로젝트나 프로젝트 단계의 시작을 공식적으로 승인받기 위해 진행할 프로세스들로 구성된다.

● 계획

프로젝트 계획서를 작성한다. 프로젝트가 수행해야 할 목표 및 범위를 달성하기 위해 필요한 행동 방침을 계획한다.

● 실행

프로젝트 수행에 필요한 인력과 자원을 갖추고 프로젝트 계획을 시행한다.

● 통제

프로젝트가 계획대로 잘 수행되고 있는가를 주기적으로 검토한다. 프로젝트의 계획과 현재의 진행 상태의 차이를 살펴보고 프로젝트 목표를 달성하는 데 필요하면 시정 조치를 취할 수 있도록 한다.

● 종료

결과물의 인수를 공식화하고, 계약의 의무를 수행했다고 판단되면 프로젝트를 종료한다.

위의 5가지 프로세스 단계들을 수행하기 위해 PMBOK은 [그림 3-6]의 표와 같이 범위, 시간, 비용, 품질, 인적 자원, 위험, 커뮤니케이션, 획득, 통합 관리 등 9개 영역에 대한 지침을 제공한다[4].

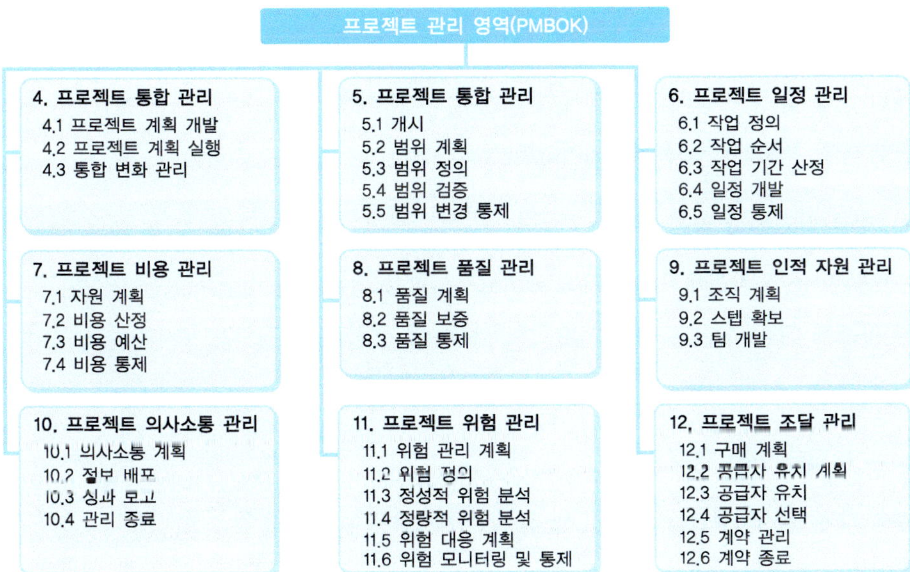

그림 3-6 PMBOK의 프로젝트 관리 영역[4]

9가지 관점은 다음과 같다.

● 프로젝트 통합 관리

프로젝트 통합 관리에서는 프로젝트 관리 프로세스 그룹 내의 프로젝트 관리 요소들을 통합하는 프로세스 및 활동에 대해 다룬다. 프로젝트 헌장 개발, 프로젝트 관리 계획 수립, 프로젝트 실행 지시 및 관리, 프로젝트 작업 감시 및 통제, 통합 변경 통제, 그리고 프로젝트 종료 관리 등의 프로세스들로 구성되어 있다.

- **프로젝트 범위 관리**

프로젝트 범위 관리에서는 프로젝트를 성공적으로 완수하기 위해 반드시 필요한 작업을 빠짐없이 프로젝트에 포함시키는 활동에 대해 다룬다. 범위 기획, 범위 정의, 작업 분류 체계 작성, 범위 검증, 범위 통제 프로젝트 관리 등의 프로세스들로 구성되어 있다.

- **프로젝트 일정 관리**

프로젝트 일정 관리에서는 프로젝트를 주어진 시간 내에 완료하기 위한 활동에 대해 다룬다. 작업 정의, 작업 순서 배열, 작업별 자원 산정, 작업 기간 산정, 일정 개발, 일정 통제 등의 프로세스들로 구성되어 있다.

- **프로젝트 비용 관리**

프로젝트 비용 관리에서는 승인된 예산 안에서 프로젝트를 완료하기 위한 계획, 산정, 예산 편성 및 통제 등의 활동에 대해 다룬다. 자원 계획, 비용 산정, 비용 예산 및 비용 통제 등의 프로세스들로 구성되어 있다.

- **프로젝트 품질 관리**

프로젝트 품질 관리에서는 프로젝트의 요구사항을 만족하여 수행 목표를 달성하기 위한 활동에 대해 다룬다. 품질 계획, 품질 보증 및 품질 통제 등의 프로세스들로 구성되어 있다.

- **프로젝트 인적 자원 관리**

인적 자원 관리에서는 프로젝트 팀을 구성하고 관리하기 위한 활동을 다룬다. 조직 계획, 인적 자원 획득, 프로젝트 팀 확보, 프로젝트 팀 개발, 프로젝트 팀 관리, 프로젝트 관리 등의 프로세스들로 구성되어 있다.

- **프로젝트 의사소통 관리**

프로젝트 의사소통 관리에서는 적합한 프로젝트 정보를 시기적절하게 생성, 수집, 배포 및 저장하고 최종 폐기하는 업무와 관련된 활동에 대해 다룬다. 의사소통 계획, 정보 배포, 진척 관리 및 종료 절차 등의 프로세스들로 구성되어 있다.

- **프로젝트 위험 관리**

위험 관리에서는 프로젝트의 위험 관리 업무와 관련된 활동에 대해 다룬다. 위험 관리 계획, 위험 식별, 정성적 위험 분석, 정량적 위험 분석, 위험 대응 계획, 위험 감시 및 통제 등의 프로세스들로 구성되어 있다.

- **프로젝트 조달 관리**

프로젝트 조달 관리에서는 제품, 서비스 또는 결과물을 구매 또는 조달하는 프로세스와 계약 관리 활동에 대해 다룬다. 획득 계획, 공급자 유치 계획, 공급자 선정, 계약 관리, 계약 종료 등의 프로세스들로 구성되어 있다.

3-6 프로젝트 성공을 돕는 지침서

PMBOK 이외에도 CMMI, ISO 12207 등의 지침서 등이 개발되어 프로젝트 관리를 돕고 있다.

3.6.1 CMMI(Capability Maturity Model Integration)[5]

소프트웨어 공학과 프로젝트 관리의 중요성을 인식한 미국 국방성은, 1984년 카네기멜론 대학에 소프트웨어 공학 전문 연구소인 SEI(Software Engineering Institute)를 설립하였다.

SEI에서는 연구 끝에 프로젝트 실패의 주요 원인이 기술적인 것만이 아니라 관리적인 것에도 있다는 결론에 도달하고, 소프트웨어 개발 조직 프로세스의 성숙도에 따라 점진적인 개선을 제시하는 SW-CMM(Software Capability Maturity Model)을 개발하였다.

SW-CMM에서는 프로젝트 개발 조직 내에 프로세스가 성숙하면, 그것이 곧 프로젝트의 성공에도 영향을 미친다고 본다. 즉 성숙도가 높은 조직이 성숙도가 낮은 조직보다 높은 품질의 소프트웨어를 생산할 수 있다는 것이다. 다음의 [표 3-1]은 성숙도가 낮은 조직과 높은 조직의 특징을 비교한 것이다.

표 3-1 성숙도가 낮은 조직과 높은 조직의 비교[6]

성숙도가 낮은 조직의 특징	성숙도가 높은 조직의 특징
• 소프트웨어 프로세스가 프로젝트 진행 중에 개발자와 관리자에 의하여 즉흥적으로 만들어진다. • 관리자는 그때그때 발생하는 문제점의 해결에만 관심이 있다. • 실제적인 자료에 근거하여 산정되지 않았기 때문에 일정과 비용은 대개 초과된다. • 납기일을 맞추기 위하여 제품의 기능과 품질을 희생한다. • 제품의 품질을 평가하기 위한 객관적 근거가 없다.	• 소프트웨어 개발과 관리 프로세스에 대한 조직 차원의 능력을 갖고 있다. • 소프트웨어 프로세스가 구성원들에게 정확하게 전달된다. • 작업 활동이 계획된 프로세스에 따라서 수행된다. • 정의된 프로세스 내의 역할과 책임이 명확하다. • 관리자는 소프트웨어 제품의 품질과 고객의 만족도를 측정한다. • 제품의 품질 평가 및 문제 분석에 객관적이고 정량적인 근거가 존재한다. • 일정과 비용이 이전 프로젝트 성과에 근거하였으며 실제적이다. • 제도화된 프로세스가 일관성 있게 준수된다. • 프로세스를 지원하기 위하여 필요한 기반 구조가 존재한다.

점차 임베디드 소프트웨어가 많아지면서 하나의 시스템 안에 소프트웨어가 구성요소로 들어가는 개발이 늘어나게 되었다. 이러한 사회적 변화에 적응하고 기존 문제점 해결을 위하여 새로운 모델의 필요성이 제기되었다. 이에 SEI는 이러한 모델들을 통합, 정리하여 모델의 명확성과 이해를 증대시키고, CMMI(Capability Maturity Model Integration)라는 통합 모델을 개발하게 되었다. 현재 CMMI는 SEI에서 분리된 기관인 CMMI Institute에서 관리하며, CMMI-Dev v1.3 버전이 사용되고 있다.

CMMI 모델에는 [그림 3-7]과 같이 단계적 표현(Staged Representation)과 연속적 표현(Continuous Representation)이 있다.

● 연속적 표현

연속적 표현은 조직이 원하는 목표에 따라 특정 PA에 집중할 수 있는 유연한 접근 방법을 제공한다. 조직이 개별 PA를 얼마나 만족시키는가에 따라 능력 수준(Capability Level)이 결정된다. 또한 조직은 PA 중 자신들에게 필요한 PA만을 선택하여 각기 다른 수준의 프로세스 개선을 수행할 수 있다.

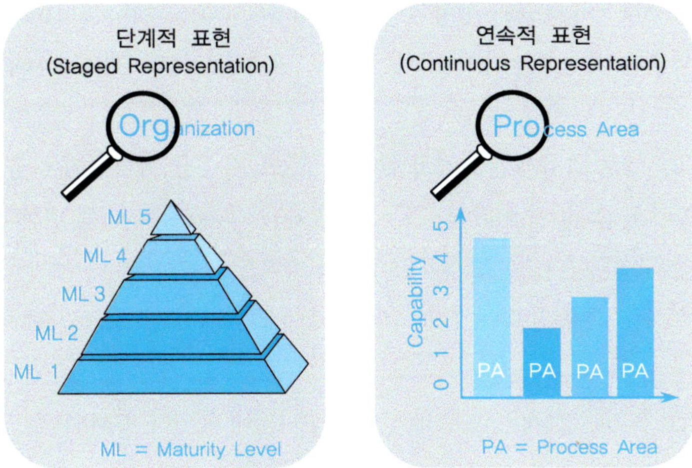

그림 3-7 CMMI 모델 표현

● 단계적 표현

단계적 표현은 [그림 3-8]과 같이 프로세스 개선을 성숙도 수준(Maturity Level) 5단계에 걸쳐 순서에 맞추어 수행할 수 있는 체계적이고 구조화된 접근 방법이다. 단계별 성숙도 수준을 만족시키기 위해서는 해당 성숙도 레벨에 속하는 PA(Process Area)를 완전히 만족시켜야 한다. 예를 들면 2단계 7개의 모든 PA가 능력 수준 2단계를 만족할 때, 그 대상 조직은 성숙도 수준 2단계라고 인정한다.

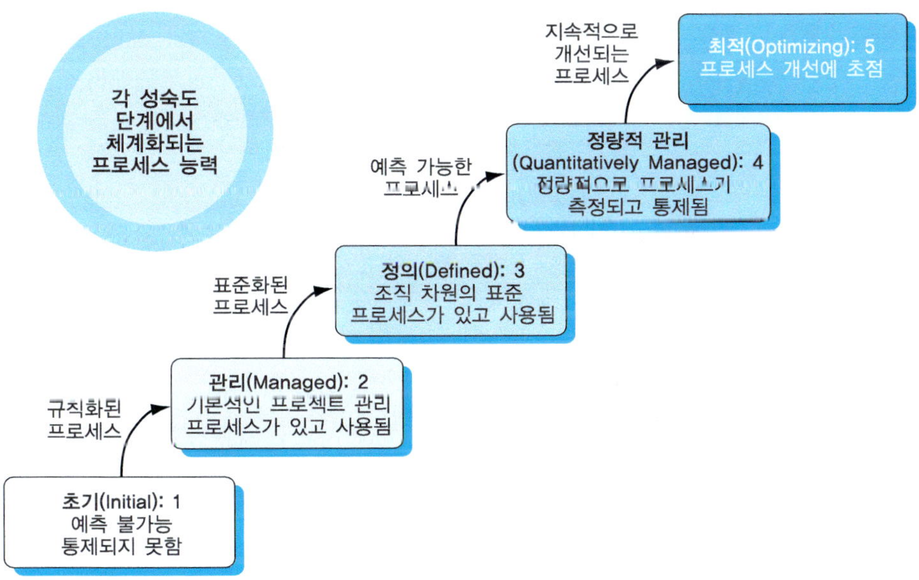

그림 3-8 CMMI의 5단계 소프트웨어 프로세스 성숙도

조직은 비즈니스의 목표와 상황에 따라 두 표현 방식 중 하나를 선택하여 프로세스 개선 활동을 할 수 있다. 이 책에서는 성숙도 단계별로 로드 맵(Road Map)을 제시하는 단계적 표현만을 다룬다.

단계적 표현에서 CMMI는 조직의 현재의 성숙도 수준을 파악하여 다음 단계의 성숙도 수준으로 향상되려면 어떠한 프로세스 영역(PA: Process Area)을 개선해야 하는지에 대한 지침을 제공한다. 총 22개의 프로세스 영역을 2단계부터 5단계까지 각 단계별로 이루어야 하는 목표에 맞게 할당하여 프로세스가 개선되도록 로드맵을 제시하고 있다.

다음의 [표 3-2]는 22개의 프로세스 영역을 나타내고 있다. CMMI의 단계별 특성을 살펴보면 아래와 같다.

● 1단계(Level 1): 초기(Initial)

1단계는 초기 단계로 가장 낮은 성숙도 수준을 나타낸다. 이 단계에서는 조직에 정의된 프로세스가 거의 없으며, 프로젝트의 진행 도중에 절차가 정의되기도 하고 변경되기도 한다. 문제가 발생되면, 프로젝트는 계획된 절차를 버리고 코딩과 시험에 집중하게 된다. 프로젝트의 성공은 경험 많은 관리자나 뛰어난 개발자에 전적으로 의지한다. 즉 1단계에서의 능력은 조직이 아닌 개인의 특성이라 할 수 있다.

표 3-2 CMMI-Dev v1.3의 22개 프로세스 영역

성숙도 수준		초점	프로세스 영역	
5	최적화	지속적인 프로세스 개선	• 조직 혁신 및 적용관리 (Organizational Innovation and Deployment) • 원인 분석 및 해결(Causal Analysis and Resolution)	OID CAR
4	정량적 관리	정량적인 프로세스 관리	• 조직 프로세스 성과 관리 (Organizational Process Performance) • 정량적 프로젝트 관리 (Quantitative Project Management)	OPP QPM
3	정의	조직 차원의 프로세스 구축	• 요구사항 개발(Requirements Development) • 기술 솔루션(Technical Solution) • 제품 통합(Product Integration) • 검증(Verification) • 확인(Validation) • 조직 프로세스 중점 관리 (Organizational Process Focus) • 조직 프로세스 정의 (Organizational Process Definition)	RD TS PI VER VAL OPF OPD

성숙도 수준		초점	프로세스 영역	
3	정의	조직 차원의 프로세스 구축	• 조직 교육 관리(Organizational Training) • 통합 프로젝트 관리 (Integrated Project Management) • 위험 관리(Risk Management) • 의사결정 분석 및 해결 (Decision Analysis and Resolution)	OT IPM RSKM DAR
2	관리	프로젝트 관리	• 요구사항 관리(Requirements Management) • 프로젝트 계획 수립(Project Planning) • 프로젝트 모니터링 및 통제 (Project Monitoring and Control) • 공급업체 계약 관리 (Supplier Agreement Management) • 측정 및 분석(Measurement and Analysis) • 프로세스 및 제품 품질 보증 (Process and Product Quality Assurance) • 형상 관리(Configuration Management)	REQM PP PMC SAM MA PPQA CM
1	초기			

● 2단계(Level 2): 관리(Managed)

2단계는 기본적인 프로젝트 관리 프로세스가 설정되어 소프트웨어의 크기, 공수 및 비용, 일정, 컴퓨터 자원, 위험, 기능을 추적할 수 있는 단계이다. 프로젝트의 주요 이정표에서의 산출물에 대한 가시성이 증대되어 중간 산출물에 대한 통제가 가능해진다. 새로운 프로젝트에 대한 계획과 관리가 이전의 성공한 프로젝트에 근거하여 이루어진다. 성공한 프로젝트의 실무 활동을 반복하기 때문에, 유사한 응용 분야에서의 프로젝트의 성공을 반복할 수 있다.

● 3단계(Level 3): 정의(Defined)

3단계는 조직 전체에 걸쳐 소프트웨어의 개발 및 유지에 관한 표준 프로세스가 문서화되고 통합되는 단계이다. 이를 위하여 조직의 소프트웨어 프로세스 활동에 대한 책임이 있는 팀(EPG: Engineering Process Group)이 구성된다. 각 프로젝트는 "조직의 표준 프로세스"를 기반으로 하여, 프로젝트의 특성에 맞게 조정 지침을 적용하여 적절한 프로세스를 정의한다. 3단계의 특징은 조직의 일관성 있는 표준 프로세스의 정립으로 요약할 수 있다. 이러한 표준 프로세스의 유지보수와 프로젝트의 통합 관리를 위해 PAL(Process Asset Library)이라는 자료 저장소가 구축되어 운영된다.

● 4단계(Level 4): 정량적 관리(Quantitatively Managed)

4단계는 3단계까지 수집한 조직 차원의 데이터를 근거로 조직에서 선택한 주요 프로세스와 품질에 대한 조직의 능력을 파악하여, 이를 기반으로 정량적 프로젝트 관리를 시행한다. 4단계에 이르면 조직의 표준 프로세스가 안정화(Stable)되므로, 각 프로세스 관련 지표들은 [그림 3-9]와 같이 상향점(Upper limit)과 하향점(Lower limit)을 갖는 능력 수준을 나타낸다. 이 수준 밖을 벗어나는 값들은 이상점(Special Cause)으로 분류되어 문제점을 파악하고 처리한다.

4단계가 되면 조직은 선택한 표준 프로세스의 품질 지표에 대해 능력 수준을 파악하고 이를 근거로 각 지표들에 대한 목표치를 정의할 수 있다. 또한 상관관계 등 통계적 분석관계가 있는 여러 지표를 기반으로 예측모델이 개발되어 전체 프로세스를 이해하도록 돕는다.

4단계 수준의 조직이 수행하는 프로젝트의 목표는 조직의 프로세스 능력을 바탕으로 현실적으로 수립될 수 있고, 이 목표를 기반으로 프로젝트의 각 단계(Phase)별 서브 프로세스 목표를 수립할 수 있다. 이를 바탕으로 주기적으로 정량적 관리를 수행할 수 있으며, 6시그마와 같은 기법의 적용이 활발히 이루어지고 있다.

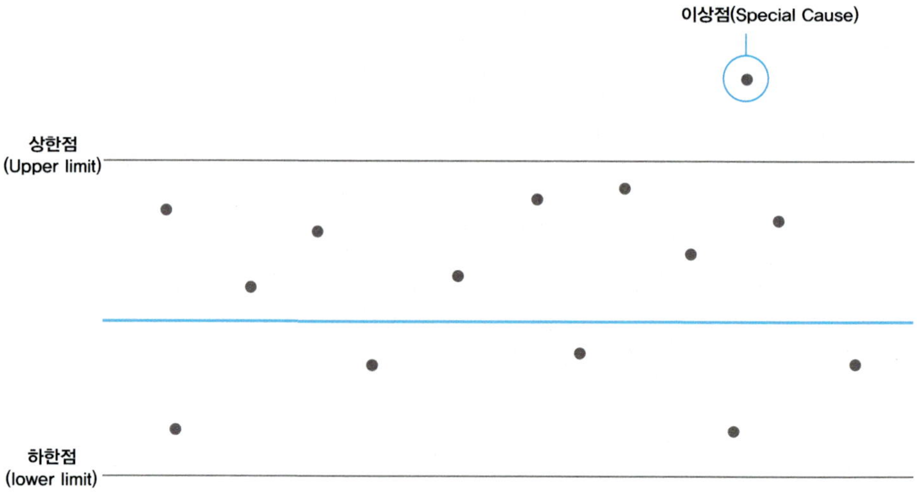

그림 3-9 4단계의 프로세스 능력수준

● 5단계(Level 5): 최적화(Optimizing)

5단계가 되면 조직은 지속적으로 프로세스 개선을 추진한다. 새롭고 혁신적인 기술과 프로세스를 적용하여 프로세스 능력 수준을 높인다. 프로세스 개선에 대한 아이디어를 지속적으로 수집하고, 이에 대한 타당성을 검토하기 위해 파일럿(Pilot)을 수행한다. 검증된 개선 아이디어는 표준 프로세스에 반영되어 전사에 적용된다.

또한 문제의 원인들을 파악하여 미리 예방함으로써 품질 수준을 개선한다. 문제를 분석하고 파악하는 작업은 CMMI의 어느 단계에서나 수행될 수 있으나, 정확한 원인을 파악하기 위해서는 4단계까지 수집된 데이터가 기반이 되어야 하므로 5단계에서야 비로소 수집된 데이터를 근거로 문제를 분석 할 수 있다고 하겠다.

- **국내 CMMI 심사 현황**

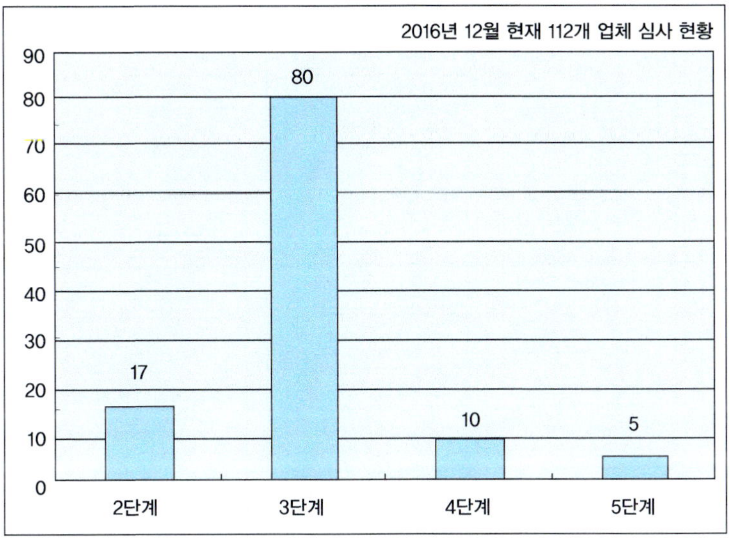

그림 3-10 국내 CMMI 단계별 표현 심사 현황

[그림 3-10]과 같이 2016년 12월 현재 112개 OU(Organization Unit)가 CMMI-Dev의 단계적 표현 방식(Staged Representation)으로 심사를 받았다. 심사는 3년간 유효하다. 자세한 사항은 CMMI Institute 홈페이지(http://sas.cmmiinstitute.com/pars/pars.aspx)를 참고하기 바란다.

3.6.2 ISO 12207[7] - ISO/IEC 12207 : 2008(E)

ISO 12207은 소프트웨어 생명주기 공정 표준으로 소프트웨어 개발 작업에 일관적이고 체계적인 구조(Framework)를 제공하기 위하여 1995년 ISO/IEC에서 제정한 국제표준이다. 이 표준은 다양한 형태의 소프트웨어 개발 및 관리에 적용 될 수 있는 프로세스들로 구성되어 있다. 각 프로세스는 하나 이상의 액티비티(Activity)들로 이루어지며,

이들 액티비티는 하나 이상의 태스크(Task)들로 이루어진다.

ISO/IEC 12207:2008은 크게 시스템을 개발하기 위해 필요한 프로세스들을 다루는 시스템 정황 프로세스(System Context Processes) 그룹과 소프트웨어 개발에 특화된 프로세스들을 다루는 소프트웨어 특화 프로세스(Software Specific Process) 그룹으로 나누어진다. 세부 프로세스 구조는 [그림 3-11]과 같다.

그림 3-11 ISO 12207의 구성[7]

ISO 12207도 다른 프로세스 창조모델과 마찬가지로, 특정한 프로세스 이행 방법을 제시하거나 생명주기 모델, 방법론, 기법을 규정하지 않는다. 따라서 생명주기 모델, 방법론, 기법 등은 조직에서 정의해야 한다.

03 연습문제

1. 소프트웨어 프로젝트의 실패 요인으로는 어떤 것들이 있는가?

2. 소프트웨어 프로젝트를 성공으로 이끌기 위해서는 어떠한 노력이 필요한가?

3. 소프트웨어 프로젝트 관리에 대해 간략하게 설명하라.

4. 프로젝트 관리의 대상 대표적인 3가지를 기술하라.

5. 프로젝트 관리의 구성 단계 4단계를 기술하라.

6. 프로젝트 관리는 소프트웨어 개발 계획을 세우고 분석, 설계, 구현 등의 작업을 통제하는 것으로 소프트웨어 생명주기의 전 과정에 걸쳐 진행된다. 이러한 소프트웨어 프로젝트 관리가 성공적으로 수행되기 위해 반드시 알아야 할 사항을 3가지 이상 기술하라.

팀 프로젝트 (4주차)

이번 주 할 일

일자	본문 목차	본문 내용	프로젝트 활동	제출물
1주		과목 소개	프로젝트 소개	
2주	1장	S/W와 SE	1차 팀 구성	
3주	2장	생명주기	2차 팀 구성	
4주	3장	프로젝트	제안서	완성된 팀 구성
5주		제안서 발표		제안서
6주	4장	요구사항	요구사항 명세서	
7주	5장	계획(1)		요구사항 명세서
8주	중간고사			
9주	5장	계획(2)	계획서	
10주	6장	위험관리		계획서
11주	7장	설계	설계서	
12주	8장	V&V(1)		설계서
13주	8장	V&V(2)	테스트 결과 보고서	
14주		프로젝트 발표		테스트 결과 보고서
15주	9장	형상관리		최종 보고서
16주	기말고사			

이번 주 팀 프로젝트 활동은 지난주에 구성한 팀원들과 함께 제안서를 작성한다. 작성 방법은 다음의 제안서 예시를 참조한다.

1. 프로젝트 제안서의 개요

프로젝트 제안서는 프로젝트 초기에 필요한 산출물로 고객의 요구사항을 바탕으로 작성된다. 즉, 프로젝트 제안서는 고객의 작업 범위 기술서(SOW: Statement of Work)를 통해 프로젝트의 기본 요구사항을 식별하고, WBS를 이용하여 상위 일정에 대한 계획을 담은 문서이다.

2. 프로젝트 제안서의 목적

프로젝트 제안을 통해 프로젝트의 범위, 역할 및 수행 활동에 대한 내용을 산정하는 방법과 실제 프로젝트 활동 수행 시 겪는 계약 관련 활동을 습득하고자 한다.

3. 프로젝트 제안서의 수행 활동 및 방법

프로젝트를 정의하고 프로젝트의 범위를 제안한다. 프로젝트 수행 시 고려되어야 할 위험 요소를 도출하고, 이에 대한 관리 계획을 수립한다. 그리고 프로젝트 제안서를 검토 후 담당 교수님과 합의 및 계약을 한다.

4. 프로젝트 제안서 항목

4.1 프로젝트 개요

프로젝트 명을 적고 개발 환경 및 개발 시 사용할 생명주기를 결정한다.

4.1 프로젝트 소개

- 목적: 메신저 프로그램을 개발
- 개발 기간: 2017년 9월 18일 ~ 2017년 11월 30일
- 개발 환경: Window 10, MySQL, JDK 1.8
- 개발 언어: JAVA
- 개발 생명주기: 폭포수 모델 + 프로토타입 모델
- 기능 소개: 로그인 기능, 친구 추가, 1:1 대화
- 팀 구성: 김철수, 박영희, 이길동, 정영식

4.2 프로젝트 정의 및 시장 분석

프로젝트에 대해 정의하고 개발하고자 하는 프로젝트와 현재 상용 프로그램 간의 분석 결과를 정리한다. 이를 통해 프로젝트의 당위성을 강조할 수 있다.

	설명	특징적인 기능
메신저	스마트폰에서 인터넷이 연결되어 있는 경우, 무료로 텍스트, 음성, 화상 대화를 다룰 수 있는 서비스	• 문자 대화 • 음성 대화 • 화상 대화 • 이모티콘으로 기본 표현 • 사진, 영상 등 미디어 공유 • PC를 이용한 대화 기능

4.3 개발 범위

상위 수준에서 개발 범위를 정의한다.

구분	업무범위
로그인 기능	이미 등록된 아이디와 비밀번호를 입력하여 로그인 인증을 받아 메신저를 사용할 수 있다.
친구 추가	아이디를 입력 받아 DB에 저장된 친구를 검색하여 자신의 친구 리스트에 등록할 수 있다.
1:1 대화	자신의 친구와 1:1 대화를 할 수 있다. 단, 기존 시스템에서 제공하는 다른 기능은 배제하고 대화 기능만 구현된다.

4.4 산출물 일정

구분	제출물명	주요 내용	제출일정	비고
계획 및 분석	프로젝트 제안서	프로젝트의 목표와 범위를 정의하고 일정과 업무 분담에 대한 개요를 작성한다.	09월 25일	
	요구사항 명세서	고객의 요구사항을 바탕으로 개발할 기능에 대해 명세한다.	10월 02일	
	프로젝트 계획서	프로젝트 개발의 전과정에 걸쳐 개발자가 수행해야 하는 활동 및 산출물에 대해 명세한다.	10월 09일	
	테스트 케이스	각 개발 단계에서 개발자가 수행해야 할 테스트 케이스를 명세한다.	10월 09일	
	테스트 계획서	테스트 일정에 대한 계획을 명세한다.	10월 09일	
설계	설계 사양서	클래스 다이어그램을 통해 구현 과정을 추상화한다.	10월 23일	
구현 및 테스트	소스 코드	설계 사양서를 바탕으로 소스 코드를 작성한다.	11월 13일	
	테스트 결과 보고서	테스트 결과를 명세한다.	11월 13일	
	인수 테스트 결과 보고서	인수 테스트를 실시한다.	11월 13일	
완료	프로젝트 완료 보고서	프로젝트를 종료 후, 다음 프로젝트에 참고할 수 있도록 평가하고 기록한다. 테스트 결과 보고서를 포함한다.	11월 30일	

4.5 상위 수준 프로젝트 일정

생명주기의 마일스톤에 따라 상위 수준의 개발 일정을 명세한다.

프로젝트 수행단계	기간	제출물
계획 및 분석	09월 18일~10월 09일	프로젝트 제안서 요구사항 명세서, 프로젝트 계획서 테스트 케이스, 테스트 계획서
설계	10월 10일~10월 23일	설계 사양서
구현 및 인수 테스트	10월 24일~11월 13일	소스 코드
	10월 24일~11월 13일	단위/통합/시스템 테스트 결과 보고서
	11월 13일	인수 테스트 결과 보고서
프로젝트 종료	11월 30일	프로젝트 완료 보고서

※ 표의 수행 단계별 기간은 착수일의 변경에 따라서 지연될 수 있다.

4.6 프로젝트 투입 인력 세부 사항

성명	학년	학번	역할	투입 M/M	비고
김철수	4	200631628	PM 및 코더	0.5	
박영희	4	200631027	DB 설계 및 코더	0.5	
이길동	4	200632308	UI 디자인 및 코더	0.5	
정영식	4	200032057	테스트 케이스 작성 및 코더	0.5	

4.7 WBS

상세 수준의 WBS는 차후 산출물에서 재작성되므로 제안서에 포함될 WBS는 상위 수준으로 작성한다.

	작업 이름	기간	시작 날짜	완료 날짜
0	**⊟ 자바 메신저 개발 프로젝트**	**66 일**	**06-09-18 (월)**	**06-11-30 (목)**
1	**⊟ 계획**	**8 일**	**06-09-18 (월)**	**06-09-25 (월)**
2	요구사항 정의	1 일	06-09-18 (월)	06-09-18 (월)
3	프로젝트 정의 및 범위 설정	1 일	06-09-18 (월)	06-09-18 (월)
4	팀 구성 및 업무 할당	1 일	06-09-18 (월)	06-09-18 (월)
5	자원할당	1 일	06-09-19 (화)	06-09-19 (화)
6	일정	1 일	06-09-19 (화)	06-09-19 (화)
7	테스트 계획	3 일	06-09-20 (수)	06-09-23 (토)
8	형상관리 계획	1 일	06-09-22 (금)	06-09-23 (토)
9	WBS 작성	3 일	06-09-20 (수)	06-09-24 (일)
10	위험 관리	2 일	06-09-24 (일)	06-09-25 (월)
11	**⊟ 분석**	**11 일**	**06-09-26 (화)**	**06-10-09 (월)**
12	요구사항 분석	3 일	06-09-26 (화)	06-09-28 (목)
13	유스케이스 작성	2 일	06-09-29 (금)	06-10-02 (월)
14	기능, 비 기능 요구사항 분석	2 일	06-09-29 (금)	06-10-02 (월)
15	UI 프로토타입 작성	2 일	06-09-29 (금)	06-10-02 (월)
16	요구사항 명세서 작성	3 일	06-09-29 (금)	06-10-03 (화)
17	프로젝트 계획서 작성	3 일	06-10-06 (금)	06-10-09 (월)

참고문헌

[1] Kentaro Ito 저, 이소연 역, "프로젝트는 왜 실패하는가?", 성안당, 2004

[2] Roger S. Pressman, "Software engineering 5th ed.", McGraw-Hill, 2001

[3] Steve McConnell 저, 김덕규 외 역, "소프트웨어 프로젝트 생존전략", 인사이트, 2003

[4] "A Guide to the Project Management Body of Knowledge(PMBOK), 3rd edition", Project Management Institute, Inc., 2004

[5] Mary Beth Chrissis, Mike Konrad, Sandy Shrum, "CMMI for Development (3rd Edition)", Addison-Wesley, 2011

[6] Mark C. Pault 외, "The Capability Maturity Model", Addison-Wesley, 1994

[7] ISO/IEC 12207:2008, "System and Software Engineering-Software life cycle Processes", ISO, 2008

CHAPTER

4

요구사항 개발 및 관리

요구사항이란? (What is requirement?)

- "문제의 해결 또는 목적 달성을 위하여 고객에 의해 요구되거나, 표준이나 명세 등을 만족하기 위하여 시스템이 가져야 하는 서비스 또는 제약 사항(A Con-dition or capability that must be met or possessed by a system or system component to satisfy a contract, standard, specification, or other formally imposed document)"

— by IEEE-Std-610

소프트웨어 개발에서 가장 중요한 것은 무엇을 개발할 것인가를 정확히 결정하는 것이다. 고객이 원하는 제품을 잘못 분석하거나 잘못 명세하여 요구사항이 정확히 전달되지 않은 상태에서 소프트웨어가 개발되면, 제품이 개발된 이후 수정 작업에 많은 어려움을 겪게 된다. 때문에 요구사항을 정확하고 분명하게 작성하는 것은 매우 중요하다.

하지만 고객이 원하는 소프트웨어에 대해 완벽한 요구사항을 작성하는 것은 매우 힘든 작업이다. 대개의 경우 고객도 원하는 제품의 기능에 대한 막연한 큰 그림만 가지고 있을 뿐, 상세한 부분까지는 생각해 보지 않고 프로젝트를 발주하기 때문이다. 이런 경우, 소프트웨어 개발자들은 고객의 요구사항을 자신들이 알고 있는 지식으로 보충하기도 하고, 개발 과정에서 추가하기도 하면서 소프트웨어 프로젝트를 진행하는 경우가 많다. 그러나 이렇게 정확한 요구사항 없이 프로젝트를 시작하게 되면, 시간이 갈수록 재작업으로 인해 시간만 낭비하게 되는 매우 비생산적인 프로젝트가 되고 말 것이다.

그러므로 힘들더라도 요구사항만큼은 분명하게 정의하고 프로젝트를 시작하는 것이 중요하다.

4-1 요구사항 개발

요구사항을 정의해 보면, "문제의 해결 또는 목적 달성을 위하여 고객에 의해 요구되거나, 표준이나 명세 등을 만족하기 위하여 시스템이 가져야 하는 서비스 또는 제약 사항(A Condition or capability that must be met or possessed by a system or system component to satisfy a contract, standard, specification, or other formally imposed document)[1]"이라고 할 수 있다. 즉 고객이 요구한 사항과 요구하지 않았더라도 당연히 제공되어야 한다고 가정되는 사항들을 말한다.

잘 정의된 요구사항의 중요한 역할 중 하나는 참여자들로 하여금 개발되는 소프트웨어 제품을 전체적으로 파악하도록 하여 의사소통 시간을 절약하게 해주는 것이다. 모든 관련자들은 기술된 요구사항만 읽어보면 그 프로그램이 어떻게 작동되어야 하는지에 대해 알 수 있어야 한다. 테스터는 요구사항을 통해 무엇을 테스팅 해야 할 것인지 알 수 있어야 하고, 설계자는 최종 제품의 큰 그림을 그릴 수 있어야 한다.

정확하게 요구사항을 명세하는 또 다른 이유는 상세한 요구사항이 있어야만 산정이 가능하고, 이를 기반으로 계획을 세울 수 있기 때문이다. 실제 소프트웨어 프로젝트에서는 어느 정도 기간이 소요될 것인지, 비용은 얼마나 필요할 것인지를 산정을 통해 파악하게 되는데, 이러한 산정 작업은 분명한 요구사항을 기반으로 이루어지게 된다. 산정과 계획에 관한 자세한 내용은 다음 장을 참조한다.

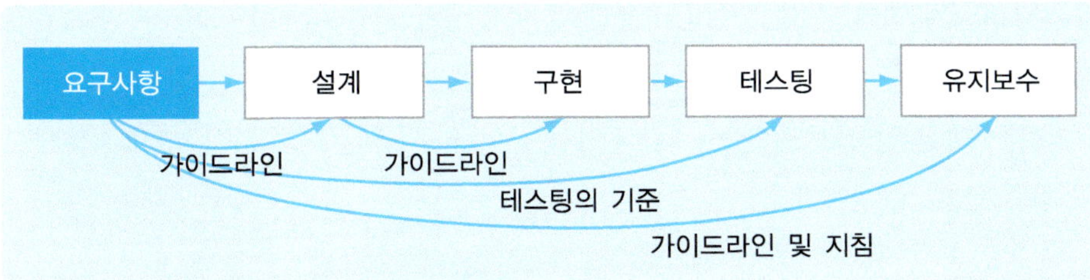

그림 4-1 요구사항의 중요성

이렇게 전체 프로젝트에 큰 영향을 끼치는 요구사항은 기능적 요구사항과 비기능적 요구사항으로 나눌 수 있다.

기능적 요구사항(Functional Requirements)

기능적 요구사항은 수행될 기능과 관련되어 입력과 출력 및 그들 사이의 처리 과정이나 목표로 하는 제품의 구현을 위해 소프트웨어가 가져야 하는 기능적 속성을 나타낸다. 예를 들어 워드 프로세서에서 파일 저장 기능, 편집 기능, 보기 기능 등이 기능적 요구사항에 포함된다.

비기능적 요구사항(Non-functional Requirements)

비기능적 요구사항은 제품의 품질 기준 등을 만족시키기 위해 소프트웨어가 가져야 하는 성능(응답 시간, 처리량), 사용의 용이성, 신뢰도, 보안성, 운용상의 제약, 안전성과 같은 행위적 특성으로 시스템의 기능에 관련되지 않는 사항을 나타낸다. 예를 들어 워드 프로세서 프로그램에서 '초보자가 사용하기 쉬워야 한다.'는 요구사항이나 서버 프로그램에서 '동시 접속자 수는 1000명까지 가능하다.'는 등의 요구사항은 비기능적 요구사항이라고 볼 수 있다.

4-2 요구사항 개발 프로세스

요구사항 개발은 발주자나 고객으로부터 구현될 소프트웨어 제품의 사양을 정확히 도출하여 요구사항을 명세하고, 이를 분석한 결과를 개발자들이 이해할 수 있는 형식으로 기술하는 작업이다. 고객이 요청하기는 하지만, 실제 그 제품을 사용할 사용자들로부터의 요구와 예산, 기간 그리고 기술 등의 제약 사항 등을 고려하여 요구사항 개발을 해야 한다.

요구사항 개발 프로세스는 [그림 4-2]와 같이 요구사항 추출, 분석, 명세와 요구사항 검증단계로 나누어진다.

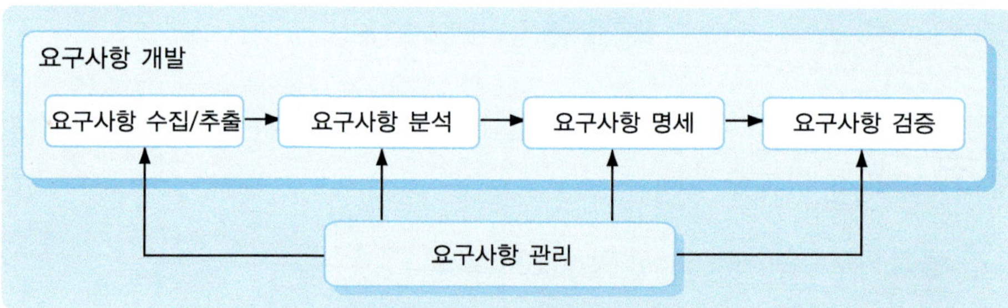

그림 4-2 요구사항 개발 프로세스

4.2.1 요구사항 추출 단계

요구사항 추출은 고객이 원하는 요구사항을 수집하는 것이다. 수집된 요구사항을 통해 개발되어야 하는 시스템에 대한 사용자의 요구와 시스템의 기능 및 제약사항을 식별하고 이해한다.

프로젝트 개발 전에 고객이 완전한 요구사항을 제공한다면 요구사항 추출은 간단할 것이다. 하지만 고객의 최초 요구사항은 대개 추상적인 경우가 많다. 기능들이 구현의 지침이 될 만큼 명확하지 않은 경우들이 많아서, 수주자의 입장에서는 고객과 만나 정확한 요구사항을 파악하는 것이 중요하다. 이렇게 만들어진 요구사항은 계약의 기본이 되고, 최초 산정의 기본이 된다.

고객이 초기 요구사항을 만들어도 최초의 개발에 대한 기본 문서로 합의가 이루어지기 전에 프로젝트의 관련자들의 의견과 제약 사항들이 추가되고, 고객이 여러 변수들을 다시 검토하면서 요구사항은 지속적인 변화를 겪는 것이 보통이다.

요구사항은 주로 개발 요청서 등의 문서로 시작되는데, 요구사항 분석 담당자는 인터뷰나 시나리오 작성 등을 통해 보다 적극적으로 요구사항을 파악해야 한다. 그렇다면 여기서 간단히 이 두 가지 요구사항 추출 기법에 대해서 살펴보자.

(1) 인터뷰

인터뷰는 개발될 프로젝트 참여자들과의 직접적인 대화를 통하여 정보를 추출하는 요구사항 추출 기법이다. 이 방법을 통해 제품이 사용될 조직 안에서 작업 수행 과정에 대한 정보나 사용자들에 관한 정보 등을 직접 획득할 수 있다.

그러나 인터뷰에 참여한 프로젝트 참여자들(예: 고객과 사용자들)은 각자의 일이 있기 때문에 주어진 시간 안에 만족스럽게 요구된 정보를 얻는 것이 쉽지 않다.

그러므로 요구사항 분석가는 인터뷰를 효과적으로 진행하기 위해서 사전에 개발될 시스템과 관련된 업무 지식을 모으고 어떠한 정보를 얻을 것인가, 누구와 인터뷰할 것인가, 어떤 방식으로 인터뷰를 진행할 것인가에 대한 전략을 세우고, 원하는 목표를 달성할 수 있도록 해야 한다.

(2) 시나리오

시스템 참여자들은 추상적으로 시스템의 기능을 기술하는 것보다 실제 예를 적용하여 기술하면 보다 쉽게 시스템의 기능을 식별할 수 있다. 이러한 이유 때문에 시스템과 사용자 간의 상호 작용을 단순한 형태로 연관시키는 시나리오를 작성하여 요구사항 추출에 기여할 수 있다. 시나리오는 여러 가지 방법으로 작성될 수 있지만 다음과 같은 정보를 포함하여야 한다.

- 시나리오로 들어가기 이전의 시스템 상태에 대한 기술
- 정상적인 사건의 흐름
- 정상적인 사건의 흐름에 대한 예외 흐름
- 동시에 수행되어야 할 행위들의 표현
- 시나리오의 완료 후에 시스템 상태의 기술

4.2.2 요구사항 분석 단계

요구사항 분석은 추출된 고객의 요구사항을 이해하고 분석 기법을 이용하여 문제점들을 식별하는 과정이다. 그리고 참여자들로부터 추출한 추상적 요구사항을 구체적이고

구현 가능한 요구사항으로 정리하는 활동이다.

요구사항을 분석하는 기준은 다음과 같다.

- 시스템을 계층적이고 구조적으로 표현해야 한다.
- 외부 사용자와의 인터페이스 및 내부 시스템 구성 요소 간의 인터페이스를 정확히 분석해야 한다.
- 분석 단계 이후의 설계와 구현 단계에 필요한 정보를 제공해야 한다.

이러한 분석 기법으로는 객체지향 분석(Object-Oriented Analysis)이 가장 많이 쓰인다. 이 책에서는 객체지향 분석 기법의 하나인 유스케이스 분석 기법을 4.3에서 더 자세히 살펴 볼 것이다.

4.2.3 요구사항 명세 단계

고객의 요구사항을 수집하고 이해했다면 이제 그것을 토대로 개발자들이 볼 수 있도록 상세하게 기록을 해야 한다. 다시 말해 요구사항 명세는 분석된 요구사항을 명확하고 완전하게 기록하는 것으로, 소프트웨어 시스템이 수행해야 할 모든 기능과 시스템에 관련된 구현상의 제약 사항 및 개발자와 사용자가 합의한 성능에 관한 사항 등을 명세하는 것이다.

요구사항 명세는 상세하고도 적절한 수준으로 기술되어 모든 시스템 참여자들에 의해 이해될 수 있도록 문서를 작성한다.

요구사항 명세 단계의 최종 목표는 요구사항 명세서(SRS: Software Require-ment Specification)를 작성하는 것이며, 요구사항 명세서는 프로젝트 산출물 중 가장 중요한 것 중 하나이다. 이것은 사용자, 분석가, 개발자 및 테스터 모두에게 공동의 목표를 제시하는 것으로, 사용자들과 개발자 등 모든 참여자들로부터 명확하게 이해되어야 하며 수행할 기능이 완전하게 기술되어야 한다.

이러한 명세서는 시스템이 어떻게 수행될 것인가가 아닌 무엇을 수행할 것인가에 대해 기술한다. 즉 요구사항 명세서에는 시스템이 이루어야 할 목표를 기술하지만 목표를 달성하기 위한 해결 방법은 기술하지 않는다. 그리고 요구사항 명세서에 명시된 조건들은 고객과 개발자 사이에서 합의된 것이어야 한다.

국제 표준인 IEEE-Std-830에서는 다음의 [그림 4-3]과 같은 명세 표준을 제시하였다.

1. **소개(Introduction)**
   1.1 SRS의 목적(Purpose of SRS)
   1.2 산출물의 범위(Scope of product)
   1.3 정의, 두문자어, 약어(Definitions, acronyms and Abbreviations)
   1.4 참조 문서(References)
   1.5 SRS 개요(Overview of rest of SRS)
2. **일반적인 기술 사항(General Description)**
   2.1 제품의 관점(Product Perspective)
   2.2 제품의 기능(Product Functions)
   2.3 사용자 특성(User Characteristics)
   2.4 제약 사항(Constraints)
   2.5 가정 및 의존성(Assumptions and Dependencies)
3. **상세한 요구사항 (Specific requirements)**
   3.1 기능적 요구사항(Functional requirements)
      3.1.1 기능적 요구사항1(Functional requirements 1)
         3.1.1.1 개요
         3.1.1.2 입력물
         3.1.1.3 프로세싱(Processing)
         3.1.1.4 산출물(Outputs)
         3.1.1.5 수행 요구사항(Performance requirements)
         3.1.1.6 디자인 제약 사항(Design constraints)
         3.1.1.7 속성(Attributes)
         3.1.1.8 기타 요구사항(Other requirements)
         . . .
   3.2 외부적인 인터페이스 요구사항(External interface requirements)
      3.2.1 사용자 인터페이스(User Interface)
      3.2.2 하드웨어 인터페이스(Hardware interface)
      3.2.3 소프트웨어 인터페이스(Software interface)
      3.2.4 커뮤니케이션 인터페이스(Communications interface)

부록(Appendices)
인덱스(Index)

그림 4-3 IEEE-Std-830 명세 표준[2]

소프트웨어 요구사항 명세서를 작성하기 위해서는 다음과 같은 명세 원리들이 적용되어야 한다.

- 시스템이 수행할 모든 기능과 시스템에 영향을 미치는 제약 사항을 명확하게 기술한다.
- 명세 내용은 고객과 개발자 사이에서 모두가 이해하기 쉽고 간결하게 작성한다.
- 기술된 모든 요구사항은 검증이 가능하기 때문에 원하는 시스템의 품질, 상대적 중요도, 품질의 측성, 검증 방법 및 기준 등을 명시한다.
- 요구사항 명세서는 시스템의 내부 행위를 기술하는 것으로, 특정한 구조나 알고리즘을 사용하여 설계하지 않도록 한다.
- 참여자들은 시스템의 기능을 이해하거나, 변경에 대한 영향 분석 등을 위하여

계층적으로 구성한다.

- 각 요구사항을 쉽게 참조할 수 있도록 고유의 식별자를 가지도록 번호화하고, 모든 요구사항이 동등한 것이 아니기 때문에 중요도에 따라 요구사항에 우선순위를 부여한다.

4.2.4 요구사항 검증 단계

요구사항 검증은 사용자의 요구가 요구사항 명세서에 올바르게 기술되었는지 검토하는 활동이다. 즉 요구사항이 사용자나 고객의 목적을 완전하게 기술하는가를 증명하고 요구사항 명세가 문서 표준에 따르는지를 확인한다. 그리고 설계 단계의 기초로 적합한지 여부도 확인한다.

(1) 요구사항 타당성 검증

요구사항 타당성 검증 단계에서는 명세된 요구사항의 구현 가능성, 명세 표현의 정확성 및 완전성, 표준과의 일치성, 요구사항 간의 충돌, 기술적 결함 등에 대한 검증을 수행한다. 이 단계에서는 시스템 요구사항이 설계 기준에 따라 하드웨어 형상 항목, 소프트웨어 형상 항목 등에 적절하게 할당되고 안전, 보안 및 위험성과 관련된 소프트웨어 요구사항이 정확하다는 것을 보여줄 수 있어야 한다. 이 단계에서는 다음 사항에 대한 검증을 실시한다.

- 무결성(Correctness)과 완전성(Completeness): 사용자의 요구를 에러 없이 완전하게 반영하고 있는가?
- 일관성(Consistency): 요구사항간에 서로 모순되지 않는가?
- 명확성(Un-ambiguity): 요구 분석의 내용이 모호함 없이 모든 참여자들에 의해 명확하게 이해될 수 있는가?
- 기능성(Functionality): 요구사항 명세서가 "어떻게"보다 "무엇을"에 관점을 두고 기술되었는가?
- 검증 가능성(Verifiability): 요구사항 명세서에 기술된 내용이 사용자의 요구를 만족하는가? 또한 개발된 시스템이 요구사항 분석 내용과 일치하는지를 검증할 수 있는가?
- 추적 가능성(Traceability) 및 변경 용이성(Flexibility): 시스템 요구사항과 시스템 설계 문서를 추적할 수 있는가?

(2) 요구사항 명세 구조 검증

요구사항 명세 구조 검증 단계에서는 정의된 요구사항들로부터 구현되는 시스템이 사용자의 요구와 목표를 만족하는가에 대해 확인하는 활동이다. 각 단계별 명세 요건들이 완전하고 정확하게 명세 되었는가, 또는 요구 명세서가 내부적으로 일관성을 가지고 있는가에 대하여 요구사항 명세를 확인하여 생성된 요구사항들 간의 정확성과 완전성 및 일치성을 확립한다.

(3) 요구사항 공통 용어 검증

요구사항 공통 용어 검증 단계에서는 요구사항 추출 단계에서 나온 공통 용어에 대하여 외부 사용자 또는 고객과 검증한다.

1.1. 기능 요구사항

1.1.1. 학생 관리 기능

학생 기록은 최소한 다음의 필드(field)로 구성된다.

- 이름, 학번, 학사 프로그램, 입학일, 졸업예정일

시스템은 새롭게 추가되는 학생에게 유일한 학번을 제공한다. 특정 기록으로 시스템에 저장되면 특정 학생의 이름과 학번은 어떤 사용자에 의해서도 수정될 수 없다. 또한 학생기록에 대학 삭제권한도 모든 사용자에게 제한된다.

그림 4-4 요구사항 명세 예제

예를 들어 [그림 4-4]와 같은 요구사항 명세가 있다고 가정하고, 요구사항 검증 단계에서 이에 대한 타당성을 검증해 보자.

[그림 4-4]의 밑줄 친 부분들은 부적합 사항으로 식별될 수 있다. '최소한'은 그 의미가 추상적이므로 요구사항 명세서에 사용되는 것은 적절하지 않다. 분명하게 반드시 포함되어야 할 필드의 구성요소들과 조건부로 포함될 수 있는 구성요소들을 기술할 필요가 있다.

또한 '특정 학생의 이름과 학번은 어떤 사용자에 의해서도 수정될 수 없다.'와 '학생기록에 대한 삭제 권한도 모든 사용자에게 제한된다.'라는 명세는 사용자의 권한이 명확하지 않으므로 '어떤 사용자', '모든 사용자'라는 단어 보다는 '학생', '관리자'등 사용자에 대해 명확하게 기술해야 한다.

4-3 유스케이스 기반의 요구사항 분석

앞서 살펴보았던 요구사항의 분석 방법 중, 객체지향 방법인 유스케이스 기반의 분석에 대해 좀 더 자세히 알아보도록 하자. 유스케이스 기반의 요구사항 분석은 [그림 4-5]와 같은 절차에 따라 이루어져 요구사항 명세서 작성의 기반을 다지는 작업이다.

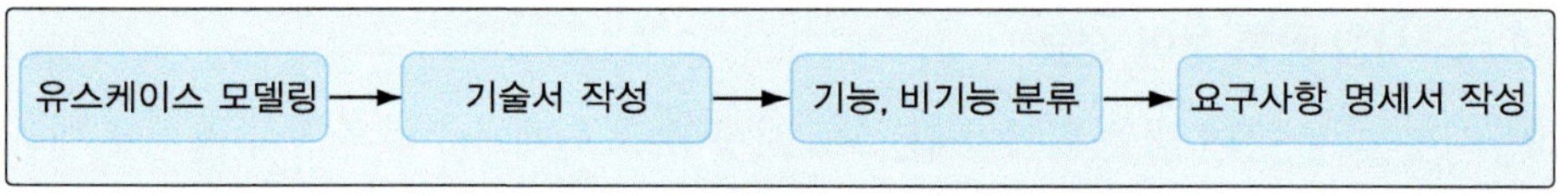

그림 4-5 요구사항 분석 방법

유스케이스를 모델링하기 위해서는 먼저 유스케이스와 UML에 대해서 알아야 한다. 유스케이스(Usecase)는 말 그대로 풀어보면 "사용 사례"로서 시스템이 어떻게 사용될지에 대해 표준화된 규칙에 따라 다이어그램으로 표현한 것이다. 고객과 개발자는 표준화된 규칙만 이해하고 있다면, 유스케이스 다이어그램(UseCase Diagram)을 통해 시스템의 기능이나 상호 작용 등을 쉽게 이해할 수 있다. 유스케이스를 이용한 요구사항 분석 방법은 통일된 규칙으로 시스템을 표현하고, 이를 통해 고객 및 사용자, 개발자의 다양한 관점을 찾아내어 그 간격을 조정하는 것을 말한다. 이러한 유스케이스 기반의 요구사항 분석은 시스템을 가시화시켜 주는 모델링 기법인 UML(Unified Modeling Language)을 이용하게 된다.

4.3.1 UML의 개요

소프트웨어 개발이 날이 갈수록 복잡해지면서 개발할 시스템의 상태를 가시화 할 수 있는 모델링의 중요성은 점점 커져 왔다. 이에 모델링의 표준 표기법인 UML은 반드시 필요한 방법이 되었다.

1994년 이전에는 다양한 객체 모델링 방법론이 공존하고 있었다. 대표적으로 Booch, Rumbaugh 그리고 Jacobson의 객체 모델링 방법론이 큰 줄기를 이루었다. 이 때문에 소프트웨어 개발에 있어서 고객, 사용자, 개발자 모두 각각의 모델링 방법론에 대한 규칙(Notation)을 숙지하고 있어야만 모델화된 시스템을 이해할 수 있었다. 이에 서로 다른 모델링 언어에 대한 불편함을 발전적으로 해소하고자 1994년 Booch와

Rumbaugh가 모델링 기법을 통일한 것을 시작으로 1995년에 Jacobson이 모델링 기법 통일에 참가해 1996년 UML 0.9 버전이 작성되었다. 이후 1997년 9월, UML 1.1이 객체지향 기술 표준화 단체인 OMG(Object Management Group)로부터 표준으로 인정받게 되었다. OMG의 꾸준한 버전 업 과정을 통해 UML은 2003년에 UML 1.5, 2004년에 발표된 UML 2.0에 이르게 되었다. 이렇게 발전된 UML은 다양한 모델링 방법론의 장점을 모아 놓은 통일된 모델링 언어라고 할 수 있다.

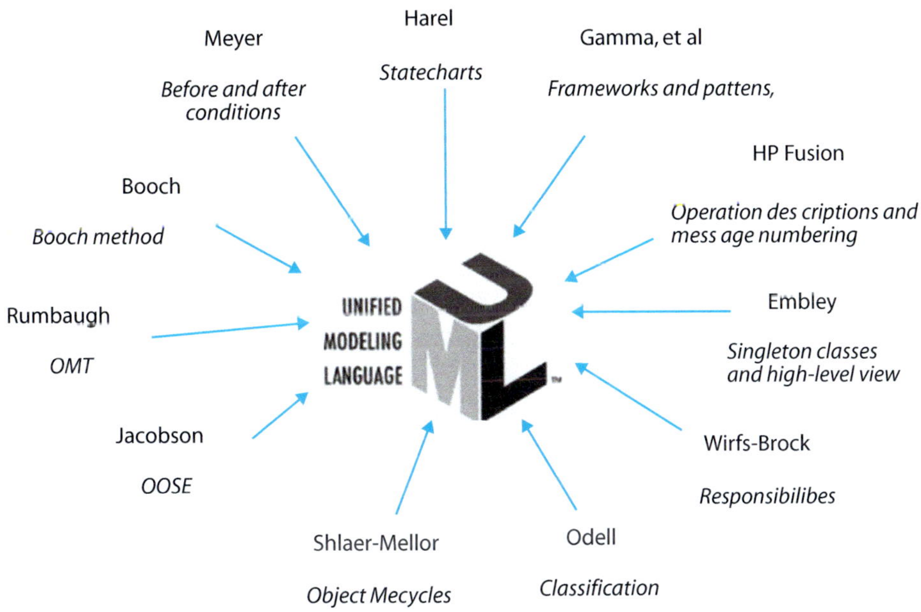

그림 4-6 통합된 표준 모델링 언어, UML

UML은 요구사항의 추출부터 분석, 명세를 통하여 생성되는 산출물들을 표준화된 다이어그램으로 연결시킴으로써, 고객 및 사용자, 개발팀이 다양한 관점을 다룰 수 있는 효과적인 도구이다. 이러한 도구를 통해 모든 참여자들 간의 효율적인 의사소통을 돕고 요구사항의 누락 사항이나 불일치를 지적할 수 있다.

[그림 4-7]은 시스템 구축 시 UML의 역할에 대해 나타내고 있다.

그림 4-7 시스템 구축 시 UML의 역할

건축의 예를 살펴보면, 건물에 관계된 여러 사람들, 즉 시공자, 건축가, 고객 등이 원하는 건물의 모습을 표현하기 위해 설계도, 조감도, 모델 하우스 등을 제작하는 것을 볼 수 있다. 이와 비슷하게 UML에서는 시스템에 대한 다양한 뷰(View)를 제공하기 위해 여러 가지 다이어그램을 제공한다.

요구사항 분석 단계에서는 다양한 UML 다이어그램 중 유스케이스 다이어그램에 대해서 살펴보자.

4.3.2 유스케이스 다이어그램

유스케이스 다이어그램(Usecase Diagram)은 사용자의 관점에서 시스템의 서비스와 기능 및 그와 관련한 외부 요소를 보여주는 다이어그램이다. 고객과 개발자는 이 다이어그램을 보며 요구사항에 대한 의견을 조율할 수 있다[3].

[그림 4-8]은 유스케이스 다이어그램의 예를 보여준다.

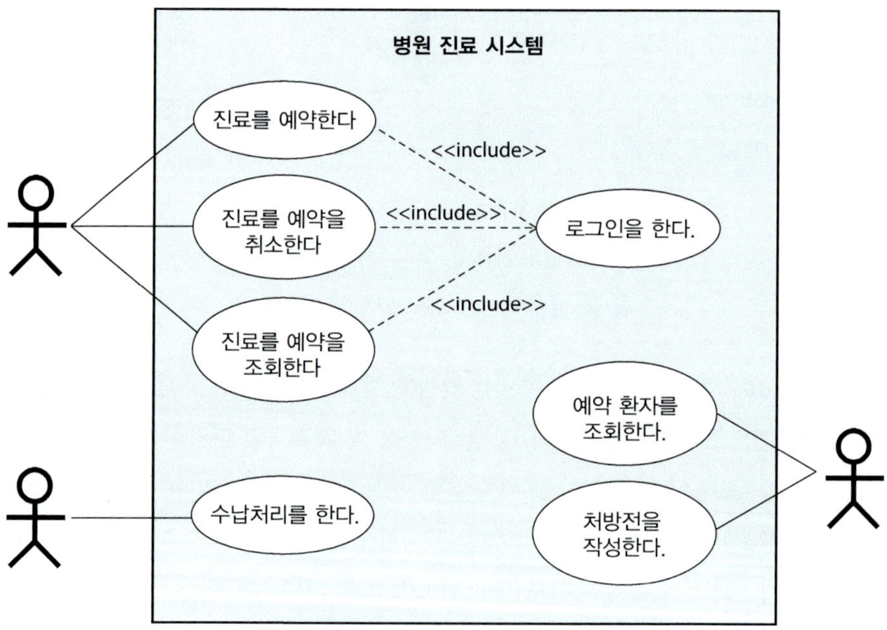

그림 4-8 유스케이스 다이어그램의 예

(1) 구성 요소와 표기법

유스케이스 다이어그램을 구성하는 4가지 요소인 시스템(System), 액터(Actor), 유스케이스(UseCase), 관계(Relationship)의 의미와 표기법을 알아보자.

시스템(System)

시스템이란 만들고자 하는 시스템의 범위를 뜻한다. 시스템을 표현하기 위해서는 [그림 4-9]와 같이 유스케이스를 둘러싼 사각형의 틀을 그리고, 시스템 명칭을 사각형 안쪽 상단에 기술한다.

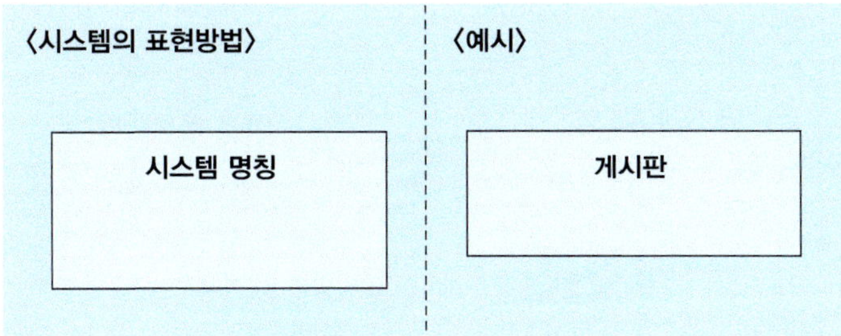

그림 4-9 시스템의 표현 방법 및 예시

액터(Actor)

액터는 시스템의 외부에 있으면서 시스템과 상호 작용을 하는 사람 또는 다른 시스템을 말한다.

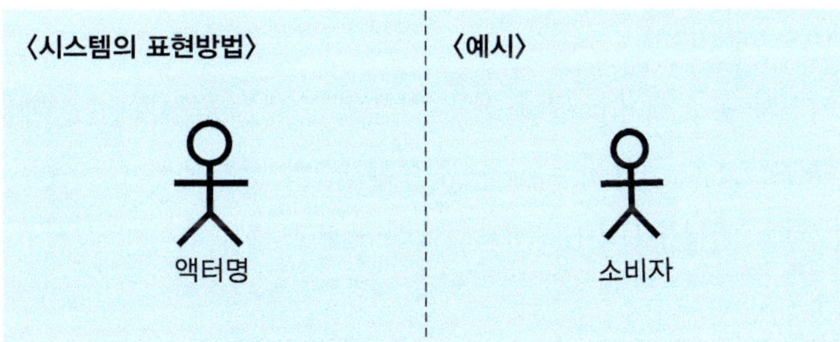

그림 4-10 액터의 표현 방법 및 예시

액터는 [그림 4-10]과 같이 원과 선을 조합한 형태의 사람 모양으로 표현하고, 그 위 또는 아래에 액터명을 표시한다. 액터명을 정할 때에는 액터의 역할을 반영한다. 예를 들면 관리자, 사용자 등이 액터명으로 사용될 수 있다.

유스케이스(Usecase)

유스케이스(Usecase)는 시스템이 액터에게 제공해야 하는 기능의 집합이다. 따라서 유스케이스는 시스템의 요구사항을 보여준다.

유스케이스는 [그림 4-11]처럼 타원으로 표시하고, 그 안쪽이나 아래쪽에 유스케이스명을 기술하여 표현한다. 유스케이스명은 "글을 등록한다", "글을 조회한다"와 같이 동사로 표현하여, 유스케이스 하나가 개발될 기능 하나와 연결될 수 있도록 한다.

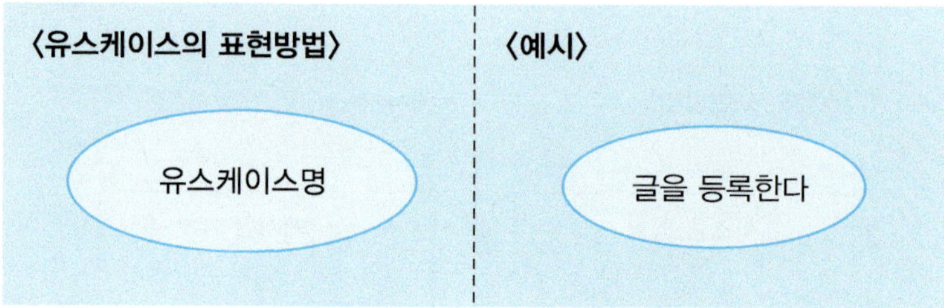

그림 4-11 유스케이스 표현 방법 및 예시

● 관계(Relationship)

시스템의 요구사항을 액터와 유스케이스로 표현하다 보면 여러 개의 액터와 유스케이스가 표현되기 때문에 이들 사이에 어떤 관련이 있는지 파악하기 어렵다. 때문에 이들 사이에 존재 할 수 있는 여러 관계를 나타내어 이해를 돕는데 활용한다[4].

먼저 액터와 유스케이스 사이의 관계에는 연관관계(Association)가 있다.

■ 연관관계(Association)

연관관계는 액터와 유스케이스 간에 상호 작용이 존재함을 나타낸다. 예를 들어, "사용자"라는 액터가 "글을 등록한다"라는 유스케이스와 상호작용하는 것은 연관관계로 나타낼 수 있는데, 이는 [표 4-1]과 같이 액터와 유스케이스 사이에 실선을 연결하여 이를 표현한다.

[그림 4-12]는 액터와 유스케이스의 연관관계로 표현된 단순화된 유스케이스 다이어그램의 예를 보여준다.

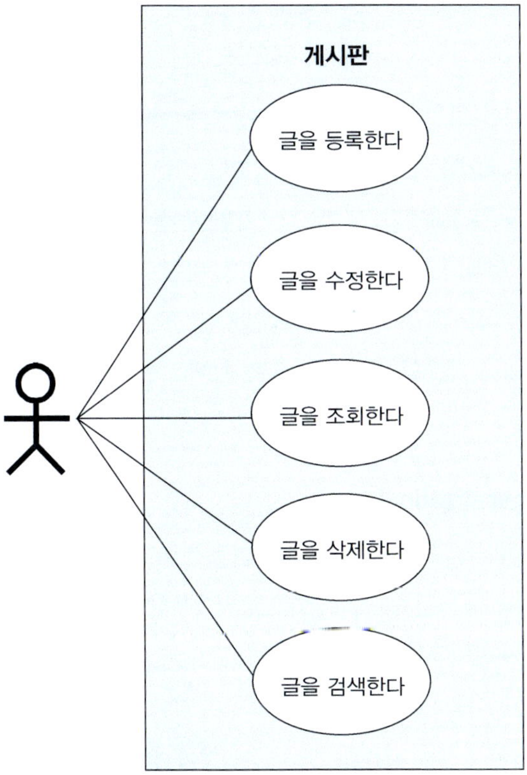

그림 4-12 유스케이스 다이어그램의 예

다음으로 유스케이스들 간의 관계로는 의존관계인 포함관계(Include)와 확장관계(Extend)가 있다.

■ 포함관계(Include)

포함관계는 하나의 유스케이스가 다른 유스케이스의 실행을 전제로 할 때 형성되는 관계이다. 포함되는 유스케이스는 포함하는 유스케이스를 실행하기 위해 반드시 실행되어야 한다. 예를 들어 "글을 등록한다"라는 유스케이스를 실행하기 위해서는 "로그인을 한다"라는 유스케이스가 먼저 실행되어야 하므로 포함관계로 나타낼 수 있다. 이는 [표 4-1]과 같이 '포함하는 유스케이스'에서 '포함되는 유스케이스'방향으로 화살표를 점선으로 연결하여 표현하고 <<include>>라고 표기한다.

■ 확장관계(Extend)

확장관계는 확장 기능(Extending) 유스케이스와 확장 대상(Extended) 유스케이스 사이에 형성되는 관계이다. 확장 대상 유스케이스를 수행 할 때에 특정 조건에 따라 확장 기능 유스케이스를 수행하기도 하는 경우 적용된다. 예를 들어, “글을 등록한다”라는 유스케이스는 일반적으로 실행되지만, “파일을 첨부한다”라는 유스케이스는 글을 등록하는 경우 중 첨부할 파일이 있는 조건의 경우에 실행되지만, 그렇지 않은 경우 실행되지 않기도 하므로 확장관계로 나타낼 수 있다. 여기에서 “글을 등록한다”라는 유스케이스는 ‘확장 대상 유스케이스’가 되고, “파일을 첨부한다”라는 유스케이스는 ‘확장 기능 유스케이스’가 된다. 이는 [표 4-1]과 같이 ‘확장 기능 유스케이스’에서 ‘확장 대상 유스케이스’ 방향으로 화살표를 점선으로 연결하여 표현하고 <<extend>>라고 표기한다.

마지막으로 액터들 간의 관계나 유스케이스들 간의 관계에는 일반화관계(Generalization)가 있다.

일반화관계(Generalization)

일반화관계는 유사한 유스케이스들 또는 액터들을 모아 그들을 추상화한 유스케이스 또는 액터와 연결시켜 그룹핑(Grouping)함으로써 이해도를 높이기 위한 관계이다. 예를 들어, “글쓴이로 검색한다”와 “날짜로 검색한다”라는 유스케이스가 있는 경우, 독립적으로 존재하는 것보다 “글을 검색한다”라는 추상적인 유스케이스를 만들어 연결시킴으로써 이해도를 높인다. [표 4-1]과 같이 ‘구체적인 유스케이스’에서 ‘추상적인 유스케이스’ 방향으로 끝부분이 삼각형의 테두리로 표현된 화살표를 실선으로 연결하여 표현한다.

표 4-1 관계의 종류와 표기법

<table>
<tr><th colspan="2">관계</th><th>표기법</th></tr>
<tr><td colspan="2">연관 관계</td><td>
</td></tr>
<tr><td>의존 관계</td><td>포함관계</td><td>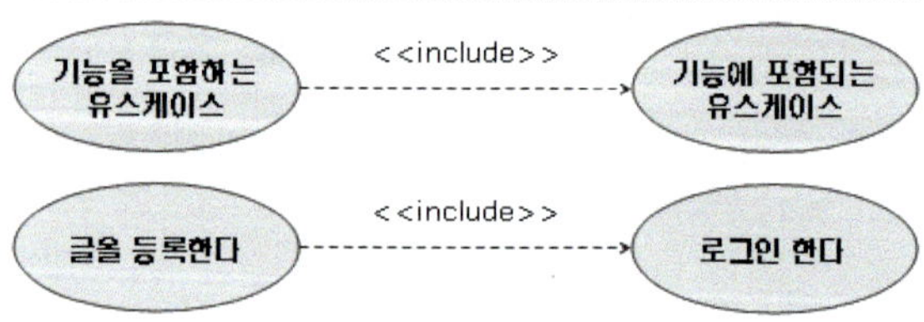
</td></tr>
</table>

관계		표기법
의존 관계	확장관계	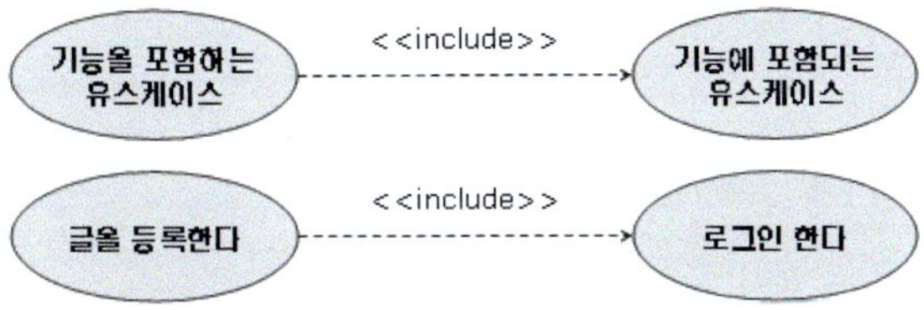
일반화관계		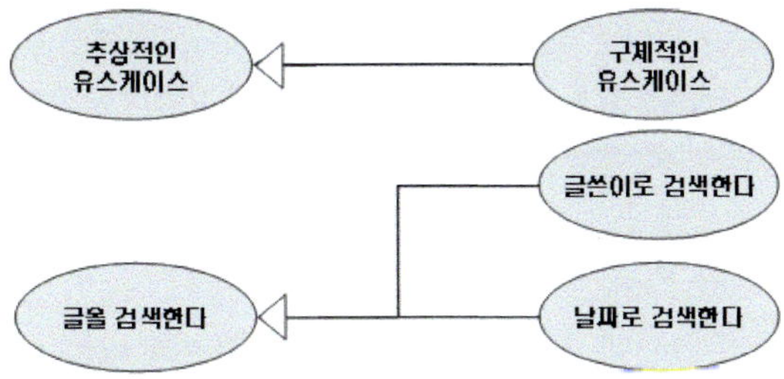

의존관계나 일반화관계에서 화살표를 사용하는 경우, 화살표의 의미는 프로세스의 진행 순서라고 생각하기 쉽지만 해당하는 관계의 방향을 나타낸다는 것을 주의해야 한다.

(2) 유스케이스 다이어그램 작성

개발하고자 하는 시스템을 유스케이스 다이어그램으로 표현하는 것을 유스케이스 모델링(Usecase Modeling)이라고 한다. 유스케이스 모델링은 [그림 4-13]과 같은 절차를 통해 작성 할 수 있다. 먼저 시스템과 상호작용하는 액터를 식별하고, 액터가 시스템에게 요구하는 유스케이스를 식별한 후, 액터와 유스케이스, 유스케이스와 유스케이스의 관계 등을 정의하여 유스케이스 다이어그램을 작성한다.

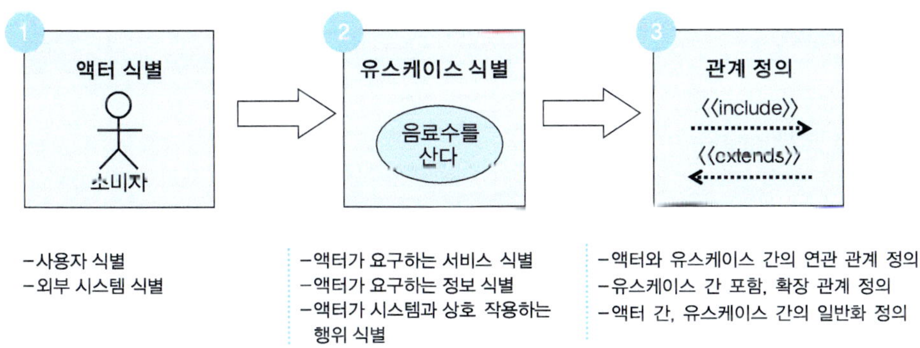

그림 4-13 유스케이스 다이어그램 작성 순서

액터 식별

액터는 다음과 같은 질문을 통해 식별할 수 있다.

- 누가 정보를 제공하고, 사용하고, 삭제하는가?
- 누가 또는 어떤 조직에서 개발될 시스템을 사용할 것인가?
- 누가 요구사항에 대해 관심을 가지고, 시스템이 만들어낸 결과에 관심이 있는가?
- 누가 시스템이 잘 운영될 수 있도록 유지보수 및 관리를 하는가?
- 개발될 시스템과 상호 작용하는 하드웨어나 소프트웨어 시스템은 무엇인가?

유스케이스 식별

유스케이스는 다음과 같은 질문을 통해 식별할 수 있다.

- 액터가 원하는 시스템 제공 기능은 무엇인가?
- 액터는 시스템에 어떤 정보를 생성, 수정, 조회, 삭제하고 싶어 하는가?
- 액터는 시스템의 갑작스러운 외부 변화에 대해 어떤 정보를 필요로 하는가?
- 시스템이 어떤 기능을 제공하면 액터의 일상 작업이 효율적이고 편리해지는가?
- 모든 기능 요구사항들을 만족할 수 있도록 유스케이스가 모두 식별되었는가?

관계 정의

연관 관계, 포함 관계, 확장 관계, 일반화 관계는 각각 다음과 같은 질문을 통해 식별할 수 있다.

연관 관계(Association)

- 액터와 유스케이스 간에 상호 작용이 존재하는가?

포함 관계(Include)

- 이 유스케이스를 실행하기 위하여 반드시 실행되어야 하는 유스케이스가 존재하는가?

확장 관계(Extend)

- 이 유스케이스를 실행함으로써 선택적으로 실행되는 유스케이스가 있는가?

일반화 관계(Generalization)

- 액터 또는 유스케이스가 구체화된 다른 여러 액터나 유스케이스를 가지고 있는가?

(3) 유스케이스 다이어그램의 예제 1

게시판 구축에 대한 다음의 요구사항을 유스케이스 다이어그램을 통해 작성해 보자.

사용자 요구사항

: 글을 등록, 수정, 삭제할 수 있는 게시판을 개발한다(단, 관리자 모드는 개발하지 않는다).

- 글을 등록할 때에는 파일을 첨부할 수 있다.
- 글을 조회하여 읽을 수 있다.
- 등록된 글은 글쓴이 혹은 날짜별로 검색할 수 있다.
- 게시판의 모든 기능은 사용자 로그인 후에 사용할 수 있다.

시스템 식별

먼저 개발할 시스템을 식별해 보면 그 대상은 '게시판'이 된다. 게시판 시스템은 [그림 4-14]와 같이 표현할 수 있다.

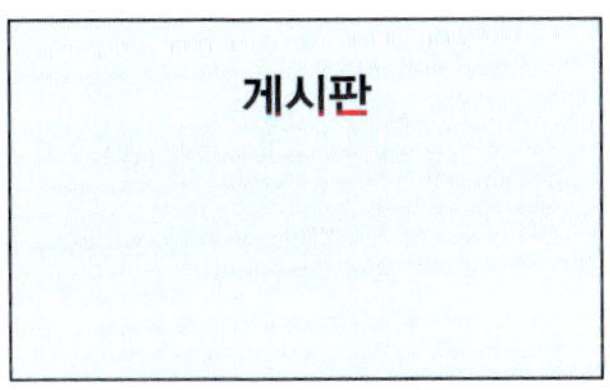

그림 4-14 게시판 시스템

액터 식별

다음으로 시스템인 '게시판'과 상호 작용하는 액터를 식별해 보면, 게시판에 글을 등록하고 삭제하는 등의 역할을 하는 '사용자'가 된다. 액터는 다음 [그림 4-15]와 같이 표현할 수 있다.

그림 4-15 사용자 액터

● 유스케이스 식별

식별된 액터가 게시판을 통해 하고자하는 기능, 즉 유스케이스를 식별해 보자. 사용자는 게시판을 통해 글을 등록, 수정, 조회하는 등의 작업을 하고자 한다. 그러므로 유스케이스는 [그림 4-16]과 같이 식별될 수 있다.

그림 4-16 사용자 액터의 유스케이스

● 관계 정의

액터와 유스케이스가 식별되었으므로, 이제 이들 사이의 관계를 살펴보자. 액터와 유스케이스 사이의 관계로는, 사용자가 "글을 등록한다, 글을 수정한다, 글을 조회한다, 글을 삭제한다, 글을 검색한다"는 유스케이스와 연관관계를 가지므로 실선을 표현한다.

유스케이스와 유스케이스 사이의 관계로는 "글을 등록한다, 글을 수정한다, 글을 조회한다, 글을 삭제한다"의 유스케이스 이전에 "로그인 한다"의 유스케이스가 선행되어야 하므로 포함관계를 가진다. 이는 "글을 등록한다, 글을 수정한다, 글을 조회한다, 글을 삭제한다"의 유스케이스에서 "로그인 한다"의 유스케이스 방향으로 화살표를 점선으로 연결하여 표현한다.

그리고 "글을 등록한다"의 유스케이스에는 확장된 기능으로 "파일을 첨부한다"의 유스케이스가 선택적으로 실행되므로 확장관계를 가진다. 이는 "파일을 첨부한다"의 유스케이스에서 "글을 등록한다"의 유스케이스 방향으로 화살표를 점선으로 연결하여 표현한다.

또한 "글을 검색한다"라는 유스케이스는 "글쓴이로 검색한다"와 "날짜로 검색한다"라는 유스케이스의 추상화된 표현이므로 일반화관계를 가진다. 이는 "글쓴이로 검색한다"와 "날짜로 검색한다"라는 유스케이스에서 "글을 검색한다"라는 유스케이스의 방향으로 끝부분이 삼각형의 테두리로 표현된 화살표를 실선으로 연결하여 표현한다.

이와 같은 과정을 통해 유스케이스 다이어그램을 완성해 보면 [그림 4-17]과 같다.

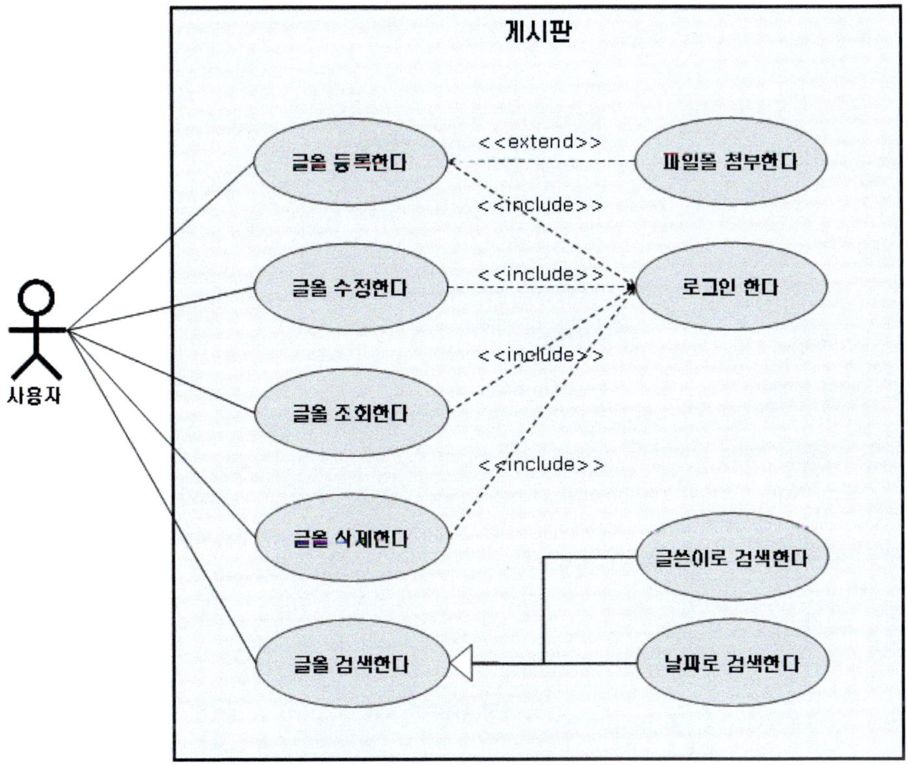

그림 4-17 게시판 유스케이스 다이어그램

(4) 유스케이스 다이어그램 예제 2

인터넷 서점 쇼핑몰 구축에 대한 다음의 요구사항을 유스케이스 다이어그램을 작성해 보자.

사용자 요구사항

: 인터넷 상에서 도서를 구매할 수 있는 쇼핑몰을 개발한다.

- 고객은 회원등록과 로그인을 과정을 거쳐 쇼핑몰을 이용 할 수 있다.
- 회원등록을 할 때에는 반드시 실명확인을 한다.
- 도서를 구입 할 때에는 현금결제 혹은 카드결제를 할 수 있다.
- 카드결제는 외부 시스템을 사용한다.
- 구입한 도서의 배송상황을 조회할 수 있다.
- 직원은 고객이 요청하는 상담을 처리할 수 있다.

● 시스템 식별

먼저 개발할 시스템을 식별해 보면 그 대상은 '인터넷 서점 쇼핑몰'이 된다. 인터넷 서점 쇼핑몰 시스템은 [그림 4-18]과 같이 표현할 수 있다.

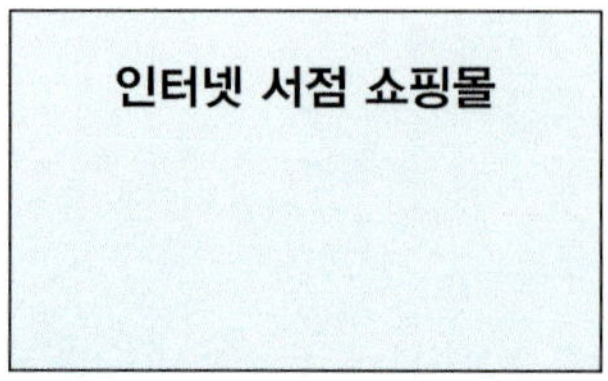

그림 4-18 인터넷 서점 쇼핑몰의 시스템

● 액터 식별

다음으로 시스템인 '인터넷 서점 쇼핑몰'과 상호 작용하는 액터를 식별해 보자. 책을 사는 역할을 하는 고객, 고객 관리의 역할을 하는 직원, 그리고 전자결제 처리의 역할을 하는 전자결제 시스템이 인터넷 서점 쇼핑몰의 시스템과 상호작용을 한다. 따라서 액터는 다음 [그림 4-19]와 같이 표현된다.

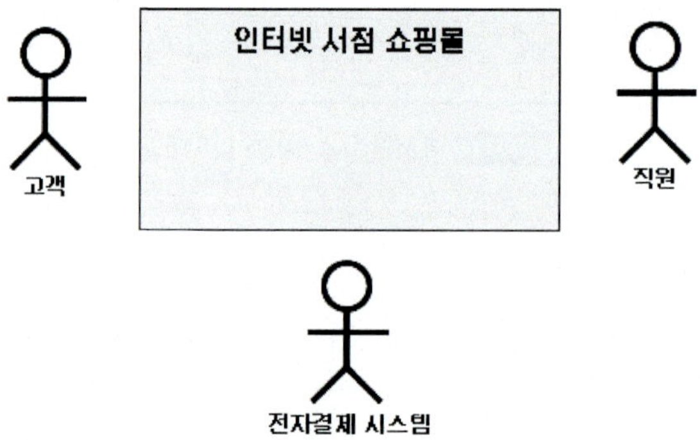

그림 4-19 액터의 표현

● 유스케이스 식별

식별된 액터가 인터넷 서점 쇼핑몰 시스템을 통해 하고자하는 기능, 즉 유스케이스를 식별해 보자. 고객은 시스템을 통해 회원등록, 로그인, 도서구매 등의 작업을 요구하며, 직원은 고객 상담을 처리할 수 있는 기능을 요구한다. 그리고 전자결제 시스템은 고객이 도서 구입 시 결제를 처리할 수 있는 기능을 한다. 그러므로 유스케이스는 [그림 4-20]과 같이 식별될 수 있다.

그림 4-20 인터넷 서점 쇼핑몰의 액터별 유스케이스

관계 정의

액터와 유스케이스가 식별되었으므로, 이제 이들 사이의 관계를 각 액터별로 살펴보자.

고객

고객은 "회원 등록을 한다, 배송조회를 한다, 도서를 구입한다, 결제를 한다"는 유스케이스와 상호작용하는 연관관계를 가지므로 실선으로 표현한다. 그리고 "회원 등록을 한다"의 유스케이스는 "실명확인을 한다"라는 유스케이스가 선행되어야 하므로 포함관계를 가진다. 이는 "회원 등록을 한다"의 유스케이스에서 "실명확인을 한다"의 유스케이스 방향으로 화살표를 점선으로 연결하여 표현한다.

또한 "배송조회를 한다"라는 유스케이스는 "로그인 한다"라는 유스케이스가 선행되어야 하므로 포함관계로 표현한다. 또한 "배송조회를 한다"유스케이스는 일반적으로 실행되지만, "배송상황을 출력한다"라는 유스케이스는 배송조회를 할 경우 고객이 출력을 원하는 경우에만 실행되고, 그렇지 않은 경우 실행되지 않기도 하므로 확장관계를 가진다. 이는 "배송상황을 출력한다"의 유스케이스에서 "배송조회를 한다"의 유스케이스 방향으로 화살표를 점선으로 연결하여 표현한다.

"도서를 구입한다"라는 유스케이스는 "로그인 한다"라는 유스케이스가 선행되어야 하므로 포함관계로 표현한다.

마지막으로 "결제를 한다"라는 유스케이스는 "계좌이체를 한다"와 "카드결제를 한다"의 유스케이스의 추상화된 표현이므로 일반화 관계를 가진다. 이는 "계좌이체를 한다"와 "카드결제를 한다"의 유스케이스에서 "결제를 한다"라는 유스케이스 방향으로 끝부분이 삼각형의 테두리로 표현된 화살표를 실선으로 연결하여 표현한다.

고객과 관련된 유스케이스의 관계를 표현하면 [그림 4-21]과 같다.

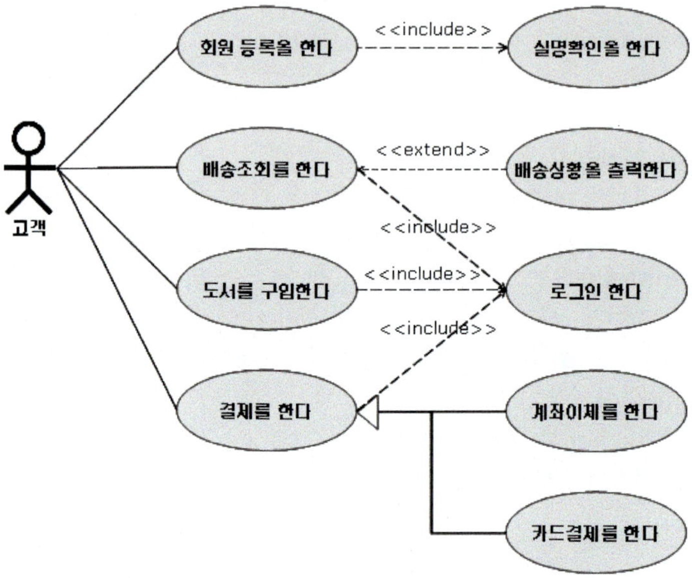

그림 4-21 고객 액터와 관련된 유스케이스의 관계

직원

직원은 "고객 상담을 한다"는 유스케이스와 상호작용하는 연관관계를 가지므로 실선을 표현한다. 직원과 관련된 유스케이스의 관계를 표현하면 [그림 4-22]와 같다.

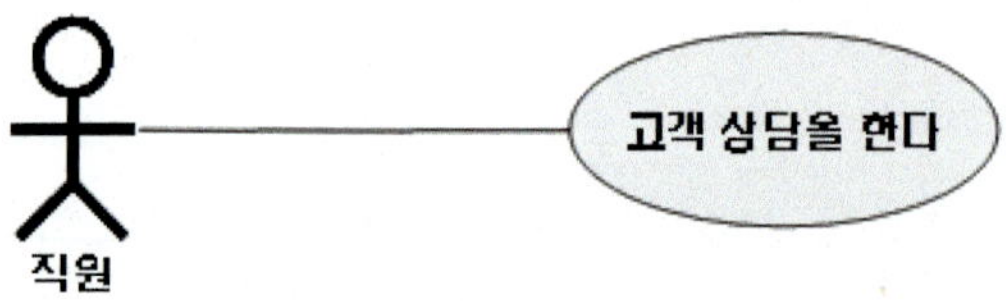

그림 4-22 직원과 관련된 유스케이스 관계

전자결제 시스템

전자결제 시스템은 인터넷 서점 쇼핑몰 시스템 외부의 또 다른 시스템으로, 고객이 카드결제를 할 경우, 결제에 필요한 정보를 인터넷 서점 쇼핑몰 시스템으로부터 전달받는다. 그러므로 전자결제 시스템은 "카드결제를 한다"의 유스케이스와 연관 관계를 가지므로 실선을 표현한다. 전자결제 시스템과 관련된 유스케이스의 관계를 표현하면 [그림 4-23]과 같다.

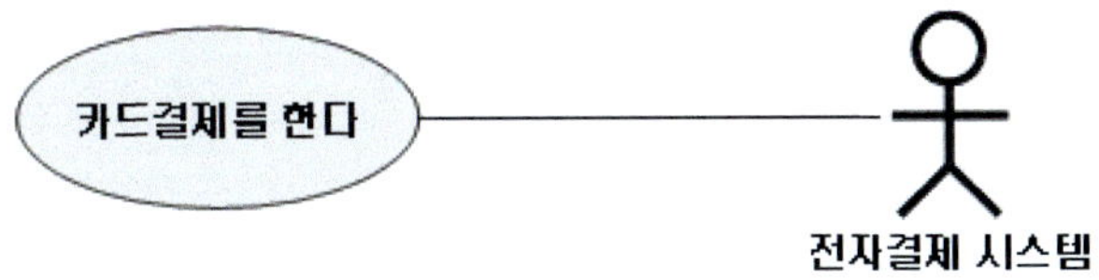

그림 4-23 전자결제 시스템과 관련된 유스케이스 관계

이와 같은 과정을 통해 유스케이스 다이어그램을 완성해 보면 [그림 4-24]와 같다.

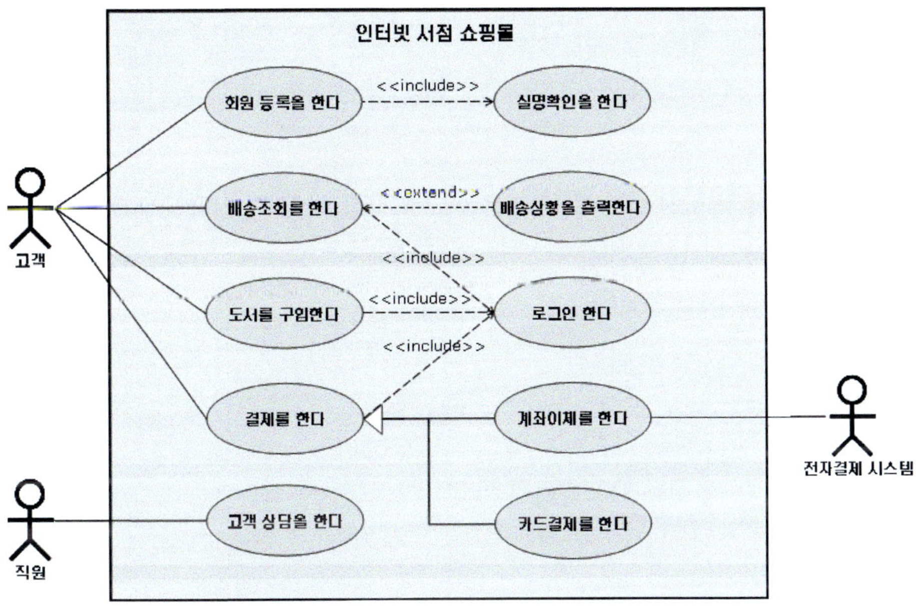

그림 4-24 인터넷 서점 쇼핑몰 유스케이스 다이어그램

(5) 유스케이스 기술서 작성

유스케이스 다이어그램에서 유스케이스는 시스템이 수행해야 할 기능이 무엇인지에 대해서만 표현한다. 이를 보완하고자 각 유스케이스에 대해서 해당 유스케이스가 어떻게 수행되는지를 정의한 유스케이스 기술서를 작성하게 된다. 유스케이스 기술서는 각 유스케이스의 기능을 명확히 정의하고 작업의 흐름 및 제약 사항 등을 정의한다.

일반적으로 다음과 같은 항목을 기술서에 작성한다.

- 유스케이스명
- 액터명
- 유스케이스 개요 및 설명
- 사전 및 사후 조건
- 작업 흐름
  - 정상 흐름(Normal Flow): 해당 유스케이스가 정상적으로 수행되는 흐름
  - 대안 흐름(Alternative Flow): 유스케이스 내의 작업 흐름이 수행되는 중에 특정 시점에서 여러 가지 선택적인 흐름으로 나뉘어 질 경우에 발생하는 흐름
  - 예외 흐름(Exceptional Flow): 유스케이스 내의 작업 흐름이 수행되는 중에 발생할 수 있는 예외 상황이나 오류를 표현하는 흐름
- 시나리오: 각 시나리오는 유스케이스의 특정한 예를 나타냄

다음은 앞서 살펴 본 유스케이스 다이어그램 작성 예제 중, 사용자가 게시판에 글을 등록하는 유스케이스를 기술서에 정의한 예이다.

- 유스케이스명: 글을 등록한다.
- 액터명: 사용자
- 유스케이스 개요 및 설명
  - 사용자는 원하는 글을 게시판에 등록한다.
- 사전 조건: 로그인 한다.
- 작업 흐름
  - 정상 흐름
    1. 사용자는 글쓰기 버튼을 클릭한다.
    2. 시스템은 글쓰기 박스를 실행한다.
    3. 사용자는 글쓰기 박스에 원하는 글을 작성한다.
    4. 사용자는 등록 버튼을 클릭한다.
    5. 시스템은 글을 데이터베이스에 저장한다.
  - 대안 흐름
    1. 정상흐름 4에서 등록 취소버튼을 선택할 경우, 시스템을 게시판 목록 조회 화면을 보여준다.
  - 예외 흐름
    1. 정상 흐름 3에서 글쓰기 박스에 글을 쓰지 않고 등록 버튼을 클릭할 경우, 시스템은 "내용을 입력하세요"라는 경고 메시지를 보여준다.

04 연습문제

1. 요구사항을 정확하게 명세하는 이유는 무엇인가?

2. 기능적 요구사항과 비기능적 요구사항의 차이점을 나열하라.

3. 요구사항 개발 단계를 나타내어라.

4. 요구사항 명세서(SRS: Software Requirement Specification)란 무엇인가?

5. 유스케이스 다이어그램을 작성하는 이유는 무엇인가?

6. 유스케이스 다이어그램을 표현하는 절차를 설명하라.

팀 프로젝트 (6주차)

이번 주 할 일

일자	본문 목차	본문 내용	프로젝트 활동	제출물
1주		과목 소개	프로젝트 소개	
2주	1장	S/W와 SE	1차 팀 구성	
3주	2장	생명주기	2차 팀 구성	
4주	3장	프로젝트	제안서	완성된 팀 구성
5주		제안서 발표		제안서
6주	4장	요구사항	요구사항 명세서	
7주	5장	계획(1)		요구사항 명세서
8주	중간고사			
9주	5장	계획(2)	계획서	
10주	6장	위험관리		계획서
11주	7장	설계	설계서	
12주	8장	V&V(1)		설계서
13주	8장	V&V(2)	테스트 결과 보고서	
14주				
15주	9장	형상관리		최종 보고서
16주	기말고사			

이번 주 팀 프로젝트 활동은 본문에서 배운 내용을 토대로 요구사항 명세서를 작성한다. 앞서 국제 표준인 IEEE의 요구사항 명세서 목차를 살펴보았지만, 이 책에서는 "Small Messenger"의 크기와 수행 기간을 고려하여 다음과 같이 목차를 적절하게 조정한 요구사항 명세서 작성의 예를 보여준다.

1. 개 요

개발할 시스템에 대한 개요를 기술한다.

1.1 개발 시스템의 목표

로그인이 가능하고 서버에 등록되어 있는 인원과 1:1 대화가 가능한 메신저를 개발한다.

2. 기능 요구사항

개발에 관련된 여러 가지 기능적 요구사항을 나열한다.

2.1 시스템 요구사항

구분	상세 spec	비고
로그인/ 로그아웃	시스템은 로그인 시 네트워크 연결이 되어 있지 않으면, 네트워크 연결이 되어 있지 않다는 메시지를 출력하고 실행을 중단한다.	
	로그인은 미리 DB에 입력되어 있는 아이디와 비밀번호를 이용한다.	
	사용자는 아이디와 비밀번호를 입력하고 엔터나 로그인 버튼을 클릭하면 로그인이 진행된다.	
	사용자가 잘못된 아이디나 비밀번호를 입력하였을 경우, 경고 메시지를 출력하고 재입력 받는다.	
	사용자가 정상적인 아이디와 비밀번호로 로그인이 승인되면, 메인 화면을 보여 준다.	
	사용자가 로그아웃을 선택하였을 경우 시스템은 DB에 로그아웃 메시지를 전달하고 프로그램을 종료시킨다.	
1:1 대화	사용자가 메인 화면에서 현재 접속되어 있는 사용자를 더블 클릭하면 1:1 대화창이 실행된다.	
	사용자가 1:1 대화창의 대화 입력 부분에 대화 내용을 입력하고 엔터나 보내기 버튼을 클릭하면 대화 내용을 상대편 사용자에게 보낸다.	
	시스템은 1:1 대화에서 네트워크 연결이 되지 않았을 경우, 네트워크 연결이 되어 있지 않다는 메시지를 대화창에 출력한다.	
	시스템은 다른 사용자로부터 대화 내용이 전송되었을 경우 1:1 대화창을 실행하고 대화 내용을 보여준다.	

2.1.1 유스케이스 다이어그램

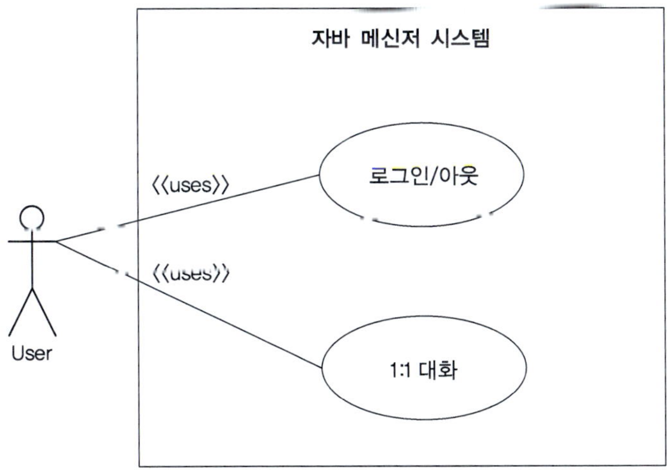

2.1.2 액터 목록

액터	설명
사용자	메신저 프로그램을 사용하는 사람

2.1.3 유스케이스 목록

유스케이스 ID	유스케이스명	설명	우선순위
UC001	로그인/아웃	메신저를 사용하기 위해 로그인을 하거나, 메신저 사용 종료를 위해 로그아웃을 한다.	상
UC002	1:1 대화	사용자는 대화를 원하는 온라인 상태인 상대방과 1:1 대화를 한다.	상

2.1.4 유스케이스 기술

각각의 사건 흐름을 기술하고, 유스케이스에 대한 상세 시나리오를 보여준다.

2.1.4.1 UC001: 로그인 및 로그아웃 한다.

설명	메신저를 사용하기 위해 로그인을 하거나, 메신저 사용 종료를 위해 로그아웃을 한다.	
관련 액터	사용자	
사전 조건	프로그램을 실행시킨다.	
사후 조건	메인 화면(등록된 친구 목록이 보여지는 화면)이 실행된다.	
기본 흐름	B01	사용자가 아이디와 비밀번호를 입력하고 로그인 버튼을 클릭한다.
	B02	시스템은 아이디 존재 여부를 확인한다.
기본 흐름	B03	시스템은 아이디에 맞는 비밀번호인지 확인한다.
	B04	아이디와 비밀번호가 맞으면 사용자임을 인증하고 메인 프로그램을 실행시킨다.
대안 흐름		
예외 흐름	E01	사용자가 아이디를 잘못 입력한 경우 - 1. 정확하지 않은 아이디임을 경고하고 로그인을 허용하지 않는다.
	E02	사용자가 비밀번호를 잘못 입력한 경우 - 1. 정확하지 않은 비밀번호임을 경고하고 로그인을 허용하지 않는다.
시나리오	SN001	B01 > B02 > B03 > B04
	SN002	B01 > B02 > E01-1
	SN003	B01 > B02 > E03 > E02-1

2.1.5 시퀀스 다이어그램

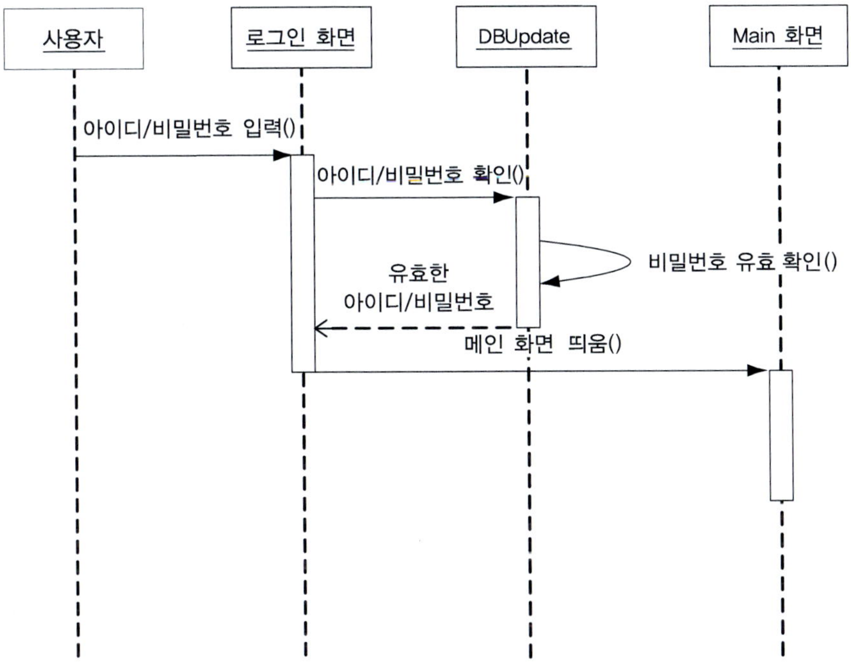

2.2 사용자 인터페이스 요구사항

사용자 인터페이스에 대한 요구사항을 분석한 내용을 기술한다.

2.2.1 로그인 화면

화면	
설명	사용자의 아이디와 비밀번호를 입력받아서 메신저 프로그램을 실행한다.

2.2.2 화면 목록

유스케이스 ID	유스케이스명	화면명	설명
UC001	로그인/로그아웃	로그인	사용자의 ID와 Password를 입력 받아서 메신저 프로그램을 실행한다.
UC002	1:1 대화	1:1 대화	사용자의 메시지를 받아서 다른 사용자에게 전송하고 메시지 화면 창에 보여준다.
–	–	메인 화면	사용자의 친구 목록을 보여주고, 온/오프라인 상태를 표시한다.

2.2.3 화면 기술

유스케이스명	로그인/로그아웃
화면명	로그인
화면	
요구사항	• 사용자의 ID와 Password는 사전 DB에 등록이 되어 있어야 한다. • 사용자는 DB에 등록된 자신의 ID와 Password를 알고 있어야 한다. • 사용자가 ID와 Password를 적고, 접속 버튼을 누르면 입력된 ID와 Password를 DB에 전송한다. • 시스템은 DB에서 받은 메시지를 가지고, ID와 Password가 유효하면 메인 화면으로 넘어가고, 아니면 프로그램을 종료한다. • 사용자가 취소 버튼을 누르면, 프로그램을 종료한다. • 우측 상단의 ×버튼을 누르면, 프로그램을 종료한다.

2.3 데이터베이스 요구사항

2.3.1 ER 다이어그램

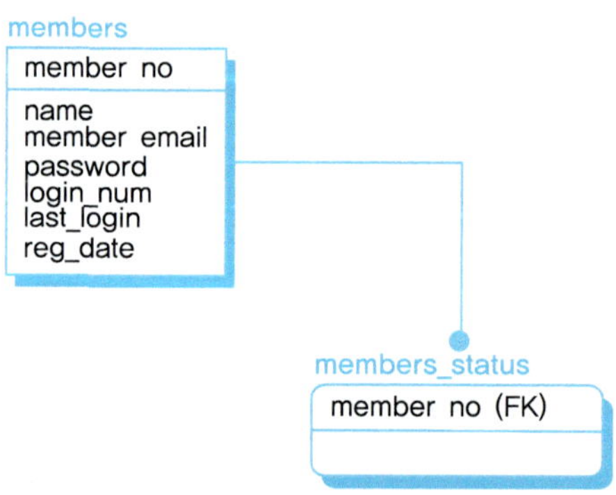

2.3.2 테이블 목록

유스케이스 ID	유스케이스명	테이블명	설명
UC001	로그인/로그아웃	members	회원 정보 저장
UC001	로그인/로그아웃	members_status	회원의 현재 상태

2.3.3 테이블 기술

<table>
<tr><td>유스케이스명</td><td colspan="3">로그인/아웃</td></tr>
<tr><td>테이블명</td><td colspan="3">members</td></tr>
<tr><td rowspan="8">테이블</td><td>설명</td><td>필드명</td><td>데이터타입</td></tr>
<tr><td>1씩 자동 증가하는 값</td><td>member_no</td><td>int(11)</td></tr>
<tr><td>회원의 이름</td><td>name</td><td>char(20)</td></tr>
<tr><td>회원의 메일주소</td><td>email</td><td>varchar(50)</td></tr>
<tr><td>회원의 비밀번호</td><td>password</td><td>char(16)</td></tr>
<tr><td>로그인 횟수</td><td>login_num</td><td>int(11)</td></tr>
<tr><td>마지막 로그인 시간</td><td>last_login</td><td>int(11)</td></tr>
<tr><td>회원 등록일</td><td>reg_date</td><td>int(11)</td></tr>
<tr><td>요구사항</td><td colspan="3">회원 등록에 대한 기능이 없기 때문에 메신저를 사용할 회원의 정보는 개발 시 미리 저장한다.</td></tr>
<tr><td>테이블명</td><td colspan="3">members_status</td></tr>
<tr><td rowspan="2">테이블</td><td>속성</td><td>필드명</td><td>데이터타입</td></tr>
<tr><td>회원의 고유번호</td><td>member_no</td><td>int(11)</td></tr>
<tr><td>요구사항</td><td colspan="3">• 회원의 로그인/아웃 상태에 따라 member_status 필드를 업데이트한다.
• 회원이 로그인하면 해당 회원의 고유 번호(member no)를 테이블에 추가하고 로그아웃하면 해당 회원의 레코드를 삭제한다.</td></tr>
</table>

3. 비기능 요구사항

개발에 관련된 여러 가지 비기능적 요구사항을 나열한다.

3.1 성능 요구사항

개발할 시스템의 성능에 대한 내용을 기술한다.

항목	요구사항	비고
반응시간	시스템은 사용자의 요구에 3초 이내에 처리하여 결과를 보여야 한다.	

3.2 신뢰성 요구사항

개발할 시스템의 신뢰성에 대한 내용을 기술한다.

항목	요구사항	비고
데이터 신뢰성	사용자의 현황과 접속 현황에 대하여 시스템은 항상 정확한 정보를 유지 및 관리해야 한다.	
데이터 정확성	사용자가 입력한 메시지는 원본 그대로 다른 사용자에게 전송되어야 한다.	
데이터 무결성	사용자와 대화를 하지 않는 다른 사용자는 메시지를 보아서는 안 된다.	

3.3 보안 요구사항

개발할 시스템의 보안에 대한 내용을 기술한다.

항목	요구사항	비고
로그인 비밀번호	로그인 비밀번호는 6자리 이상 10자리 이하 영문 및 숫자로 한다.	
DB 관리	DB의 사용자 추가/삭제/수정은 인증된 관리자만이 수행할 수 있다.	

4. 기타 요구사항

개발에 관련된 여러 가지 기타 요구사항을 나열한다.

4.1 운영사항 요구사항

4.1.1 클라이언트

항목	사양
하드웨어	Intel I3, 1GB RAM, 80G HDD, 100Mbps LAN Card
소프트웨어	Windows 10 이상의 운영체제
네트워크	인터넷 연결
커뮤니케이션	

5. 제약사항

시스템이 운영되기 위해 구현되어 있어야 하거나 설치되어 있어야 하는 하드웨어, 소프트웨어 등과 관련된 제약사항을 나열한다.

항목	요구사항	비고
클라이언트	메신저를 사용할 클라이언트 컴퓨터에 JDK가 없을 경우 webstart를 이용하여 필요한 패키지를 설치한다.	
서버	서버에는 MySQL이 설치되어 있어야 하고, 네트워크를 통한 접근이 가능해야 한다.	

6. 용어 해설

- 메신저-인터넷에서 실시간으로 메시지와 데이터를 주고받을 수 있는 소프트웨어
- 로그인-사용자가 메신저를 사용하기 위해서, 자신의 접속을 알리는 작업
- 로그아웃-메신저 시스템과의 연결을 종료하는 작업
- 1:1 대화-특정한 단일 사용자와 단독으로 메시지를 주고받는 행위
- ID-메신저에서 사용자가 가진 고유한 이름
- Password(비밀번호)-메신저에 사용자가 ID의 적합함을 알리기 위한 고유한 Key
- 시스템-사용자의 컴퓨터 혹은, 상대방의 컴퓨터에 설치된 메신저 프로그램과 DB 서버
- 온라인-사용자가 메신저를 사용하고 있는 상태
- 오프라인-사용자가 메신저 사용을 종료하여, 상대방 사용자와 어떠한 행위를 할 수 없는 상태
- 친구-사용자와 대화가 가능한 다른 사용자
- 대화명-1:1 대화 시 사용자의 ID 대신 표시할 수 있는 이름, 문장
- Webstart-JVM(Java Virtual Machine)이 없는 시스템에서, 웹에 접속하는 방법으로 Java Application을 실행하기 위한 기술

참고문헌

[1] IEEE-Std-610, "IEEE Standard Glossary of Software Engineering Terminology", The Institute of Electrical and Electronics Engineers, Inc., 1990

[2] IEEE-Std-830, "IEEE Recommended Practice for Software Requirements Specifications", The Institute of Electrical and Electronics Engineers, Inc.,1998

[3] Karl E. Wiegers 저, 오세영 역, "Software Requirements 2nd/e", 정보문화사, 2003

[4] Joseph Schmuller 저, 곽용재, 오종범 공역, "초보자를 위한 UML 객체지향 설계 3판", 정보문화사, 2004

CHAPTER

5

프로젝트 계획 및 통제

- "프로젝트 계획은 프로젝트에 이용 가능한 자원을 설정하고, 업무를 나누고 일을 수행하기 위한 일정 계획을 세우는 것이다(The project plan sets out the resources available to the project, the work breakdown and a schedule for carrying out the work)"

— by Sommerville

요구사항 명세서가 만들어 지고 나면, 요구사항 명세서를 기반으로 프로젝트 계획서를 작성한다. 프로젝트 계획서를 통해 전반적인 프로젝트의 스케줄, 참여자의 역할, 마일스톤 등이 구성원들에게 전달된다. 이러한 계획서는 소프트웨어 개발 프로세스에 기반을 두고 만들어 진다. 프로젝트 기간이 같다고 하더라도, 폭포수 모델을 개발 생명주기로 사용하는 경우와 점진적 개발 모델을 사용하는 경우는 스케줄 작성이 다를 것이다. 그러므로 프로젝트 관리자는 어떤 개발 생명주기를 따를 것인지 결정해야 한다. 요구사항이 완벽하고 명확히 파악이 된 경우에는 폭포수 모형을 선택할 수 있고, 고객도 요구사항에 대해 확신이 없다고 판단이 되는 경우에는 여러 번의 검증작업을 포함하고 있는 점진적 개발 모델을 택해야 한다.

또한 프로젝트 계획서에는 단계별 목표와 일정 그리고 담당자가 결정되어 있어야 한다. 프로젝트 참여자들은 어느 기간에 무엇을 해야 하는가를 판단할 수 있어야 하고, 프로젝트 관리자는 정기적으로 진도를 점검하여 프로젝트가 계획서대로 진행이 되고 있는가를 점검해야 한다.

초기에 프로젝트가 계획이 되기 위해서는 주어진 요구사항에 기반하여 기간, 비용, 참여인력에 대한 산정을 하여야 한다. 산정이란 프로젝트에 필요한 기간, 비용, 참여인력을 정량적으로 예측하는 것이다. 예를 들어 학교의 학사관리 시스템을 구축한다고 하면 얼마의 비용으로, 언제까지 몇 명의 인원이 필요한지가 결정되어야 계획서를 작성할 수 있는 것이다.

이러한 소프트웨어 개발에서의 산정은 경험에 바탕을 두고 있기 때문에 처음에는 정확도가 크게 떨어질 것이다. 하지만 점차 경험이 쌓이면서 좀 더 정확해 진다. 어떤 작업들을 하는데 얼마의 비용과 시간이 걸리더라는 것을 경험을 통해 파악해 놓고 새로운 요구사항에 대해 전에 했던 것들과의 유사성을 고려해서 산정을 하면 정확도가 높아진다. 초기의 산정은 프로젝트 계획의 기초를 형성하는 것에 그 의의를 둘 수 있다.

5-1 프로젝트 계획서

프로젝트 계획서는 프로젝트 관리자뿐만 아니라 프로젝트 참여자 모두가 프로젝트를 진행해 가면서 참조하는 프로젝트의 중심이 되는 문서이다. 프로젝트 계획서 이전에 이미 제안서와 요구사항 문서 작성을 통해 프로젝트의 범위를 파악했기 때문에, 프로젝트 계획서에는 프로젝트 개발 생명주기에 맞추어 모든 작업을 태스크(Task)들과 액티비티(Activity)들로 나눈다. 그리고 기간과 책임자를 분배하여 업무 및 일정 계획이 나타나 있어야 한다. 이를 위해 관리자는 프로젝트 태스크들을 파악하고 각 태스크를 수행하기 위해 필요한 노력을 예측한다. 그리고 인적 자원 및 기타 자원을 각 태스크에 할당한 후 일정계획을 만든다. 이렇게 만들어진 계획서는 프로젝트 참여자의 검토를 거쳐서 합의 하에 채택이 된다.

프로젝트 계획서의 형식은 회사마다 상위 수준의 표준을 정의하고, 각 프로젝트에서는 이 표준 양식을 프로젝트의 특성에 맞게 조정하여 사용하고 있다. [그림 5-1]은 IEEE-Std-1058의 프로젝트 계획서 양식을 보여주고 있다.

1. 개요
- 1.1 프로젝트 개요
- 1.2 프로젝트 산출물
- 1.3 계획서의 변경기록
- 1.4 참고문헌
- 1.5 정의와 약어

2. 프로젝트 조직
- 2.1 프로세스 모델
- 2.2 조직 구조
- 2.3 조직의 범위와 인터페이스
- 2.4 프로젝트 책임

3. 관리적 프로세스
- 3.1 관리적 목적과 우선순위
- 3.2 가정과 제한
- 3.3 위험 관리
- 3.4 통제 메커니즘
- 3.5 인력

4. 기술적 프로세스
- 4.1 방법론 도구
- 4.2 소프트웨어 문서화
- 4.3 지원기능

5. 스케쥴, 예산
- 5.1 작업
- 5.2 작업 간 의존관계
- 5.3 자원요구
- 5.4 예산 및 자원 할당
- 5.5 스케쥴

그림 5-1 IEEE-Std-1058 프로젝트 계획서 양식[1]

프로젝트 계획서는 프로젝트 진행 과정에 대한 주기적 통제의 기본이 된다. 프로젝트 관리자는 프로젝트가 예정에 맞추어 진도가 나가야만 성공적으로 프로젝트를 끝낼 수가 있다. 이를 위하여 정기적으로 진도 상황을 점검하고 점검 결과에 따라 다음 사항을 지시해야 한다. 이때 기준이 되는 것이 프로젝트 계획서이다. 일반적으로 프로젝트 점검 및 통제는 주간, 월간 회의를 통해 이루어진다. 예를 들어 매주 월요일 10시에 프로젝트 회의를 하는 조직은 주 별로 목표량이 정해져 있을 것이다. 개발자들은 회의에서 지난주에 한 일과 계획 대비 진도 상황 등을 프로젝트 관리자에게 보고한다. 프로젝트의 진도가 예정대로 진행되었을 때는 문제가 없지만 만약 프로젝트의 진행 상황이 예정에 크게 미치지 못한다면 프로젝트 관리자는 이를 해결하기 위한 방안을 제시해야 한다.

프로젝트가 크고 참여자가 많을수록 잘 작성된 프로젝트 계획서는 큰 역할을 한다. 프로젝트 계획서가 현실적으로 만들어져서 전체 프로젝트의 진행상황을 파악하는데 크게 문제가 되지 않는다면, 프로젝트 관리자는 일단 프로젝트 성공에 한걸음 더 다가섰다고 이야기할 수 있다.

회사나 조직마다 프로젝트 계획서 양식이 다를 수 있지만 빠지지 않고 포함되는 내용에는 프로젝트 참여자들과 조직 구성이 있다.

5-2 프로젝트 팀 구성

프로젝트에 알맞은 팀의 구성 방법과 규모는 프로젝트의 기간과 크기에 따라 달라질 수 있다. 참여자들은 다를 수 있지만 역할에 따라 프로젝트 팀장, 분석 및 설계자, 개발자, 품질 보증 담당자, 산출물 관리 담당자, 테스팅 담당자 등으로 구분할 수 있다. 프로젝트가 크고 참여인원이 많은 경우에는 한 역할에 여러 명이 할당될 수도 있고, 프로젝트가 작고 참여인원이 적은 경우에는 한 사람이 여러 역할을 담당해야 한다. 이러한 구성원들을 어떠한 구조로 갖출 것인가에 대해 Fairley가 제시한 구성을 보고 그 내용을 프로젝트 팀 구조로 수정해 보면 다음과 같다. Fairley는 팀을 구성할 때 고려해야 할 주요한 요소로 의사소통 경로의 수를 제안했다[2].

5.2.1 팀장과 구성원의 2단계 구조

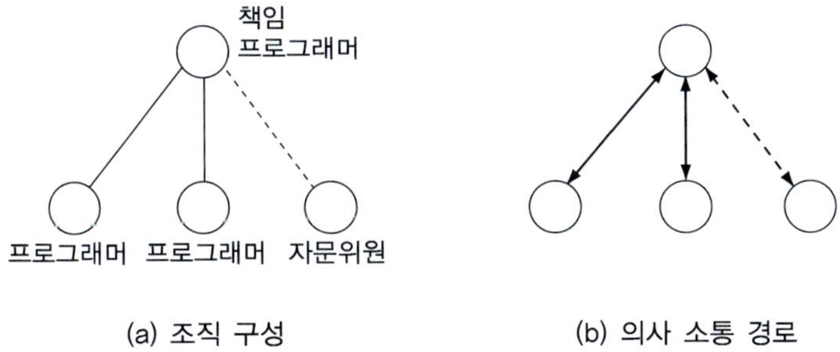

그림 5-2 팀장과 구성원의 2단계 구조의 조직 구성과 의사소통 경로

프로젝트의 책임자인 팀장을 상위 단계에 놓고, 다른 참여자는 전부 다음 단계에 속한다. 일반적인 소규모 프로젝트가 가장 많이 취하고 있는 팀 구조이다. 책임 프로그래머는 팀의 운영에 대한 결정권한을 가지고 있고, 또한 운영에 대한 책임 역시 가지고 있다. 모든 팀원들은 프로젝트를 수행하는 동안 팀장에게 보고하고 지시를 받는다. 팀장은 프로젝트 계획을 작성하고 통제한다. 이러한 팀 구성은 프로젝트의 성공과 실패가 팀장의 능력에 달려 있게 된다. 만약 팀장이 뛰어난 능력을 가졌을 경우, 팀은 효율적으로 움직이지만, 그 반대의 경우 프로젝트의 실패 가능성은 커진다.

5.2.2 계층적 팀 구성

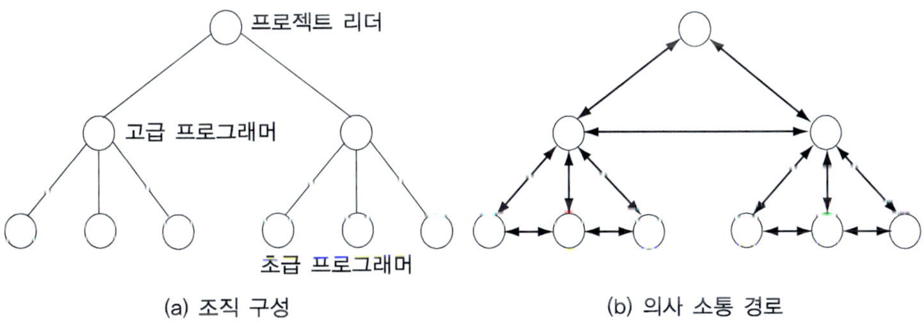

그림 5-3 계층적 팀의 조직 구성과 의사소통 경로

계층적 팀은 팀의 구성이 둘 이상의 단계로 나누어진다. 프로젝트가 크고, 참여인원이 많을 때에 주로 채택되는 방식이다. [그림 5-3]과 같이 팀의 리더인 프로젝트 책임자가 있고 그 아래 그룹별로 그룹 리더가 있다. 이러한 구성에서 각 그룹의 리더는 참여자를 책임지고 관리한다. 프로젝트 책임자는 그룹 리더들로부터 보고를 받고 그룹

리더들과 의논하고 지시사항을 전달한다. 계층적 팀 구성은 그룹원들은 그룹 리더들과, 그룹 리더는 프로젝트 책임자와 의사소통을 함으로써 의사소통 경로를 줄이는 장점이 있다.

5.2.3 민주적 팀 구성

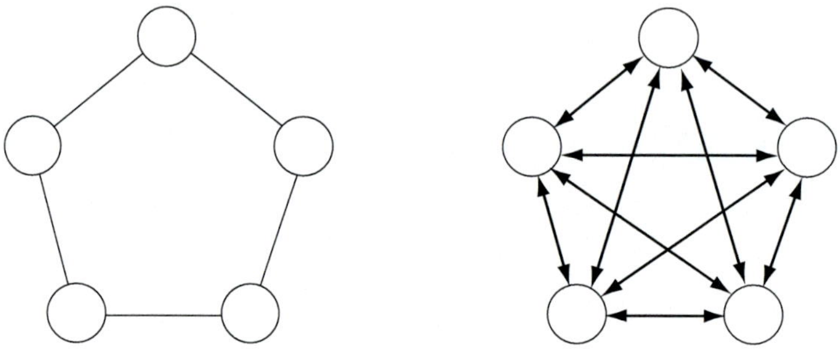

(a) 조직 구성 (b) 의사 소통 경로

그림 5-4 민주적 팀의 조직 구성과 의사소통 경로

민주적 팀 유형은 현실적으로 많이 채택되고 있는 구조는 아니다. 팀장 또는 팀의 리더가 따로 존재하지는 않는다. 그러나 모든 팀원이 리더의 역할을 하게 되며, 중요한 의사결정은 팀원 모두가 참여한다. 이러한 팀 구성은 팀원의 사기와 작업 만족도를 높이고 의사결정 시 많은 의견을 통한 결정을 할 수 있다는 장점이 있다. 의사 소통 경로가 너무 많아 의견의 합의점을 찾는데 시간이 걸릴 수 있다는 단점도 있다.

이렇게 팀의 구성 외에도 프로젝트 계획서에서 또 하나 빼놓을 수 없는 것이 스케줄링(Scheduling)이다.

5-3 스케줄링(Scheduling)

스케줄 작성을 하기 위해서는 프로젝트의 완성을 위해 수행되어야 할 작업들을 나열하고 각 작업들의 연관관계를 살펴보아야 한다. 각 작업들은 고유의 목적과 결과물이 있고 그 작업을 하기 위해 소요되는 인력과 시간이 있다. 각 작업의 연관 관계와 순서에 따라, 기간별로 나타내는 것이 스케줄링이다.

프로젝트 중 가장 먼저 수행되어야 하는 작업들을 파악해야 하는데, 이 때 사용되는 방식이 WBS(Work Breakdown Structure)이다.

5.3.1 WBS(Work Breakdown Structure)

WBS는 프로젝트의 총 범위를 구성하고 정의하며 프로젝트를 톱 다운(Top Down)방식으로 세분화하여 프로젝트의 단위 작업에 대해 파악하는 기법으로, 프로젝트의 목표를 달성하고 필요한 인도물(Deliverables)을 산출하기 위하여 프로젝트 팀이 수행할 작업을 인도물 중심으로 분할한 계층 구조 체계(Deliverable-oriented hierarchical decomposition of the work)이다[3].

WBS의 표현 방식은 프로젝트의 전체 범위를 구성하는 프로젝트 산출물 중심의 트리구조(Tree Structure)로 나타나는데, 단계(level)가 아래로 내려갈수록 프로젝트의 작업들이 점차적으로 상세히 정의된다. 최하위단에 있는 작업을 '작업패키지(Work Package)'라고 부르는데, 이는 작업의 원가와 일정을 신뢰할 수 있는 정도로 산정 가능한 최소 단위를 의미한다[3].

WBS는 프로젝트를 완료하기 위해 필요한 모든 작업이 포함되었음을 보장하고, 작업패키지에 대한 책임 및 일정 그리고 비용을 할당 할 수 있는 프레임워크(Framework)를 제공한다[4].

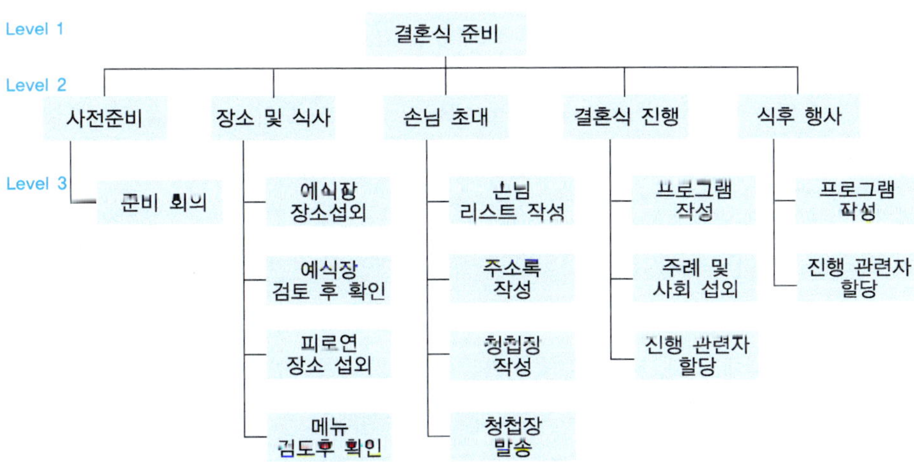

그림 5-5 WBS 작성 예제-결혼식 준비

[그림 5-5]는 결혼식 준비라는 프로젝트를 위한 WBS를 나타내고 있다. 가장 상위 1단계에는 '결혼식 준비'라는 프로젝트 목표가 나타나 있고, 2단계에는 '결혼식 준비'의 하위 작업인 '사전 준비'와 '장소 및 식사'등 한 단계 상세화된 작업이 있다. 또 그 하위인 3단계에는 2단계 작업의 하위 단위 작업들을 나열한다. 단위 작업의 목표와 소요비용이 가시화될 때까지 상세화는 계속된다. 결혼식 준비 예제에서는 3단계에서 정리하면 된다고 판단된다.

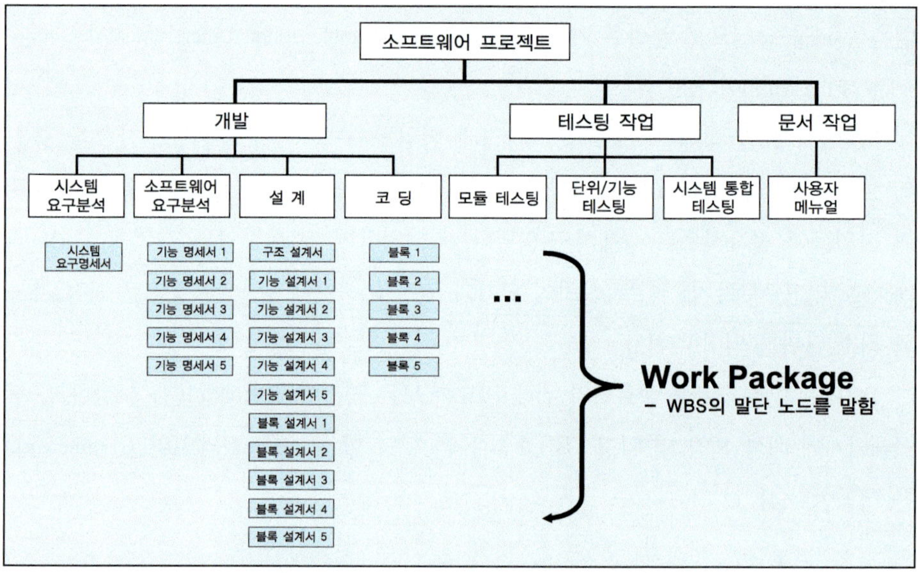

그림 5-6 폭포수 생명주기 기반의 WBS 예제

[그림 5-6]은 폭포수 생명주기 기반의 WBS의 한 예를 보여준다. 가장 상위 단계에는 '소프트웨어 프로젝트'가, 다음 단계에는 소프트웨어 생명주기 모델에 따른 구조가 생성되며, 마지막 단계에는 산출물에 따른 작업이 나열되어 있다.

지금까지 살펴본 WBS를 웹사이트 구축 프로젝트의 예제를 통해 살펴보자. 다음의 [그림 5-7]은 웹사이트 구축 단계 중 개발단계를 기준으로 전개한 WBS의 예이다. 가장 상위 1단계에는 웹사이트 구축이라는 목표가 나타나있고, 2단계에는 웹사이트 구축의 하위 작업인 구축단계가 '착수-개발-인수인계/오픈-사이트관리'의 작업으로 구성된다. 3단계는 2단계의 모든 작업이 세분화되지만, 그 중 '개발'단계의 하위 작업을 나타내어 보면 '분석-기획-화면설계/구현-기능설계/구현-통합테스트' 작업으로 세분화된다. '개발'단계의 작업패키지는 각 단계의 산출물이 된다.

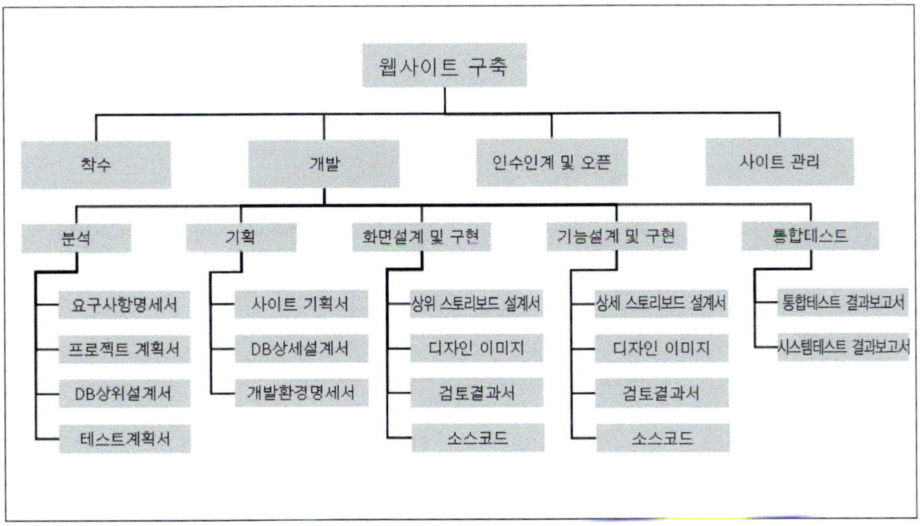

그림 5-7 웹사이트 구축 WBS

5-4 프로젝트 산정

프로젝트 계획을 세울 때 관리자는 소프트웨어의 크기에 대한 산정을 해야 한다. 산정이란 프로젝트 수행에 필요한 규모(Size), 공수(Effort), 비용(Cost) 등을 정량적으로 예측하는 것이다. 산정의 가장 기본적인 형태는 경험이 많은 전문가에게 자문을 구하는 것이다. 델파이(Delphi) 기법에서 전문가들은 자신들의 경험을 토대로 주관적이기는 하지만 근거 있는 산정을 할 수 있다. 객관적인 산정을 위해 경험 데이터를 축적해서 모델로 만들어 보급한 것으로 LOC(Lines Of Code) 기반의 COCOMO(Constructive Cost Model)와 기능점수(FP: Function Point) 방식이 있다.

5.4.1 델파이(Delphi) 기법

고대 그리스 아폴로 신전의 이름인 델파이 신전에서 그 유래를 찾을 수 있는 델파이 기법은 전문가의 경험에 의존하는 산정 방법이다.

아래 [그림 5-8]과 같이, 델파이 기법에서는 유사한 프로젝트에 경험이 있는 전문가 집단을 구성한다. 이렇게 선발된 전문가들에게 규모, 공수, 비용의 산정에 대한 의견을 묻는다. 전문가들이 제출한 의견은 익명으로 수집되어 다 같이 산정의 논리적 근거를 듣고, 자신들의 산정에 수정을 할 수 있는 기회를 갖는다. 이렇게 수회에 걸친 전문가들의 의견 수정을 통해, 산정 값은 점차적으로 특정 값에 수렴하게 된다.

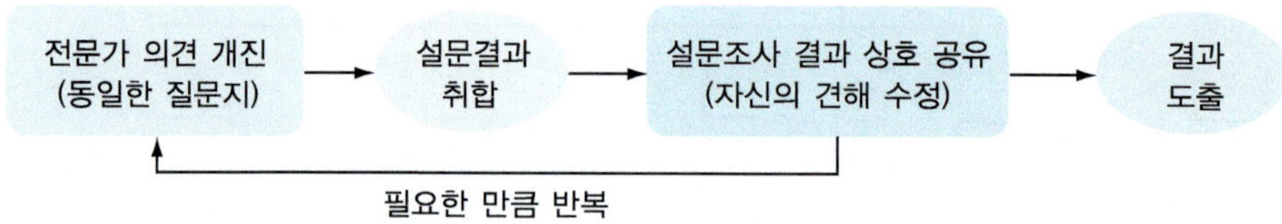

그림 5-8 델파이 기법의 산정 프로세스

예를 들어 새로운 프로젝트를 시작하는데 이미 비슷한 프로젝트를 수행해본 5명의 프로젝트 관리자들과 함께 프로젝트의 기간을 델파이 기법을 통해 산정해 본다고 가정하자. 5명의 전문가에게 기간에 대한 의견을 받고 기간에 대하여 왜 그렇게 산정했는지에 대한 근거를 서로 공유하여 자신의 산정 결과를 수정한다. 전문가들의 산정값이 하나의 특정값에 수렴할 때까지 과정을 반복하여 기간에 대한 산정값을 구한다.

5.4.2 LOC(Lines Of Code)

LOC, 즉 프로그램의 라인 수는 소프트웨어의 크기를 나타내기 위해 가장 일반적으로 사용되는 측정치이다. 예를 들어 MS 윈도우 2000이 2,900만 LOC라는 기사 내용이나, 윈도우 제품군의 모든 버전 및 서비스 팩이 1억 LOC를 넘는다는 발표 자료를 통해 우리는 소프트웨어의 규모에 대한 대강의 크기를 짐작할 수 있다.

이러한 LOC 기반 산정은 크기 중심의 산정 방법으로 프로그램 코드 라인의 수를 통해 산정을 한다. 일반적인 산정 프로세스는 [그림 5-9]와 같이 크게 3단계로 구성된다.

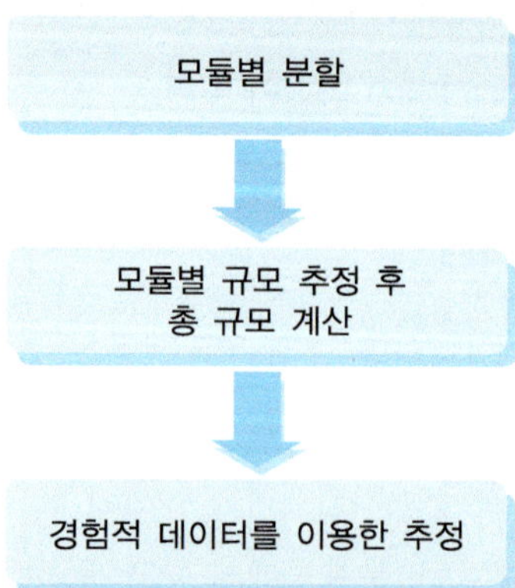

그림 5-9 일반적인 산정 프로세스

(1) 단계 1. 전체 프로그램을 산정하기 쉽도록 모듈별로 분할

전체 프로그램을 한 번에 산정하기는 어렵다. 산정하기 쉬운 단위로 프로그램을 모듈로 분할한다.

(2) 단계 2. 모듈별로 규모를 추정한 후 총 규모 계산

각 모듈별 규모를 낙관적, 보통, 비관적의 3가지 형태로 구한다.

- **낙관적**: 프로그램이 과거 경험적 데이터에 비교하여 보다 짧은 코드 수에 원하는 기능이 모두 구현된 것을 말함
- **보통**: 과거 데이터와 비슷한 경우를 말함
- **비관적**: 과거 경험적 데이터와 비교하여 훨씬 많은 양의 코드 수를 가진 것을 의미함

각 형태에 적절한 가중치를 부여할 수 있는데, 보통의 경우에 4를, 낙관적과 비관적에 각 1의 가중치를 부여한다. 각 모듈별로 세 형태별 가중치를 부여하여 추정 LOC를 구하고 이를 모두 더해 가중치의 합인 6으로 나누게 되면, 각 모듈별 추정 LOC(EV)를 구할 수 있다. 전체 프로그램의 추정 LOC는 각 모듈별로 구한 추정 LOC(EV)를 모두 합하여 얻을 수 있다. 이를 공식화하면 아래와 같다.

- $EV = (V_{opt} + 4\ V_m + V_{pess})\ /\ 6$ (V_{opt}: 낙관적 규모, V_m: 보통의 규모, V_{pess}: 비관적 규모)

(3) 단계 3. 경험적 데이터(생산성, LOC당 비용)를 이용하여 개발 노력 및 개발 비용을 추정

생산성이란 보통 'LOC/Man-Month'의 단위를 사용하여 측정한다. 즉, 한 사람이 한 달에 몇 라인을 생산할 수 있는가를 의미한다. LOC당 비용은 '원/LOC'의 단위를 사용하며, 코드 라인 수당 비용이 얼마인지를 나타낸다. 생산성과 LOC당 비용은 경험적 데이터를 통해 알 수 있다.

- 생산성(LOC/Man-Month)을 이용 → 노력 추정
- LOC당 비용(α원/ LOC) → 비용 추정(α: 경험적 데이터로부터 산정함)

예를 들어 웹 기반의 쇼핑몰 솔루션 개발 예제를 이용하여 LOC 산정을 해보자.

요구사항: 웹 기반 쇼핑몰은 크게 4가지 모듈(상품 관리/상품 주문/상품 주문 처리/회원 관리)로 구성되어 있다. 쇼핑몰을 개발할 때 산정 기법으로는 LOC 기법을 사용한다. 경험에 의해 도출된 데이터에 따르면, 생산성은 620 LOC/Man-Month이고 LOC당 비용은 3,000원이라고 한다. 또한 추정 LOC는 각 모듈별로 400, 450, 600, 300이라고 할 때, 쇼핑몰 개발 프로젝트의 개발 비용 및 노력을 추정하라.

앞서 설명한 3단계에 따라 산정을 진행한다.

(1) 단계 1. 쇼핑몰 솔루션을 모듈별로 분할

- 모듈 1: 상품 관리 모듈
- 모듈 2: 상품 주문 모듈
- 모듈 3: 상품 주문 처리 모듈
- 모듈 4: 회원 관리 모듈

(2) 단계 2. 모듈별로 규모를 추정한 후 총 규모 계산

요구사항에는 비관적, 낙관적의 경우는 나타나 있지 않다. 이런 경우, 경험적 데이터를 통해 추정하거나 쇼핑몰 솔루션 모듈의 특성을 고려해 산정해야 한다.

표 5-1 쇼핑몰 솔루션의 LOC 가중치 산정표 예

모듈 번호	낙관적 LOC(V_{opt})	보통의 LOC(V_m)	비관적 LOC(V_{pess})	추정 LOC(EV)
1	250	400	750	433
2	300	450	820	487
3	350	600	1,100	642
4	170	300	550	320
추정 LOC 합계				1,882

(3) 단계 3. 경험적 데이터를 이용하여 개발 노력 및 개발 비용을 추정

경험에 의해 도출한 데이터

- 생산성: 620 LOC/Man-Month
- LOC당 비용: 3,000원/LOC

- 프로젝트 비용: 1,882 LOC × 3,000 = 5,646,000원
- 개발 노력: 1,882 LOC / 620 ≒ 3.0 M/M(Man-Month)

위와 같이 산정값을 구하게 되면 프로젝트 관리자는 현재 프로젝트 자원과 비교하여 산정을 할 수 있다. 예를 들어 프로젝트 팀원이 3명이라면 1개월 정도의 개발 노력이 필요하고 개발 비용은 약 550만 원이 필요할 것이라고 산정이 가능한 것이다.

5.4.3 COCOMO(Constructive Cost Model)

앞서 설명한 LOC 기반 산정 방법이 소프트웨어를 작은 모듈 단위로 분해하여 산정하는 '분해 기법'을 사용했다면, COCOMO(Constructive Cost Model)는 LOC 기반의 경험을 통한 산정 방법이라 하겠다. COCOMO는 Barry Boehm에 의해 소개되었으며 기본, 중급, 고급 COCOMO로 분류된다. 여기에서는 기본 COCOMO에 대해서만 설명하기로 한다.

기본 COCOMO는 경험에 의해 추출된 상수와 추출된 LOC를 기반으로 개발 노력과 개발 기간을 산정하며, 이를 계산하기 위한 공식은 다음과 같다.

- $E = a \times (KLOC)^b$
- $D = c \times (E)^d$

  (E(Effoct): 개발 노력, D(Duration): 개발 기간, KLOC(Kilo Lines of Code): 라인수 (1KLOC=1,000LOC))

프로젝트 유형에 따라 공식에 사용되는 상수 a, b, c, d는 아래 [표 5-2]와 같다.

표 5-2 기본 COCOMO의 프로젝트 유형별 상수값

프로젝트 유형	a	b	c	d
기본형	2.4	1.05	2.5	0.38
중간형	3.0	1.12	2.5	0.35
내장형	3.6	1.20	2.5	0.32

[표 5-2]에서 산정하고자 하는 프로젝트의 유형을 기본형, 중간형, 내장형으로 구분하고 있는데 각 유형에 대한 설명은 다음과 같다.

기본형은 비교적 작고 간단한 프로젝트를 말하며, 중간형은 중간 정도의 크기와 복잡도를 갖는 프로젝트를 말한다. 그리고 내장형은 제한된 하드웨어와 소프트웨어, 운영조건을 갖고 개발해야 하는 경우에 해당한다.

앞서 살펴본 웹기반 쇼핑몰 솔루션에 대한 산정을 COCOMO를 통해 측정해 보기로 하자.

쇼핑몰 솔루션의 프로젝트 유형은 '중간형'에 해당하며 예상 규모는 2,103 LOC이므로 KLOC 단위로 바꾸면 2.1 KLOC이다. 이 데이터를 [표 5-2]에 대입하여 a, b, c, d 상수 값을 구하여 각 공식에 대입해 보면 아래와 같은 산정 값을 얻을 수 있다.

- $E = 3.0 \times (KLOC)^{1.12} = 3.0 \times (2.1)^{1.12} \fallingdotseq 6.9$ M/M(Man-Month)
- $D = 2.5 \times (E)^{0.35} = 2.5 \times (6.9)^{0.35} \fallingdotseq 4.9$ M(Month)

위와 같이 산정값을 구하게 되면 프로젝트 관리자는 현재 프로젝트 자원과 비교하여 산정을 할 수 있다. 예를 들어 프로젝트 팀원이 2명이라면 3.5개월 정도의 개발 노력이 필요할 것이라고 산정이 가능한 것이다.

그러나 소스 코드의 라인 수 기반에서 LOC나 COCOMO 방식은 소프트웨어 개발 초기에는 소스 코드 라인 수를 예측하기 어렵고 개발 언어에 따라 산정값이 다르게 된다. 또한 잘 구현되어 오히려 소스 코드 라인 수가 작은 프로그램은 오히려 생산성이 낮게 측정되는 등의 문제점이 있다.

5.4.4 기능점수(Function Point)

기능점수방식은 사용자의 관점에서 식별되는 기능을 기반으로 전체 시스템의 크기를 측정하는 산정 방식이다. 국제 표준에서는 다음과 같이 정의하고 있다.

> "시스템을 구현한 기술에 독립적이고 사용자에 의해 식별되는 기능에 기반하여 전체 시스템의 크기를 측정하는 척도(Software Metric to size an Information System based on the functionality that is perceived by the user of the information system, independent of the technology used to implement the information system)[5]"

기능점수는 사용자가 요구한 소프트웨어 기능을 기반으로 산정을 하기 때문에 소프트웨어 개발에 사용된 기술, 개발 도구, 언어 그리고 개발자의 능력에 상관없이 일관성 있는 측정치를 구할 수 있는 장점을 가진다.

기능점수를 산출하는 프로세스는 일반적으로 IFPUG(International Func tion Point Users Group)에서 제공하는 7단계의 프로세스를 따르는데, 이는 [그림 5-10]과 같다.

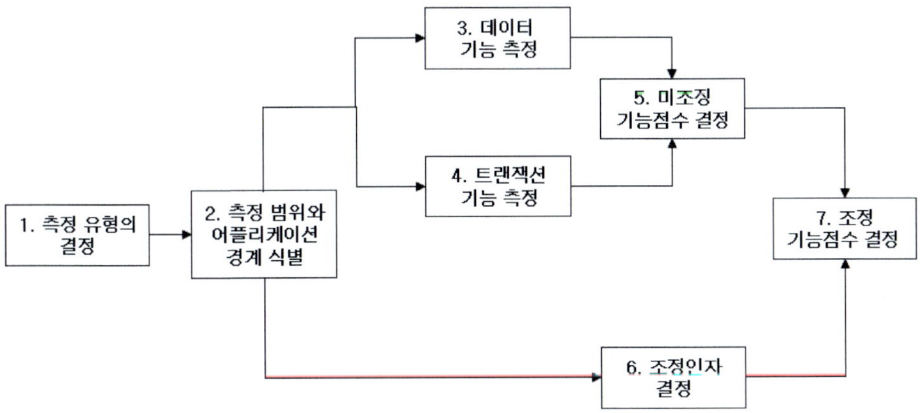

그림 5-10 기능점수 측정 프로세스

(1) 측정 유형의 결정

기능점수를 측정하는 첫 번째 단계는 측정 유형을 결정하는 것이다. 측정하고자 하는 프로젝트의 시점에 따라 개발, 개선, 응용의 세 가지 측정 유형이 있다.

- **개발 프로젝트 기능점수(DFP: Development project Function Point)**

DFP는 프로젝트가 신규로 시작되는 시점부터 유지보수가 시작되기 전까지 최초 기능의 크기를 산정하는 것을 말한다. DFP의 측정은 해당 프로젝트 개발 생명주기의 여러 단계에서 가능하다. 예를 들어 요구사항 단계에서 요구사항을 기반으로 측정할 수도 있고 설계가 끝난 후에 상세해진 요구사항과 설계 문서를 기반으로 측정할 수도 있다. 프로젝트 완료 후에 모든 산출물을 기반으로 측정할 수도 있다. 이렇게 측정한 각각의 기능점수가 모두 개발 프로젝트 기능점수이지만, 후반부로 갈수록 측정을 위한 상세한 정보가 제공되기 때문에 보다 정확한 기능점수를 알 수 있다.

- **개선 프로젝트 기능점수(EFP: Enhancement project Function Point)**

EFP는 신규 프로젝트가 완료된 후에 이루어지는 개선 프로젝트들에 대한 기능의 크기를 산정하는 것을 말한다. 즉 기존 시스템에서 변경된 부분을 측정하는 것으로, 기존 시스템에서 추가, 수정, 삭제한 부분의 크기 측정을 말한다.

● 어플리케이션 기능점수(AFP: Application Function Point)

AFP는 시스템이 제공하는 현재 기능의 크기를 측정하는 것으로, 신규 개발된 기능의 크기와 개선된 기능 크기를 통합하여 계산한다. 신규 개발이 끝난 시점에서 측정하는 AFP는 DFP와 같고, 개선 프로젝트가 끝난 시점에서는 개선된 기능이 포함된 시스템이 제공하는 기능의 크기를 측정하는 것을 말한다.

[그림 5-11]은 프로젝트 측정 유형 세 가지를 나타낸다.

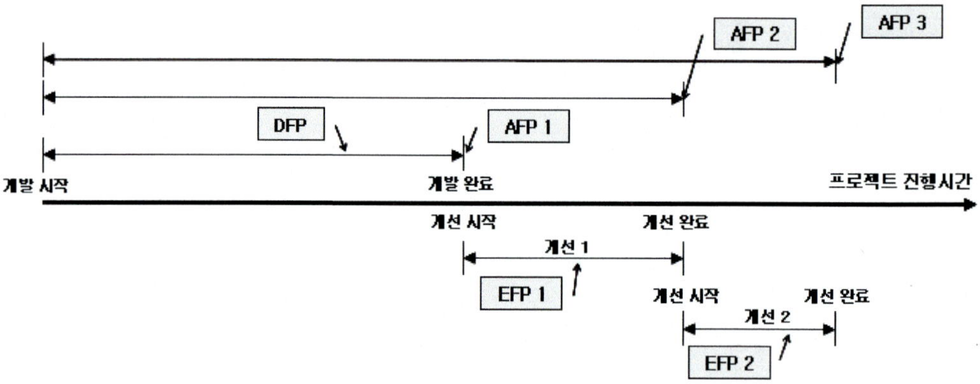

그림 5-11 프로젝트 측정 유형

(2) 측정 범위와 어플리케이션 경계 식별

일단 측정 유형이 결정되고 나면 시스템의 범위와 경계를 식별해야 한다. 예를 들어 [그림 5-12]의 영화 예매 시스템을 생각해보자. 이 시스템은 사용자가 영화 정보를 조회할 수 있고 보고 싶은 영화를 예매하며 온라인 결제를 할 수 있는 기능을 제공한다.

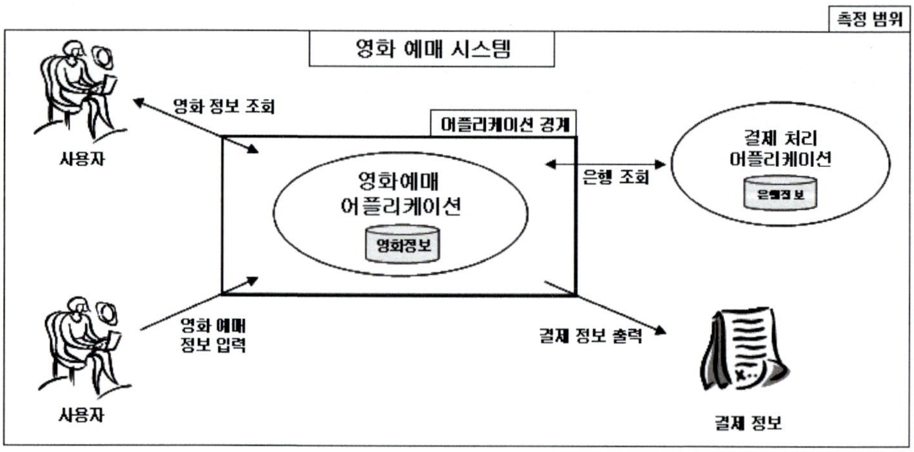

그림 5-12 영화 예매 시스템의 측정 범위와 어플리케이션 경계

● 측정 범위

측정 범위는 기능점수를 측정하는 대상이 되는 범위로, 하나 이상의 어플리케이션이 포함될 수 있다. 예를 들어 [그림 5-12]에서는 영화 예매 시스템이 '측정 범위'이다. 측정 범위 안에 영화 예매 어플리케이션과 결제 처리 어플리케이션이 포함된다.

● 어플리케이션 경계

어플리케이션 경계는 측정 대상 어플리케이션과 다른 어플리케이션 및 사용자 사이의 경계를 나타낸다. 예를 들어 [그림 5-12]에서는 영화예매 어플리케이션을 내부 어플리케이션으로 하고 이를 중심으로 외부 어플리케이션인 결제 어플리케이션 그리고 사용자를 나타내고 있다.

지금까지 측정 유형을 결정하고 측정 범위와 어플리케이션 경계를 식별하였다.

측정 대상이 결정된 뒤에는 어플리케이션의 데이터 기능의 크기와 트랜잭션 기능의 크기를 통해 시스템 기능의 크기를 측정한다. 시스템에서 사용하는 데이터 파일의 수가 많을수록, 또 제공하는 트랜잭션이 많을수록 기능 점수는 높아진다. 먼저 데이터 기능을 측정해보자.

데이터 기능을 포함하여, 트랜잭션 기능의 측정 규칙에 대한 설명은 부록[C]를 참고하기 바란다.

(3) 데이터 기능 측정

데이터 기능 측정은 사용자의 내·외부 데이터 요구사항을 충족시키기 위해 제공되는 기능을 측정하는 것으로, 사용자가 식별 가능한 내부논리파일(ILF: Internal Logical Files)과 외부연계파일(EIF: External Interface Files)의의 크기를 측정한다.

[그림 5-13]은 영화 예매 시스템의 ILF과 EIF을 보여주고 있다.

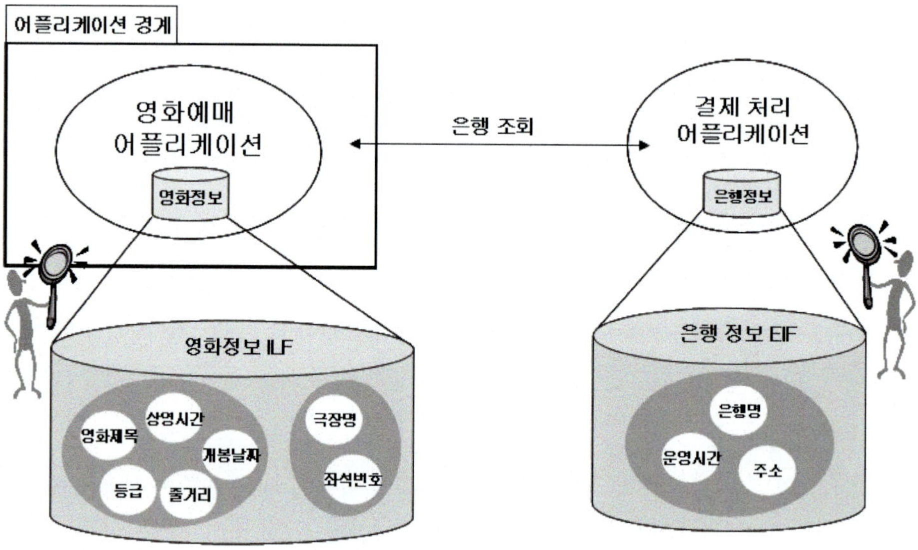

그림 5-13 영화 예매 시스템의 ILF와 EIF

- **내부논리파일(ILF: Internal Logical Files)**

ILF는 측정 대상 어플리케이션 내부에서 유지되며, 사용자가 요구한 기능을 수행하기 위해 읽히거나 참조되는 데이터 그룹의 모음을 말한다. 예를 들어 [그림 5-13]에서 영화정보는 내부 어플리케이션인 영화 예매 어플리케이션 내에서 유지되는 ILF이다.

- **외부연계파일(EIF: External Interface Files)**

EIF는 측정 대상 어플리케이션 외부에서 유지되며, 사용자가 요구한 기능을 수행하기 위해 읽히거나 참조되는 데이터 그룹의 모음을 말한다. 예를 들어 [그림 5-13]에서 은행 정보는 외부 어플리케이션인 결제 처리 어플리케이션에서 유지되는 EIF가 된다.

- **ILF와 EIF의 측정**

식별된 ILF와 EIF는 이들을 구성하고 있는 레코드요소유형(RET: Record Element Type)과 데이터요소유형(DET: Data Element Type)의 개수에 따라 기능점수 크기가 결정된다.

표 5-3 영화예매시스템 내의 영화정보 ILF와 은행정보 EIF의 RET와 DET

	RET	DET
영화정보 ILF	2개 (영화, 극장 테이블)	7개 (영화제목, 상영시간, 개봉날짜, 줄거리, 등급, 극장명, 좌석번호)
은행정보 EIF	1개 (은행 테이블)	3개 (은행명, 주소, 운영시간)

- **레코드요소유형(RET: Record Element Type)**: RET는 ILF 또는 EIF 내에 존재하는 것으로, 하나의 정보를 구성하는 데이터베이스의 테이블과 같은 관련데이터의 그룹이다. 예를 들어 영화정보 ILF내에 존재하는 RET는 [표 5-3]과 같이 영화 테이블 및 극장 테이블이 된다.
- **데이터요소유형(DET: Data Element Type)**: DET는 RET에 존재하는 것으로, RET를 구성하는 개별 데이터이다. 예를 들어 영화 테이블이 RET이면 영화제목, 상영시간, 개봉 날짜 등과 같은 영화와 관련된 데이터필드는 DET이다.

[그림 5-14]는 영화정보 ILF의 RET와 DET를 도식화 한 것이다.

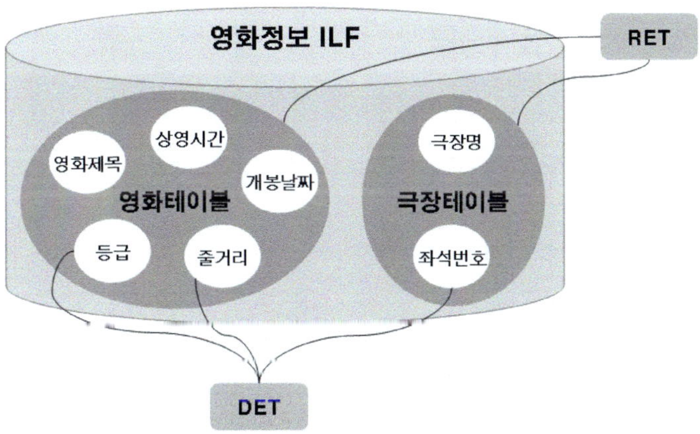

그림 5-14 영화정보 ILF의 RET와 DET

RET와 DET의 값이 결정되고 나면 두 단계, 즉 복잡도와 기여도 Metric이 정의된 테이블을 참조하여 ILF와 EIF의 값이 산정된다. 먼저 [표 5-4]의 A와 같이 RET의 개수와 DET의 개수를 활용하여 복잡도를 구하고, B의 테이블에 따라 기여도를 구한다.

표 5-4 데이터 기능의 복잡도 Metric(A)와 기여도 Metric(B)

		DET		
		1 ~ 19	20 ~ 50	> 51
RET	1	Low	Low	Average
	2 ~ 5	Low	Average	High
	> 5	Average	High	High

(A) 복잡도 Metric

	복잡도		
	Low	Average	High
ILF	7	10	15
EIF	5	7	10

(B) 기여도 Metric

영화예매시스템의 복잡도와 기여도를 구하기 위해 [표 5-4]를 적용한 결과는 [표 5-5]와 같다.

표 5-5 영화예매시스템 복잡도와 기여도

	복잡도	기여도
영화정보 ILF	Low	7
은행정보 EIF	Low	5

(4) 트랜잭션 기능 측정

트랜잭션 기능 측정은 어플리케이션이 데이터를 처리하여 사용자에게 제공하는 기능의 크기를 측정하는 것으로 외부 입력(EI: External Input), 외부 출력(EO: External Output), 외부 조회(EQ: External inQuery)의 크기를 측정한다.

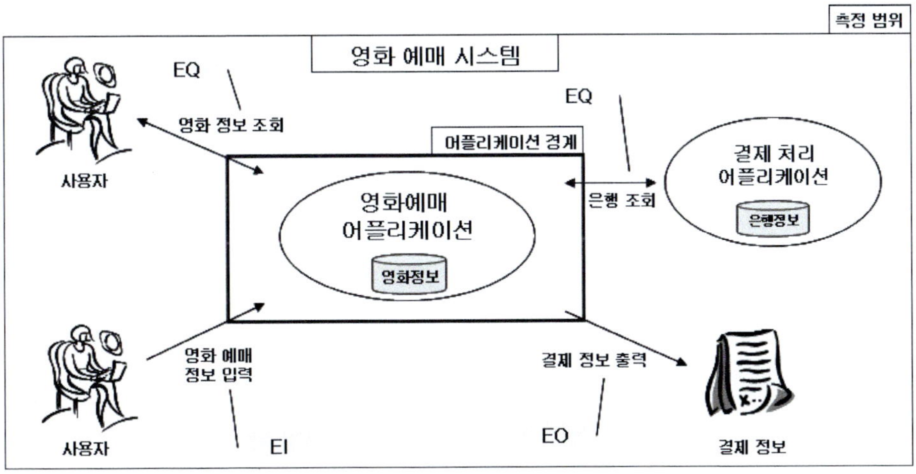

그림 5-15 영화 예매 시스템의 EI, EO, EQ

외부입력(EI: External Input)

EI는 어플리케이션 경계 외부의 사용자 또는 다른 어플리케이션으로부터 들어오는 데이터나 제어 정보를 이용하여 사용자의 요구를 처리하는 기능을 말한다. 예를 들어 [그림 5-15]에서 영화 제목, 상영 시간 등과 같은 영화 정보를 입력하고 예매 버튼을 눌러 영화 예매를 요청하는 기능이 EI에 해당한다.

외부출력(EO: External Output)

EO는 데이터나 제어 정보를 어플리케이션 경계 외부의 사용자 또는 다른 어플리케이션으로 내보내어 사용자의 요구를 처리하는 기능을 말한다. EO는 사용자가 요청한 기능을 처리하기 위해, 가입한 회원의 평균 나이를 구하는 계산 과정과 같은 처리 로직이 있으며, 그 결과로 회원의 평균 나이 데이터와 같은 파생 데이터가 발생하는 특징이 있다. [그림 5-15]에서는 영화결제 정보 출력이 EO에 해당된다. 사용자가 결제를 요청하면, 영화 티켓 한 장 가격에 티켓 수를 곱하는 계산 과정과 같은 처리 로직이 있으며, 이를 통해 총 결제 금액이 파생된다.

외부조회(EQ: External InQuiry)

EQ는 데이터나 제어 정보를 어플리케이션 경계 외부의 사용자 또는 다른 어플리케이션으로 내보낸다는 점에서 EO와 같으나, 사용자가 요청한 기능을 수행하기 위해, 회원의 평균 나이를 계산하는 과정과 같은 처리 로직을 포함하지 않으며, 파생 데이터 또한 발생하지 않는 특징이 있다. [그림 5-15]에서 영화 정보를 조회하고 은행 정보를 조회하는 기능은 처리 로직 없이 데이터베이스 내에 저장된 기존 데이터를 외부로 출력하는 것에 불과하므로 이들 기능은 EQ에 해당한다.

● EI, EO, EQ의 측정

식별된 EI, EO, EQ는 이들을 구성하고 있는 참조파일유형(FTR: File Type Referenced)과 데이터요소유형(DET: Data Element Type)의 개수에 따라 기능점수 크기가 결정된다.

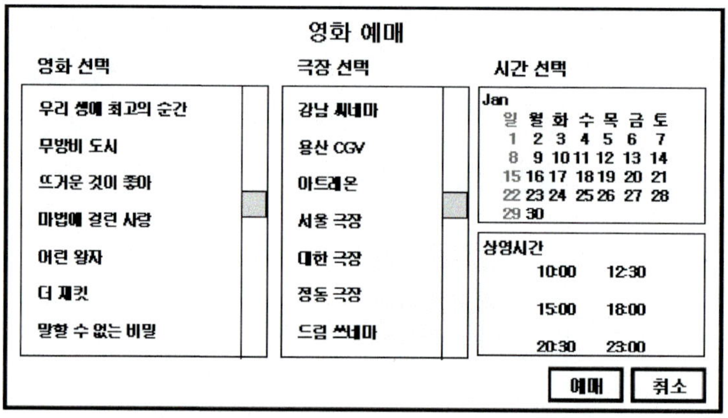

그림 5-16 영화 예매 시스템의 영화 예매기능 화면

표 5-6 영화 예매 기능의 FTR과 DET

	FTR	DET
영화 예매 EI	1개 (영화 정보 ILF)	6개 (영화 제목, 극장 명, 상영 일자, 상영 시간, 처리결과메시지, 예매 버튼)

- **참조파일유형(FTR: File Type Referenced)**: FTR은 사용자가 요청한 기능을 처리하는데 필요한 ILF나 EIF들이다. 예를 들어 [그림 5-16]에서는 영화 예매 기능에 필요한 영화 정보 ILF가 FTR이 된다.
- **데이터요소유형(DET: Data Element Type)**: DET는 데이터 기능을 정의할 때 언급하였듯이, 더 이상 분류될 수 없는 측정 대상의 최소 단위를 말한다. 예를 들어 [표 5-6]에서 영화 예매를 하기 위해 입력하는 영화 제목, 극장 명과 같은 정보와 예매 결과가 정상적으로 처리되었는지 혹은 잘못되었는지를 보여주는 처리 결과 메시지 정보가 DET이다.

FTR과 DET의 값이 결정되고 나면 두 단계, 즉 복잡도와 기여도 Metric이 정의된 테이블을 참조하여 EI나 EO 또는 EQ의 값이 산정된다. 먼저 트랜잭션 기능의 종류에 따라 [표 5-7] 또는 [표 5-8]의 A와 같이 FTR과 DET의 개수를 활용하여 복잡도를 구하고, B의 테이블에 따라 기여도를 구한다.

표 5-7 EI의 복잡도 Metric(A)와 기여도 Metric(B)

		DET		
		1 ~ 4	5 ~ 15	> 16
FTR	< 2	Low	Low	Average
	2	Low	Average	High
	> 2	Average	High	High

(A) 복잡도 Metric

	복잡도		
	Low	Average	High
EI	3	4	6

(B) 기여도 Metric

표 5-8 EO, EQ의 복잡도 Metric(A)와 기여도 Metric(B)

		DET		
		1 ~ 5	6 ~ 19	> 20
FTR	< 2	Low	Low	Average
	2 ~ 3	Low	Average	High
	> 3	Average	High	High

(A) 복잡도 Metric

	복잡도		
	Low	Average	High
EO	4	5	7
EQ	3	4	6

(B) 기여도 Metric

영화 예매 기능의 복잡도와 기여도를 구하기 위해 [표 5-7]을 적용한 결과는 [표 5-9]와 같다.

표 5-9 영화 예매 기능의 복잡도와 기여도

	복잡도	기여도
영화 예매 EI	Low	3

지금까지 데이터 기능과 트랜잭션 기능의 크기를 측정하는 방법을 알아보았다. 이들의 합을 미조정 기능점수라고 한다.

(5) 미조정 기능점수(UFP: Unadjusted Function Point) 결정

UFP를 구하는 공식은 다음과 같다.

UFP = 데이터 기능 + 트랜잭션 기능
= (ILF + EIF) + (EI + EO + EQ)

미조정 기능점수는 소프트웨어 산정을 데이터 기능과 트랜잭션 기능의 크기와 같이 기능적인 관점에서 계산한 것이다. 그러나 소프트웨어 산정은 기능 외에 다른 요인들에 의해서 영향을 받는다. 이를 조정 인자라고 한다.

(6) 조정 인자(VAF: Value Adjustment Factor) 결정

소프트웨어 산정은 기능의 크기 외에도 소프트웨어가 운영되고 있는 환경 또는 시스템의 성능 등에 의해서 영향을 받는다. 이처럼 소프트웨어 산정에 영향을 미치는 14개의 요인들을 일반 시스템 특성(GSC: General System Characteristics)이라고 하고, 이들을 산정에 반영한다.

[그림 5-17]은 일반 시스템 특성을 보여주고 있다. 일반 시스템 특성은 소프트웨어 산정에 영향을 주는 정도(Degree of Influence)에 따라 '없음(0)'에서 '강함(5)'까지의 6등급으로 표시하며, 이들을 모두 합해 총 영향도(TDI: Total Degree of Influence)를 구하고, 다음 공식에 대입해서 조정인자를 구할 수 있다.

$$VAF = (TDI \times 0.01) + 0.65$$

구분	0	1	2	3	4	5
데이터 통신						
분산 데이터 처리						
시스템 성능						
운영 환경						
트랜잭션 비율						
온라인 데이터 입력						
사용자 효율성						
온라인 갱신						
처리 복잡도						
재사용성						
설치 용이성						
운영 용이성						
다중 설치성						
변경 용이성						

그림 5-17 일반시스템 특성의 Fi 값 테이블

[표 5-10]은 일반적인 웹 어플리케이션의 GSC에 따른 영향도와 조정 인자를 나타낸다.

표 5-10 일반적인 웹 어플리케이션의 영향도 및 조정 인자

일반 시스템 특성	영향도
데이터 통신(Data Communications)	4 or 5
분산 데이터 처리(Distributed Data Processing)	3 or 4
시스템 성능(Performance)	4 or 5
운영 환경(Heavily Used Configuration)	3 ~ 5
트랜잭션 비율(Transaction Rate)	0 ~ 4
온라인 데이터 입력(Online Data Entry)	5
사용자의 효율성(End User Efficiency)	5
온라인 갱신(Online Update)	3(일반적인 GUI 어플리케이션 점수)
처리 복잡도(Complex Processing)	플랫폼과 무관

일반 시스템 특성	영향도
재사용성(Reusability)	플랫폼과 무관
설치 용이성(Installation Easy)	플랫폼과 무관
운영 용이성(Operational Easy)	플랫폼과 무관
다중 설치성(Multiple Sites)	플랫폼과 무관
변경 용이성(Facilitate Change)	플랫폼과 무관
총 영향도	$27 \sim 36 + \alpha$
조정 인자	$0.93 \sim 1.01 + \alpha$

반면, 국내에서는 IFPUG에서 규정한 조정인자를 반영하지 않고 국내의 소프트웨어 개발 실정에 맞게 보정 계수를 정해 놓고, 이를 반영하고 있는 실정이다. 국내 보정 계수에 대한 자세한 설명은 부록[D]를 참고하기 바란다.

(7) 조정기능점수(AFP: Adjusted Function Point) 결정

기능점수 측정의 마지막 단계는 미조정 기능점수에 조정 인자를 반영한 조정 후 기능점수를 결정하는 것이다. AFP는 아래의 간단한 공식을 통해서 구할 수 있다.

$$AFP = UFP \times VAF$$

위의 영화 예매 시스템 예제에서 영화 예매 기능에 대해서만 조정 인자 1을 반영하여 AFP를 구하면, $AFP = (7 + 3) \times 1 = 10$을 구할 수 있다. 이를 전체 기능으로 확대하게 되면, 전체 어플리케이션의 기능점수를 산정할 수 있게 된다.

5-5 일정 계획

프로젝트 일정 계획은 WBS를 통해 파악된 단위 작업들을 산정된 기간이나 비용에 맞추어 계획하는 활동이다. 보통 퍼트차트(PERT Chart)나 간트차트(Gantt Chart)를 이용하여 프로젝트 일정을 계획하게 되는데, 이러한 차트들을 이용하면 일정을 한 눈에 확인할 수 있고, 역할 할당이나 병행 작업 구성도 편리하게 표현할 수 있다.

5.5.1 퍼트차트(PERT Chart)

퍼트(PERT: Program Evaluation and Review Technique) 차트는 프로젝트를 구성하는 여러 작업 사이의 관계 및 흐름을 그래픽으로 표현한 것이다. 퍼트차트에서 작업은 박스로 표현하며 작업명과 시작일, 종료일 등의 일정에 대한 정보를 포함한다. 박스 사이를 연결하는 화살표는 각 작업 간의 의존성을 보여준다[6].

퍼트차트를 표현하기 위해서는 WBS에서 식별된 단위작업들이 수행되는 기간과 이들 사이에 어떤 작업이 먼저 수행되고 나중에 수행되는지 혹은 병행적으로 수행가능한지의 여부가 먼저 정의되어야 한다.

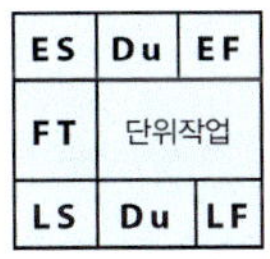

[표] A

단위작업	기간	선행작업
준비회의	2	–
예식장 장소섭외	5	준비회의
예식장 검토/확인	1	예식장 장소섭외
손님리스트 작성	2	준비회의
피로연 장소섭외	1	예식장 검토/확인, 손님리스트 작성

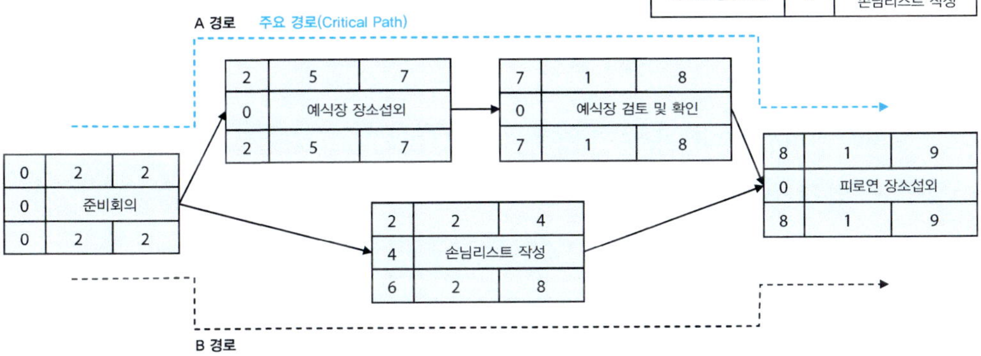

그림 5-18 퍼트차트 예제

[그림 5-18]은 앞서 살펴보았던 결혼식 준비 WBS를 퍼트차트로 작성한 것으로, WBS의 가장 마지막 단계의 단위 작업들이 박스로 표시되어 있다.

박스의 표현 방식은 [그림 5-18]의 [표 A]와 같이 중앙에 해당 단위작업 명을 나타내고 이 작업에 할당될 일정을 표현한다. 박스 내 숫자의 의미는 다음과 같다.

- ES(Earliest Start time): 해당 단위 작업이 가장 빨리 시작할 수 있는 일자
- EF(Earliest Finish tme): 해당 단위 작업이 가장 빨리 종료할 수 있는 일자
- LS(Latest Start): 해당 단위 작업이 가장 늦게 시작하는 일자
- LF(Latest Finish): 해당 단위 작업이 가장 늦게 종료할 수 있는 일자

- Du(Duration): ES에서 EF까지, LS에서 LF까지의 작업 기간
- FT(Float Time): LS에서 ES 사이의 여유 기간

작업의 연관관계를 살펴보면, '준비 회의'와 '예식장 장소 섭외', '준비 회의'와 '손님 리스트 작성'작업은 순차적으로 이루어져야 하지만, '예식장 장소 섭외'와 '손님 리스트 작성'은 각각 소요되는 기간은 다르지만 의존되는 작업이 아니므로 서로 병행적으로 일어난다.

또한 '피로연 장소 섭외'가 시작되기 위해서는 '손님 리스트 작성'이 종료되고 '예식장 장소 섭외'와 '예식장 검토 후 확인' 작업이 종료되어야 하는데, '손님 리스트 작성'은 4일 후에 종료 예정이므로 '예식장 검토 후 확인'이 종료되는 8일까지 3일의 여유시간이 있음을 알 수 있다.

이것은 만약 '손님 리스트 작성' 작업이 지연된다고 해도 8일까지는 여유가 있음을 말하는 것이고, 위의 퍼트차트에서 가질 수 있는 두 가지 경로(Path) A와 B 중, A경로는 패스 안의 하나의 작업이라도 지연되면 프로젝트 전체가 지연되므로 B경로보다 중요하다. 이러한 A경로를 주요 경로(Critical Path)라고 하며, 이것은 FT가 0인 작업이 이루는 일련의 경로이다.

이처럼 관리자는 퍼트차트를 이용하여 프로젝트의 모든 작업들 간의 상호 의존성과 프로젝트가 진행되는 다양한 경로들, 그리고 경로의 중요성을 파악할 수 있다.

[그림 5-19]는 웹사이트 구축 프로젝트의 일정을 나타낸 퍼트차트이다.

ES	Du	EF
FT	단위작업	
LS	Du	LF

[표] A

단위작업	기간	선행작업
착수	6	–
분석	3	착수
기획	4	착수
화면설계	5	분석, 착수
기능구현	7	화면설계
단위테스트	6	화면설계
통합테스트	3	기능구현, 단위테스트
인수테스트/오픈	4	통합테스트

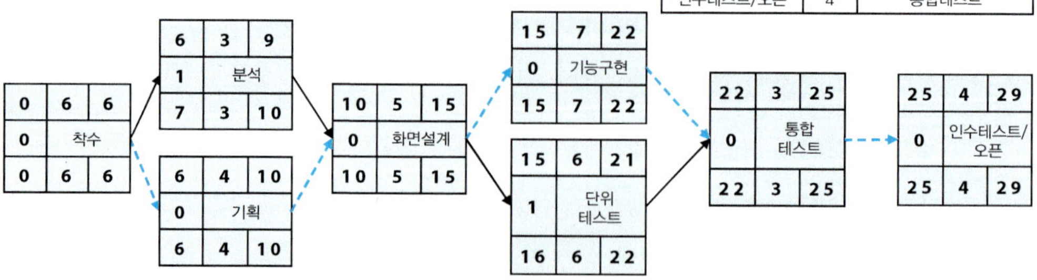

그림 5-19 웹사이트 구축 프로젝트의 퍼트차트

이 프로젝트는 착수, 분석, 기획, 화면설계, 기능구현, 단위테스트, 통합테스트 그리고 인수테스트와 사이트오픈으로 개발단계가 구성된다.

먼저 프로젝트의 착수작업이 완료된 후 분석 그리고 기획단계를 시작할 수 있는데, 이 작업들은 각 단계 내의 세부작업들의 담당자 및 연관관계가 서로 다르므로 병행적으로 진행될 수 있다. 이들 작업 완료 후 화면 설계가 진행되고 이후 기능구현과 단위테스트가 병행적으로 진행된 후 통합테스트와 인수테스트 및 사이트 오픈이 순차적으로 진행된다.

5.5.2 간트차트(Gantt Chart)

간트차트는 Henry L. Gantt에 의해 제안된 것으로 일정, 예산 및 자원 계획 등을 목적으로 사용될 수 있는 프로젝트 일정 계획 기법이다. 간트차트는 막대 차트 또는 시간선 차트라고도 불린다.

간트차트는 시간의 순으로 되어 있는 캘린더에 프로젝트의 시작과 종료를 막대 형태로 나타낸다. 왼쪽 열에는 수행해야 할 작업들이 있고, 시작일과 완료일, 기간이 표시되어 있으며 작업의 기간은 막대의 길이로 나타낸다.

ID	작업이름	시작	완료	기간	2012년 10월										
					1	2	3	4	5	6	7	8	9	10	11
1	준비 회의	2012-10-01	2012-10-02	2d											
2	예식장 장소 섭외	2012-10-03	2012-10-07	5d											
3	예식장 검토 후 확인	2012-10-08	2012-10-08	1d											
4	손님 리스트 작성	2012-10-03	2012-10-05	3d											
5	피로연 장소 섭외	2012-10-09	2012-10-10	2d											

그림 5-20 간트차트의 예

위의 [그림 5-20]은 결혼식 준비 WBS를 기초로 간트차트를 그린 예제이다. 간트차트는 퍼트차트와는 달리 작업 간의 의존성을 보여주지는 않는다. 그러나 작업의 시작, 종료 및 기간을 캘린더 위에 막대로 보여주기 때문에, 차트를 왼쪽에서 오른쪽으로 읽으면 작업의 시작과 종료를 분명하게 알 수 있다. 따라서 현재의 작업 상태와 늦어진 작업 현황, 그리고 앞으로 진행할 작업에 대해 파악할 수 있다. [그림 5-21]은 웹사이트 구축단계의 간트차트를 보여주는 예이다.

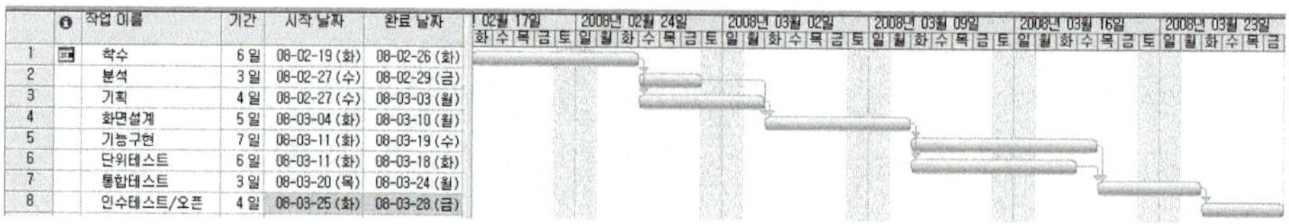

그림 5-21 웹사이트 구축 간트차트

5-6 EVM(Earned Value Management)

프로젝트 계획서가 작성되고 일정 계획이 수립되면, 소프트웨어 개발은 그 계획에 따라 진행이 된다. 그리고 프로젝트 관리자는 주간회의와 마일스톤회의 시에 "프로젝트가 계획대로 진행되고 있는가?"를 점검하게 된다. 이때 가장 많이 사용되는 방법이 EVM(Earned Value Management)이다.

EVM의 개념은 1890년대 미국의 초기 산업공학자(Industrial engineers)들이 작업성과를 측정한 것에서 시작되었다. 이들은 작업성과를 측정하기 위해 실제 사용 비용인 'Actual expenses'와 실제 완료한 공장의 제품이라 할 수 있는 'Earned standards'를 비교하였고, 여기서 발생한 차이를 비용변수인 'Cost variance'로 정의하였다[8].

이 후 1960년대 미 국방성이 프로젝트 관리를 위한 하나의 방법으로 EVM을 사용하면서 공식적으로 세상에 알려지게 되었고, 2000년대에 이르러는 PMI(Project Management Institute)가 PMP(Project Management Professional) 자격시험에 15-20개 정도의 EVM문제를 출제함으로써 이에 관련한 전문지식을 가진 프로젝트 관리자가 이득을 취하도록 하고 있다[7].

또한 PMI는 전문적인 프로젝트 관리 분야의 지식이 집약된 PMBOK (Project Management Body of Knowledge)에서 프로젝트 관리를 9가지 영역으로 나누고 이 중 승인된 예산 내에서 프로젝트를 완료하기 위한 비용 산정, 비용 예산 책정 및 비용 통제 관련 프로세스가 포함된 프로젝트 비용관리(Project Cost Management)에서 EVM을 비용 통제(Cost Control)에 유용한 기법으로 소개한다.

비용통제

프로젝트 예산에 대한 원가 차이 및 변경 통제를 야기하는 요인에 작용
in fluencing the factors that create cost variances and controlling changes to the project budget

도구 및 기법: EVM

[출처: *2004 PMBOK*]

EVM은 EV(Earned Value)의 개념을 기본으로 프로젝트를 통제하기 위한 모니터링 관리기법을 이르는데, 'EV'는 프로젝트에서 각각의 모든 작업들이 계획된 비용을 갖는다는 아이디어에서 시작되었다. 여기서 'Value'는 작업이 완료되었을 때 획득되는 것으로 프로젝트를 수행하면서 'Earned'되는 것[7], 즉 완료된 작업의 가치를 비용으로 표현한 것을 의미한다. 예를 들어 수행이 완료된 작업이 없다면 'Earned Value'는 0원이 된다.

EV란?

완료된 작업의 가치를 비용으로 표현한 것

EVM은 프로젝트의 일정 상태, 비용 상태 그리고 완료된 작업량을 비용화하여 계획 대비 실적을 비교 및 평가함으로써 프로젝트의 성과와 진행률을 정량적으로 관리하는 것으로, 현재 시점까지 완료된 작업량에 대해 계획 대비 일정이 지연되고 있는지 또는 비용이 더 지출되고 있는지를 파악할 수 있다.

EVM란?

프로젝트의 일정 상태, 비용 상태 그리고 완료된 작업량을 비용화하여 계획 대비 실적을 비교 및 평가함으로써 프로젝트의 성과와 진행률을 정량적으로 관리하는 방법

5.6.1 EVM의 특징

프로젝트 통제를 위해서는 계획 대비 실적의 차이를 파악하는 것이 중요하다. 이것을 위해 프로젝트 관리자는 일정이 얼마나 진행되었는지, 비용은 얼마나 소비되었는지 그리고 작업은 얼마나 완료되었는지 등을 프로젝트 초기에 세워진 계획과 비교해 볼 수 있다. 이 때 담당자의 보고가 "계획에 비해 30%의 비용을 소비, 27%의 작업완료, 35%의 일정 경과"와 같이 퍼센트로 작업의 완료 정도를 보고한다면, 경우에 따라 담당자의 주관적인 판단이 개입 될 수 있다. 또한 퍼센트로 보이는 '완료'혹은 '미완료' 정도의 평가로는 현재 프로젝트의 상태를 파악하기 위해 필요한 정보를 획득할 수 없다[7].

일반적으로 프로젝트의 상태는 비용이나 일정, 작업완료 등의 상태를 측정하여 계획과 비교해 봄으로써, 각각의 진행 상태를 파악할 수 있다. 그러나 비용이나 일정, 작업완료에 대한 정보 중 하나의 측정데이터만으로는 전체적인 프로젝트 진행 과정의 변화 추이나 특정 시점의 상태를 파악하기 어렵다. 또한 이를 위해 데이터나 그래프가 각각 분리되어 관리된다면, 이것들을 조합하여 전체적인 프로젝트 진행 과정을 파악하는데 있어 시간이나 비용이 더 많이 필요하게 된다. 이 문제를 해결하기 위하여 [그림 5-22]와 같이 각각의 관리 그래프를 하나의 그래프에 표현할 수 있다. 이러한 개념에 기초한 관리방법이 EVM(Earned Value Management)이다.

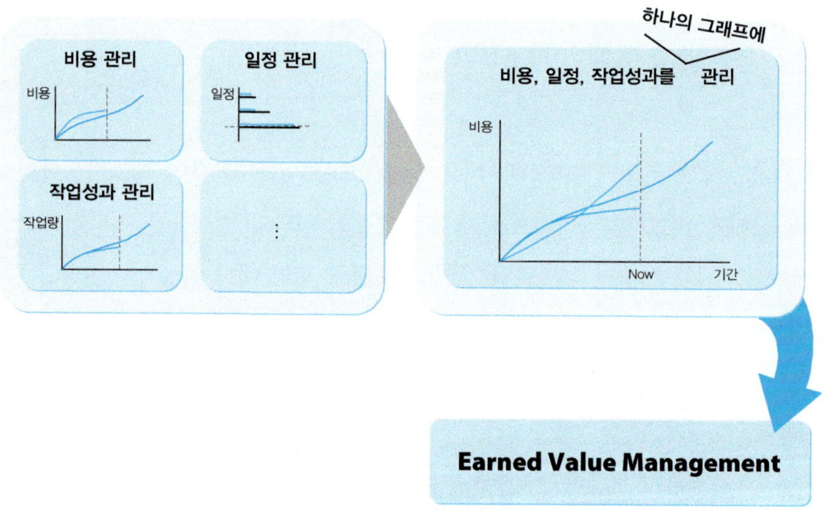

그림 5-22 EVM의 특징

5.6.2 EVM의 지표

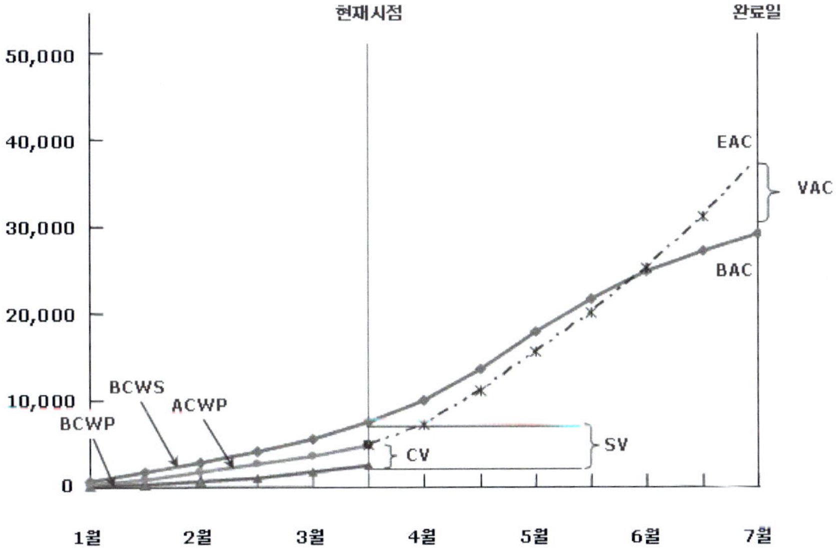

그림 5-23 EVM그래프

EVM에서 기본적인 측정 데이터로 계획된 작업량의 계획된 비용인 BCWS(Budgeted Cost of Work Scheduled), 수행한 작업의 계획된 비용인 BCWP(Budgeted Cost of Work Performed) 그리고 수행한 작업의 실제 비용인 ACWP(Actual Cost of Work Performed)를 측정한다. 이러한 EVM의 지표들을 그래프로 나타내면 [그림 5-23]과 같다.

BCWS(Budgeted Cost of Work Scheduled)

PV(Planned Value)라고도 하는 BCWS는 프로젝트 일정 계획에 따라 분배된 작업량을 완료하는데 소요되는 예산으로 다른 데이터에 대한 베이스라인이 된다. 예를 들어 어떤 프로젝트의 전체 비용은 500,000원이고 전체 기간은 10일이라고 할 때, BCWS는 10일 내에 프로젝트를 완료할 수 있도록 작업량을 일정에 따라 분배하고 주어진 전체 비용을 분배된 작업량에 맞게 계획한 것이다.

BCWP(Budgeted Cost of Work Performed)

EV(Earned Value)라고도 하는 BCWP는 수행한 작업량이 계획 시에는 얼마의 비용으로 계획되어 있었는지를 나타내는 것으로, 수행한 작업량이 얼마의 가치로 계획되었는지를 의미한다.

ACWP(Actual Cost of Work Performed)

AC(Actual Cost)라고도 하는 ACWP는 수행한 작업량이 실제 얼마의 비용을 지출하였는지를 나타낸다.

이렇게 비용화 된 3가지의 주요변수를 분석하여 계획 대비 프로젝트의 일정진행 정도, 비용소비 정도, 작업완료 정도 등 프로젝트 통제를 위한 다양한 정보를 획득할 수 있다.

SV(Schedule Variance)

프로젝트의 일정 진행에 대한 정보는 SV를 통해 알 수 있다. 이것은 [그림 5-24]와 같이 BCWP와 BCWS의 차를 계산하여 값을 나타낸다. 즉 '수행한 작업량의 계획된 비용'에서 '계획된 작업량의 계획된 비용'을 뺀 값을 의미하는 것으로, 계획된 비용을 기반으로 값이 도출된다. SV의 마이너스(Minus) 값은 일정이 계획보다 지연되었음을 의미하고, 플러스(Plus) 값은 일정이 계획보다 빠름을 의미한다. 예를 들어 어떤 프로젝트의 전체 비용은 500,000원이고 전체 기간은 10일이라고 할 때, 6일이 지난 현재 시점의 BCWS가 60,000원, BCWP가 40,000원이면, SV는 40,000원에서 60,000원의 차인 -20,000원이 값이 된다. 이 값을 통해 20,000원의 비용만큼 일정이 지연되었음을 알 수 있다.

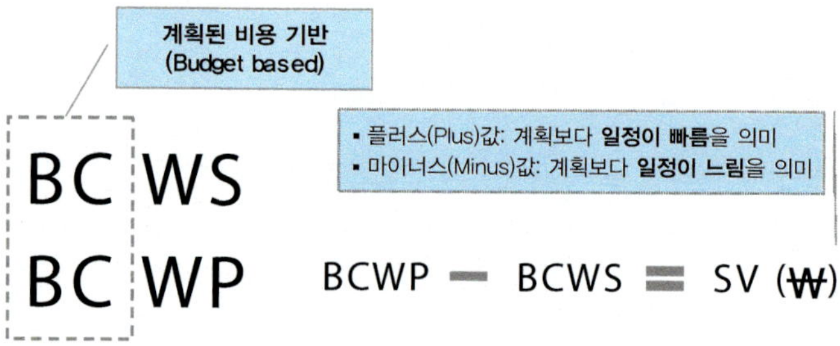

그림 5-24 SV공식

CV(Cost Variance)

프로젝트의 비용 소비에 대한 정보는 CV를 통해 알 수 있는데, 이것은 [그림 5-25]와 같이 BCWP와 ACWP의 차를 계산하여 값을 나타낸다. 즉 '수행한 작업량의 계획된 비용'에서 '수행한 작업량의 실제 비용'을 뺀 값을 의미하는 것으로, 수행된 작업량을 기반으로 값이 도출된다. CV의 마이너스 값은 계획보다 비용이 초과되었음을 의미하고,

플러스 값은 계획보다 비용이 남음을 의미한다. 예를 들어 어떤 프로젝트의 전체 비용은 500,000원이고 전체 기간은 10일이라고 할 때, 현재 시점의 BCWP가 40,000원, ACWP가 50,000원이면, CV는 40,000원에서 50,000원의 차인 –10,000원이 값이 된다. 이 값을 통해 10,000원 만큼의 비용이 초과되었음을 알 수 있다.

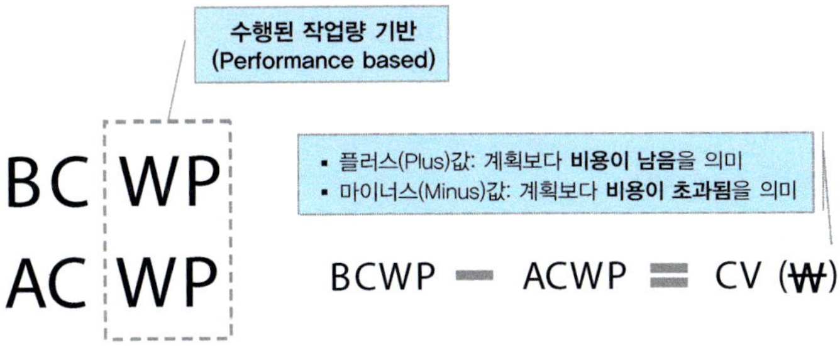

그림 5-25 CV공식

● VAC(Variance at Completion)

앞서 살펴본 EVM의 3가지 지표인 BCWS, BCWP, ACWP 이외에, 프로젝트 완료시점에 측정 및 도출되는 값으로 BAC(Budget at Completion)와 EAC(Estimate at Completion)가 있다. BAC는 BCWS의 합으로 프로젝트 완료 시 계획된 예산을 의미하고, EAC는 ACWP에 남은 작업량에 대한 예측된 비용이 더해진 값으로, 현 시점의 수행한 작업량에 대한 실제 비용을 통해 예측되는 프로젝트 완료 시점의 비용을 의미한다. 이것은 ACWP + (BAC − BCWP) / CPI과 같은 공식을 통해 구할 수 있다.

VAC는 BAC와 EAC의 차로 값이 도출되는데, VAC의 값이 마이너스이면 전체 작업 완료 시 계획보다 비용이 초과됨을 예측할 수 있고 플러스이면 전체 작업 완료 시 계획보다 비용이 남음을 예측할 수 있다. 예를 들어 어떤 프로젝트의 전체 비용(BAC)은 500,000원이고 전체 기간은 10일이라고 할 때, 현재 시점에서 도출된 EAC가 600,000원이라면, VAC는 500,000원에서 600,000원의 차인 –100,000원이 값이 된다. 이 값을 통해 전체작업 완료시 100,000원 만큼의 비용이 초과될 것을 예측할 수 있다.

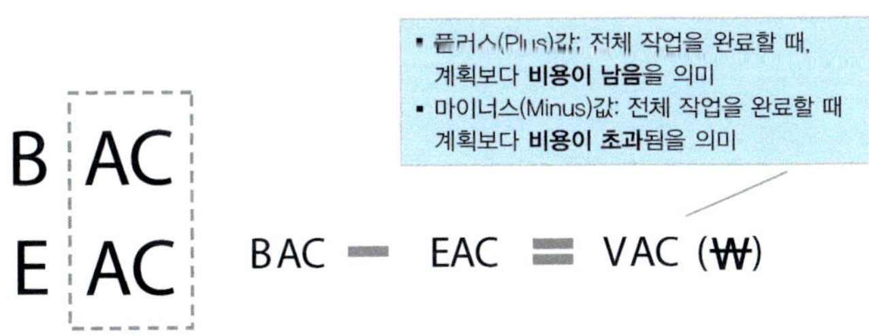

그림 5-26 VAC공식

● **성과지표**

SV, CV 그리고 VAC 이외에도, SPI(Schedule Performance Index), CPI (Cost Performance Index) 그리고 CSI(Cost Schedule Index)와 같은 성과 지표를 도출할 수 있다.

■ **SPI = BCWP / BCWS**

SPI는 BCWP에 BCWS를 나눈 값으로, SPI가 1보다 작으면 일정이 지연되었음을 의미한다.

■ **CPI = BCWP / ACWP**

CPI는 BCWP에 ACWP를 나눈 값으로, CPI가 1보다 작으면 비용이 초과되었음을 의미한다.

■ **CSI = SPI ×CPI**

CSI는 SPI와 CPI를 곱한값으로, 1에서 멀어질수록 프로젝트 성공에서 멀어짐을 의미한다.

5.6.3 EVM 적용 예제

지금까지 살펴본 EVM의 개념을 쇼핑몰 웹사이트 개발 프로젝트 예제에 적용시켜보자. 쇼핑몰 웹사이트 개발 프로젝트의 개요는 다음과 같이 9,000만원의 총 계약금을 받는 프로젝트로, 이 중 1,000만원의 수익을 뺀 나머지 8,000만원의 비용으로 프로젝트를 진행하고자 한다. 총 개발 일정은 6개월이며, 참여 인원은 웹 기획자 3명, 웹 디자이너 2명 그리고 웹 프로그래머 3명으로 총 8명이다.

- **[예제] 쇼핑몰 웹 사이트 개발**
  - 총 계약금: 9,000만원
    - 소요 예정비용: 8,000만원
    - 수익 예정비용: 1,000만원
  - 총 개발 일정: 6개월
  - 참여 인원: 8명
    - 웹 기획자: 3명
    - 웹 디자이너: 3명
    - 웹 프로그래머: 3명

현재 프로젝트의 일정은 3개월째 진행되고 있으며, 작업에 대한 계획 비용 및 진행 정도는 [그림 5-27]과 같다. 사이트기획, 회원관리 기능, 판매 기능은 작업이 완료되었으며 현재 판매, 주문, 배송, 고객지원, 검색에 관련한 작업이 진행 중에 있다. 관리자 모드나 테스트, 사이트 오픈에 대한 작업은 아직 시작되지 않았다.

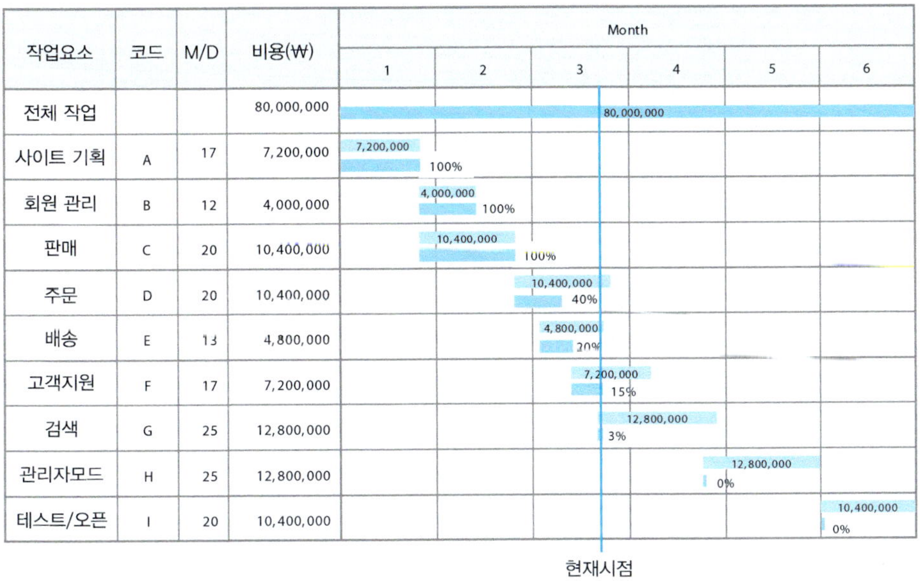

그림 5-27 쇼핑몰 웹사이트 개발 프로젝트의 작업별 현재 진행상태

[그림 5-27]과 같이 각각의 작업 상태가 진행 중 일 때, 전체 작업에 대한 현재 시점의 비용 상태가 [표 5-11]과 같이 BCWS는 45,760,000, BCWP는 44,400,000 그리고 ACWP는 50,000,000로 나타났다.

표 5-11 현재시점의 쇼핑몰 웹사이트 개발 프로젝트 진체 비용상대

현재시점의 비용상태	
BCWS	45,760,000
BCWP	44,400,000
ACWP	50,000,000

이것을 통해 EVM의 Variance를 도출함으로써 프로젝트의 현재 상태를 파악할 수 있다. 일정진행 정도를 파악하기 위해 SV를 구하면 44,400,000 – 45,760,000 =

−1,360,000이므로 일정이 1,360,000원 만큼 지연됨을 알 수 있다. 또한 비용소비 정도를 파악하기 위해 CV를 구하면 44,400,000 − 50,000,000 = −5,600,000이므로 비용이 5,600,000원 만큼 초과됨을 알 수 있다. 이것을 그래프를 통해 나타내어 보면 [그림 5-28]과 같다.

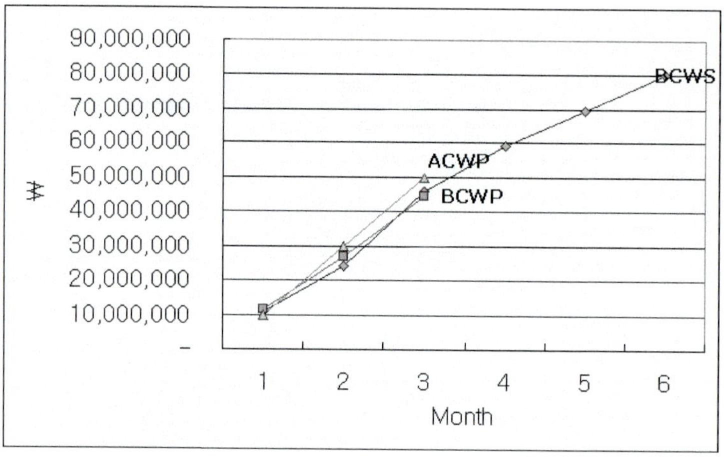

그림 5-28 쇼핑몰 웹사이트 개발 프로젝트의 EVM그래프

작업 완료 시점에서 비용초과 여부를 예측하기 위해 EAC를 구해보자. 이를 위해서 CPI 값이 요구되므로, CPI공식을 통해 구해보면 BCWP / ACWP = 44,400,000 / 50,000,000 = 0.88이므로 값은 0.88이 된다. 이 값을 이용하여 EAC를 예측해 보면 ACWP + (BAC − BCWP) / CPI = 50,000,000 + (80,000,000 − 44,400,000) / 0.88 = 90,454,545원이 EAC값으로 도출된다. 그러므로 프로젝트 완료 시점에 예측되는 총 소요비용은 90,454,545원 임을 예측 할 수 있다. 이를 통해 VAC를 구해보면 BAC − EAC = 80,000,000 − 90,454,545 = −10,454,545만큼의 비용이 계획보다 초과될 것이 예측되므로, 초과되는 문제의 원인을 파악하여 시정조치 할 필요가 있음을 알려준다.

05 연습문제

1. 프로젝트 계획 수립을 시작할 때 제일 먼저 해야 하는 작업을 기술하라.

2. 프로젝트의 개발 비용 산정 시 결정에 영향을 주는 요소를 3가지를 기술하라.

3. 소프트웨어 개발 비용은 시스템 크기, 개발 기간, 신뢰도, 투입 인력들과 일정한 상관 관계가 있다. 개발 비용을 Y 축으로 하는 반비례 그래프를 그려 본다면, X 축으로 어떤 요소가 가장 타당한지 기술하라.

4. 두 명의 개발자가 5개월에 걸쳐 10,000 라인의 코드를 개발하였을 때, 월별(Man Month) 생산성 측정을 위한 계산은 어떻게 하는지, 식을 기술하라.

5. LOC 기법에 의하여 예측된 총 라인 수가 25,000 라인일 경우 개발에 투입될 프로그래머의 수가 5명이고, 프로그래머들의 평균 생산성이 월당 500 라인일 때, 개발에 소요되는 시간을 계산하라.

6. 대표적인 소프트웨어 산정 모형(Estimation Model) 3가지를 기술하라.

7. 기능점수(Function Point) 산정 방식의 7단계 프로세스를 기술하라.

8. 일정 계획에 사용되는 대표적인 차트는 무엇이고, 이들에 대해서 기술하라.

9. 프로젝트 통제 기법에 대표적인 EVM에 대해서 기술하라.

10. EVM의 측정 지표와 성과 지표에는 무엇이 있는가?

팀 프로젝트 (7, 9주차)

이번 주 할 일

일자	본문 목차	본문 내용	프로젝트 활동	제출물
1주		과목 소개	프로젝트 소개	
2주	1장	S/W와 SE	1차 팀 구성	
3주	2장	생명주기	2차 팀 구성	
4주	3장	프로젝트	제안서	완성된 팀 구성
5주		제안서 발표		제안서
6주	4장	요구사항	요구사항 명세서	
7주	5장	계획(1)		요구사항 명세서
8주	중간고사			
9주	5장	계획(2)	계획서	
10주	6장	위험관리		계획서
11주	7장	설계	설계서	
12주	8장	V&V(1)		설계서
13주	8장	V&V(2)	테스트 결과 보고서	
14주		프로젝트 발표		테스트 결과 보고서
15주	9장	형상관리		최종 보고서
16주	기말고사			

이번 주 팀 프로젝트 활동은 본문에서 배운 내용을 토대로 앞으로 수행할 "Small Messenger"프로젝트의 계획서를 작성한다. 프로젝트 계획서를 작성하는 방법은 다음의 예시를 참조한다.

1. 서 론

1.1 프로젝트 개요

이 프로젝트는 "Small Messenger"프로젝트로서 로그인이 가능하고 서버에 등록되어 있는 인원과 1:1 대화가 가능한 메신저의 개발을 목표로 한다. 프로젝트 기간은 9월 18일~11월 30일까지로 68일이다.

1.2 주요 일정

프로젝트수행단계	기간	제출물
계획 및 분석	09월 18일 ~ 10월 09일	프로젝트 제안서, 요구사항 명세서, 프로젝트 계획서 테스트 케이스, 테스트 계획서
설계	10월 10일 ~ 10월 23일	설계 사양서
구현 및 인수 테스트	10월 24일 ~ 11월 13일	소스 코드
	10월 24일 ~ 11월 13일	단위/통합/시스템 테스트 결과 보고서
	11월 13일	인수 테스트 결과 보고서
프로젝트 종료	11월 30일	프로젝트 완료 보고서

1.3 프로젝트 팀 조직

성명	학년	학번	역할	투입 M/M	비고
홍길동	1	200699458	PM 및 코더	0.8	
김삼순	1	200516857	DB 설계 및 코더	0.775	
박삼식	1	200632008	UI 디자인 및 코더	0.75	
김계획	4	200032027	테스트 케이스 작성 및 코더	0.775	

1.4 개발 생명주기 모델

개발 생명주기: 폭포수 모델

개발단계	관련요소	내용
계획	입력 산출물	• 소프트웨어 제안 요청서(RFP)
	수행 태스크	• 고객의 요구사항을 문서화한다. • 고객의 요구사항을 바탕으로 프로젝트 제안서를 작성한다.
	출력 산출물	• 프로젝트 제안서
	시작 기준	• 고객으로부터 요구사항이 전달되어야 한다. • 요구사항 수집 활동에 대한 정책이 수립되어 있어야 한다. • 프로젝트 제안서가 문서화되고 승인되어야 한다. • 요구사항 수집 및 프로젝트 제안서 작성 활동에 대한 담당자 및 책임이 할당되어 있어야 한다. • 요구사항 수집 및 프로젝트 제안서 작성 활동을 지원하기 위한 도구가 제공되고 이용 가능해야 한다. • 요구사항 수집 및 프로젝트 제안서 작성 활동을 위한 교육 훈련 및 오리엔테이션이 계획되고 제공되어야 한다.
	완료 기준	• 고객의 요구사항이 수집되고 기록되어 있어야 한다. • 프로젝트 제안서와 고객 및 이해 관계자에게 전달되어야 한다.
분석	입력 산출물	• 프로젝트 제안서
	수행 태스크	• 프로젝트 제안서를 바탕으로 요구사항 명세서를 작성한다. - 요구사항 분석 - 유스케이스 작성 - 기능, 비기능 요구사항 분석 - UI 프로토타입 작성 - 요구사항 명세서 작성 • 요구사항 명세서를 바탕으로 프로젝트 계획서를 작성한다. - 상세 WBS 작성 및 자원 할당 - 팀 조직 계획 수립 - 생명주기 및 개발방법론 결정 - 임정 계획 수립 - 산정 및 공수 분석 - 데이터 및 컴퓨터 자원 관리 계획 수립 - 위험 관리 계획 수립 - 프로젝트 계획서 작성

1.5 개발 방법론 및 도구 선정

사용하는 개발 방법론과 프로그래밍 툴 등의 도구를 표시한다.

2. 개발 규모 산정

FP나 LOC 등의 산정 결과를 표시한다.

3. 투입 공수

개발 단계	계획	분석	설계	구현	프로젝트 완료	합계
투입 공수	0.16	0.37	0.66	1.86	0.04	3.10

4. 마일스톤 및 일정 계획

마일스톤		일정 계획
계획 단계 (2006.09.18 ~09.25)	요구사항 정의	2017.09.18
	프로젝트 정의 및 범위 설정	2017.09.18
	팀 구성 및 업무 할당	2017.09.18
	일정	2017.09.19
	WBS 작성	2017.09.20 ~ 2017.09.24
	프로젝트 제안서 작성	2017.09.25
분석 단계 (2006.09.26 ~10.09)	요구사항 분석	2017.09.29 ~ 2017.09.28
	유스케이스 작성	2017.09.29 ~ 2017.10.02
	기능, 비기능 요구사항 분석	2017.09.26 ~ 2017.10.02
	UI 프로토타입 작성	2017.09.26 ~ 2017.10.02
	요구사항 명세서 작성	2017.09.26 ~ 2017.10.02
	상세 WBS 작성	2017.10.03 ~ 2017.10.04
	팀 조직 계획	2017.10.04
	개발 계획 및 마일스톤 및 일정 계획	2017.10.06
	산정 및 공수, 비용	2017.10.06
	데이터 및 컴퓨터 자원 관리 계획	2017.10.06

5. 데이터 관리 계획

프로젝트 데이터에 대한 관리 계획을 작성한다.

6. 주요 컴퓨터 자원 관리 계획

서버	자원명	비고
DB 서버	CPU: I5 RAM: 1G HDD: 10G	

7. 위험 관리 계획

7.1 위험 관리 절차

<table>
<tr><th>절차</th><th>내용</th></tr>
<tr><td>
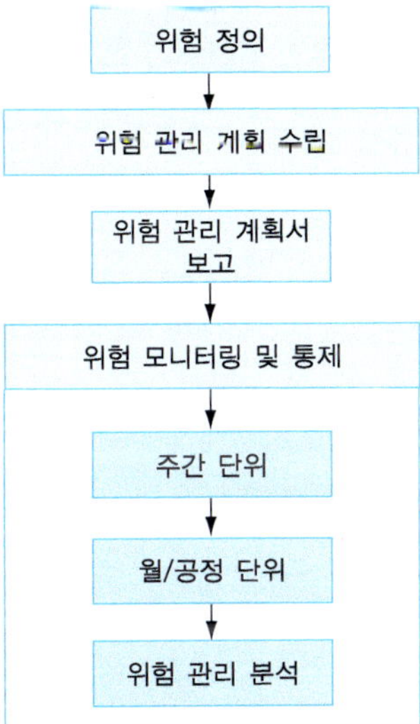

</td><td>
1. 위험 정의: 위험 식별용 체크리스트를 활용하여 위험 도출
2. 위험 관리 계획 수립
3. 위험 관리 계획서 보고: 위험 관리 담당자가 PM 또는 고객 책임자에게 보고
4. 위험 진행 관리: 정의된 모니터링 방법에 의거하여 진행 상태 추적 관리 → 주간/월간 단위 진행회의, 공정완료 보고 시 검토
1) 주간 단위: 주간업무 진행 보고서에 기록하여 보고 및 검토
2) 월간 단위: 월간업무 진행 보고서에 기록하여 보고 및 검토
3) 공정 단위: 공정 완료 보고서에 기록하여 보고 및 검토
4) 공정 단위로 측정 및 분석 담당자가 주요 위험에 대한 요인별로 분석하여 공식 단계 말 검토회의에서 보고한다.
</td></tr>
</table>

7.2 위험 분석의 판정 기준

위험 영향도: 팀원들이 회의를 통하여 상, 중, 하의 등급을 결정한다.

구분	비용 초과	일정 지연	품질 목표
상	20% 이상	20% 이상	달성 불가
중	5 ~ 20%	5 ~ 20%	현저한 영향
하	5% 미만	5% 미만	경미한 영향

※ 상: 프로젝트가 실패할 정도의 큰 위험
중: 프로젝트의 일부 기능 중 하자가 발생할 정도의 위험
하: 프로그램 또는 일부 기능이 장애가 발생할 가능성이 있는 위험

발생 가능성: 팀원들이 회의를 통하여 상, 중, 하, 최하의 등급을 결정한다.

구분	내용
상	발생 가능성이 50% 이상인 경우
중	발생 가능성이 49.99% ~ 15%
하	발생 가능성이 14.99% ~ 5%
최하	발생 가능성이 4.99% 이하

7.3 주요 발생가능 위험 및 대처방안

위험 관리 담당자는 과거의 경험과 주변 프로젝트 수행과정에서 수집된 위험을 바탕으로 하여 발생 가능한 주요 위험 요소를 미리 식별하여 사업 관리 측면, 기술적 측면, 사용자 측면으로 분류하고, 다음과 같이 대처방안을 강구한다.

7.3.1 기술적 측면

위험 요소	발생 상황	대처 방안	발생 가능성	위험 영향도
기술력 부족	• 개발 인력의 업무 수행능력 부족	• 개발 인력에 대한 충분한 사전 교육 실시	하	상
성능 미달	• 시스템 성능 미달 • S/W 규모 변경	• 시스템 구축 전 충분한 능력 및 용량 산정 • 설계에서 가동까지 일관성 유지	하	상
작업 산출물 관리 소홀	• 구축 시스템 및 산출물 훼손	• 백업 및 복구체제 마련 및 일일 백업 관리 철저	중	중

7.3.2 사용자적 측면

위험 요소	발생 상황	대처 방안	발생 가능성	위험 영향도
요구사항 누락	• 사용자 요구사항을 정확히 파악 못함	• 지속적인 면담 및 의사소통의 여러 채널 유지	중	상
요구사항 변경	• 사용자 요구사항 변경 및 추가	• 지속적인 면담 및 의사소통의 여러 채널 유지	중	상

7.4 초기 위험식별 현황

위험 요소	발생 상황	대처 방안	발생 가능성	위험 영향도
기술력 부족	• 개발 인력의 품질관련 업무 수행능력 부족	• 개발인력에 대한 충분한 교육 실시 • 주기적인 테스트를 통한 교육 효과 점검 후 재교육 실시	하	상
일정지연	• 선구축 일정지연으로 인한 전체 일정지연 가능성	• 개발 대상 업무별 요구 관리 철저 및 주간, 월간 일정관리 철저	중	상
모델링 물량과다	• 일정대비 업무과다	• 개발요원 능력 향상 및 일정조절	중	중
자원도입 지원	• 타 업무와 중복되어 적극 참여가 어려움	• 팀원 간 업무 분배를 적절히 조절	하	중
요구사항 변경	• 사용자 요구사항 변경 및 추가발생 예상	• 지속적인 면담 및 의사소통의 여러 채널 유지하여 발생 최소화	중	상

8. 프로젝트 계획 TABLE

	작업	기간	시작	종료
	- 자바 메신저 개발 프로젝트	66일	17-09-18 (월)	17-11-30 (목)
	- 계획	8일	17-09-18 (월)	17-09-25 (월)
	요구사항 정의	1일	17-09-18 (월)	17-09-18 (월)
	프로젝트 정의 및 범위 설정	1일	17-09-18 (월)	17-09-18 (월)
	팀 구성 및 업무 할당	1일	17-09-18 (월)	17-09-18 (월)
	일정	1일	17-09-19 (화)	17-09-19 (화)
	WBS 작성	3일	17-09-20 (수)	17-09-24 (일)
	프로젝트 제안서 작성	1일	17-09-25 (월)	17-09-25 (월)
	- 분석	11일	17-09-26 (화)	17-10-09 (월)
	요구사항 분석	3일	17-09-26 (화)	17-09-28 (목)
	유스케이스 작성	2일	17-09-29 (금)	17-10-02 (월)
	기능, 비기능 요구사항 분석	2일	17-09-29 (금)	17-10-02 (월)
	UI 프로토타입 작성	2일	17-09-29 (금)	17-10-02 (월)
	요구사항 명세서 작성	2일	17-09-29 (금)	17-10-02 (월)
	상세 WBS 작성	2일	17-10-03 (화)	17-10-04 (수)

작업	기간	시작	완료
팀 조직 계획	1일	17-10-04 (수)	17-10-04 (수)
개발 계획 및 마일스톤 및 일정 계획	1일	17-10-06 (금)	17-10-06 (금)
산정 및 공수, 비용	1일	17-10-06 (금)	17-10-06 (금)
데이터 및 컴퓨터 자원 관리 계획	1일	17-10-06 (금)	17-10-06 (금)
위험 관리 계획	2일	17-10-06 (금)	17-10-09 (월)
프로젝트 계획서 작성	3일	17-10-06 (금)	17-10-09 (월)
- 설계	12일	17-10-10 (화)	17-10-23 (월)
클래스 설계	7일	17-10-10 (화)	17-10-18 (수)
시스템 설계	7일	17-10-10 (화)	17-10-18 (수)
DB 설계	3일	17-10-19 (목)	17-10-21 (토)
UI 설계	3일	17-10-19 (목)	17-10-21 (토)
설계 사양서 작성	3일	17-10-21 (토)	17-10-23 (월)
- 구현	34일	17-10-24 (화)	17-11-29 (수)
소스 코드 작성	27일	17-10-24 (화)	17-11-21 (화)
단위 테스트	13일	17-10-24 (화)	17-11-06 (월)
통합 테스트	13일	17-10-24 (화)	17-11-06 (월)
시스템 테스트	2일	17-11-22 (수)	17-11-23 (목)
테스트 결과 보고서	2일	17-11-24 (금)	17-11-25 (토)
인수 테스트	3일	17-11-27 (월)	17-11-29 (수)
- 프로젝트 완료	1일	17-11-30 (목)	17-11-30 (목)
완료 보고서	1일	17-11-30 (목)	17-11-30 (목)

참고문헌

[1] IEEE-Std-1058, "IEEE Standard for Software Project Management Plans", The Institute of Electrical and Electronics Engineers, Inc., 1998

[2] Richard E. Fairley, "Software engineering concepts", McGraw-Hill, 1985

[3] "A Guide to the Project Management Body of Knowledge(PMBOK), 3rd edition", Project Management Institute, Inc., 2004

[4] "Using CMMI to Improve Earned Value Management", Paul Solomon, CMU/SEI, 2002

[5] ISO/IEC 14143-1, "Information technology -- Software measurement -- Functional size measurement -- Part 2: Conformity evaluation of software size measurement methods to ISO/IEC", 1998

[6] 최은만, "소프트웨어 공학", 희중당, 1996

[7] Mark Durrenberger, "An Earned Value Tutorial", Oak Associates,INC., 2003-2006

[8] Anthony Cabri, Mike Griffiths, "Earned Value and Agile Reporting", Quadrus Development Inc. AGILE 2006 Conference, IEEE

CHAPTER

6

리스크 관리

프로젝트에서 리스크란? (What is project risk?)

- "프로젝트에서 리스크란 일정, 비용, 범위, 품질과 같은 프로젝트 목적들 중 적어도 하나의 목적에 나쁜 영향을 끼칠지도 모르는 이벤트 혹은 상태(Project risk is an uncertain event or condition that, if it occurs, has a negative effect on at least one project objective, such as time, cost, scope, or quality)"

— by PMBOK

요구사항이 주어지면 이를 기반으로 정확하게 산정을 하고 프로젝트 계획을 세운다. 그런 다음 '프로젝트가 계획대로 진행 되어 종료될 수 있을 것인가?', '프로젝트가 계획대로 진행 되는 것에 방해가 될 요소들은 없는가?'등의 문제를 고민해 보아야 한다.

우리가 여행을 갈 때에도 이와 비슷한 고민을 한다. 처음 여행을 가는 사람들은 장미빛 시나리오에 대한 계획만을 세우고 떠나지만, 경험이 많은 여행자들은 만일에 발생할 수 있는 사건에 대해 대비책을 마련한다. 예를 들어 몸이 아플 경우를 대비하여 비상약을 준비하고, 그것도 불안하면 여행자 보험에 가입한다. 또 비상시를 대비하여 현지에 아는 사람의 연락처를 적어간다.

프로젝트 진행 역시 만일의 사건에 대한 대비가 필요하다. 프로젝트는 무한한 시간과 자원이 주어지지 않기 때문에 현실에 기반을 둔 정확한 산정과 계획을 하려고 애를 써도, 납기와 예산을 초과할 수 있는 불확실성(Uncertainty)이 항상 존재하기 때문이다.

이렇듯 프로젝트 결과에 심각한 영향을 미치는 잠재된 요소를 리스크(Risk) 요소라고 한다. 소프트웨어 개발 프로젝트에서는 목표로 하는 제품을 생산하지 못하거나, 자원을 초과하여 사용하거나 또는 정해진 기간을 넘기는 등의 경우를 야기할 수 있는 것들이 리스크 요소에 해당한다. 예를 들면, 개발자가 프로젝트 중간에 그만 두는 경우나 요구사항이 바뀌는 경우 등은 일반적인 프로젝트에서 흔히 발생하는 리스크 요소라 할 수 있다.

리스크 요소는 실제로 발생하기 전까지는 단순한 걱정거리이다. 배짱 좋게 '괜찮을 거야'하고 조치를 취하지 않아도 아무런 문제가 발생하지 않을 수 있다. 하지만 일단 문제가 발생하게 되면, 프로젝트가 실패 할 수도 있기 때문에 리스크 요소는 그 발생 확률(Probability)과 발생했을 때의 그 영향(Consequence) 정도에 따라 대처를 달리 해야 한다.

6-1 리스크 관리

앞서 살펴보았듯이 리스크는 프로젝트 결과에 심각한 영향을 미치는 잠재된 요소를 뜻한다. PMBOK에서는 리스크를 다음과 같이 정의하고 있다[1].

"프로젝트에서 리스크란 일정, 비용, 범위, 품질과 같은 프로젝트 목적들 중 적어도 하나의 목적에 나쁜 영향을 끼칠지도 모르는 이벤트 혹은 상태 (Project risk is an uncertain event or condition that, if it occurs, has a negative effect on at least one project objective, such as time, cost, scope, or quality)"

즉 리스크란 발생할 수 있으나 아직 발생하지 않은, 발생한다면 프로젝트의 결과에 부정적인 영향을 끼칠 수 있는 잠재적인 문제라고 할 수 있다. 프로젝트 진행 중 리스크가 실제로 발생하였을 경우 [그림 6-1]과 같이 '문제(Problem)'로 간주된다[2].

그림 6-1 리스크와 문제

만약 리스크를 실제 문제로 발생하기 전에 미리 파악하고 그 대응방안을 준비하여 [그림 6-2]와 같이 리스크가 문제로 발생할 가능성이 낮아진다면, 문제가 발생함으로써 프로젝트에 미치는 부정적인 영향을 줄일 수 있다. 이처럼 프로젝트의 성공을 위해 리스크에 대비하고 관리하는 활동을 리스크 관리(Risk Management)라 한다.

그림 6-2 리스크 관리의 목적

6-2 리스크 관리 절차

리스크 관리는 일반적으로 [그림 6-3]과 같이 리스크 식별, 리스크 계량화, 리스크 우선순위 선정, 리스크 관리 계획, 리스크 해결, 결과 측정 및 문서화의 절차로 이루어진다.

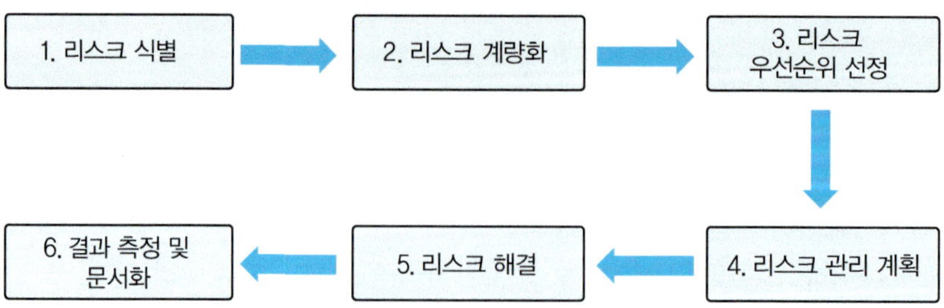

그림 6-3 리스크 관리 절차[3]

6.2.1 리스크 식별

리스크 식별은 프로젝트의 성공에 위협이 되는 불안 요소들을 파악하는 활동이다. 이러한 리스크의 식별을 통해서, 프로젝트 관리자는 가능하면 리스크를 피하고, 불가피 하다면 리스크에 대한 대응책을 마련해 놓을 수 있다. 그러므로 리스크 식별은 프로젝트 관리자 혼자만의 업무가 아닌, 프로젝트에 관련된 모든 사람들이 같이 하는 활동이다.

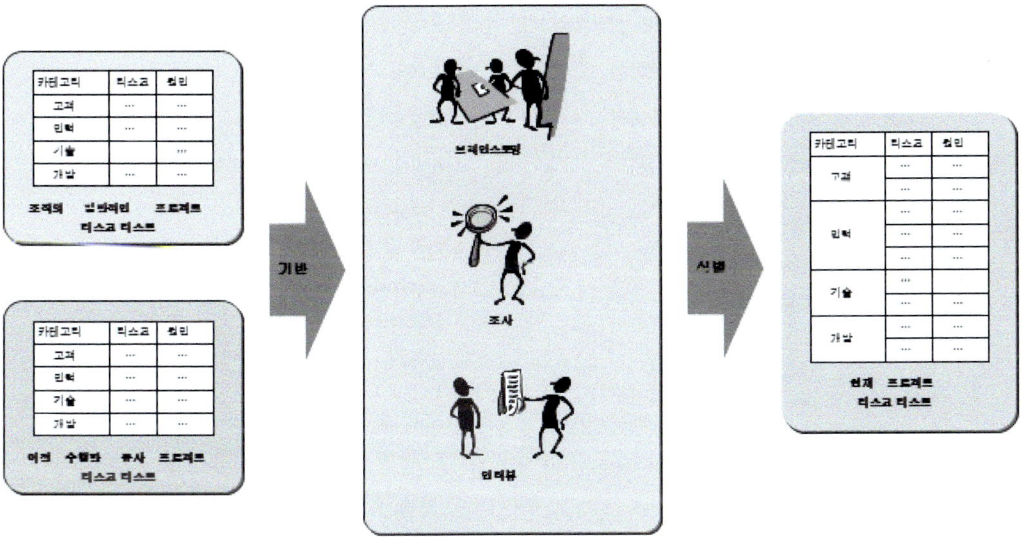

그림 6-4 리스크 식별의 과정

리스크를 식별하기 위해서는 조직에서 유지하는 프로젝트에 일반적으로 발생할 수 있는 리스크 리스트와 기존에 수행한 유사한 프로젝트에서 작성한 리스크 리스트를 이용할 수 있다. 이러한 리스크 리스트를 기반으로 브레인스토밍(Brainstorming), 조사(Survey), 인터뷰(Interview) 등을 실시하여 현재 프로젝트에 해당되는 리스크들을 찾는 방식이 많이 사용된다. 또한 식별된 리스크를 고객, 인력, 기술, 환경 등의 카테고리로 분류하여 그에 대한 원인도 함께 식별한다. [그림 6-4]는 위의 과정을 그림으로 표현하고 있다.

아래의 [표 6-1]은 이러한 과정을 거쳐 리스크를 식별한 리스트의 예를 보여주고 있다.

표 6-1 리스크 식별의 예

분야	리스크 요소	원인
고객	고객의 요구사항의 변경	개발되는 제품에 대한 파악 부족
	고객의 재정적 어려움	고객에 대한 조사 부족
인력	인력의 수를 잘못 예상	부적절한 산정 방식 요구사항의 잘못된 파악
	개발 도중에 인력이 그만둠	대화 부족, 인력에 대한 정보부족
	새로운 인력으로 인한 팀워크의 불안	준비작업 부족
기술	개발 언어에 대한 불확실	교육의 부족
	주요 기술의 부족한 파악	개발 분야에 대한 분석 부족
	예상 보다 적은 재사용	개발 분야에 대한 분석 부족
개발 프로세스	개발기간의 부족	요구사항의 잘못된 파악 인력 및 기술의 부족
	비용 부족	요구사항의 잘못된 파악 산정 방식의 문제점
제품 기능	예상 보다 많은 사용자	요구사항의 잘못된 파악
	개발 영역에 대한 잘못된 파악	요구사항의 잘못된 파악

6.2.2 리스크 계량화

식별된 리스크 요소들은 실제 발생할 수 있는 발생확률과 발생 시 프로젝트에 미치는 영향의 정도에 따라 구분되어 다루어진다. 리스크 요소의 발생확률도 희박하고, 설사 발생한다고 해도 영향이 미비한 리스크 요소가 있는가 하면, 일단 발생하면 프로젝트의 성공에 큰 영향을 미치는 리스크 요소도 있다.

각 리스크 요소별 발생확률과 영향도는 과거 프로젝트의 데이터와 리스크 계량화에 참여한 프로젝트 팀원의 경험에 근거하여 작성된다. [표 6-2]는 리스크 요소가 발생할 확률을 상, 중, 하의 세 단계로 구분하고, 프로젝트 진행 중 해당 리스크 요소가 발생할 가능성이 80% 이상일 경우 상, 30%~80%는 중, 그 이하는 하로 구분하는 방식의 예이다.

표 6-2 각 요소별 리스크 발생확률의 예

발생확률	발생확률 범위(%)
상	80% 이상
중	30% ~ 80%
하	30% 이하

리스크 요소 영향도 역시 리스크가 발생하였을 경우 프로젝트에 미치는 영향의 정도에 대하여 상, 중, 하의 구분이 가능하다. [표 6-3]은 리스크 요소의 영향도를 리스크가 실제 발생하였을 경우 프로젝트의 비용과 일정을 얼마나 초과할 것인가를 기준으로 구분한 예이다.

표 6-3 리스크 요소 영향도의 예

영향도	비용/일정 초과 범위
상	20% 이상
중	5% ~ 20%
하	5% 이하

이처럼 각 리스크 요소의 계량화를 통해, 보다 정확하게 리스크 요소들을 다룰 수 있게 된다.

6.2.3 리스크 우선순위 선정

만약 식별되고 계량화된 모든 리스크 요소에 대해 대응책을 마련한다면, 그렇지 않을 경우보다 프로젝트 진행시 리스크가 현실화 되어 문제가 발생할 확률은 상대적으로 낮아지게 될 것이다. 그러나 현실적으로는 프로젝트에 제공되는 인력, 기간, 예산의 제한으로 인하여 모든 리스크 요소에 대응하기에는 시간이 충분하지 않을 수 있다. 그러므로 리스크 우선순위를 설정하여 대응책을 만들고 리스크를 관리한다.

[표 6-4]는 리스크 요소의 발생확률과 영향도를 기반으로 리스크 우선순위를 가장 높은 순위인 1에서부터 가장 낮은 5까지 설정한 예이다. 즉, 발생확률도 높고 프로젝트에 미치는 영향도도 큰 리스크 요소에 대해서는 1순위로 대응책을 마련해야 하지만, 리스크 순위가 낮은 리스크 요소에 대해서는 자원의 정도에 따라 대응 여부를 결정할 수 있다.

표 6-4 리스크 우선순위 기준의 예

영향도 발생확률	상	중	하
상	1	2	3
중	2	3	4
하	3	4	5

[표 6-5]는 이렇게 정한 리스크 우선순위 기준을 바탕으로, 식별된 각각의 리스크 요소들에 대해 우선순위를 정의한 것이다.

표 6-5 리스크 요소별 우선순위의 예

분야	리스크 요소	리스크 원인	발생 확률	영향도	우선 순위
고객	고객의 요구사항의 변경	개발되는 제품에 대한 파악 부족	상	상	1
	고객의 재정적 어려움	고객에 대한 조사 부족	하	중	4
인력	인력의 수를 잘못 예상	산정 방식의 문제점 요구사항의 잘못된 파악	중	상	2
	개발 도중에 인력이 그만둠	대화 부족 인력에 대한 정보부족	상	상	1
	새로운 인력으로 인한 팀워크의 불안	준비작업 부족	중	중	3
기술	개발 언어에 대한 불확실	교육의 부족	하	중	4
	주요 기술의 부족한 파악	개발 분야에 대한 분석 부족	중	상	2
	예상 보다 적은 재사용	개발 분야에 대한 분석 부족	하	하	5
개발 프로세스	개발기간의 부족	요구사항의 잘못된 파악 인력 및 기술의 부족	상	상	1
	비용 부족	요구사항의 잘못된 파악 산정 방식의 문제점	상	상	1
제품 기능	예상 보다 많은 사용자	요구사항의 잘못된 파악	하	하	5

6.2.4 리스크 관리 계획

식별된 리스크 요소에 대해서는 리스크의 영향을 최소화 할 수 있도록 리스크 관리 계획 수집이 필요하다[3]. 리스크 관리 계획에는 리스크를 언제, 어떠한 방법으로 관리할 것인가에 대한 내용 등이 포함된다. 특히, 리스크를 어떻게 처리하는가에 대한 리스크 대응 방안의 개발은 리스크 관리 계획에서 가장 핵심적인 부분이라 할 수 있다. 리스크 대응 방안의 개발을 통해 만약 리스크의 발생 가능성이 높아질 경우 그 리스크에 대해 적절히 대처할 수 있다.

리스크 대응 방안은 리스크 식별 시 기반이 되었던 조직의 일반적인 프로젝트 리스크나 과거 프로젝트의 리스크에서 개발된 대응 방안을 조정하여 사용할 수 있다.

[표 6-6]은 6.2.3에서 우선순위까지 선정한 리스크 요소들에 대해 대응 방안을 개발한 예이다. 본 예에서는 모든 우선순위에 대해 대응 방안을 개발하는 것으로 가정하였다.

표 6-6 리스크 대응 방안의 예

분야	리스크 요소	대응 방안
고객	고객의 요구사항의 변경	요구사항에 대해 고객과 재협의
	고객의 재정적 어려움	개발 범위의 단축
인력	인력의 수를 잘못 예상	예비 인력의 투입
	개발 도중에 인력이 그만둠	예비 인력의 투입
	새로운 인력으로 인한 팀워크의 불안	커뮤니케이션 방법의 개선
기술	개발 언어에 대한 불확실	필요한 교육 실시
	주요 기술의 부족한 파악	기술에 대한 교육 및 컨설팅 실시
	예상 보다 적은 재사용	기술에 대한 교육 및 컨설팅 실시
개발 프로세스	개발기간의 부족	요구사항의 재분석 예비 인력의 투입
	비용 부족	
제품기능	예상 보다 많은 사용자	요구사항에 대해 고객과 재협의
	개발 영역에 대한 잘못된 지식	요구사항에 대해 고객과 재협의

하나의 리스크 요소에 대해서는 하나 이상의 대처 방안이 존재할 수 있다.

6.2.5 리스크 해결

리스크는 프로젝트의 어느 시점에서나 문제로 발생할 수 있으므로 리스크 관리는 프로젝트 계획 시에 시작되어 프로젝트가 종료 될 때까지 수행되어야 한다.

그리고 프로젝트가 수행되면서 주기 별로 식별된 리스크 요소에 대한 평가가 수행되어야 한다. 가장 쉬운 방법은 주간회의나 마일스톤 회의에서 리스크 요소의 발생 가능성을 판단해 보는 것이다. 만약 리스크 요소의 발생 가능성이 보이면, 지정해 놓은 대응 방안을 수행하여 리스크 요소의 발생 가능성을 낮추어야 한다.

6.2.6 결과 측정 및 문서화

리스크 관리 계획을 세우고 그 대응방안을 수행했다 하더라도, 그 대응이 효과가 있었는지는 또 다른 이야기이다. 대응 방안이 어느 정도 효과가 있었는지에 대해 평가하고 그 결과를 기록해 놓아야 한다.

이러한 과정에서 새로운 리스크 분야가 발견되면, 다시 리스크 요소 식별단계로 가서 그 분야의 리스크 요소들을 식별하는 것이 바람직하다. 또한 각 리스크 요소 관리의 결과는 조직의 리스크 요소 리스트에 반영 시켜야 한다. 이렇게 함으로써, 다른 유사한 프로젝트에서 같은 실수를 반복하지 않을 수 있고, 리스크 요소에 대해 보다 효과적인 대응 방안을 마련할 수 있다.

06 연습문제

1. 리스크가 현실화 되어 발생한 것을 무엇이라 하는가?

2. 프로젝트의 성공에 위협이 되는 불안 요소들을 파악하는 활동을 무엇이라 하는가?

3. 리스크 식별을 위해 활용되는 방법은 어떠한 것들이 있는가?

4. 리스크 우선순위를 선정하는 이유는 무엇인가?

5. 리스크의 영향을 최소화하기 위해 식별된 리스크에 대해 대처하기 위한 수단을 무엇이라 하는가?

참고문헌

[1] "A Guide to the Project Management Body of Knowledge(PMBOK), 3rd edition", Project Management Institute, Inc., 2004

[2] 톰 디마르코, 티모시 리스터 저, 김준식 역, "소프트웨어 프로젝트에서의 리스크 관리", 2004, 인사이트

[3] Pankaj Jalote, "CMM in Practice", Addison-Wesley, 2000

PART

3

소프트웨어 개발

CHAPTER

7

설계 및 구현

설계란? (What is design?)

- "설계는 개발될 제품에 대한 의미 있는 공학적 표현이다. 설계는 고객의 요구사항으로 추적 가능해야 하며, 동시에 좋은 설계라는 범주에 들도록 품질에 대해서도 검증되어야 한다(Design is a meaningful engineering representation of something that is to be built. It can be traced to a customer's requirements and at the same time assessed for quality against a set of predefined criteria for "good" design.)."

— by IEEE-Std-610

건물을 지을 때, 설계도는 본격적인 건축에 앞서 탄탄한 밑그림의 역할을 한다. 소프트웨어의 설계(Design)도 이와 같이 본격적인 프로그램의 구현에 들어가기 전에 수행하는 큰 그림 그리기이다. 즉 소프트웨어를 구성하는 뼈대를 정의해 구현의 기반이 되도록 하는 것이다.

설계는 [그림 7-1]과 같이 크게 상위 설계(High-Level Design)와 하위 설계(Low-Level Design)로 나눠진다.

아키텍처 설계(Architecture Design) 또는 예비 설계(Preliminary Design)라고 불리는 상위 설계는 시스템 수준에서의 소프트웨어 구성에 대한 설계이고 소프트웨어 구성 컴포넌트들 간의 관계로 구성된 시스템의 전체적인 구조이다[1]. 이러한 상위 설계는 외부적으로 보이는 시스템 구조 설계도, 외부 파일 및 DB 설계도(레코드 레이아웃, ERD) 그리고 인터페이스 설계도 등이 포함된다.

모듈 설계(Module Design) 또는 상세 설계(Detail Design)라고 하는 하위 설계는 시스템의 각 구성 요소들(컴포넌트들)의 내부 구조(자료구조, 알고리즘), 동적 행위 등을 결정하고 각 구성 요소의 제어와 데이터들 간의 연결에 대한 구체적인 정의를 하는 것이다. 설계 방법에는 절차 기반(Procedure-Oriented), 자료지향(Data-Oriented), 객체지향(Object-Oriented) 설계 방법이 있다.

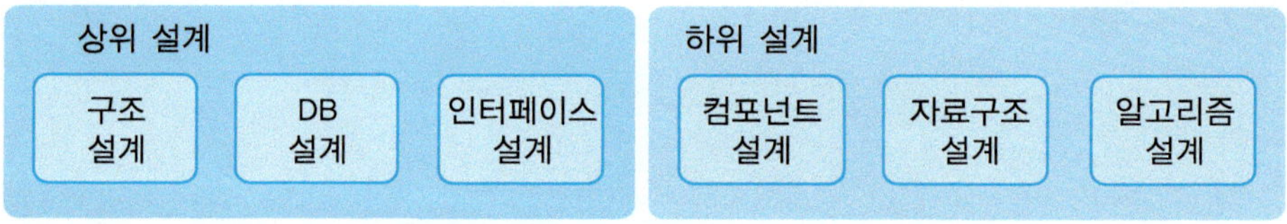

그림 7-1 상위 설계와 하위 설계의 구조도

7-1 설계 프로세스

요구사항 분석이 끝나고 소프트웨어가 가져야 하는 기능, 자료, 사용자 인터페이스 등이 명세 되고 나면, 이 기능들을 구현하기 위한 큰 그림을 그려야 한다. 설계자가 고민해야 하는 요소에는 크게 자료 설계, 아키텍처 설계, 인터페이스 설계, 모듈 설계 등이 있다.

설계의 다음 단계인 구현은 설계된 내용을 특정 프로그래밍 언어로 전환하는 작업이기 때문에, 실질적으로 전체 구현의 성공은 설계에서 결정된다고 할 수 있다. 그렇다면 좋은 설계란 무엇인가?

- 요구사항 명세서의 모든 내용을 포함해야 한다.
- 이해가 쉬워서 구현 또는 테스트로 추적이 가능해야 한다.
- 유지 보수 시 변경이 용이해야 한다.

설계의 최종 산출물은 설계 문서를 말하지만, 설계의 진행순서를 나타내는 프로세스도 중요한 공학적 산출물이 될 수 있다. 무엇을 먼저 설계하고 어떤 원리를 기준으로 진행하는가에 따라 프로젝트의 완전성(Completeness), 변경의 용이성(Flexibility), 재사용성(Reusability) 등이 결정된다. 우리가 흔히 접하는 설계 방식에는 구조적 방법론의 프로세스 지향 설계(Process Oriented Design)와 객체지향 방법론의 객체지향 설계(Object Oriented Design)가 있다.

프로세스 지향 설계(Process Oriented Design)

프로세스 지향 설계는 업무의 처리절차를 중심으로 설계의 구성 요소들을 구분한다. 어떠한 절차를 거쳐서 작업을 수행하는가, 어떠한 입출력 자료를 생성하는가에 초점을 맞추고 있다. 데이터를 처리하는 프로세스의 흐름을 표현하는 것이 주된 관심이다. 시스템은 "기능과 데이터"들이 노드(Node)를 이루고, 이들 간의 상호 관계가 링크(Link)를 형성하는 그래프로서 해석된다[2].

객체지향 설계(Object Oriented Design)

객체지향 설계는 시스템의 실제 객체 요소를 중심으로 설계한다. 자료구조와 그에 대한 연산을 묶어서 구성되는 객체들을 정의하고 이들이 상호작용의 기본이 되도록 설계하는 것이다. 즉 객체들이 노드(Node)를 이루고, 이들 간의 상호관계가 링크(Link)를 형성하는 그래프가 된다.

프로세스 지향 설계와 객체지향 설계의 특징을 도식화하면 아래 [그림 7-2]와 같다.

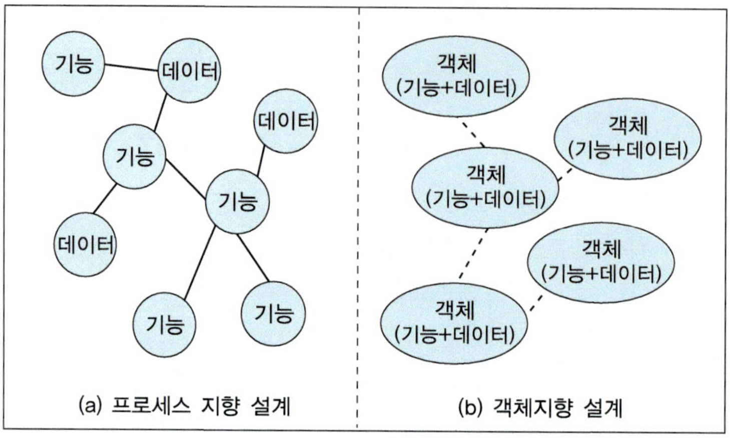

그림 7-2 시스템을 해석하는 관점의 차이

[그림 7-2]에서 두 관점의 차이는 객체지향 설계가 갖는 장점을 말해 준다. 우선 프로세스 지향 설계에서는 기능과 데이터의 상호 작용에 더 중요성을 부여하고 있다. 따라서 프로세스 지향 설계는 객체를 단순 데이터로만 모델링하고 상호 작용에 대한 알고리즘을 기능으로 구현하기 때문에, 시스템이 커질수록 알고리즘의 복잡도를 제어하기가 힘들다. 그러나 객체지향 설계에서는 시스템을 구성하는 모든 것이 객체이며, 객체들 간의 관계를 느슨한 연결(Loosely coupled)로 해석하기 때문에 시스템의 이해를 단순하게 하며, 시스템의 변경을 용이하게 한다[2].

7-2 설계 원리

소프트웨어 설계에 있어서 중심이 되는 원리에는 추상화(Abstraction), 단계적 분해(Stepwise refinement), 그리고 모듈화(Modularization) 등의 개념이 있다.

7.2.1 추상화(Abstraction)

개발되어야 하는 제품의 요구사항이 주어지면 개발자는 어떻게 개발해야 할지에 대해 고민하게 된다. 이 때 성급하게 구체적인 면을 고민하면 큰 흐름을 놓쳐서, 결국 다시 작업해야 하는 어려움을 겪을 수 있다.

추상화는 자세한 구현에 대한 고민에 앞서서, 상위 수준에서 제품의 구현을 먼저 생각해보는 것이다. 이러한 방법은 큰 흐름을 잃지 않으면서 점차적으로 구현에 가까이 가는 방법을 제시한다.

추상화의 종류에는 과정 추상화(Procedure Abstraction), 데이터 추상화(Data Abstraction), 제어 추상화(Control Abstraction)가 있다.

과정 추상화는 수행 과정의 자세한 단계를 고려하지 않고, 상위 수준에서 수행 흐름만을 먼저 설계하는 것이다. 예를 들어, 원하는 날짜를 입력 받아 요일을 알려주는 만년 달력 프로그램을 생각해 보자.

1. 사용자로부터 원하는 날짜를 입력 받는다.
2. 그 해의 윤년 여부를 확인한다.
3. 윤년 여부에 따른 요일 계산을 수행한다.
4. 요일을 출력한다.

이때 날짜를 어떤 형식으로 받을지, 윤년이나 평년을 어떻게 구분할지에 대한 구체적인 알고리즘은 생각하지 않고, 단순히 만년 달력의 큰 흐름만을 먼저 생각해 보는 것을 과정 추상화라고 한다.

그리고 앞의 예에서 날짜의 구조는 "연, 월, 일"로 되어 있지만, 단순히 "날짜"로 추상화되어 있다. 이와 같이 구체적인 데이터 구조를 대표할 수 있는 표현으로 대체하는 것을 데이터 추상화라고 한다.

그러면 제어 추상화의 예를 살펴보자. 앞의 예제의 3번은 다음과 같이 나눌 수 있다.

3-A. 윤년이면, 윤년 요일 계산을 수행한다.
3-B. 윤년이 아니면, 즉 평년이면 평년 요일 계산을 수행한다.

이처럼, 앞의 예제는 3-A와 3-B를 "3. 윤년 여부에 따른 요일 계산을 수행한다."로 제어 추상화한 것이다.

7.2.2 단계적 분해(Stepwise Refinement)

단계적 분해는 문제를 상위 수준에서 점증적으로 좀 더 구체적인 하위 수준으로 분할하는 기법이다. 이 원리는 N.Wirth에 의하여 제안된 개념으로 다음과 같은 과정으로 구성된다[3].

- 문제를 하위 수준의 독립된 단위로 나눈다.
- 구분된 문제의 자세한 구현은 뒤로 미룬다.
- 점증적으로 구체화 작업을 계속한다.

단계적 분해는 소프트웨어를 해결할만한 작은 문제로 나누고 구체화의 정도를 작게 하여 점증적으로 문제를 다루어 나가는 방법이다[4].

7.2.3 모듈화

설계의 기본 단위는 모듈(Module)이다. 모듈이란 수행 가능 명령어, 자료구조, 또는 다른 모듈을 포함하고 있는 독립 단위이다.

모듈은 이름을 가지며 독립적으로 컴파일 되고 다른 모듈을 사용할 수도 있으며, 다른 프로그램에서 사용될 수도 있는 특성을 가지고 있다. 따라서 완전한 독립 프로그램도 모듈이라 할 수 있고 삼각함수의 값을 구하는 라이브러리 함수, 그래픽 함수, 추상화된 자료도 모듈이 될 수 있다[4].

모듈의 크기에 대한 견해도 매우 다양하다. 일반적으로 모듈은 쉽게 이해될 수 있도록 가능한 한 작아야 한다. 그러나 프로그램이 너무 작은 모듈(예를 들면, 10줄 이하의 모듈)로 쪼개진다면 설계나 테스트, 문서화 과정에도 안 좋은 영향을 미칠 가능성이 있다[4].

7-3 효과적인 모듈 설계

7.3.1 정보 은닉(Information Hiding)

정보 은닉의 원리는 각 모듈의 내부 내용에 대해서는 비밀로 묶어두고, 인터페이스를 통해서만 메시지를 전달할 수 있도록 하는 개념이다. 그리하여 설계상의 결정 사항들이 각 모듈 안에 감추어져 다른 모듈이 접근하거나 변경하지 못하도록 한다.

정보 은닉의 원리를 따른 모듈 설계는 모듈의 구현을 독립적으로 맡길 수 있고 설계 과정에서 하나의 모듈이 변경되더라도 다른 모듈의 설계에 영향을 주지 않는 장점이 있다.

[그림 7-3]의 예제 A에서는 자료구조 stack이 완전히 정보 은닉으로 이루어져 push()와 pop()만을 사용할 수 있는 인터페이스이다. stack의 크기가 얼마인지, 구성이 배열인지 또는 Linked List인지는 알려지지 않는다. 그러므로 stack의 변화는 main() 함수에 영향을 주지 않는다. 하지만 예제 B는 정보 은닉의 개념을 제대로 살리지 못하고 있다. stack의 변수인 top을 main() 함수에서 사용함으로써, stack의 구조를 이해해야만 사용할 수 있고 stack의 구성이 변하면 main() 함수도 변해야 한다.

```
void main()

   stack st1;
   char x, y;

   create_stack(st1)
   push(st1, 'a')
   push(st1, 'b')

   x = pop(st1)
   y = top_element(st1);

   destory_stack(st1);
   printf("%c, %c/n", x, y);
}
```

예제 A

```
void main()

   stack* st1;
   char x, y;

   st1 = new stack;
   st1 -> top = 0;
   push(st1, 'a')
   push(st1, 'b')

   x = pop(st1)
   y = st1->stack_value[st1->top - 1];

   delete st1;
   printf("%c, %c/n", x, y);
}
```

예제 B

그림 7-5 정보 은닉의 예

7.3.2 기능적 독립성(Functional Independence)

모듈은 뚜렷한 하나의 목적을 가지면서, 다른 모듈과의 상호 의존도가 낮을수록 기능적으로 독립적이라고 한다. 기능적으로 독립성이 높은 모듈은 전체 구조에서 쉽게 인식되어 문제 해결이나 유지 보수 과정에서 편리함을 제공한다. 모듈이 얼마나 기능적으로 독립적인가를 나타내는 지표로 응집력(Cohesion)과 결합도(Coupling)가 쓰이고 있다.

(1) 모듈의 응집력(Cohesion)

응집력이란 모듈 안의 요소들이 서로 관련되어 있는 정도를 나타낸다. 응집력이 높은 모듈은 하나의 작업을 수행하도록 모듈내의 요소들이 구성되어 있다.

효과적이고 잘된 설계는 높은 응집력을 갖는 모듈들을 만드는 것이다. 이론적으로는 하나의 모듈이 전체 시스템이 갖는 여러 기능 중에 하나의 기능을 갖도록 설계하는 것이 가장 좋다.

한 모듈 안의 응집력의 정도를 Myers는 일곱 가지 단계로 구분했지만, Schach는 기능적 응집과 정보적 응집 2개를 합해서 6단계로 구분하고 있다[5].

	응집력
1. 기능적 응집(Functional Cohesion) 정보적 응집(Informational Cohesion)	응집력 강함 ↑
2. 교환적 응집(Communicational Cohesion)	
3. 절차적 응집(Procedural Cohesion)	중간
4. 시간적 응집(Temporal Cohesion)	
5. 논리적 응집(Logical Cohesion)	↓
6. 우연적 응집(Coincidental Cohesion)	응집력 약함

응집력이 약한 특성부터 설명하면, 아무 관련 없는 처리 요소들로 모듈이 형성되는 경우가 있는데 이를 우연적 응집(Coincidental Cohesion)이라고 한다. 가장 낮은 응집력을 나타내며 모듈 개념이 상실되어 이해하고 유지 보수하기가 힘들다. 이미 존재하는 프로그램을 같은 크기의 모듈로 분할하였거나 아무 의미를 부여하지 않고 모듈로 분할한 경우에 발생한다.

논리적 응집(Logical Cohesion)은 관계가 있는 요소들로 하나의 모듈이 형성되기는 하지만, 하나 이상의 작업을 담고 있는 경우이다. 예를 들어, 데이터 파일의 삽입과 삭제를 하는 모듈 같은 경우이다.

시간적 응집(Temporal Cohesion)은 프로그램의 초기화 모듈 같이 시기적으로 같은 시기에 수행되는 요소들을 모아놓은 모듈이다. 작업을 결정하기 위한 매개 변수가 필요하지 않으므로 논리적 응집보다 그 응집력이 강하다고 할 수 있지만, 모듈 내부의 요소들보다는 외부의 요소들과의 연결이 더 크다고 볼 수 있다. 앞의 세 경우는 비교적 응집도가 낮다고 판단되어, 가능하면 설계를 수정할 필요가 있다.

절차적 응집(Procedural Cohesion)을 가진 모듈은 모듈 안의 요소들이 서로 연관이 있고, 특정 순서에 의해서만 수행이 된다. 예를 들면 한 요소의 결과가 다른 요소의 입력이 되는 경우이다.

교환적 응집(Communication Cohesion)은 모듈내의 요소들이 서로 연결되어 있고 특정한 순서에 의해서만 수행되며, 동일한 데이터를 통해 작업을 하는 경우이다.

모듈이 잘 정의된 하나의 기능만을 수행할 때 그 모듈은 기능적 응집도(Functional Cohesion)가 있다고 한다.

(2) 모듈의 결합도(Coupling)

결합도란 모듈들 간의 상호 의존하는 정도를 말한다. 다른 모듈과의 결합은 피할 수 없지만 그 정도가 강하면 문제가 된다. 모듈은 다른 모듈에게 의존적인 성향 없이 독립적으로 기능을 할수록 낮은 결합도를 갖게 된다.

다른 모듈과의 결합 형태에는 매개변수 전달(Parameter Passing), 전역 자료의 사용(Global Data), 제어 변수의 전달 등 여러 가지 방식이 있다.

Schach는 결합도를 다음과 같이 5단계로 나누고 있다.

	결합도 약함 ↑
1. 자료 결합(Data Coupling)	
2. 구조 결합(Stamp Coupling)	
3. 제어 결합(Control Coupling)	
4. 공통 결합(Common Coupling)	
5. 내용 결합(Content Coupling)	↓ 결합도 강함

한 모듈이 다른 모듈의 일부분을 직접 참조 또는 수정하는 경우에 두 모듈 사이에는 내용 결합(Content Coupling)이 있다고 한다. 내용 결합된 모듈들은 서로 종속적이므로 한 모듈의 변경에 대한 파급 효과가 매우 커지므로 실제 설계에서 이런 결합은 피해야 한다.

만약 두 모듈이 전역 자료(Global Data) 영역을 공유한다면, 두 모듈 사이에는 공통 결합(Common Coupling)이 있다고 한다. 공통 결합이 있는 경우, 전역 자료 구조 변경 시 파급 효과가 매우 크고 자료의 무결성도 유지하기 힘들다.

한 모듈이 다른 모듈에게 제어 요소(Tag 등)를 전달하는 경우는 제어 결합(Control Coupling)이 있다고 한다. 전달되는 제어 요소는 해당 모듈의 논리적 흐름을 제어하는 데 사용됨으로써 해당 모듈의 세부 처리 내역을 잘 알고 있어야 하므로 결합도가 더 높아져 독립성의 의미가 약해진다.

구조 결합(Stamp Coupling)은 한 모듈이 배열이나 레코드 등의 자료구조를 다른 모듈에게 전달하는 경우에 생기는 결합이다. 모듈들은 자료구조를 이해해야 하고 많은 양의 자료에 모두 접근이 가능하기 때문에, 여전히 결합도가 상당히 존재하게 된다.

모듈 간의 인터페이스가 자료 요소로만 구성된 경우를 자료 결합(Data Coupling)이라고 한다. 이 경우가 가장 이상적인 형태의 결합이다. 모든 모듈은 인터페이스만 합의하면 서로 상호 작용할 수 있고, 내부 구현에 대해서는 간섭받지 않게 된다.

> 설계 시에는 응집력은 높고 상호 결합도는 낮도록 각 모듈들을 구성하는 것이 유지보수와 재사용 시에 바람직하다.

7-4 객체지향(Object-Oriented) 개념

점점 소프트웨어의 크기가 커지면서 기존의 구조적 기법으로는 유지보수가 어렵다는 단점을 극복하기 위해 나온 것이 객체지향 기법이다. 객체지향은 말 그대로 객체를 중심으로 생각하는 프로그래밍 방법론이다.

7.4.1 객체의 개념

객체지향에서 객체란 특성(Attribute)과 행위(Behavior)를 가지고 있는 개체(Entity)로, 다른 객체와 구별할 수 있는 정체성(Identity)을 갖는다.

- 특성: 해당 객체에 저장되어 있는 데이터를 말한다.
- 행위: 객체가 할 수 있는 일을 이르는 말이다.
  이는 객체의 상태를 변하게 하는 방법을 제공한다.
- 정체성: 해당 객체를 다른 객체와 구별할 수 있는 식별 값을 말한다.

[그림 7-4]에서처럼 차를 객체의 예로 생각해 보자. 보통의 차는 색, 엔진, 변속기 등으로 각각 자기만의 고유한 특성을 나타낸다. 차의 행위로는 출발하다, 정지하다, 가속하다, 감속하다 등이 있다. 홍길동의 차는 '가 1234'라는 번호를 가지며, 이 번호는

다른 차들과 구별할 수 있는 식별 값이 된다. 차의 특징으로는 검정색, 6기통 엔진 그리고 자동 변속기를 갖는다.

차	홍길동의 차(차 번호: 가 1234)
색 엔진 변속기	검정색 6기통 엔진 자동 변속기
출발하다 정지하다 가속하다 감속하다	출발하다 정지하다 가속하다 감속하다

그림 7-4 객체의 예

객체지향에서는 각 객체의 비슷한 구조와 행동이 클래스(Class)에 표현된다. 이러한 클래스는 여러 개의 객체들을 위한 대표적인 구조로, 생성될 객체들이 내부적으로 어떻게 구성될 수 있는가를 설명해 준다.

[그림 7-4]에서 '차'는 클래스의 예를 보여주고 있고, '홍길동의 차'는 객체의 예를 보여주고 있다.

컴퓨터 프로그램의 관점에서 보면, 객체는 클래스에서 정의하는 변수와 메소드를 그대로 가지면서 생성되기 때문에 객체를 클래스의 실례 또는 실체(Instance)라고도 부른다. 각 객체 내부의 변수 이름은 같다 할지라도, 이 변수에 저장되는 값은 각각의 객체에 따라 다르다[6].

```
public class Car
{
  ...
  String carName; //차 이름
  int carName;    //차 번호
  ...
}
```
← 클래스

```
Car myCar = new Car();
```
← 객체

그림 7-5 클래스와 객체의 예

[그림 7-5]는 자바 언어로 표현된 클래스 'Car'의 일부와 이를 기반으로 생성되는 객체 'myCar'를 설명하고 있다.

객체지향 설계에는 캡슐화(Encapsulation), 상속(Inheritance), 다형성(Polymorphism) 등이 그 중심에 있다. 각각의 특성에 대해 살펴보자.

7.4.2 캡슐화(Encapsulation)

캡슐화는 소프트웨어 모듈인 객체 내부의 상세한 정보와 처리방식을 외부로부터 감추는 것이다. 다시 말해 객체의 내부를 포장하여 블랙박스(Black-Box)로 만드는 대신 외부의 사용자 모듈이 이용 가능한 접속방법, 즉 공개된 자료와 메소드에 대한 접근방법만을 제시하여 객체의 추상화를 통해 독립성을 보장해 주는 개념이다.

```
class Car
{
    ...
    private String carName;     //차 이름
    private Int carNumber;      //차 번호

    public String getCarName() //차 이름 반환
    {
        return carName;
    }

    public Int getCarNumber()  //차 번호 반환
    {
        return carName;
    }
    ...
}
```

클래스

객체

그림 7-6 캡슐화의 예

[그림 7-6]은 캡슐화에 대한 소스 코드이다. 외부에서 함부로 접근하지 못하도록 변수를 선언하고 이 변수에 대한 접근은 지정된 메소드만을 이용하도록 선언하였다.

7.4.3 상속(Inheritance)

객체지향에서 상속이란 뜻은 평소 우리가 많이 들어 보던 상속의 개념과 다르지 않다. 다른 클래스의 속성을 물려받아 내 것처럼 쓰는 것이다. 예를 들어 '승용차'라는 클래스와 '트럭'이라는 클래스를 만들 때 '바퀴가 있다'와 '핸들이 있다' 등의 공통적인 특성은 '차'라는 클래스에 한 번만 정의하면 '승용차'와 '트럭'클래스는 '차'클래스를 상속받아 사용할 수 있다.

이때, [그림 7-7]과 같이 '차'는 보다 추상적인 개념으로 '승용차'와 '트럭'의 공통적인 성질을 담고 있는데, 이 클래스를 상위 클래스(Super-Class)라 하고 '승용차', '트럭' 등은 더 구체적인 자료나 기능을 갖는데, 이것을 하위 클래스(Sub-Class)라 한다.

그림 7-7 상속의 개념

```
class Car
{
  ...
    String carName;   //차 이름
    Int carName;      //자 번호
  ...
}

class Bus extends Car{
  ...
    Int seatCount;    //좌석수
  ...
}
```


그림 7-8 상속의 예

7.4.4 다형성(Polymorphism)

다형성이란 같은 메시지에 대하여 서로 다른 구현을 제공하는 것을 말한다. 예를 들어 [그림 7-9]와 같이 문자 데이터나 그래픽 데이터에 대해 동일한 메시지인 '인쇄하라'는 지시를 전달할 수 있다. 그러나 구현에서 문자 데이터는 문자 데이터의 특성에 합당한 인쇄절차를 수행하도록 하고, 그래픽 데이터에는 그래픽 데이터에 맞는 인쇄절차를 수행하도록 한다. 즉 '인쇄하라'는 하나의 메시지를 사용하지만 실제 동작은 다른 동작을 수행하는 것이다.

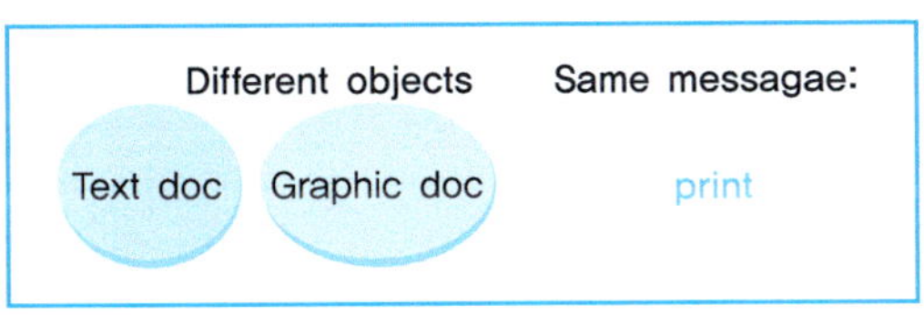

그림 7-9 다형성의 예

7-5 UML 설계

4장의 4.3.1에서 UML(Unified Modeling Language)과 유스케이스 다이어그램을 학습했다. 유스케이스 다이어그램은 시스템이 제공해야하는 서비스와 기능 중심의 View(관점)를 보여주기 위해 사용한다. 이 절에서는 Usecase View 이외에 Logical View, Process View, Development View, Physical View를 합해서 4+1 View를 설명한다.

7.5.1 4 + 1 View 모델

4 + 1 View 모델은 시스템 개발에 참여하는 이해관계자들의 역할에 따라 적합한 관점들을 보여준다. Usecase View와 Logical View, Process View, Development View, Physical View를 합해서 5가지 View이다. 이 중, Usecase View는 모든 이해관계자들이 공통으로 가져야하기 때문에 각각의 역할에 적합한 4가지 관점과 모든 이해 관계자의 1가지 관점을 나타내기 위해 5 View가 아닌, 4+1 View 모델이라 부른다.

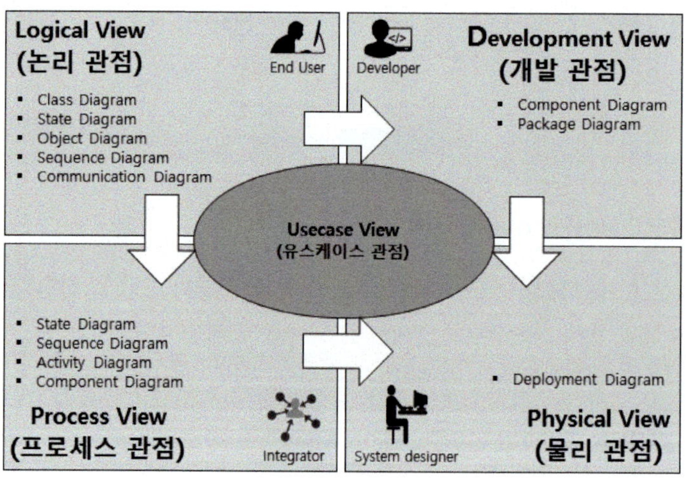

그림 7-10 4+1 View

● 유스케이스 관점(Usecase View)

유스케이스 관점이란, 시스템 개발에 참여하는 모든 이해관계자가 시스템에 대해 이해할 수 있도록 요구사항을 정의 하는 것을 목적으로 한다. 시스템의 기능과 전체 규모에 대해 정의하며 모든 개발의 기반으로 사용된다. 4장에서 학습한 유스케이스 다이어그램과 요구사항 기술서를 사용한다.

● 논리 관점(Logical View)

논리 관점이란, 앞장에서 작성한 유스케이스 다이어그램과 요구사항 기술서에 기술된 기능들을 프로그래밍 시각으로 변경하는 관점이다. 객체를 추출하고, 객체들의 세부적인 속성과 동작에 대해 정의한다. 이러한 관점은 주로 시스템의 동작을 설명하기 위해 사용될 수 있다. 이해관계자 중 시스템의 작동에 중점을 둔 End User의 관점이다. 이때 UML 다이어그램으로는 클래스 다이어그램, 상태 다이어그램, 오브젝트 다이어그램, 시퀀스 다이어그램, 커뮤니케이션 다이어그램 등을 사용한다.

● 프로세스 관점(Process View)

프로세스 관점이란, Integrator가 이해관계자들이 수행한 작업을 통합하기 위해 사용된다. 시스템 개발 전반의 작업 수행 주체와 작업의 흐름 정의에 중점을 둔다. 작업 수행의 흐름을 한 눈에 볼 수 있으며, 시스템의 기능 외에 시스템의 내구성, 신뢰성, 안전성과 같은 비기능 요구사항을 추출한다. UML 다이어그램으로는 상태 다이어그램, 시퀀스 다이어그램, 액티비티 다이어그램, 컴포넌트 다이어그램 등을 사용한다.

● 개발 관점(Development View)

개발 관점이란, 실제 코드를 작성하는 개발자들의 관점으로 시스템이 어떻게 개발되는지에 대해 정의한다. 계층 구조, 제약 사항, 코드 재사용 등과 같은 시스템 구현을 위한 요건을 정의한다. UML 다이어그램으로는 논리적 단위로 정의하는 컴포넌트 다이어그램과 물리적 단위로 정의하는 패키지 다이어그램 등을 사용한다.

● 물리 관점(Physical View)

물리 관점이란 소프트웨어와 하드웨어의 관계와 결합구조를 정의하기 위한 관점이다. 시스템 디자이너가 시스템의 설치 방법과 실행 환경을 정의하는데 사용된다. UML 다이어그램으로 배치 다이어그램을 이용한다.

이 책에서는 클래스 다이어그램과 시퀀스 다이어그램에 대해서 좀 더 자세히 살펴보자.

7.5.2 클래스 다이어그램(Class Diagram)

클래스 다이어그램(Class Diagram)은 7.4.1에서 언급한 클래스(Class)들과 그들의 관계를 나타내는 다이어그램이다. 시스템의 정적인 구조를 표현한다.

(1) 구성 요소와 표기법

7.4.1에서 설명한 바와 같이, 클래스(Class)란 여러 개의 객체들을 위한 대표적인 구조로, 생성될 객체들이 내부적으로 어떻게 구성될 수 있는가를 나타낸다.

● **클래스(Class)**

클래스는 클래스 이름과 특성, 메소드 등으로 구성된다.

■ **클래스 이름(Class Name)**

클래스 이름(Class Name)은 만들고자 하는 클래스의 고유한 이름을 뜻한다. 중복될 수 없고, 타 클래스와 구분하기 위한 식별자 역할을 하며, 가장 상단에 표기한다. [그림 7-10]에서 클래스 이름은 Box로 지정한 것을 볼 수 있다.

■ **특성(Attributes)**

특성(Attributes)은 클래스가 갖는 속성으로, 클래스의 데이터를 일컫는다. 클래스의 중간에 표기한다. [그림 7-11]에서는 with, depth, height가 Box 클래스의 특성을 나타낸다. "-width : int"는 width의 데이터 자료형이 int 타입이라는 뜻이다. width 앞의 '-'는 접근 제어자를 나타낸다. 접근 제어자에 대해서는 아래에서 다시 자세히 설명하도록 하겠다.

■ **메소드(Method)**

메소드(Method)는 클래스의 행위적 특징을 나타내므로 행위(Behavior)라고도 일컫는다. [그림 7-11]에서 보이는 바와 같이, "+volume() : int"처럼 표현하며, 이는 int 타입을 반환하는 메소드 volume라는 뜻이다. 단, 인자가 없을 경우 괄호만 표시하고, 반환 값(return)이 없을 경우 반환 값은 생략 가능하다. 클래스의 가장 하단에 위치한다.

■ **접근 제어자**

객체지향 개념의 정보은닉을 설계하기 위한 도구이다. 정보나 행위의 공개 여부를 결정한다. 접근 제어자는 가시성(Visibility)라고도 한다. 접근 제어자의 종류와 표기법은 [표 7-1]과 같다.

표 7-1 클래스 다이어그램의 접근 제어자 표기법

종류	표현 방법	내용
public	+	자신의 속성이나 동작을 외부에 공개하는 접근 제어
protected	#	상속된 하위 클래스만이 액세스할 수 있는 접근 제어
private	–	외부에서 액세스할 수 없는 접근 제어

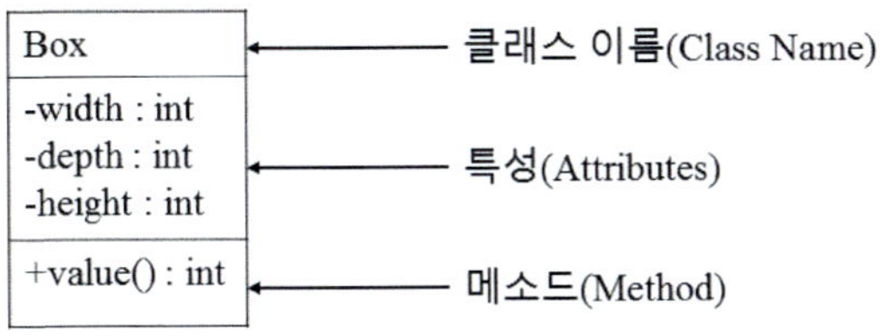

그림 7-11 클래스 예시

● 관계(Relationship)

클래스는 독립된 단일 기능을 제공한다. 클래스들 간의 상호작용을 나타내는 관계(Relationship)는 여러 가지가 존재하는데 그 중에서 일반화(Generalization) 관계, 연관(Association) 관계, 직접 연관(Directional association) 관계, 집합(Aggregation) 관계의 의미와 표기법을 살펴보자.

■ 일반화(Generalization) 관계

일반화(Generalization) 관계는 어떤 클래스의 속성을 물려받아 새로운 클래스를 도출하는 것 즉, 상속(Inheritance)을 일컫는다. 화살표의 머리가 가리키는 클래스가 상위 클래스(Super-Class)이고, 그렇지 않은 쪽이 하위 클래스(Sub-Class)이다. 하위 클래스는 상위 클래스의 속성, 행위, 관계를 모두 상속한다. [그림 7-12]는 세 개의 클래스 Doctor, Professor, Programmer가 Person 클래스의 속성, 행위, 관계를 모두 상속함을 나타낸다.

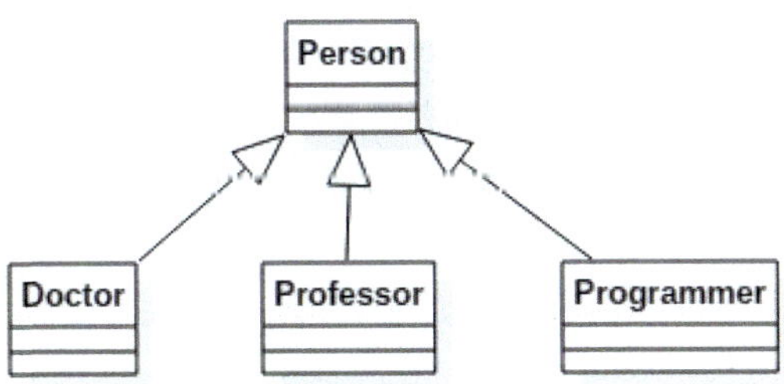

그림 7-12 일반화 관계 예시

연관(Association) 관계

연관(Association) 관계는 클래스 간에 서로 개념적으로 연결된 경우를 의미하며, 실선으로 표현한다. 연관 관계가 있는 클래스들 간에는 상대방 클래스의 행위를 요청하고 사용한다. [그림 7-13]은 Employee와 Company 클래스가 서로 개념적으로 연결된 연관 관계임을 나타낸다.

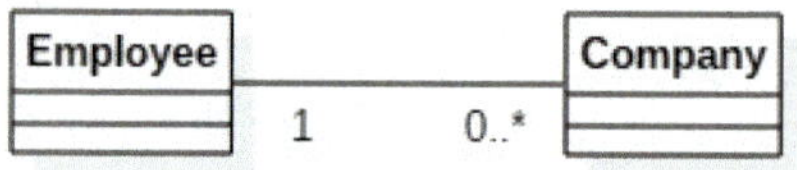

그림 7-13 연관 관계 예시

직접 연관(Directional association) 관계

직접 연관 관계(Directional association)는 연관 관계이지만 하나의 클래스만 다른 클래스의 행위를 요청하고 사용하는 관계이다. 한 쪽을 가리키는 화살표로 표현한다. [그림 7-14]는 Calculator 클래스만 Rectangle 클래스의 행위를 요청하는 직접 연관 관계를 나타낸다.

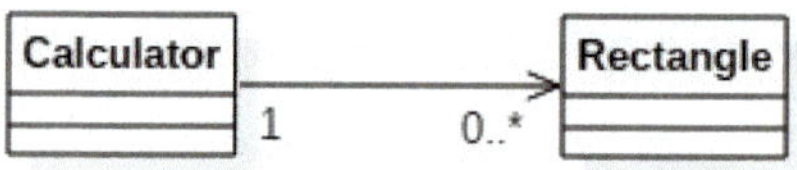

그림 7-14 직접 연관 관계 예시

집합(Aggregation) 관계

집합 관계(Aggregation)는 여러 개의 독립적인 클래스들이 하나의 클래스를 구성하는 경우이다. 다이아몬드 형태가 붙어있는 쪽이 전체를 나타내는 클래스이고, 붙어있지 않은 쪽이 전체를 구성하는 클래스들을 나타낸다. [그림 7-15]는 Car 클래스의 일부가 Wheel과 Engine 클래스로 구성되어 있음을 나타낸다.

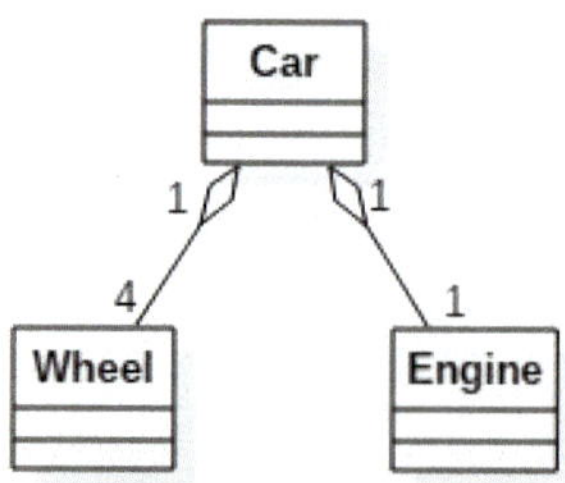

그림 7-15 집합 관계 예시

■ 다중성(Multiplicity)

다중성(Multiplicity)이란 클래스들 간의 관계에서 대응하고 있는 각 클래스들에게 허용되는 객체의 개수를 의미한다. 자세한 표기법은 아래의 [표 7-2]와 같다.

표 7-2 클래스 다이어그램의 다중성 표기법

표현 방법	내용
1	한 객체와 연관된다.
0..1	0개 또는 1개의 객체와 연관된다.
0..*	0개 또는 그 이상의 객체가 연관된다.
n	n개의 객체와 연관된다.
n..m	n개에서 m개까지의 객체가 연관된다.

(2) 클래스 다이어그램 작성

시스템은 다수의 클래스로 구성된다. 클래스 다이어그램을 작성하기 위해서는 먼저 어떤 종류의 클래스들이 있고, 그 클래스들이 어떤 역할을 하는지를 알아야 한다. 시스템에서 클래스를 추출하고, 클래스의 구성요소, 클래스 간의 관계를 정의하여 클래스 다이어그램을 작성한다. 완전한 클래스 다이어그램을 작성하기 위해서는 여러 번의 재작업이 이루어져야한다.

● 클래스 타입(Class Type)

클래스들은 그 역할에 따라 엔티티 클래스, 경계 클래스, 제어 클래스로 분류할 수 있다. [그림 7-16]은 인디넷 시점 클래스 다이어그램의 일부를 경계 클래스, 제어 클래스, 엔티티 클래스로 분류한 예시이다.

■ 엔티티 클래스(Entity Class)

엔티티 클래스들은 문제 영역을 구성하는 컴포넌트들이다. 시스템의 동작은 클래스들의 연관 관계로 묘사될 수 있다. 각 클래스들은 고유의 기능과 데이터를 갖는다. 예를 들어, 수강신청 관리 시스템의 클래스들은 교수, 학생, 과목, 등이 될 수 있으며, 학생은 학번, 수강 신청한 과목, 등의 데이터와 그 기능으로는 "수강 신청"또는 "수강 취소" 등이 있다.

■ **경계 클래스(Boundary Class)**

시스템 외부의 액터와 상호 작용하는 클래스로 사용자 인터페이스의 역할을 제공한다.

■ **제어 클래스(Control Class)**

경계 클래스와 엔티티 클래스 사이에서 중간 역할을 담당한다. 경계 클래스가 사용자의 요청사항을 전달하면, 제어 클래스는 그 요청사항을 수행하기 위한 엔티티 클래스를 호출한다. 정보의 처리와 계산 등 시스템의 실질적인 기능을 담당한다.

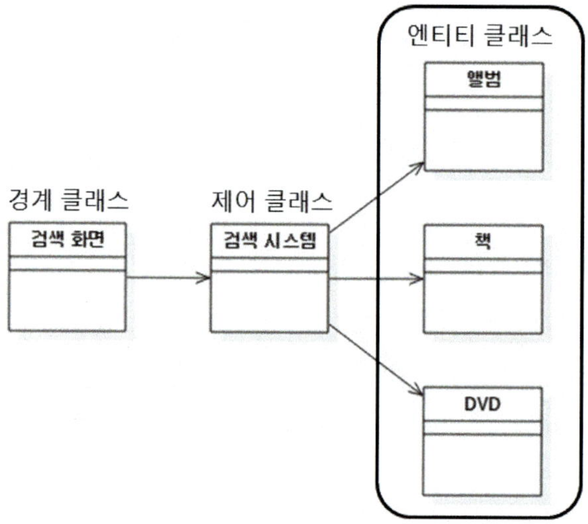

그림 7-16 클래스 타입 별 분류

[그림 7-16]은 앨범, 책, DVD 등을 검색하고 주문할 수 있는 인터넷 서점의 검색 시스템을 나타내는 클래스 다이어그램이다. 시스템 외부 액터와 직접 상호작용 하게 되는 검색 화면에 대한 클래스는 경계 클래스가 되고, 앨범, 책, DVD 등과 같은 시스템의 구성 요소들은 엔티티 클래스가 된다. 이에 따라, 검색 화면 클래스로부터 앨범, 책, DVD 등으로 연결의 역할을 담당하는 검색 시스템 클래스가 제어 클래스가 된다.

● **클래스 추출**

시스템에서 클래스를 추출할 때, 클래스의 타입 별로 이를 추출하는 과정에 차이가 있다. 경계 클래스는 화면 요구사항을 참고해 클래스를 추출하며, 제어 클래스는 유스케이스를 참고해 클래스를 추출한다. 예를 들면, 인터넷 서점 시스템에서 유스케이스들로 추출된 '검색하다', '장바구니에 담는다' 등의 기능들을 참고하여 제어 클래스를 만든다.

엔티티 클래스는 주로 아래의 '명사 추출법'을 이용해 엔티티 클래스를 추출한다.

명사 추출법

명사 추출법이란, 요구사항이 적혀있는 한 문단의 시스템 개요에서 명사들을 식별한 후 클래스로 적당하지 않은 명사들을 삭제해 엔티티 클래스를 추출하는 방법이다. 단, 요구사항에 정의되어 있지 않지만 필요한 클래스가 있다면 추가할 수도 있다. 자세한 설명은 다음 예제에서 알아보도록 한다.

1) 문단으로 시스템 개요를 서술
2) 명사들을 식별
3) 문제의 경계 밖에 있는 명사나 추상 명사 제외
4) 클래스 후보 도출
5) 클래스 선정

(3) 클래스 다이어그램 예제

아래에 적힌 요구사항은 인터넷 서점 시스템에 대한 요구사항의 일부를 나타낸다. [그림 7-17]은 요구사항을 기반으로 구축된 화면 중 일부이다. 주어진 시스템 개요와 화면 요구사항을 참고해 초기 클래스 다이어그램을 작성해보자.

[시스템 개요]

- 본 시스템은 책, 음반, DVD를 구입할 수 있는 시스템이다. 시스템을 이용해서 상품 목록을 조회할 수 있고, 상품명을 통한 검색을 할 수 있다. 이 때, 출력되는 화면에는 종류(책, 음반, DVD), 상품명, 가격이 포함된다. 출력된 목록에서 상품을 선택해 구입할 수 있다.

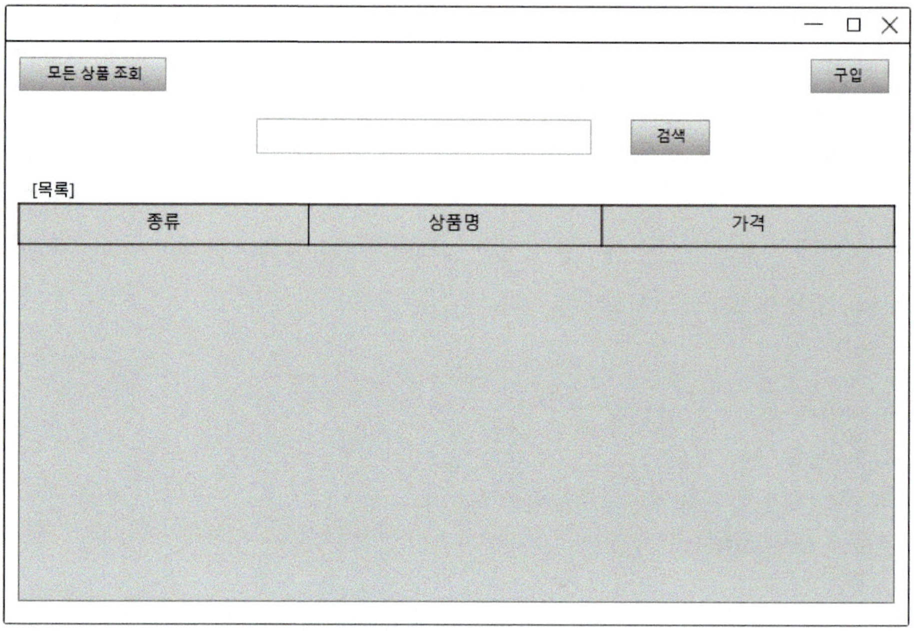

그림 7-17 메인 화면 요구사항

● 클래스 추출

인터넷 서점 시스템에 대한 시스템 개요와 화면 요구사항을 참고해 엔티티 클래스 및 경계 클래스, 제어 클래스를 추출해보자.

■ 엔티티 클래스

위에서 설명한 명사 추출법을 사용해 엔티티 클래스를 추출 한다.

단계 1. 문단으로 시스템 개요를 서술

- 주어진 시스템 개요를 사용한다.

단계 2. 명사들을 식별

- '책, 음반, DVD, 시스템, 상품 목록, 상품명, 화면, 종류, 가격, 상품'

단계 3. 문제의 경계 밖에 있는 명사나 추상 명사 제외

- 문제의 경계 밖에 있거나 문제와 상관없는 명사들을 제거한다. 단계 2의 명사들 중 '시스템, 화면, 종류'는 제거된다.

단계 4. 클래스 후보 도출

- 제외할 명사들을 제거한 후 남은 명사들인 '책, 음반, DVD, 상품 목록, 상품명, 가격, 상품'은 엔티티 클래스 후보가 된다.

단계 5. 클래스 선정

- 남은 명사들 중, '상품명'과 '가격'은 클래스보다 상품의 특성으로 보는 것이 자연스럽다.

따라서 이들을 제외하면 추출된 엔티티 클래스는 아래와 같다.

'책, 음반, DVD, 상품, 상품 목록'

경계 클래스

제시된 화면 요구사항에서 경계 클래스를 추출해 보면 '메인 화면' 클래스를 추출할 수 있다.

제어 클래스

제어 클래스는 유스케이스 다이어그램의 유스케이스들을 참조해야 한다. [그림 7-18]의 유스케이스들을 참고해보면 '상품을 조회한다', '상품을 구입한다', '상품을 검색한다'가 제어 클래스의 후보가 된다.

그림 7-18 인터넷 서점 시스템 유스케이스

식별된 각 유스케이스별로 제어 클래스를 정리해보면 '조회 시스템', '구입 시스템', '검색 시스템' 세 가지 제어 클래스를 추출할 수 있다.

클래스 초기 모델

세 가지 타입의 클래스를 추출한 후에는 각 클래스들의 초기 모델을 작성한다. 클래스의 초기 모델에서는 대표적인 특성이나 메소드를 간단하게 정의한다. 구체적인 특성이나 메소드 혹은 복잡한 로직 등은 포함하지 않는다. 설계의 구체화 정도에 따라 다양한 수준의 클래스 다이어그램을 그릴 수 있으므로 여러 형태의 초기 모델이 존재할 수 있다.

아래의 [그림 7-19]는 엔티티 클래스 초기 모델 예시를 나타낸다.

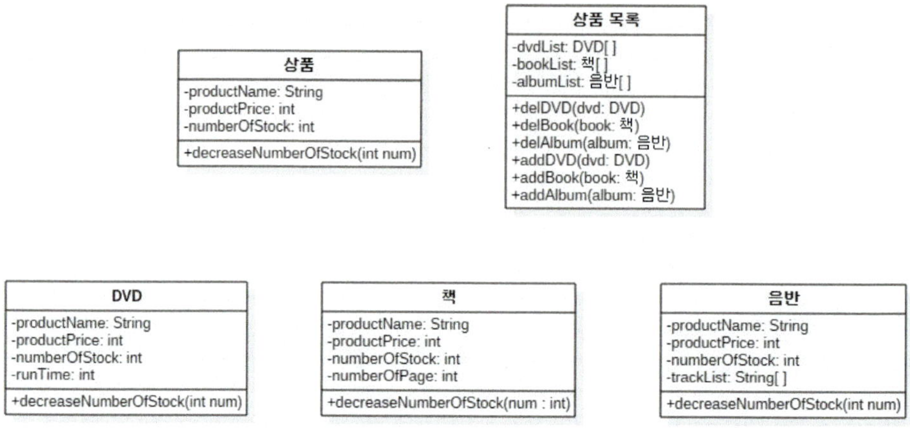

그림 7-19 엔티티 클래스 초기 모델 예시

아래의 [그림 7-20]은 경계 클래스 초기 모델 예시를 나타낸다.

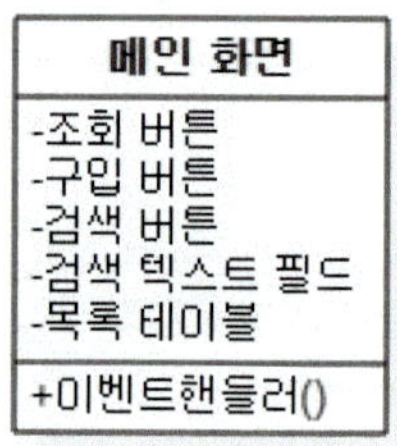

그림 7-20 경계 클래스 초기 모델 예시

아래의 [그림 7-21]은 제어 클래스 초기 모델 예시를 나타낸다.

그림 7-21 제어 클래스 초기 모델 예시

● 클래스 관계

클래스의 초기 모델을 작성하고 난 후에는 그 클래스들 간의 관계를 정의한다. 또한 설계의 관점에 따라 다양한 형태의 관계가 존재한다.

■ 엔티티 클래스 간의 관계

엔티티 클래스인 DVD, 음반, 책은 상품 클래스가 가진 가격이나 제품 이름 등의 특성을 상속한다. 상품 목록 클래스는 시스템에 등록된 DVD, 음반, 책들의 목록을 가지고 있다. 그 관계를 나타내면 [그림 7-22]와 같다.

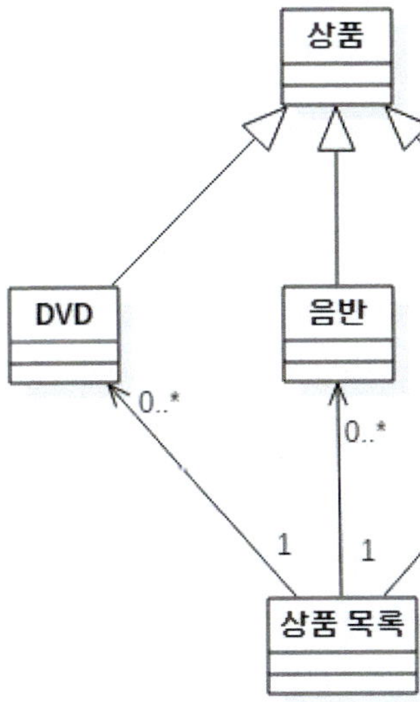

그림 7-22 엔티티 클래스 간 관계

■ 경계 클래스와 제어 클래스의 관계

경계 클래스인 메인 화면에서 상품 조회 버튼을 클릭하는 이벤트가 발생할 때 조회 시스템을 호출하고, 검색 버튼을 클릭하는 이벤트가 발생할 때 검색 시스템을 호출한다. 상품을 선택하고 구입 버튼을 클릭하는 이벤트가 발생할 때에는 구입 시스템을 호출하게 된다. 그 관계를 나타내면 [그림 7-23]과 같다.

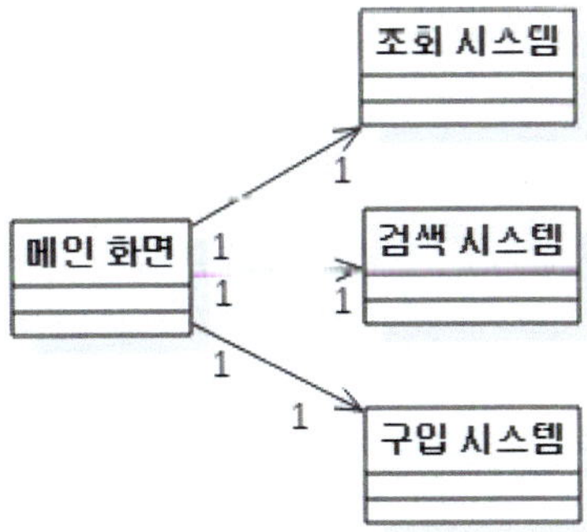

그림 7-23 경계 클래스 및 제어 클래스 관계

■ 제어 클래스와 엔티티 클래스의 관계

제어 클래스들인 조회 시스템, 검색 시스템, 구입 시스템은 모두 엔티티 클래스인 DVD, 음반, 책의 정보를 호출해야 한다. DVD, 음반, 책 클래스는 모두 상위 클래스인 상품 클래스의 관계를 상속한다. 조회 시스템과 검색 시스템은 시스템에 등록된 상품 목록의 정보를 호출한다. 그 관계를 나타내면 [그림 7-24]와 같다.

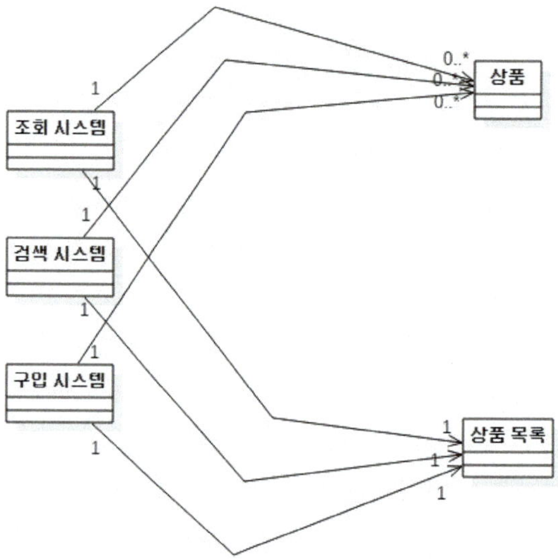

그림 7-24 제어클래스 및 엔티티 클래스 관계

위에서 나타낸 클래스들 간의 관계를 기반으로 전체적인 클래스 간의 관계를 나타내면 [그림 7-25]와 같다.

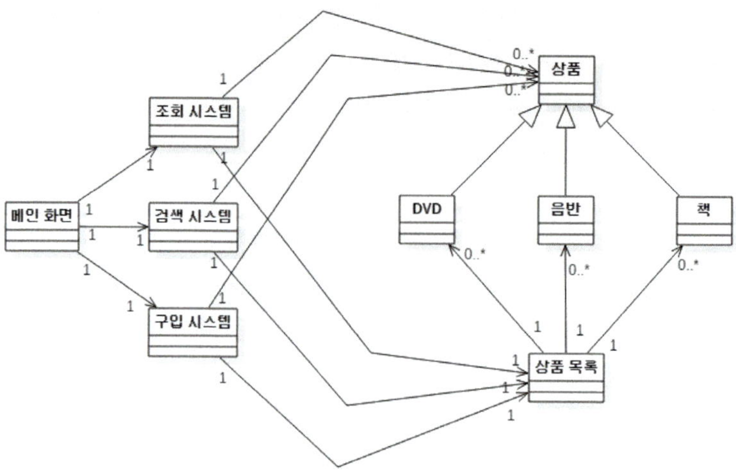

그림 7-25 클래스 관계

7.5.3 시퀀스 다이어그램(Sequence Diagram)

시퀀스 다이어그램(Sequence Diagram)은 객체들 사이에서 시간에 따라 발생하는 상호 작용(Interaction)을 보여주는 다이어그램이다. [그림 7-26]은 시퀀스 다이어그램의 예를 보여준다.

시퀀스 다이어그램은 일반적으로 유스케이스 기술서를 바탕으로 작성된 화면 요구 사항(UI Requirement)과 클래스 다이어그램(Class Diagram)을 기반으로 작성된다.

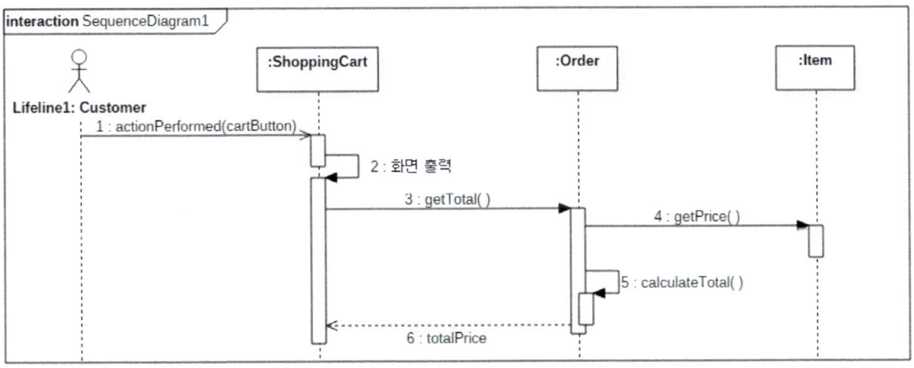

그림 7-26 시퀀스 다이어그램의 예

(1) 구성 요소와 표기법

시퀀스 다이어그램을 구성하는 객체(Object), 액터(Actor), 라이프라인(Lifeline), 활성화(Activation), 메시지(Message)의 의미와 표기법을 알아보자.

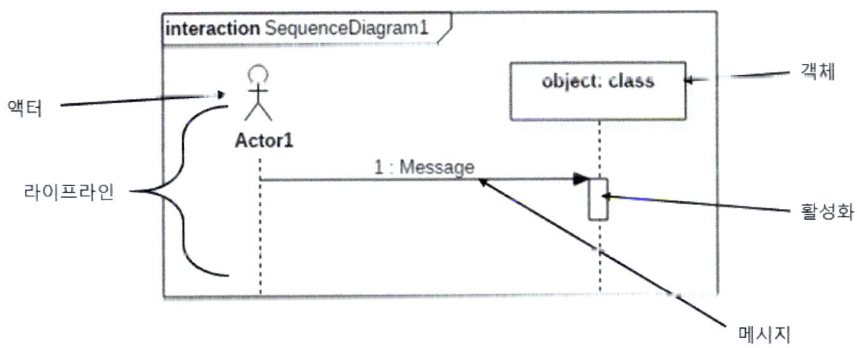

그림 7-27 시퀀스 다이어그램 세부사항

● 객체(Object), 액터(Actor)

객체(Objcet)란 메시지를 송, 수신 하는 주체이다. 액터(Actor) 또한 객체이며 객체를 정의할 때에는 "객체 명: 클래스 명" 형태로 정의한다. 객체 명 없이 클래스 명만으로 객체를 표기 하는 것도 가능하다.

● 라이프라인(Lifeline)

라이프라인(Lifeline)이란 전체적인 흐름(Scenario)에서 참여하는 액터 또는 객체의 생성, 소멸, 활성화될 때를 나타내는 선으로, 객체 아래쪽으로부터 뻗어나가도록 쇄선을 점선으로 그린다.

● 활성화(Activation)

활성화(Activation)란 객체가 동작하고 있음을 표현하는 것으로, 라이프라인을 따라서 좁다란 직사각형 형태로 그린다. 다른 말로 활성 상자라고도 부른다.

● 메시지(Message)

메시지(Message)란 각 객체를 호출하는 선을 말한다. 즉, 객체가 다른 객체에게 접근하기 위한 장치라고도 볼 수 있다. 이 선으로 객체들의 상호작용을 표현하며, 객체는 스스로에게 메시지를 보낼 수도 있다. 메시지는 활성화로부터 뻗어 나가게 그린다. 메시지의 종류와 표기법은 다음과 같다.

표 7-3 시퀀스 다이어그램 메시지의 종류

종류	설명	기호
메시지(Message)	리턴이 있는 호출(also called call message, synchronous message)	──▶
비동기 메시지 (Asynchonous message)	상대 라이프라인에 대한 일방적인 메시지	──>
반환 메시지(Reply message)	메시지에 대한 응답 메시지	<--------------
셀프 메시지(Self message)	스스로를 호출하는 메시지 예) 클래스 내부 함수 호출	┐ ◀┘

※ 참고: 프래그먼트(Combined fragment)

프래그먼트(Combined fragment)란 조건문, 다중 조건문, 반복문을 시퀀스 다이어그램 내에서 알아보기 쉽도록 박스 형태로 나타낸 것이다. 직사각형 내부의 왼쪽 위에 먼저 세 가지 구분 요소(opt, alt, loop)중 하나를 쓴다. opt(Option)은 단일 조건문으로 단일 if, switch등이 들어간다. alt(Alternative)는 다중 조건문 즉, else if 와 같이 대안이 있는 조건문등이 들어간다. loop내에는 for, while등의 반복문등이 들어간다.

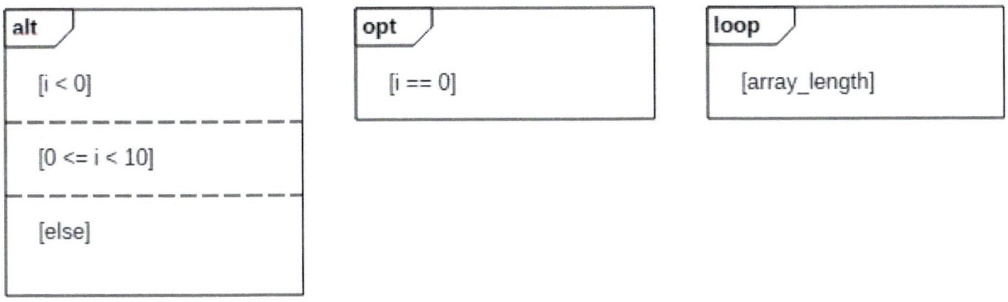

그림 7-28 시퀀스 다이어그램 프래그먼트의 종류

(2) 시퀀스 다이어그램 작성 예제

인터넷 서점에 대한 유스케이스 기술서가 [그림 7-29]와 같이 주어진다.

UC001: 상품을 검색한다.

설명	사용자가 원하는 키워드를 입력 후 검색한다.	
관련 액터	사용자	
사전 조건	시스템은 사용자에게 검색 화면을 출력한다.	
사후 조건	B01	시스템은 사용자에게 해당 키워드가 포함된 이름을 가진 상품 목록을 출력한다.
기본 흐름		
대안 흐름	E01	해당하는 상품이 없는 경우 - 1. 빈 목록을 출력한다.
예외 흐름	SN001	B01
시나리오	SN002	B01 > E01-1

그림 7-29 상품 검색에 대한 유스케이스 기술서

■ 화면 요구사항

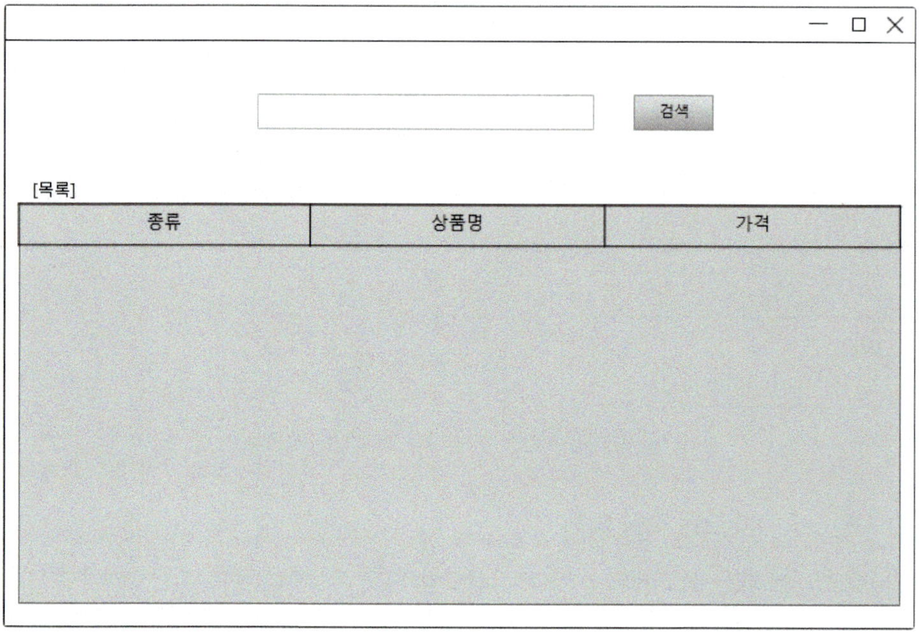

■ 클래스 다이어그램

– 경계 클래스

SearchUI
-JButton SearchButton -JTextField serachTextField -JTable courseTable -SearchSystem serachSystem
+void showSearchList() +void actionPerformed(ActionEvent e)

– 제어 클래스

SearchSystem
-Book[] bookList -DVD[] dvdList -Album[] albumList
+String[][] getSerchContents(String key)

– 엔티티 클래스

Book
-int pageNumber -String Name -int Price
+int getPageNumber() +String getName() +int getPrice()

DVD
-int runtime -String Name -int Price
+int getRuntime() +String getName() +int getPrice()

Album
-String[] musicList -String Name -int Price
+String[] musicList() +String getName() +int getPrice()

그림 7-30 상품 검색에 대한 클래스

이를 기반으로 추출된 클래스들이 [그림 7-30]과 같다.

■ 시퀀스 다이어그램

추출된 클래스 다이어그램으로부터 작성된 시퀀스 다이어그램은 [그림 7-31]과 같다.

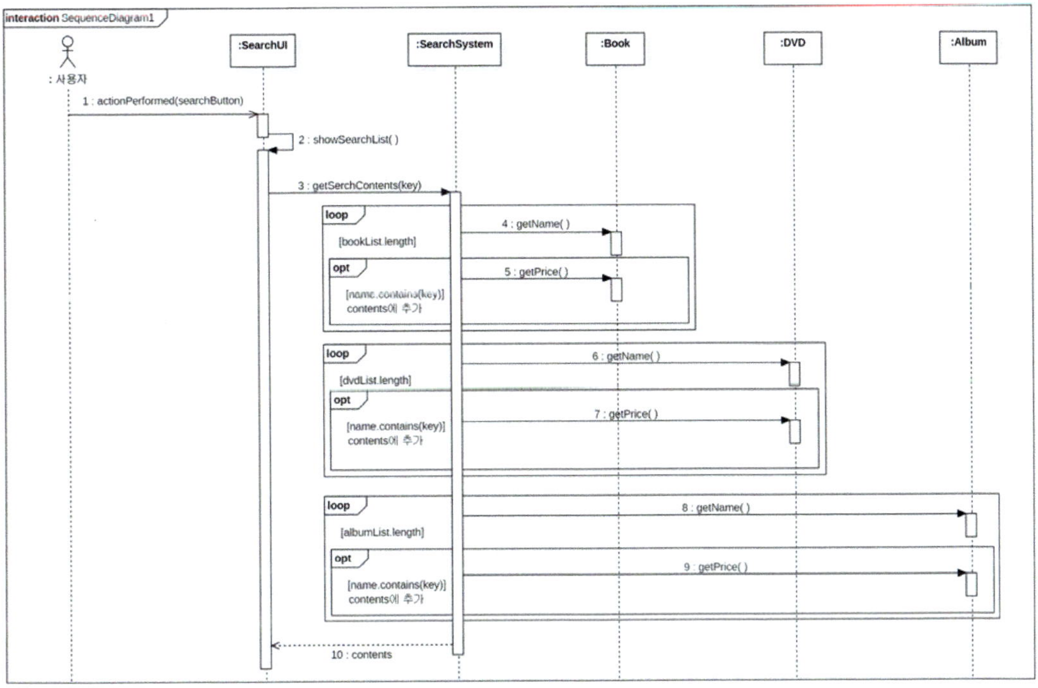

그림 7-31 시퀀스 다이어그램

7.5.4 수강신청 예제

개체 지향 방법론과 UML을 활용한 예제를 살펴보자.

- 프로그램 제목
  수강신청 시스템
- 프로그래밍 언어
  JAVA
- 산출물
  요구사항 분석서(유스케이스 다이어그램 포함)
  클래스 다이어그램, 시퀀스 다이어그램

우리가 개발할 프로그램은 수강신청 시스템이며, 개발 언어는 객체지향 프로그래밍에서 가장 보편적으로 쓰이는 언어인 JAVA를 사용한다. 개발 과정은 [그림 7-32]와 같다.

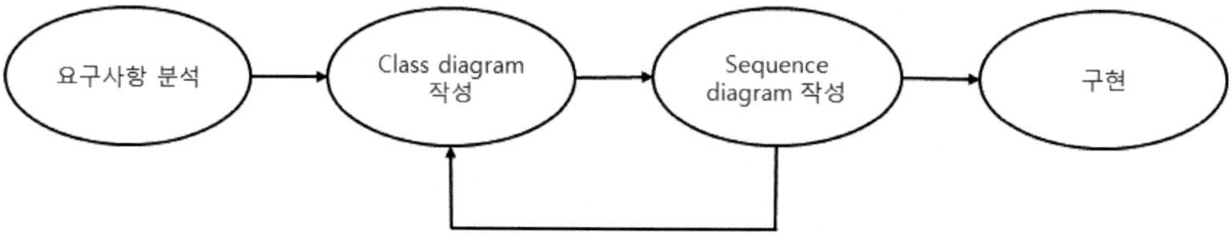

그림 7-32 프로그램 개발 과정

1. 요구사항 분석

고객의 요구사항은 다음과 같다.

- 학생은 학번과 패스워드를 입력해 로그인 할 수 있다.
- 학생은 강의 목록을 조회할 수 있다.
- 학생은 강의 목록에서 강의를 선택 해 강의를 신청할 수 있다.(단, 학생의 최대 학점 이상 신청 불가, 강의 시간이 겹치게 신청 불가, 강의실의 최대 인원 초과 신청 불가.)
    - 강의 신청 시 학생의 시간표에 강의가 추가 된다.
    - 강의 신청 시 학생의 수강 학점에 강의 학점이 추가 된다.
- 학생은 강의 목록에서 강의를 선택 해 수강 취소를 할 수 있다.
  수강 취소 시 학생의 시간표에서 강의가 제거된다.
  수강 취소 시 학생의 수강 학점에 강의의 학점이 제거된다.
- 학생은 수강 신청한 강의로 구성된 시간표를 조회할 수 있다.
  ※ 수강 신청 관리자는 포함하지 않는다.

위의 요구사항을 기반으로 유스케이스 다이어그램을 작성한다. 먼저 유스케이스를 정의한다.

- UC001: 로그인 한다.
- UC002: 강의 목록을 조회한다.
- UC003: 강의를 신청한다.
- UC004: 강의를 취소한다.
- UC005: 시간표를 조회 한다.

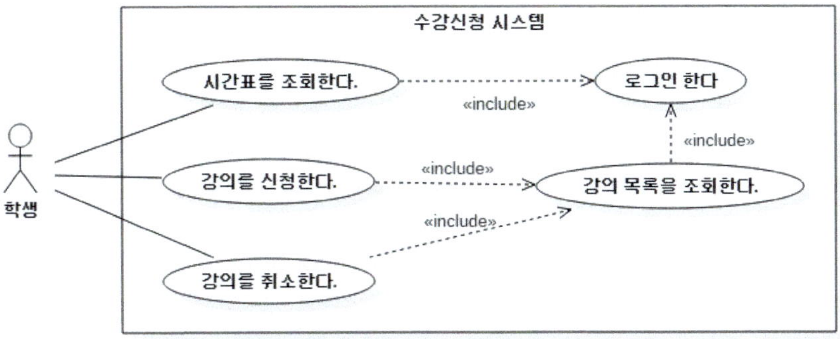

그림 7-33 수강신청 유스케이스 다이어그램

위에 작성한 유스케이스 다이어그램을 바탕으로 유스케이스 명세서를 작성한다.

» UC001: 로그인한다.

설명	학생의 학번과 비밀번호를 확인하여 학생에 대한 정보를 확인한다.	
관련 액터	학생	
사전 조건	시스템은 학생에게 학번과 비밀번호가 입력 가능한 로그인 UI를 출력한다.	
사후 조건	시스템은 학생에게 수강신청 UI를 출력한다.	
기본 흐름	B01	학생은 학번과 비밀번호를 입력 후 로그인 버튼을 누른다.
	B02	시스템은 올바른 학번과 비밀번호를 입력되었는지 확인한다.
대안 흐름		
예외 흐름	E01	학번이나 비밀번호가 올바르지 않을 경우 - 1. 시스템은 학생에게 학번과 비밀번호를 다시 확인하라는 메시지를 출력한다.
시나리오	SN001	B01 > B02
	SN002	B01 > B02 > E01-1

» UC002: 강의 목록을 조회한다.

설명	시스템에 등록된 강의 목록을 모두 출력한다.	
관련 액터	학생	
사전 조건	시스템은 학생에게 수강신청 UI를 출력한다.	
사후 조건	시스템은 학생에게 등록된 강의 목록을 모두 출력한다.	
기본 흐름	B01	학생은 '강의 목록 조회' 버튼을 클릭한다.
대안 흐름		
예외 흐름	E01	강의 목록이 존재하지 않은 경우 - 1. 빈 목록을 출력 한다.
시나리오	SN001	B01
	SN002	B01 > E01-1

» UC003: 강의를 신청한다.

설명	학생이 강의 목록 중 강의를 선택해 신청한다.	
관련 액터	학생	
사전 조건	시스템은 학생에게 등록된 강의 목록을 모두 출력한다.	
사후 조건	시스템은 수강 신청 성공 메시지를 출력한다.	
기본 흐름	B01	학생은 강의 목록 중 하나를 선택한다.
	B02	학생은 '신청' 버튼을 클릭한다.
	B03	시스템은 학생이 해당 강의를 신청할 수 있는 지 확인한다.
	B04	시스템은 학생의 수강 목록에 강의를 추가한다.
대안 흐름		
예외 흐름	E01	수강신청이 불가능한 경우 - 1. 시스템은 학생에게 수강 신청 불가 메시지를 출력한다.
	E02	학생이 강의를 선택하지 않은 경우 - 1. 시스템은 학생에게 먼저 강의 목록을 조회 후 강의를 선택하라는 메시지를 출력한다.
시나리오	SN001	B01 > B02 > B03 > B04
	SN002	B01 > B02 > B03 > E01-1
	SN003	B02 > E02-1

» UC004: 강의를 취소한다.

설명	학생의 수강 목록에서 강의를 제거한다.	
관련 액터	학생	
사전 조건	시스템은 학생에게 등록된 강의 목록을 모두 출력한다.	
사후 조건	시스템은 학생에게 수강 신청 취소 성공 메시지를 출력한다.	
기본 흐름	B01	학생은 강의 목록 중 하나를 선택한다.
	B02	학생은 '취소' 버튼을 클릭한다.
	B03	시스템은 학생이 해당 강의를 수강 취소할 수 있는지 확인한다.
	B04	시스템은 학생의 수강 목록에서 해당 강의를 제거한다.
대안 흐름		
예외 흐름	E01	수강 취소가 불가능한 경우 - 1. 시스템은 학생에게 수강 취소 불가 메시지를 출력한다.
	E02	학생이 강의를 선택하지 않은 경우 - 1. 시스템은 학생에게 먼저 강의 목록을 조회 후 강의를 선택하라는 메시지를 출력한다.
시나리오	SN001	B01 > B02 > B03 > B04
	SN002	B01 > B02 > B03 > E01-1
	SN003	B02 > E02-1

» UC005: 시간표를 조회한다.

설명	학생의 수강 목록을 출력한다.	
관련 액터	학생	
사전 조건	시스템은 학생에게 수강신청 UI를 출력한다.	
사후 조건	시스템은 학생에게 학생의 수강 목록을 모두 출력한다.	
기본 흐름	B01	학생은 '시간표 조회' 버튼을 클릭한다.
대안흐름		
예외 흐름	E01	학생의 수강 목록이 없는 경우 - 1. 빈 목록을 출력한다.
시나리오	SN001	B01
	SN002	B01 > E01-1

작성한 유스케이스 명세서를 토대로 화면 요구사항을 그린다.

» 로그인 화면

» 로그인 실패 메시지

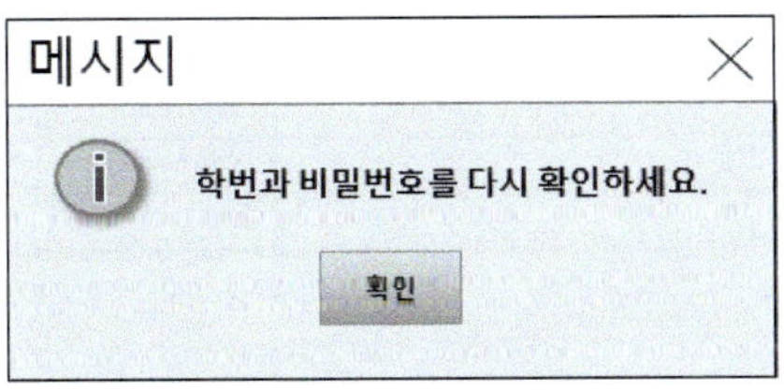

» 메인 화면

» 강의 목록 조회 시

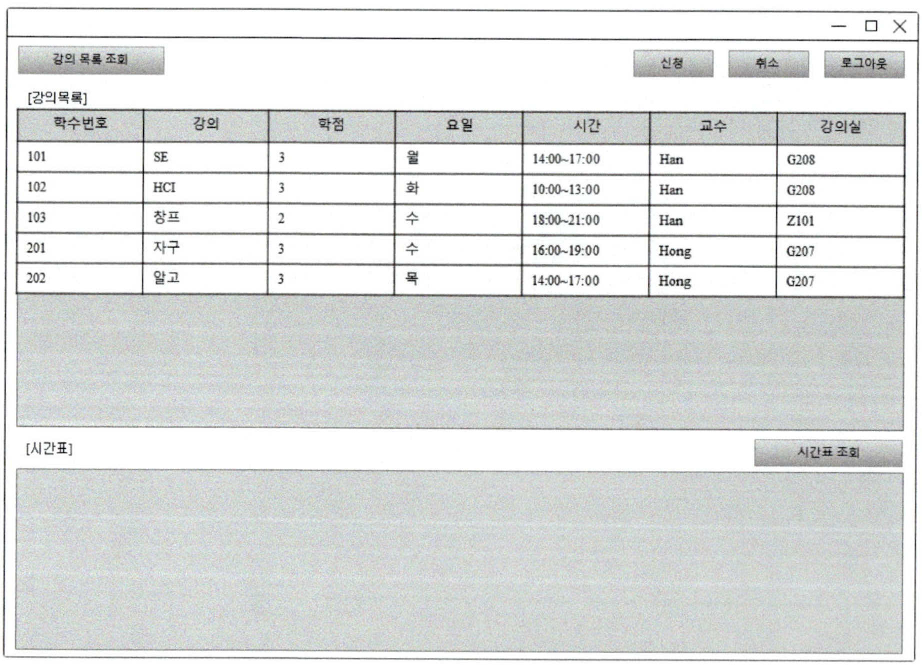

학수번호	강의	학점	요일	시간	교수	강의실
101	SE	3	월	14:00~17:00	Han	G208
102	HCI	3	화	10:00~13:00	Han	G208
103	창프	2	수	18:00~21:00	Han	Z101
201	자구	3	수	16:00~19:00	Hong	G207
202	알고	3	목	14:00~17:00	Hong	G207

» 시간표 조회 시

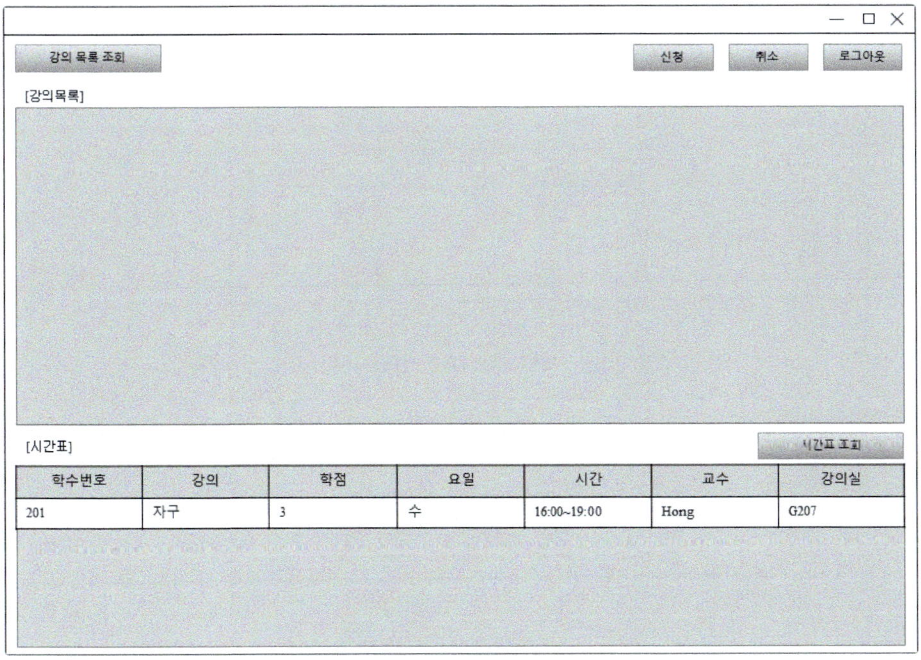

» 강의 목록 조회 & 시간표 조회

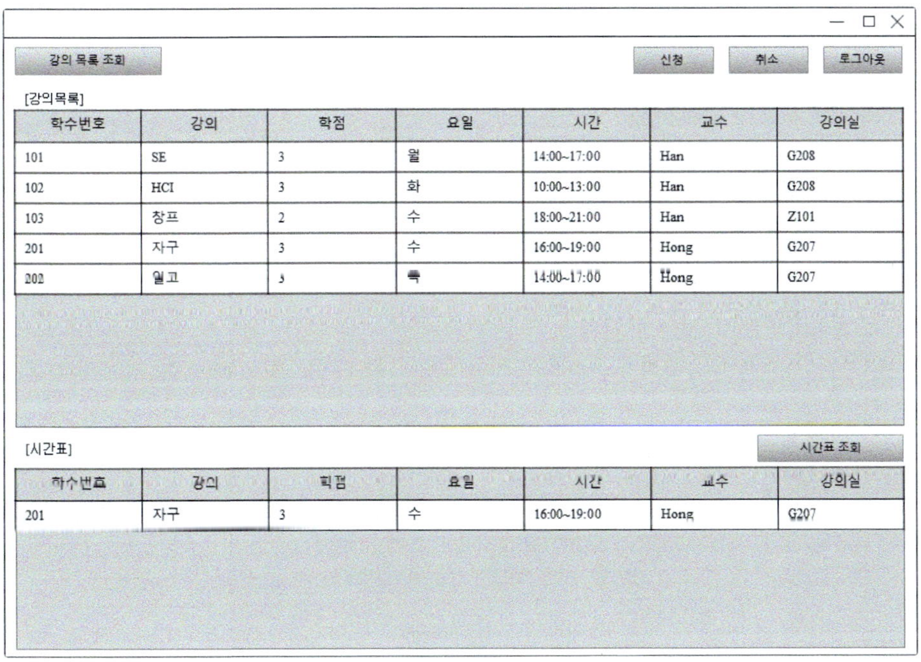

» 수강 신청 완료 메시지

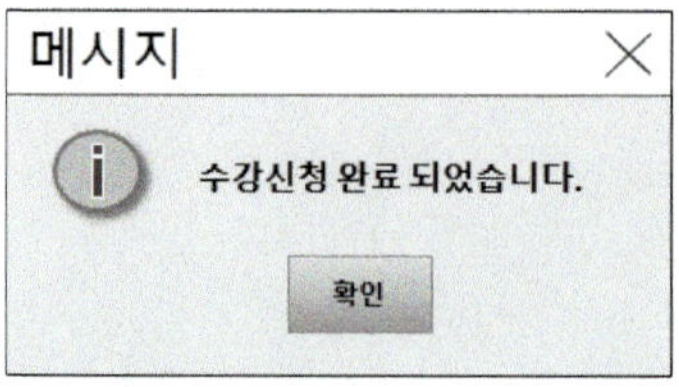

» 수강 취소 완료 메시지

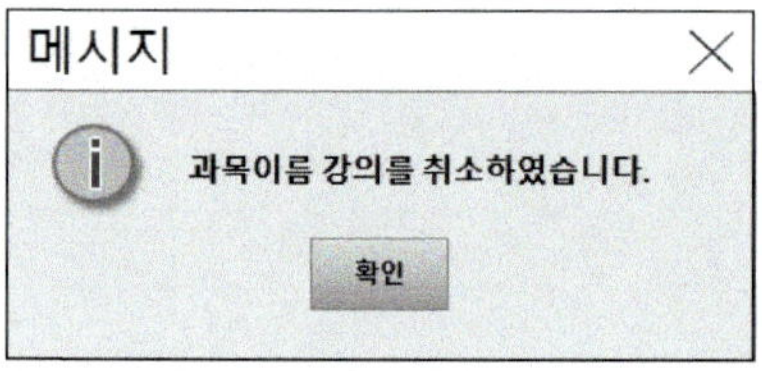

» 수강 신청 실패 메시지

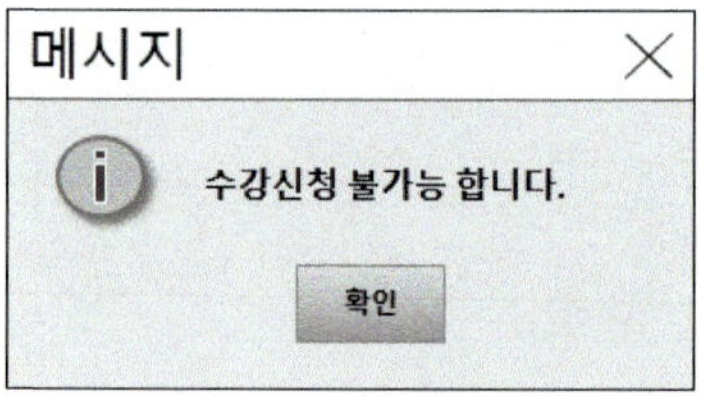

» 수강 취소 실패 메시지

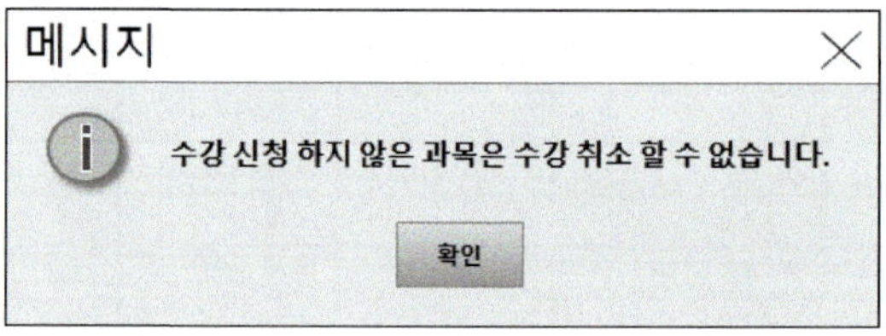

» 신청 및 취소 시 경고 메시지

- 강의 목록 미 조회
- 강의 미 선택

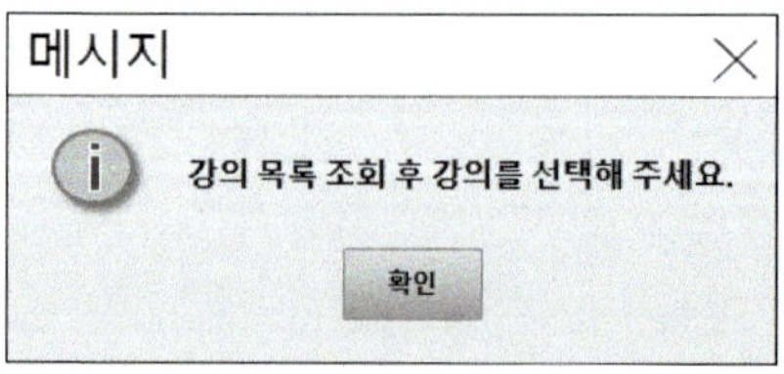

2. 클래스 다이어그램 작성

7.5.2에서 정의한 순서에 맞추어 클래스 다이어그램을 작성한다.

1) 시스템 개요 작성

- 본 시스템은 학생이 이용 가능한 프로그램이다. 입력 받은 학생의 학번과 패스워드가 등록된 학생과 일치할 경우 로그인 가능하다.
- 학생은 강의 목록을 조회하고 강의를 신청할 수 있다. 단, 수강하는 강의시간이 겹치거나 학생의 최대 학점을 초과하는 경우, 또는 강의실 최대 인원을 초과하는 경우에는 신청이 불가하다.
- 수강 신청한 강의는 수강 취소가 가능하다.
- 로그인 시, 수강 신청한 강의 목록 조회가 가능하다.

2) 명사들을 식별

시스템, 학생, 프로그램, 학번, 패스워드, 강의, 강의 목록, 강의 시간, 최대 학점, 초과, 강의실, 최대 인원, 수강 목록

3) 문제의 경계 밖에 있는 명사나 추상 명사 제외

시스템, 프로그램, 초과

4) 엔티티 클래스 후보 도출

학생, 학번, 패스워드, 강의, 강의 목록, 강의 시간, 최대 학점, 강의실, 최대 인원, 수강 목록

5) 엔티티 클래스 선정

학생, 강의, 강의실, 강의 목록 + 학생 목록

6) 경계 클래스 선정

MainUI
강의 목록 조회 버튼 수강 신청 버튼 수강 취소 버튼 시간표 조회 버튼

LoginUI
로그인 버튼

7) 제어 클래스 선정

수강 신청 시스템
수강 신청()

수강 취소 시스템
수강 취소()

로그인 시스템
로그인 된 학생
로그인()

강의 목록 조회 시스템
강의 목록 출력()

시간표 조회 시스템
학생의 수강 목록 출력()

위의 클래스들은 클래스의 초기 모습이다. 나중에 클래스들의 내부구성을 고려하며 클래스 이름, 특성, 메소드를 채워 넣는 작업이 필요하다. 먼저 엔티티 클래스부터 살펴본다.

» Student 클래스
- 현재 학점, 수강 강의 개수, 학생 이름 추가

» Course 클래스
- 강의, 학수 번호, 강의 이름, 강의 학점, 현재 수강 신청한 인원, 교수 이름 추가

» ClassRoom 클래스
- 강의실 이름, 강의실 번호

Student
학번 **학생 이름** 패스워드 **현재 학점** 최대 학점 **수강 강의 개수** 수강 목록

Course
강의 학수 번호 **강의 이름** **강의 학점** **현재 수강 신청한 인원** **교수 이름** 강의실 강의 시간

ClassRoom
최대 인원 **강의실 이름** **강의실 번호**

그 다음으로 경계 클래스의 내용을 채운다.

» MainUI 클래스
  - 로그아웃 버튼, 강의 목록 테이블, 시간표테이블, 이벤트 핸들러, 로그인 화면 출력, 메인 화면 출력, 강의 목록 출력, 시간표 출력

» LoginUI 클래스
  - 학번 텍스트 필드, 패스워드 텍스트 필드, 이벤트 핸들러, 로그인 화면 출력

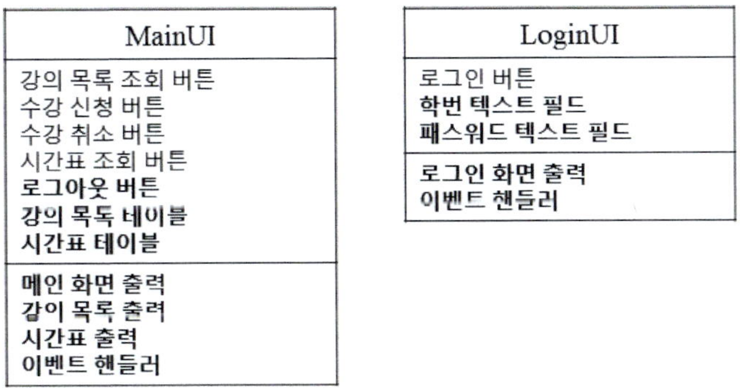

마지막으로 제어 클래스의 내용을 채운다.

» 로그인 시스템 클래스
  - 학생 리스트, 로그인 유효성 검사, 로그아웃

» 수강 신청 시스템 클래스
  - 수강 신청 유효성 검사

» 강의 목록 조회 시스템 클래스
  - 강의 목록

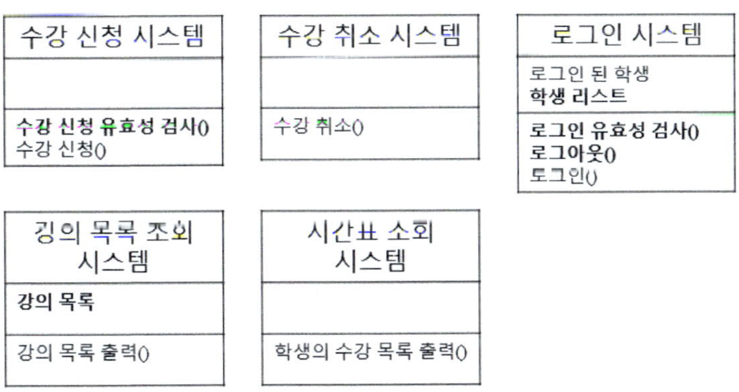

모든 클래스들의 내용 작성이 완료되었다면, 마지막으로 전반적인 시스템의 흐름을 한번 생각해보자.

- 사용자가 수강 신청을 하게 되면 학생의 현재 학점은 증가해야하고, 학생의 강의 목록에 추가 되어야 한다.
- 과목의 수강 인원은 증가해야하고, 수강생 목록이 추가 되어야한다.

Student 클래스에는 과목이 추가되는 메소드가 필요하다. 그리고, Course 클래스에는 수강생이 추가되는 메소드가 필요 하다. 수강 취소 시, 학점은 감소해야하고 강의 목록에서 제거되어야 하며, 과목의 수강인원은 감소, 그리고 수강생 목록은 제거되어야 한다.

- Student 클래스에 과목을 제거하는 메소드가 필요하다.
- Course 클래스에는 수강생이 제거되는 메소드가 필요하다.

이처럼, 전반적인 흐름을 한번 생각해 보면 빠뜨린 부분을 파악 할 수 있다.

캡슐화의 정보은닉 개념을 활용하여 변수들은 외부 클래스에서 참조 불가능하도록 private로 선언한다. 참조하고 싶은 변수에 대해 getter 메소드를 추가한다.

» 엔티티 클래스

- Student 클래스

```
Student
-----------------------------------------
-studentNum : int
-maxCredit : int
-curCredit : int
-curCourseCount : int
-password : String
-studentName : String
-registeredCourse : Course[]
-----------------------------------------
+Student(stdentNum : int, studentName : String, maxCredit :
int, password : String)
+ Student()
+getStudentNum() : int
+getPassword() : String
+getMaxCredit() : int
+getCurCredit() : int
+getCurCourseCount () : int
+getStudentName() : String
+getCourse() : Course[]
+addCourse(addCourse : Course)
+deleteCourse(delCourse : Course)
```

» CourseList 클래스

CourseList
-courseArray : Course[]
+CourseList() +getCourseArray() : Course[]

» Course 클래스

Course	
-courseNum : int -courseName : String -courseCredit : int -runDay : int -startTime : int -endTime : int -regPersonnel : int -professor : String -courseRoom : ClassRoom -registeredStudent : Student[]	
+Course(courseNum : int, courseName : String, courseCredit : int, runDay : int, startTime : int, endTime : int, professor : String, courseRoom : ClassRoom) +Course() +getStartTime() : int +getEndTime() : int +getRunDay() : int +getRegPersonnel() : int +getCourseCredit() : int +getCourseNum() : int	+getCourseName() : String +getProfessor() : String +getCourseRoom() : ClassRoom +addStudent(addStudent : Student) +deleteStudent(delStudent : Student)

- ClassRoom 클래스

ClassRoom
-classRoomName : String -classRoomNum : String -maxPersonnel : int
+ClassRoom(classRoomNum : String, classRoomName : String, maxPersonnel : int) +getClassRoomName() : String +getClassRoomNum() : String +getMaxPersonnel() : int

- StudentList 클래스

StudentList
-studentArray : Student[]
+StudentList () +getStudentArray () : Student[]

» 경계 클래스

- MainUI 클래스

MainUI
-logoutButton : Button -regButton : Button -cancelButton : Button -timeButton : Button -showCourseButton : Button -courseTable : Table -regTable : Table -loginSystem : LoginSystem -courseContents : ShowCourseSystem
+MainUI(loginSystem : LoginSystem) +showMainUI(studentName : String) +showTimeUI() +showCourseUI() +failRegister() +successRegister() +failCancelRegister() +successCancelRegister(courseName : String) +actionPerformed(e : ActionEvent)

- LoginUI 클래스

LoginUI
-loginButton : Button -idTextField : TextField -passwordTextField : TextField -loginSystem : LoginSystem
+LoginUI() +showLoginUI() +failLogin() +setLoginSystem(s : LoginSystem) +getLoginSystem : LoginSystem +actionPerformed(e : ActionEvent)

» 제어 클래스

- 시간표 조회 시스템

ShowTimeTableSystem
+ShowTimeTableSystem(Student loginedStudent) +getTimeContents() : String[][]

- 로그인 시스템

LoginSystem
- loginedStudent : Student - loginUI : LoginUI - mainUI : MainUI - registeredStudent : StudentList
+LoginSystem(loginUI : LoginUI) +isLogin(id : String, pwd : String) +login(loginedStudent : Student) +logout() +getLoginedStudent() : Student

- 강의 목록 조회 시스템

ShowCourseSystem
- courseList : CourseList
+ShowCourseSystem() +getCourseContents() : String[][] +getCourseList() : CourseList

• 수강 신청 시스템

DropCourseSystem
-mainUI : MainUI
+DropCourseSystem(mainUI : MainUI) +dropCourse(cancelCourse : Course, loginedStudent : Student)

• 수강 취소 시스템

RegisterSystem
- mainUI : MainUI
+RegisterSystem(mainUI : MainUI) +isRegister(isRegCourse : Course, loginedStudent : Student) +register(regCourse : Course, loginedStudent : Student)

8) 클래스 간 관계

» 엔티티 클래스 간 관계

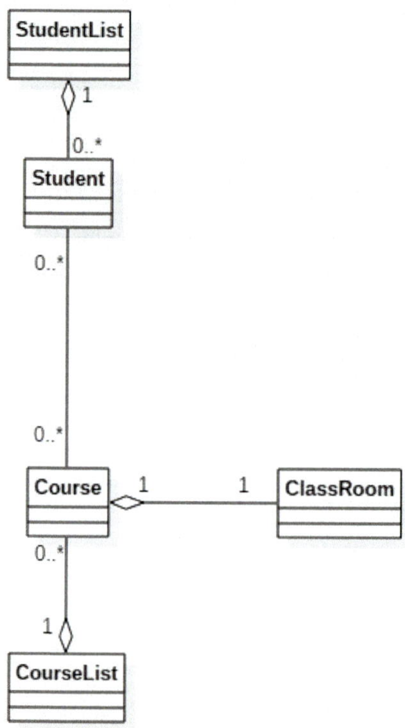

» 경계 클래스와 제어 클래스 관계

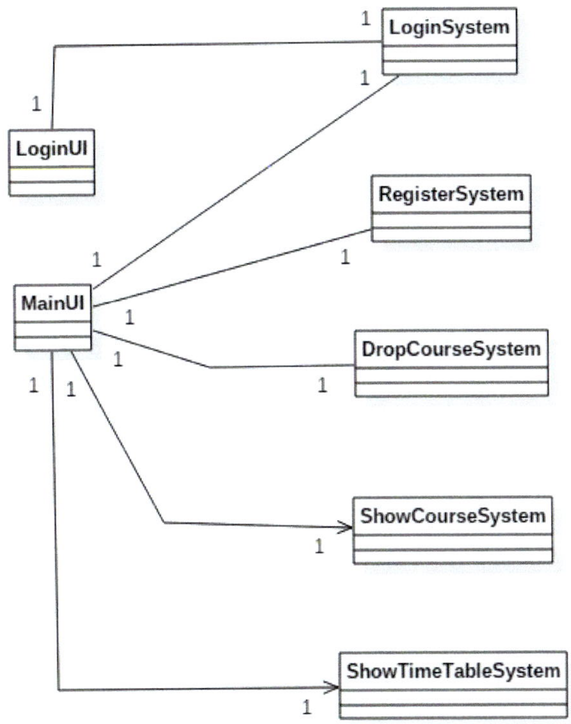

» 제어 클래스와 엔티티 클래스 관계

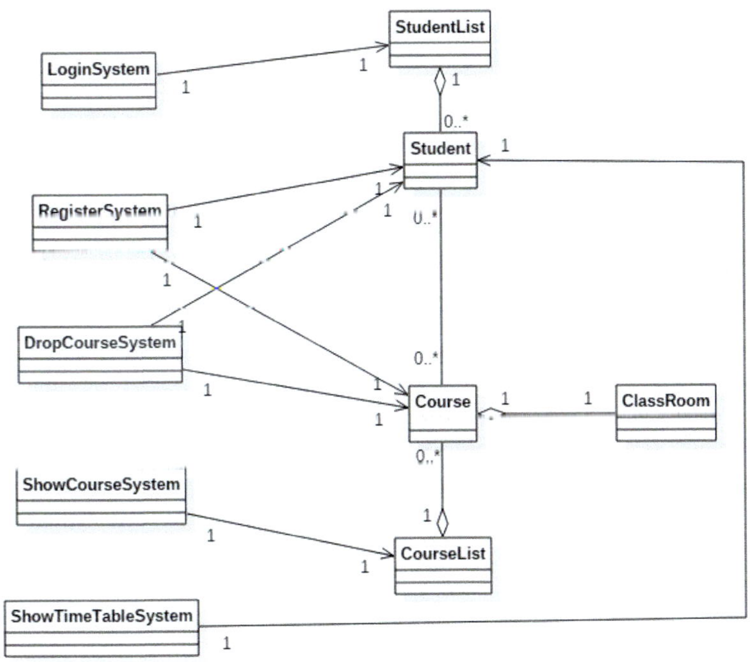

3. 시퀀스 다이어그램 작성

시퀀스 다이어그램은 유스케이스와 클래스 다이어그램을 기반으로 작성한다. 각 유스케이스마다 그에 해당하는 시퀀스 다이어그램을 작성한다.

» UC001: 로그인 한다.

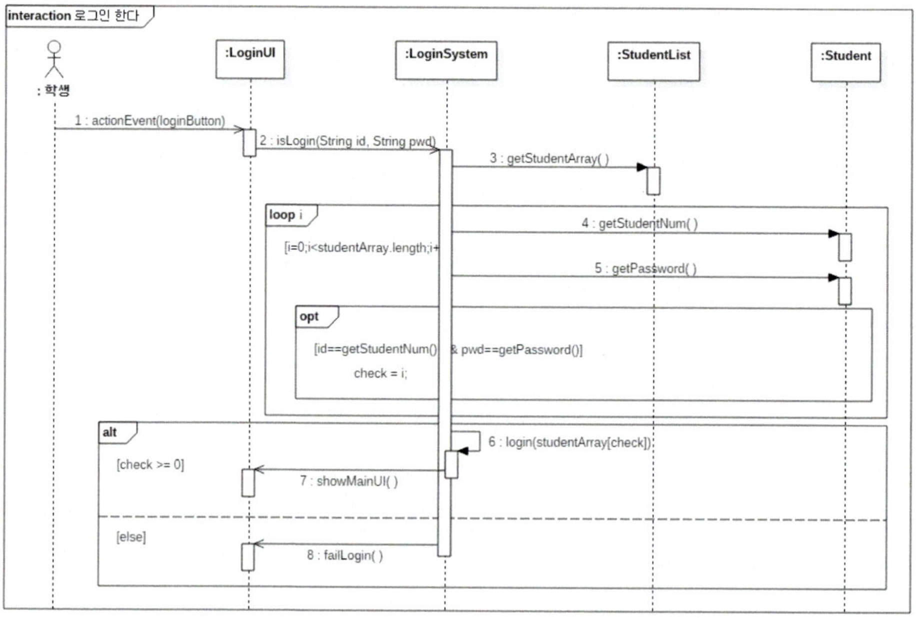

» UC002: 강의 목록을 조회한다.

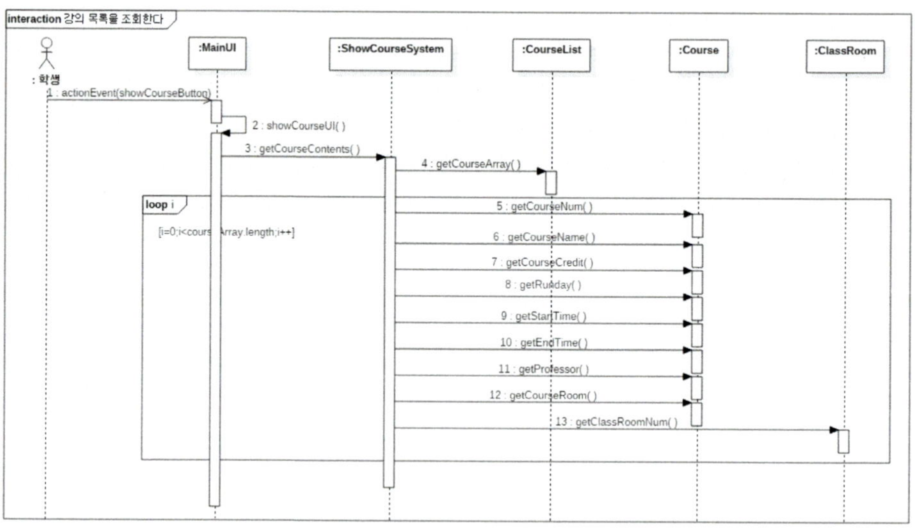

» UC003: 강의를 신청한다.

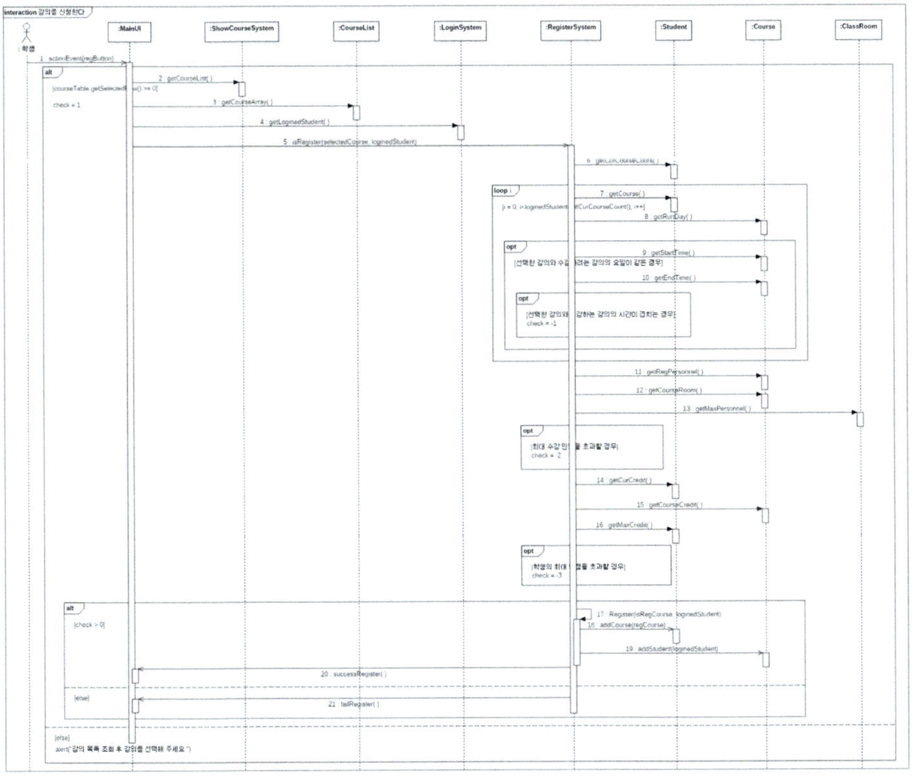

» UC004: 강의를 취소한다.

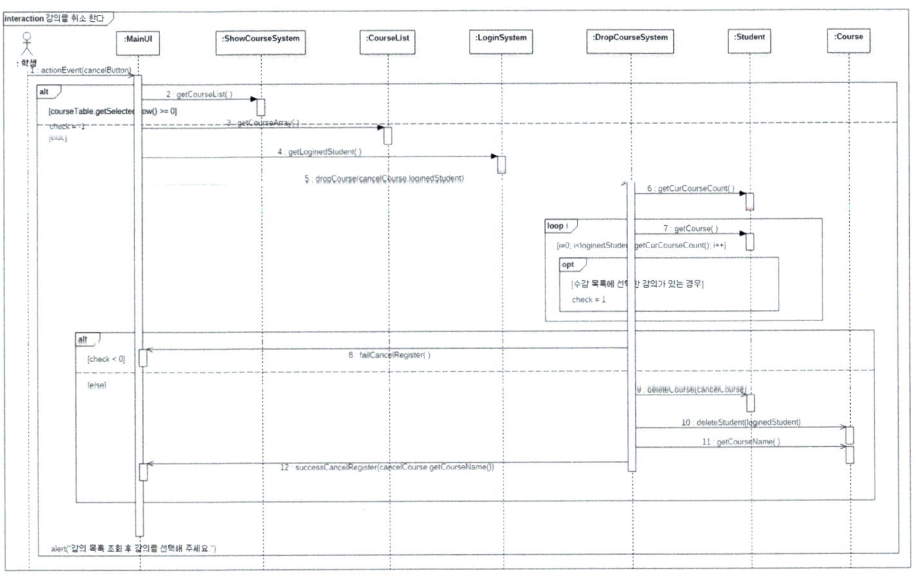

» UC005: 시간표를 조회한다.

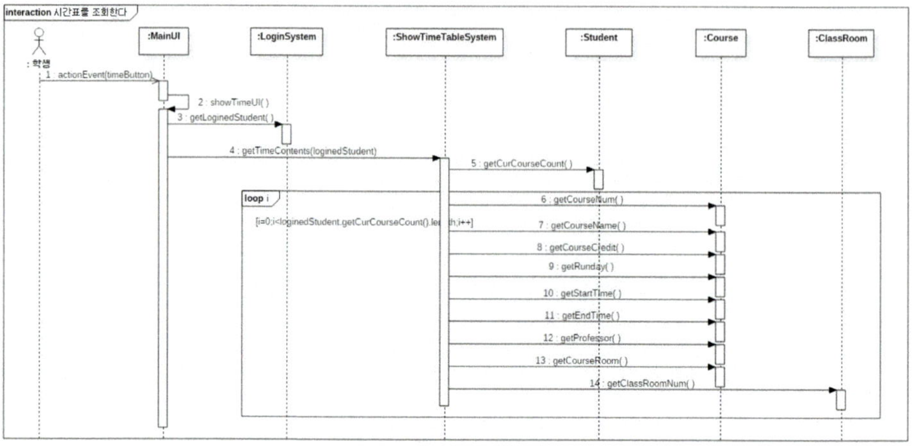

» 최종 Class Diagram

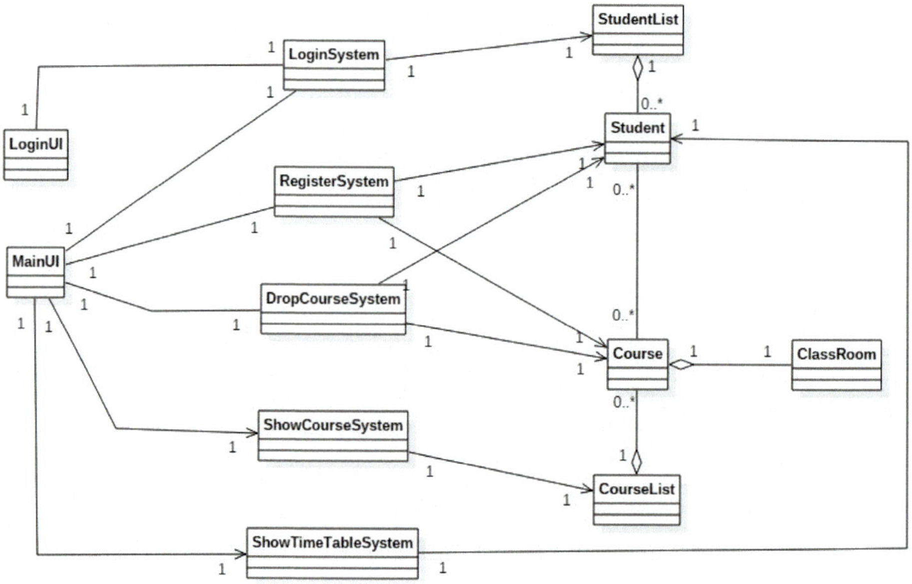

7-6 구현

구현, 즉 코딩에서 가장 중요한 것은 밑그림인 설계의 번역, 다시 말해 설계 로직을 그대로 빠뜨림 없이 프로그래밍 언어로 변환하는 것이다. 코딩을 하기 위해 개발자는 프로그래밍 언어의 구문을 파악하고 실행문을 만들 수 있는 능력이 있어야 한다. 프로그래밍 언어는 지금까지 다양한 목적과 방식으로 개발되었는데, 이들은 각각 고유한 구문과 문장형식을 갖고 있다. 프로그래밍 언어들의 종류와 특성에 대해서는 부록을 참조하기 바란다.

그러나 어떤 프로그래밍 언어를 사용하더라도 각각의 구문과 문장형식들을 표현하는 것은 개발자마다 다를 수 있고, 이러한 코딩 스타일을 일관성 있게 소스코드에 나타내기 위해 코딩 표준을 이용하는 것이 필요하다.

7.6.1 코딩 스타일(Coding Style)

모든 개발자는 각자의 코딩 스타일이 있다. 코딩 스타일은 프로그램의 논리 혹은 알고리즘, 소스 코드 내 문장의 배치 등 개발자마다 다른 구현방식을 말한다. 예를 들면 어떤 개발자는 여러 개의 변수 선언을 한 줄에 작성하여 라인(Line)수를 줄여 작성하는 반면, 어떤 개발자는 라인수가 늘어나더라도 한 줄에 하나의 변수를 선언하는 방식으로 작성한다. 이러한 방식의 차이에는 옳고 그름은 없다. 그러나 시간이 흐른 뒤 [그림 7-34]와 같이 전체 소프트웨어 개발 비용의 67%를 차지하는 유지보수 작업을 위해 다시 코드를 이해하고 수정해야 하는 경우에는 중요한 요소가 된다[7].

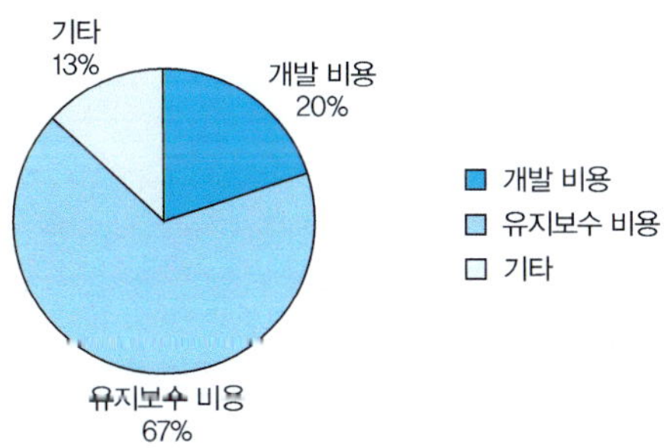

그림 7-34 소프트웨어 개발의 비용 분포[7]

그러나 이 때 작성자가 아닌 다른 사람의 코드를 보게 되거나, 심지어 자신의 코드를 보는 경우에도 일관성이 없고 가독성을 고려하지 않은 코드는 이해하기 어려울 뿐 아니라 유지보수를 위한 코드 수정 작업도 어렵다. 그리고 궁극적으로는 소프트웨어의 품질에도 영향을 미치게 된다. 그러므로 올바른 코딩 습관을 가지는 것은 중요하다.

다음은 "좋은 코딩 나쁜 코딩"에서 저자가 제시하는 좋은 코딩 습관을 일부 소개한다[8].

■ 한 줄에 한 문장만 써라.

A
```
int score1; int score 2; double avrg;
```

B
```
int score1;       /* 첫 번째 점수의 입력 값 */
int score 2;      /* 두 번째 점수의 입력 값 */
double avrg;     /*두 입력 값의 평균 값 */
```

그림 7-35 '한 줄에 한 문장만 써라' 예제

C언어에서는 [그림 7-35]의 A와 같이 한 줄에 여러 문장을 작성하여도 오류가 발생하지는 않는다. 그러나 이러한 방식은 몇 줄을 줄여 작성할 수 있지만, 소스 코드의 작성자가 아닌 다른 사람이 이를 유지보수 할 때에 변수가 어떤 의미를 가지는지 파악하는데 어려움을 겪을 수 있다. 따라서 [그림 7-35]의 B와 같이 한 줄에 한 문장씩 작성하고 변수가 어떤 의미인지 주석을 작성하는 것이 좋다.

■ 선언문과 실행문을 구분하라.

A
```
int score1;
int score 2;
double avrg;
printf("첫 번째 점수를 입력하세요. \n");
scanf("%d", &score1);
...
```

B
```
int score1;
int score 2;
double avrg;

printf("첫 번째 점수를 입력하세요. \n");
scanf("%d", &score1);
...
```

그림 7-36 '선언문과 실행문을 구분하라' 예제

[그림 7-36]의 A는 한 줄의 여백 없이 문장들이 작성되어 있다. 이러한 방식은 변수를 선언하는 부분과 실행하는 부분이 구분이 되지 않아 프로그램을 이해하기 어렵다.

따라서 [그림 7-36]의 B와 같이 선언 부분과 실행 부분 사이에 공백 줄을 삽입하여 이를 구분하는 것이 좋다.

■ 괄호가 문장의 이해를 돕는다면 적극 활용하라.

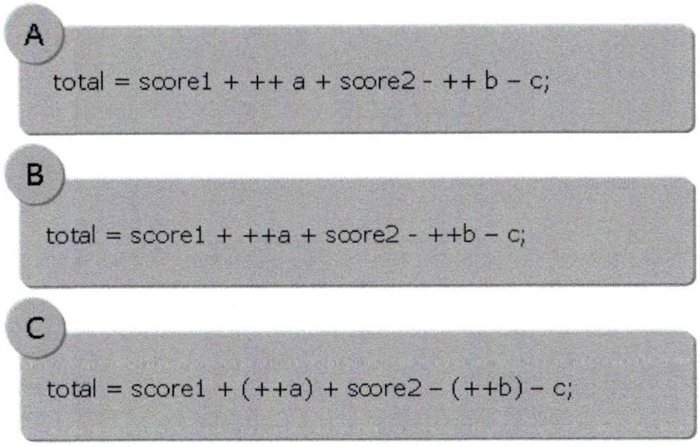

그림 7-37 '괄호가 문장의 이해를 돕는다면 적극 활용하라' 예제

[그림 7-37]의 A는 단항 연산자인 '++'와 피연산자인 'a' 사이에 공백을 두어 작성되었다. 이렇게 되면 대부분의 컴파일러는 경고를 발생시킬 뿐 아니라, 작성된 프로그램 코드를 읽기가 어려워진다. 따라서 [그림 7-37]의 B와 같이 단항 연산자와 피연산자를 붙여서 작성하거나, C와 같이 괄호를 사용하여 이들을 묶어 작성하는 것이 더욱 좋다.

이 밖의 좋은 코딩 습관에는 다음과 같은 것들이 있다[7].

- 단락을 구분하라.
- 내부 블록과 피 제어부는 들여 써라.
- 쓸데없는 들여 쓰기를 하지 마라
- 한 줄 주석과 주석 상자를 구분하라.
- 프로그램의 앞부분에 머리 주석을 반드시 달아라.
- 함수의 역할을 접두사로 활용하라.
- 이름을 의미 있게 지어라.
- 이름은 의미를 잃지 않는 범위에서 짧게 지어라.
- 비슷한 변수 이름을 사용하지 마라.
- 연산자의 우선순위에 의존하는 식을 만들지 마라.
- 조건식에 대입문을 사용하지 마라.

- 파일 이름에 특수 문자를 사용하지 마라.
- 정밀한 계산에는 float형 보다는 double형을 사용하다.

코딩 스타일은 습관이기 때문에 문법을 배울 즈음부터 좋은 습관으로 훈련하는 것이 바람직하다.

7.6.2 코딩 표준(Coding Standard)

코딩 표준은 코딩 스타일과 비슷한 의미로 사용되기도 한다. 그러나 한 가지 다른 점은 개발자들이 따르도록 정해놓은 표준화된 코딩 스타일이라는 점이다.

구현 시 여러 개발자가 각각 다른 코딩 스타일을 사용한다면, 전체 소스 코드를 팀이 공유하고 관리하는데 어려움을 줄 수 있다. 이러한 문제점은 개발 비용 초과로 이어질 뿐만 아니라 이로 인해 생산성 저하, 납기 지연 등의 더 큰 문제를 발생 시킬 수 있다. 이를 예방하기 위해서는 회사 혹은 개발 조직에서는 코딩 표준이나 코딩 스타일 지침서를 마련하여 팀원들이 지침대로 코드를 작성하도록 유도한다.

프로그래밍 언어에 대한 대표적인 국제 표준 기구에는 미국 표준 규격협회(American national Standards Institute: ANSI) 및 국제 표준기구(International Standard Organization: ISO)가 있다. 이들 기구에서 만든 대표적인 국제 코딩 표준은 C언어의 코딩 표준인 ISO/IEC 9899로, 국제 표준기구에서 미국 규격 협회의 표준을 수정 및 보완하여 작성되었다.

ISO/IEC 9899:1999 (E) ©ISO/IEC

5.1.2.2.1 Program startup

1 The function called at program startup is named **main**. The implementation declares no prototype for this function. It shall be defined with a return type of **int** and with no parameters:

```
int main(void) { /* ... */ }
```

or with two parameters (referred to here as **argc** and **argv**, though any names may be used, as they are local to the function in which they are declared):

```
int main(int argc, char *argv[]) { /* ... */ }
```

그림 7-38 C언어의 코딩 표준인 ISO/IEC 9899[9]

[그림 7-38]은 C언어의 코딩 표준인 ISO/IEC 9899를 발췌한 것으로, 'main 함수' 작성 시 따라야 할 사항을 일부 설명하고 있다. 그 내용을 간단히 살펴보면, 프로그램

을 시작하는 'main 함수'는 int 리턴 타입(Return Type)과 파라미터가 없는 형태인 'int main(void)'로 정의 될 수 있음을 알 수 있다.

또 다른 코딩 표준으로는 Java 코딩 표준으로 알려진 Sun Microsystems사의 Java Code Conventions가 있다.

5.1 Implementation Comment Formats

Programs can have four styles of implementation comments: block, single-line, trailing and end-of-line.

5.1.1 Block Comments

Block comments are used to provide descriptions of files, methods, data structures and algorithms. Block comments may be used at the beginning of each file and before each method. They can also be used in other places, such as within methods. Block comments inside a function or method should be indented to the same level as the code they describe.

A block comment should be preceded by a blank line to set it apart from the rest of the code.

```
/*
 * Here is a block comment.
 */
```

Block comments can start with `/*-`, which is recognized by **indent**(1) as the beginning of a block comment that should not be reformatted. Example:

```
/*-
 * Here is a block comment with some very special
 * formatting that I want indent(1) to ignore.
 *
 *    one
 *        two
 *            three
 */
```

그림 7-39 Java 코딩 표준[10]

[그림 7-39]는 Java 코딩 표준을 발췌한 것으로, 주석 작성 시 따라야 할 사항을 일부 설명하고 있다. 그 내용을 간단히 살펴보면, 프로그램은 Block, Single-line, Trailing, 그리고 End-of-line의 4가지 스타일의 주석을 가지는데, 이 중 첫 번째로 Block 주석은 파일, 메소드, 자료 구조, 알고리즘 설명을 위해 사용되며 각각의 파일이 시작 될 때와 메소드 전에 작성하도록 함을 알 수 있다.

이에 대한 더 자세한 내용은 Sun Developer Network 홈페이지를 참조하기 바란다[11].

지금까지 코딩 표준의 개념과 이에 대한 몇 가지 예제를 살펴보았다. 코딩 표준은 뛰어난 소프트웨어 개발 팀들이 여러 경험을 통해 얻은 우수 사례(Best Practices)이다.

이러한 우수 사례들은 국제적으로 표준화 되어 사용될 수도 있고, 회사 및 조직에서 각기 프로젝트나 조직의 특성에 맞는 사례들을 기준으로 정의하여 사용할 수도 있다.

이러한 코딩 표준을 활용하면 프로그램을 명확하게 작성할 수 있으며, 개발자가 코드 작성 방식을 생각하지 않고 일관된 방식을 따르면 되기 때문에 개발 작업의 속도가 향상된다. 이로 인해 팀원 간의 불필요한 논쟁이 줄어들게 되므로 팀워크(Teamwork)가 상승되고, 궁극적으로 소프트웨어의 품질을 높이는 효과를 가져 올 수 있다.

07 연습문제

1. 설계 품질을 평가하기 위해서는 반드시 좋은 설계에 대한 기준을 세워야 한다. 좋은 설계 기준은 무엇인가?

2. 결합도(Coupling)가 강한 순서대로 나열하라.

3. 한 모듈이 다른 모듈의 내부 기능 및 그 내부 자료를 참조하는 경우를 무슨 결합이라고 하는가?

4. 데이터 설계에 있어서 응집도(Cohesion)는 무슨 의미인가?

5. 효과적인 모듈화 설계 방안은 무엇인가?

6. 응집도(Cohesion)가 강한 것부터 약한 순서로 나타내어라.

7. 모듈의 구성요소가 하나의 활동으로부터 나온 출력 자료를 그 다음 활동의 입력 자료로 사용하는 같은 모듈 내에서의 응집의 정도를 나타내는 것은 무엇인가?

8. 객체지향 방식의 특징인 캡슐화, 상속, 다형성에 대해 설명하라.

9. 4+1 View의 View들을 모두 나열하라.

10. 소프트웨어 개발 방법론에서 구현에 대해 설명하라.

11. 코딩 스타일(Coding Style)과 코딩 표준(Coding Standard)의 차이점은 무엇인가?

팀 프로젝트 (11주차)

이번 주 할 일

일자	본문 목차	본문 내용	프로젝트 활동	제출물
1주		과목 소개	프로젝트 소개	
2주	1장	S/W와 SE	1차 팀 구성	
3주	2장	생명주기	2차 팀 구성	
4주	3장	프로젝트	제안서	완성된 팀 구성
5주		제안서 발표		제안서
6주	4장	요구사항	요구사항 명세서	
7주	5장	계획(1)		요구사항 명세서
8주	중간고사			
9주	5장	계획(2)	계획서	
10주	6장	위험관리		계획서
11주	7장	설계	설계서	
12주	8장	V&V(1)		설계서
13주	8장	V&V(2)	테스트 결과 보고서	
14주				
15주	9장	형상관리		최종 보고서
16주	기말고사			

이번 주 팀 프로젝트 활동은 본문에서 배운 내용을 토대로 개발하고 있는 "Small Messenger" 프로그램의 설계서를 작성한다. 설계서를 작성하는 방법은 다음의 예시를 참조한다.

1. 시스템 설계

■ 서버/클라이언트 시스템

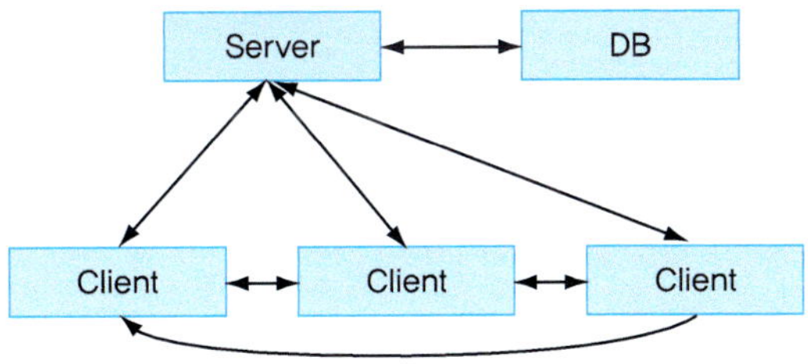

(1) Server ↔ Client: 서버와 클라이언트 간 로그인, 로그아웃 및 유저 정보 통신 지원
(2) Server ↔ DB: 서버와 DB 서버 간의 DB 접근을 위한 통신 지원
(3) Client ↔ Client: 클라이언트 간 1:1 통신 지원

2. 클래스 설계

2.1 클래스 다이어그램

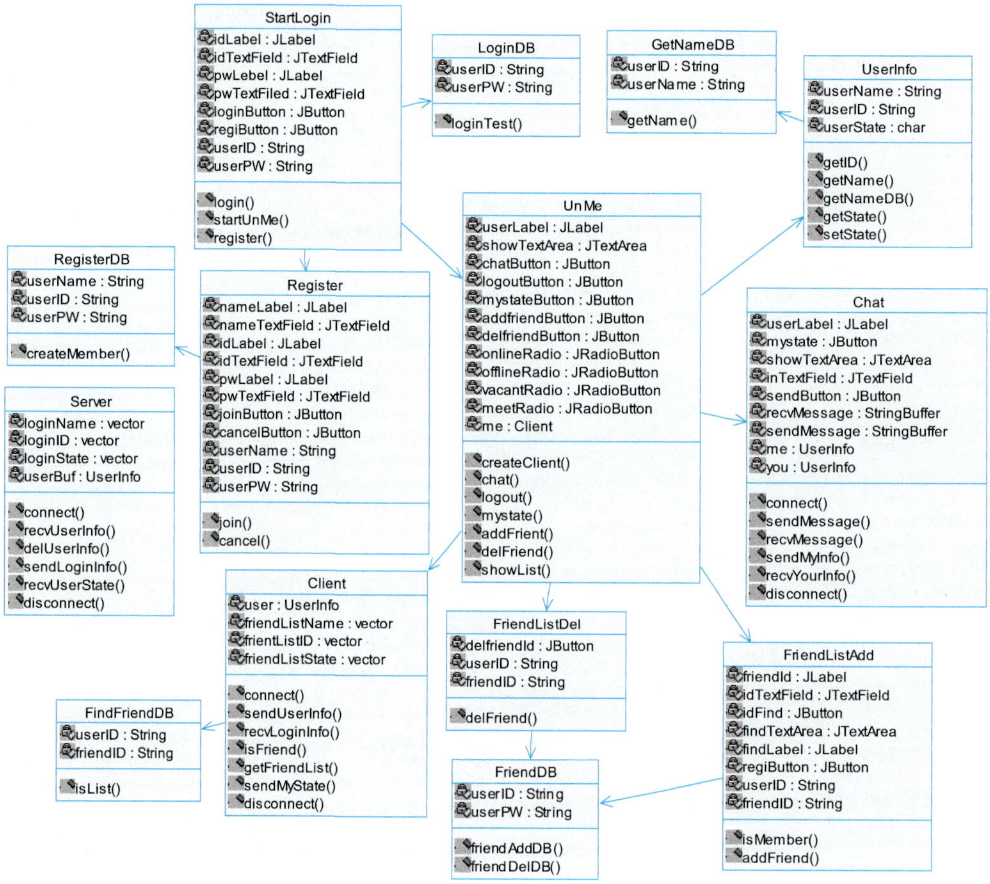

2.2 클래스 명세서

클래스명		StartLogin		
클래스 개요		프로그램 실행 시 보여지는 로그인 화면 클래스		
Stereotype		Boundary		
Public Interface Public	Operations	Operation(Parameter)	Return	설명
		regist()	boolean	회원 가입 클래스를 호출한다.
		login()	boolean	LoginDB를 생성한다.
		startUnMe()	void	UnMe를 객체 생성한다.
	Attributes	Attribute	Type	설명
		idLabel	JLabel	이이디의 텍스트 필드의 제목
		idTexField	JTexField	아이디의 텍스트 필드
		pwLabel	JLabel	비밀번호의 텍스드 필드의 제목
		pwTexField	JTextField	비밀번호의 텍스트 필드
		loginButton	JButton	로그인 버튼
		regiButton	JButton	등록 버튼
		userID	String	사용자 아이디
		userPW	string	사용자 비밀번호

3. 시퀀스 다이어그램

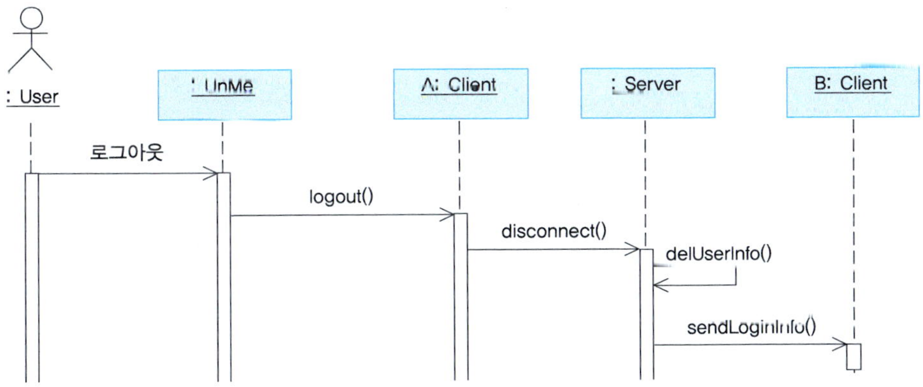

4. DB 설계

4.1 ER 다이어그램

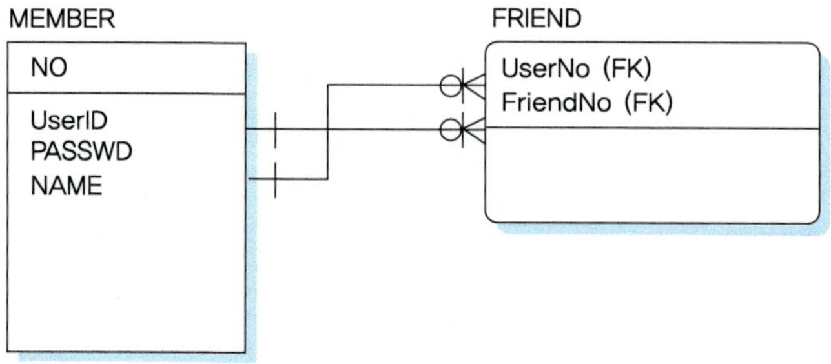

4.2 테이블 설계

<table>
<tr><td>테이블명</td><td colspan="4">MEMBER</td></tr>
<tr><td rowspan="5">테이블</td><td>속성</td><td>필드명</td><td>데이터타입</td><td>비고</td></tr>
<tr><td>회원 일련번호</td><td>NO</td><td>Int</td><td>PK</td></tr>
<tr><td>회원 아이디</td><td>UserID</td><td>Varchar(12)</td><td></td></tr>
<tr><td>회원 비밀번호</td><td>PASSWD</td><td>Varchar(12)</td><td></td></tr>
<tr><td>회원 이름</td><td>NAME</td><td>Varchar(12)</td><td></td></tr>
<tr><td>테이블명</td><td colspan="4">FRIEND</td></tr>
<tr><td rowspan="3">테이블</td><td>속성</td><td>필드명</td><td>데이터타입</td><td>비고</td></tr>
<tr><td>회원 일련번호</td><td>UserNO</td><td>Int</td><td>PK,FK</td></tr>
<tr><td>친구회원 일련번호</td><td>FriendNO</td><td>Int</td><td>PK,FK</td></tr>
</table>

참고문헌

[1] Paul Clements, Rick Kazman, Len Bass, Ken Bass, “Software Architecture in Practice”, Addison Wesley, 1997

[2] 김태균, “K교수의 객체지향 이야기”, 배움터, 2004

[3] N. Wirth, “Program development by stepwise refinement”, Commu-nications of the ACM, 14:221-227, 1971

[4] 최은만, “소프트웨어 공학”, 희중당, 1999

[5] Stephen R. Schach, “Object-Oriented and Classical Software Engineering 5th/e”, McGraw-Hill, 2002

[6] 전병선, "전병선의 객체지향 이야기 2판", 영진닷컴, 2004

[7] "The Mythical Man-Month" Essays on Software Engineering, 2nd Ed, Addison-Wesley, 1999

[8] 박진수, "좋은 코딩 나쁜 코딩", 한빛미디어, 2004

[9] ISO/IEC 9899, "Programming languages-C", 2nd Ed, American National Standards Institute,1999

[10] Java Code Conventions, Sun Microsystems, Inc, 1997

[11] Sun Developer Network, http://java.sun.com/docs/codeconv/

CHAPTER

8

검증과 확인

검증이란?(What is Verification?)

- "제품을 올바르게 생성하고 있는가?(Are we building the product right?)"

확인이란?(What is Validation?)

- "올바른 제품을 생성하고 있는가?(Are we building the right product?)"

— by Boehm

소프트웨어 품질은 "소프트웨어가 기능, 성능 및 만족도에 있어서 명시된 요구사항 및 내재된 요구사항을 얼마나 충족하는가를 나타내는 속성(Conformance to explicitly stated functional and performance requirements, explicitly documented development standards and implicit characteristics that are expected of all professionally developed software.)[1]"이라고 정의할 수 있다.

고객의 입장에서 소프트웨어의 품질이 높다는 것은 "프로그램이 정상적으로 작동한다", "프로그램의 완성도가 높다" 또는 "명시된 요구사항을 만족한다" 등으로 표현될 수 있다[2]. 이러한 표현들의 기본에는 "고객이 원하는 제품을 제대로 작동하도록 개발하였다"라는 개념이 포함되어 있다. 즉 개발된 제품이 제대로 작동하는지 검증하는 작업(Verification)과 이 제품이 고객이 원하는 올바른 제품인가를 확인하는 작업(Validation)이 이루어져야만, 품질이 높은 제품을 개발하였다고 할 수 있는 것이다.

과거에는 검증과 확인 작업을 위해, 소프트웨어가 모두 구현된 후, 테스팅을 통해 사용자의 요구사항이 모두 구현되었는지 확인하였다. 하지만 테스팅은 소프트웨어 생명주기의 후반에 이루어지기 때문에, 생명주기 초반에 발생하는 실수들에 대해 점검하지는 못했다. 소프트웨어의 크기가 커지고 기능이 복잡해지면서 소프트웨어 생명주기 초반에 동료 검토(Peer Review)나 인스펙션(Inspection) 등을 통해 소프트웨어의 품질을 높이는 연구가 진행되었다. 그 결과, 현재 소프트웨어 개발 조직들은 검증과 확인을 위해 소프트웨어 전 개발생명주기에 걸쳐 다양한 기법을 이용하고 있다.

8-1 검증과 확인 프로세스

검증과 확인 프로세스는 요구사항 검토에서부터 상위 및 하위 설계 문서 검토, 코드 구현 시 코드 검토 및 단위 테스팅, 시스템 테스팅, 인수 테스팅에 걸쳐 시행된다. 검증과 확인의 역할은 개념적인 것이어서 실행 부분에서는 구분이 명확하지 않을 수 있다. Boehm은 이들의 개념적인 차이를 다음과 같이 설명했다[3].

- 검증(Verification): 제품을 올바르게 생성하고 있는가? (Are we building the product right?)

- 확인(Validation): 올바른 제품을 생성하고 있는가? (Are we building the right product?)

이 정의를 통해 알 수 있듯이, 검증은 소프트웨어가 요구사항 문서에 부합하여 구현되었음을 보장하는 활동이고, 확인은 소프트웨어가 고객의 의도에 따라 구현되었음을 보장하는 활동이다. 다시 말하면, 검증은 '요구사항 명세서에 기술된 대로 제품을 만들고 있음'을 보장하는 것이고, 확인은 '고객이 의도한 환경이나 사용 목적에 맞게 제품을 만들고 있음'을 보장하는 것이다.

하지만 실제로 이 두 개념은 정확히 선을 그어 구분하기 어려운 경우가 많다. 예를 들어 위성과 통신하는 제품에 설치되는 소프트웨어를 개발하는 회사가 있었다. 이 회사는 실험실에서 요구사항 명세서에 기반하여 시스템을 완벽하게 테스트했음에도 불구하고, 막상 실제로 사용하려고 했을 때는 작동하지 않았다고 한다. 왜냐하면 이 시스템이 설치되어 사용되는 장소는 지구에서 가장 추운 지역이었는데, 실제로 제품을 개발하고 테스트를 할 때는 환경과 온도에 대해서는 고려하지 않았기 때문이다.

이 예에서 실험실에서 실시한 테스트를 검증 과정이라고 보고, 추운 지방에서 실시한 테스트를 확인 과정이라고 볼 수 있다. 하지만 추운 지방의 낮은 온도에서도 시스템이 작동되어야 한다는 요구사항을 요구사항 명세서에 담았다면, 온도에 대한 검토 작업은 실험실에서 수행되었을 것이고, 이 과정은 검증 작업에 포함되었을 것이다.

검증과 확인 작업을 수행하기 위한 방법으로는 크게 정적(Static)인 방법과 동적(Dynamic)인 방법으로 나뉜다.

정적인 방법은 소프트웨어를 실행하지 않고, 결함을 찾아내는 것이다. 대표적인 방법으로는 검토(Review), 인스펙션(Inspection) 그리고 워크스루(Walk-through)가 있다. 이 방법들에서는 여러 참여자들이 모여 소프트웨어 개발 산출물을 검토하여 결함을 찾아낸다. 정적인 방법은 기본적으로 프로그램을 실행하지 않기 때문에 소프트웨어 개발 중에 생성되는 모든 산출물들에 대해서도 적용할 수 있다. 다시 말해서 요구사항 명세서, 설계 명세서, 심지어 테스트 계획서와 같은 문서들까지도 올바르게 작성되었는지 판단하는 데 이용될 수 있다

동적인 방법은 정적인 방법과 달리 소프트웨어를 실행하여 결함을 찾아낸다. 대표적인 방법은 테스팅이다. 테스트 데이터로 실제 프로그램을 실행하여 결함을 찾고, 발견된 결함은 디버깅 활동으로 확인 수정하게 된다[4].

8-2 검증과 확인 기법

8.2.1 동료 검토(Peer Review)

민서: 잠깐 시간 있어요? 이 프로그램에 버그를 못 잡겠어요. 잠깐 코드 좀 봐줄 수 있어요?

동석: 그래. 뭐가 문제야?

민서: 영어단어 프로그램인데 DB에 저장이 안돼요. 도대체 뭐가 문제인지 모르겠어요. 내 생각에는 DB 연결 부분에 잘못된 것 같은데 30분이나 찾아봤지만 도저히 모르겠어요.

동석: 음... 어디 보자. 그 부분엔 잘못된 것이 없어 보여. 여기를 봐봐. 쿼리를 만드는 스트링에서 따옴표 위치가 잘못되어 있잖아. 그러니까 제대로 된 쿼리가 안 만들어진 거야. 그것만 고치면 더 이상 오류는 안 날 것 같다.

민서: 아! 정말 그러네. 정말 고마워요. 그 작은걸 하나 못 봤다니...

개발자들은 자신이 만든 코드에서 쉽게 찾아지지 않는 문제가 생기면, 대부분 동료들에게 묻는다. 개발자는 실수를 하게 되면 이전에 경험했던 같은 이유의 실수만을 생각하기 때문에, 이전 실수와 해결 경험에만 집중하게 된다. 그러므로 '자신이 만들어온 코드를 본 적이 없는 사람의 눈'과 '다른 방법으로 생각할 수 있는 뇌'와 같이 문제를 해결하는 새로운 관점이 필요하다. 즉 동료의 검토가 도움이 되는 것이다.

동료 검토에 대한 CMMI의 정의를 보자.

> "동료 검토는 개발 동료들에 의해서 정해진 단계에 따라 수행되는 검토활동이다. 소프트웨어 작업 산출물의 결함 또는 개선사항을 발견하는 것이 그 목적이다(A review of a software work product, following defined procedures, by peers of the producers of the product for the purpose of identifying defects and improvements)[5]."

즉 동료 검토는 동료들이 자신이 만든 산출물을 검토하는 것이다. 이러한 검토는 주요 산출물인 요구 명세서, 사용자 인터페이스 프로토타입, 아키텍처, 설계 및 기타 기술적 산출물들에 대해 수행된다.

8.2.2 동료 검토 절차

(1) 사전 준비

산출물 작성자는 자신의 산출물(예를 들어 프로젝트 계획서, 요구 분석, 사용자 인터페이스 프로토타입, 설계, 코드, 혹은 테스트 케이스 등)의 검토 요청 공지를 한다. 검토 요청에 대한 허락을 받으면, 산출물 작성자는 공식적으로 해당 자료를 진행자(Moderator)에게 전달하고, 진행자는 산출물의 검토자들을 선발한 후 산출물을 배포한다.

검토자들은 미리 준비된 체크리스트를 가지고 산출물을 검토하는 준비시간을 가진다. 검토 회의는 검토자들이 산출물에 대한 검토를 마친 후에 개최한다.

(2) 검토 회의

산출물의 작성자, 진행자, 검토자들이 모여 산출물 검토에서 발견된 문제점들에 대해 토론한다. 회의 후에 작성자와 진행자는 검토 회의의 결과(검토한 자료의 양, 발견된 결함의 종류와 개수, 회의에 걸린 시간, 산출물이 검토에 통과하였는지 여부 등)를 검토 보고서에 작성하여 기록으로 남긴다.

(3) 후속 조치

작성자 및 기타 관련자는 수정 작업을 끝내고, 변경된 내용을 검토한 후 해당 산출물이 공식적으로 검토되었음을 선언한다.

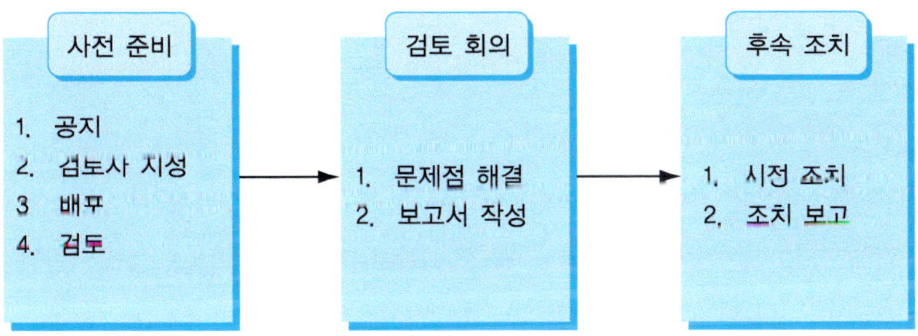

그림 8-1 동료 검토 절차

위의 [그림 8-1]과 같은 절차에 따라 실행할 때 중요한 점은 반드시 결함 판단의 기준이 되는 체크리스트를 통해 검토를 진행해야 한다는 것이다. 판단 기준이 없이 산출물이 만족하는지의 여부를 정확히 판단하기가 어렵기 때문이다. [그림 8-2]는 소스 코드에 대한 검토 체크리스트의 예이다.

번호	산출물 체크리스트
1	요구사항 명세서/정의서에 기술된 기능은 충분히 코드에서 실행되는가?
2	요구사항 명세서/정의서에 기술되지 않은 추가적인 기능이 코드에서 실행되지는 않는가?
3	메소드 리턴값은 적절하게 사용되는가?
4	모든 지역/전역변수(local and global variables)가 사용 전에 초기화되는가?
5	메소드가 정확히 호출되는가?

그림 8-2 소스 코드에 대한 검토 체크리스트 예제

8-3 소프트웨어 테스팅(Software Testing)

8.3.1 테스팅(Testing)

테스팅은 일반적으로 작업이 끝난 후, 처음에 요구된 것과 현재의 상태 사이에 존재하는 차이를 발견하기 위해 수행하는 활동이다. 즉, 제품이 만들어지고 난 뒤 요구된 기능들이 제대로 작동하는 지를 확인하는 활동도 테스팅의 일종이라고 할 수 있다. 교육에서도 이 개념은 동일하게 적용될 수 있다. 교육을 받은 후에 요구된 지식을 습득하였는지를 평가하는 과정도 테스팅이다. 이런 측면에서 보면 우리는 수많은 시험, 즉 테스팅을 거치며 현재에 이르렀다. 쪽지 시험, 모의고사, 중간/기말 고사, 수학능력 시험에 이르기까지 무수한 종류의 테스팅이 있었다. 우리가 습득하기로 한 지식을 제대로 습득하였는지를 확인하기 위한 과정이었다.

소프트웨어 테스팅은 개발된 프로그램이 요구된 기능을 만족시키는지의 여부를 확인하기 위해 사용되는 방법이다. 국제 표준인 IEEE-Std-829에서는 소프트웨어 테스팅을 다음과 같이 정의하고 있다.

> "요구된 상태와 현재 개발된 상태 사이의 차이점(즉, 결함/에러/버그)을 발견하기 위하여 소프트웨어를 분석하고, 평가하는 프로세스(The process of analyzing a software item to detect the differences between existing and required conditions (that is, bugs) and to evaluate the features of the software item.)[6]."

Myers는 테스팅을 "에러를 발견하려는 의도를 가지고 프로그램을 실행하는 프로세스(Testing is the process of executing a program with the intent of finding errors.)[7]."라고 정의하였는데, 이는 테스트의 목표가 에러가 없다는 것을 보여주는 것이 아니라 결함이 존재한다는 것을 보여줌으로써, 제품이 인도되기 전에 수정할 수 있는 기회를 제공해야 한다는 것을 강조하고 있다.

일반적으로 소프트웨어의 결함을 지칭할 때 에러(Error), 결함(Defect), 결점(Fault), 버그(Bug) 그리고 실패(Failure)와 같은 용어들이 혼용되어 사용된다. 이러한 용어들의 차이를 정리해보면 다음과 같다.

● 에러(Error), 오류

결함(Defect)의 원인이 되는 것으로, 사람(S/W 개발자, 분석가 등)에 의하여 생성된 실수가 주를 이룬다.

● 결함(Defect), 결점(Fault), 버그(Bug)

에러가 원인이 되어 제품에 포함된 결함이다. 제거하지 않으면, 제품이 일으키게 되는 실패(Failure) 또는 문제(Problem)의 원인이 된다.

S/W 개발 산출물(소스코드, 요구사항문서, 설계문서 등)에서 잘못된 사항들을 나타낸다.

● 실패(Failure), 문제(Problem)

제품의 결함(Defect)이 있는 부분이 실행될 때 발생되는 현상을 말한다.

시스템의 실행 중, 실패가 발생하는 것은 프로그램 내에 있는 결함 때문이며, 그러한 결함들은 개발자의 에러에서 기인한다고 이야기 할 수 있다. 테스팅은 프로그램 내에 존재하는 결함을 제거하는 작업이다.

개발자들이 테스팅과 자주 혼동하는 용어로 디버깅(Debugging)이 있다. [표 8-1]은 테스팅과 디버깅의 차이를 설명하고 있다.

표 8-1 테스팅과 디버깅

	테스팅(Testing)	디버깅(Debugging)
목적	알려지지 않은 에러의 발견	이미 알고 있는 에러의 수정
수행	시스템 내부 관련자, 테스팅 팀 등 외부의 제3자	시스템 내부 관련자
주요 작업	에러 발견(Error Detection)	에러의 정확한 위치 파악(Error Location) 에러의 타입 식별(Error Identification) 에러 수정(Error Correction)

테스팅이 발견의 작업이라면 디버깅은 수정의 작업이라고 말할 수 있다. 디버깅은 직접 소스 코드를 수정해야 하기 때문에 시스템 내부를 아는 개발자에 의해 수행되지만, 테스팅은 프로그램에 결함이 있다는 것을 가정하고 발견하는 작업이기 때문에, 프로그램을 직접 개발한 사람보다는 제3의 독립적인 사람에 의해 수행되는 것이 바람직하다.

테스팅은 제품을 인도하기 전에 가능한 많은 결함을 발견하여, 품질 높은 제품을 만들고자 하는 것이 목표이다. 테스팅을 많이 하면 할수록, 더 품질이 높은 제품을 만들 가능성이 높아지는 것은 사실이지만, 시간, 비용 등의 제약사항 때문에 적절한 양의 테스팅을 실시 할 수밖에 없다. 그러므로 어떻게 하면 프로그램의 특성과 프로젝트의 제약조건에 맞는 효과적인 테스팅을 실시하는가 하는 것이 중요한 이슈가 된다.

8.3.2 테스트 케이스(Test Case)

테스팅에서는 입력값을 주고, 그 실제 출력값이 예상 출력값과 같은지를 비교하게 된다. 그러려면 입력값은 무엇이고 예상되는 출력값은 무엇인지를 미리 정하게 되는데, 이것을 테스트 케이스라고 한다. 일반적으로 테스팅 계획단계에서 테스트 케이스들을 만들고, 이 테스트 케이스들을 기반으로 테스팅을 수행하는 것이다. 각 테스트 케이스는 그 목적, 입력값, 예상 출력값, 담당자등을 명시해야 한다. 국제 표준인 IEEE-Std-610에서는 테스트 케이스를 다음과 같이 정의하고 있다.

> "테스트 케이스는 특정한 요구사항이 제대로 구현되었는지를 검증하기 위하여 테스트 조건, 입력값, 예상 출력 값, 그리고 실제 수행한 결과를 기록하는 것"(A set of test inputs, execution conditions, and expected results developed for a particular objective, such as to exercise a particular program path or to verify compliance with a specific requirement)[8]."

아래의 [표 8-2]는 간단한 테스트 케이스의 예제이다.

표 8-2 테스트 케이스 예제

테스트 케이스 ID: ST-0001					
목적	로그인 시 아이디와 패스워드의 대소문자를 구분하여 처리한다.				
테스트 조건	아이디/패스워드: abcd/abcd가 DB에 이미 입력되어 있음.				
테스터	홍길동	테스트 일자	2017.10.01~2017.10.01		
단계	입력값	예상 출력값	실행 결과	조치사항	조치 후 시험 결과
1	아이디: ABCD 패스워드: abcd	아이디 없음 경고	정상 로그인	디버깅 필요	아이디 없음 경고
2	아이디: abcd 패스워드: ABCD	패스워드 틀림 경고	패스워드 틀림 경고	-	-
3	아이디: abcd 패스워드: abcd	정상 로그인	정상 로그인	-	-

[표 8-2]에서 보듯이 테스트 케이스는 테스터(Tester)로 하여금 테스팅을 체계적으로 할 수 있도록 해주는 기본문서이다.

8.3.3 테스팅 종류

테스팅의 종류는 요구사항 명세에 기반을 둔 블랙박스 테스팅(Black-Box Testing)과 구현에 기반을 둔 화이트박스 테스팅(White-Box Testing)으로 나누는 것이 가장 일반적이다.

블랙박스 테스팅은 '블랙박스'라는 단어처럼 내부구조(소스 코드)에 대한 로직(Logic)은 덮어두고, 요구사항 명세서로부터 테스트 케이스를 추출한다.

반면 화이트박스 테스팅은 프로그램의 내부구조(소스 코드)를 기반으로 테스트 케이스를 추출한다.

예제로, 블랙박스 테스팅과 화이트박스 테스팅의 차이를 살펴보도록 하자. 다음의 [그림 8-3]은 블랙박스 테스팅과 화이트박스 테스팅의 차이를 도식화하여 설명하고 있다.

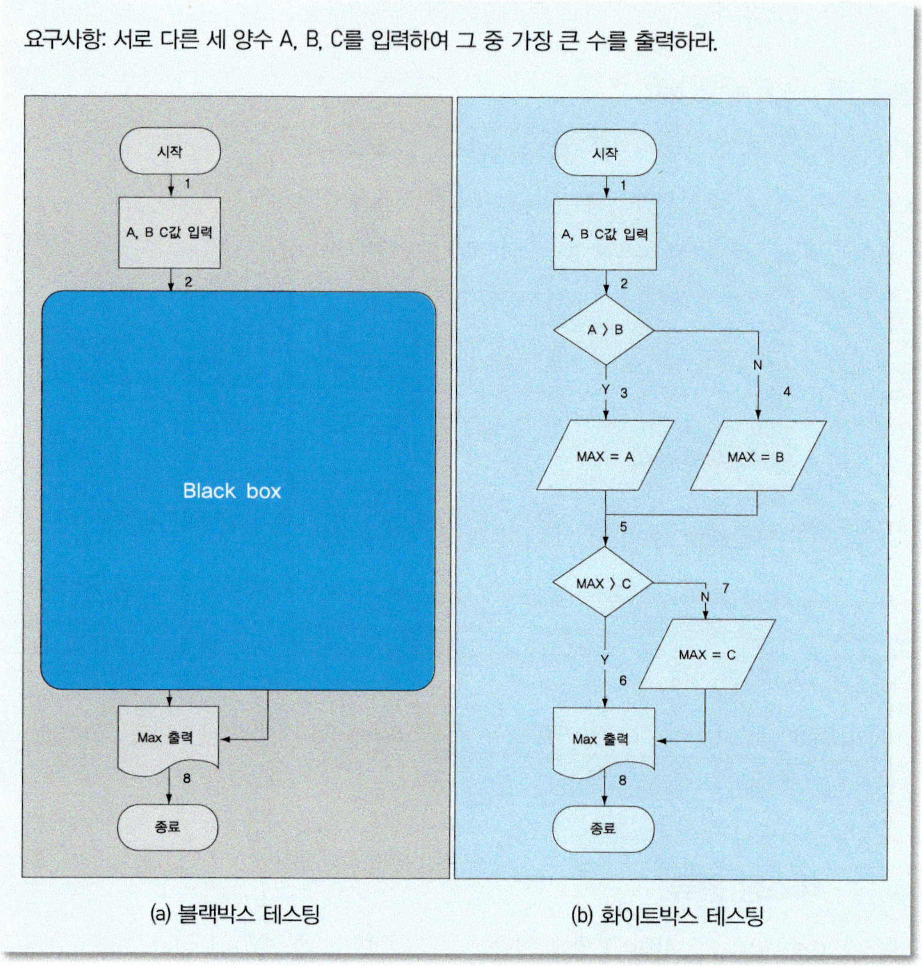

그림 8-3 블랙박스 테스팅과 화이트박스 테스팅의 비교

블랙박스 테스팅에서는 [표 8-3]과 같이 입력되는 세 양수 A, B, C와 예상되는 출력값 MAX가 타당한지 여부를 확인하는 테스트 케이스만 추출하여 검사한다.

표 8-3 블랙박스 테스트 케이스

ID	테스트 케이스
1	A가 가장 큰 정수일 경우...
2	B가 가장 큰 정수일 경우...
3	C가 가장 큰 정수일 경우...
4	A를 음수로 입력할 경우...

ID	테스트 케이스
5	A와 B를 같은 정수로 입력할 경우...
6	B를 소수로 입력할 경우...
7	...

반면, 화이트박스 테스팅은 [그림 8-3]과 같은 순서도를 기반으로, [표 8-4]에서 보듯이 (1 → 2 → 3 → 5 → 6 → 8)이나 (1 → 2 → 4 → 5 → 7 → 8) 등과 같은 내부 경로를 거칠 때, 입력값에 따른 출력값의 결과가 타당한지의 여부를 판단할 수 있는 테스트 케이스를 추출하여 검사한다.

표 8-4 화이트박스 테스트 케이스

ID	테스트 케이스
1	(1 → 2 → 3 → 5 → 6 → 8)
2	(1 → 2 → 3 → 5 → 7 → 8)
3	(1 → 2 → 4 → 5 → 6 → 8)
4	(1 → 2 → 4 → 5 → 7 → 8)

화이트박스 테스팅은 큰 규모의 프로그램 전부를 대상으로 하는 것은 힘들지만, 핵심적인 부분의 집중적인 테스팅에 적합하다. 그리고 소스 코드를 직접 참조하는 것이므로 개발자가 자신이 만든 단위 코드를 테스팅 할 때 효과적으로 사용될 수 있는 기술이다.

(1) 블랙박스 테스팅(Black-Box Testing)의 기법들

소스 코드 자체의 로직에는 관심이 없고 요구사항 명세서를 기반으로 단지 입, 출력값에만 관심이 있는 블랙박스 테스팅에도 다양한 방법들이 있으며, 그 중 대표적인 방법들은 다음과 같다.

● 신택스 테스팅(Syntax Testing)

신택스 테스팅은 블랙박스 테스팅 기법 중 가장 단순한 방법으로, 입력 데이터가 미리 정의된 데이터 유형에 적합한지를 검증하는 방법이다. 즉, 입력 값을 적합(Valid)과 부적합(Invalid)으로 분류한 뒤, 예상되는 결과를 검증하는 기법을 말한다. 이 기법은 특히 회원 가입 폼과 같은 화면에서 사용자의 이름이나 아이디의 데이터 유형이 적합한지를 확인할 때 주로 사용된다.

표 8-5 신택스 테스팅 기법

입력 변수	적합 조건	부적합 조건
사용자 이름	6자리 이상 8자리 이하 알파벳	숫자, 특별 기호 등

No.	적합/부적합	입력 유형	입력 값	예상 결과
1	적합	7자리 알파벳	kildong	정상 처리
2	부적합	길이가 짧은 경우	kil	에러 메시지 - 길이 부적합
3	부적합	알파벳이 아닌 경우	길동386	에러 메시지 - 입력 유형 부적합

동등 분할(Equivalence Partitioning)

동등 분할은 입력값의 범위를 유사한 특징을 갖는 동등 그룹(Equivalence class)으로 나누고, 각 그룹마다 대표 값을 선정하여 테스트케이스를 생성하는 방식이다. 이 방식은 입력 값의 범위가 정해져 있는 경우 유용하며, 각 범위를 그룹으로 정하여 그 대표 값을 활용한다. 예를 들면 월(Month)을 입력으로 받는 경우에는 다음과 같이 동등 그룹을 고려할 수 있다.

- 적합한 조건을 갖는 동등그룹 = 1, 2, 3, … 11, 12
- 부적합한 조건을 갖는 동등그룹 = 1보다 작은 수, 12 보다 큰 수, 숫자가 아닌 문자 등

다음 주어진 요구사항에 대해서 동등분할 방법을 이용하여 테스트 케이스를 추출해 보자.

요구사항: 100점이 만점이고 0~100점을 받을 수 있는 시험이 있다. 시험 점수를 입력하면, 점수에 따라 다음과 같이 A, B, C 그리고 F의 성적을 출력하라.

	성적
90점 이상~100점 이하	A
80점 이상~90점 미만	B
70점 이상~80점 미만	C
0점 이상~70점 미만	F

그림 8-4 동등 분할을 위한 요구사항

위의 [그림 8-4]에서는 적합한 조건을 갖는 네 개의 동등 그룹이 있고, 0보다 작은 값을 갖는 그룹, 100보다 큰 값을 갖는 그룹 등 여러 개의 부적합 그룹이 있다. 적합한 조건을 갖는 동등 그룹에서 대표 값을 선정하고, 그 대표 값에 따른 테스트 케이스는 [그림 8-5]와 같다.

예제에서 보듯이 테스트 케이스 1번부터 4번은 입력값인 점수의 각 범위 대표값을 가진 테스트 케이스이다. 점수 범위에 따라 각각 50, 75, 85, 95란 점수를 대표값으로 입력하였고, 그것에 따르는 예상 결과값과 실제 결과값을 기록하였다.

	0≤점수<70	70≤점수<80	80≤점수<90	90≤점수≤100
테스트 케이스	1	2	3	4
점수 범위	0점 이상 ~ 70점 이하	70점 이상 ~ 80점 미만	80점 이상 ~ 90점 미만	90점 미만 ~ 100점 이하
입력값(점수)	50점	75점	85점	95점
예상 결과값	F	C	B	A
실제 결과값	F	C	B	A

그림 8-5 동등 분할 테스트 케이스

이처럼 동등 분할은 간단하고 쉬운 블랙박스 테스팅 방법이면서도 무작위 방법보다 체계적인 접근을 시도한 방법이다.

- **경계값 분석(Boundary Value Analysis)**

경계값 분석은 동등 분할과 유사하나 경계값을 기준으로 입력값을 선정한다는 것에 차이가 있다. 경계값을 기준으로 하는 이유는 주로 경계값 부근에서 오류가 많이 발생하는 사실에 근거한다. 즉 입력값이 범위를 가지는 경우, 그 범위 경계값과 경계 주위 값을 테스트 케이스로 추출하는 방법이다. [그림 8-4]에 나타난 예제의 경우 동등 분할의 대표값을 각 범위의 아무 값이나 선정하면 되지만, 경계값 분석의 경우에는 다음처럼 각 범위의 경계값과 그 전·후 값을 입력값으로 선정한다.

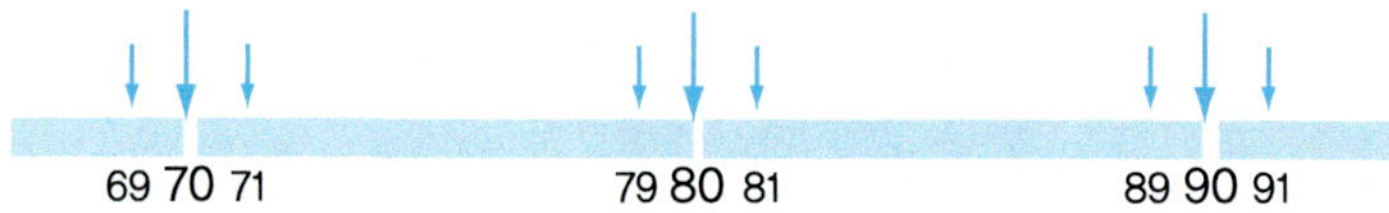

[그림 8-4]의 요구사항을 경계값 분석 방법을 이용하여 테스트 케이스를 추출하면 다음과 같다.

테스트 케이스	1	2	3	4	5	6	7	8	9
입력값(점수)	69	70	71	79	80	81	89	90	91
예상 결과값	F	C	C	C	B	B	B	A	A
실제 결과값	F	C	C	C	B	B	B	A	A

그림 8-6 경계값 분석 테스트 케이스

[그림 8-6]의 테스트 케이스는 입력값인 점수의 경계값과 그 전·후 값이 입력으로 주어졌을 경우의 예상 출력값과 실제 출력값을 나타내고 있다. 또한 경계값인 점수의 최소 점수인 0점과 그 전 값인 –1점, 그리고 최대 점수인 100점과 그 후 값인 101점도 입력값으로 선정될 수 있다. 만약 –1과 101점을 입력하였을 경우에는 예상 출력값이 경고창을 보여주는 것이 될 수 있다.

일반적으로 경계값 분석은 int나 double 등의 자료형이 입력일 경우 그 경계값을 입력값으로 테스트 케이스를 작성하여 테스팅할 때 이용하기도 한다. 예를 들어 C#이 갖는 int의 범위가 –2,147,483,648부터 2,147,483,647 이므로, 하한 경계값의 ±1 값인 –2,147,483,649와 -2,147,483,647을 대표값으로 선정할 수 있다.

의사결정 테이블(Decision Table)

의사결정 테이블은 입력, 출력값이 True, False로 결정될 수 있는 모든 경우의 수를 확인해 볼 수 있는 방법이다.

[그림 8-7]의 요구사항을 의사결정 테이블을 이용하여 테스트 케이스를 추출해 보자.

요구사항: 아이디와 비밀번호를 입력하여 둘 모두 유효하면 정상 로그인이 된다. 그러나 아이디가 유효하지 않을 경우 잘못된 아이디라는 경고창을, 아이디는 유효하나 비밀번호가 유효하지 않으면 잘못된 비밀번호라는 경고창을 보여준다.

그림 8-7 의사결정 테이블을 위한 요구사항

위의 요구사항을 의사결정 테이블 방법을 이용하여 테스트 케이스를 추출하면 [그림 8-8]과 같다.

구분		테스트 케이스			
	테스트 조건	1	2	3	4
입력값	유효한 아이디	T	T	F	F
	유효한 비밀번호	T	F	T	F
예상 출력값	로그인 성공	T	F	F	F
	잘못된 아이디 경고창	F	F	T	T
	잘못된 비밀번호 경고창	F	T	F	F
실제 출력값	로그인 성공	T	F	F	F
	잘못된 아이디 경고창	F	F	T	T
	잘못된 비밀번호 경고창	F	T	F	F

그림 8-8 의사결정 테이블 테스트 케이스

위의 테스트 케이스는 2개의 입력값인 아이디와 비밀번호가 각각 유효하면 True, 유효하지 않으면 False를 입력한다. 그래서 총 4개의 테스트 케이스를 추출할 수 있으며, 각 테스트 케이스에 대한 예상 출력값을 True와 False로 표현하고 이를 테스팅을 통해 실제 출력값을 확인하였다.

이처럼 의사결정 테이블은 적은 수의 조건을 가진 입력값에 유용하다.

(2) 화이트박스 테스팅(White-Box Testing)의 기법들

화이트박스 테스팅은 프로그램의 내부구조(소스 코드)를 기반으로 테스트 케이스를 추출하는 방식이다. 테스트 케이스는 소스 코드 내 일련의 문장의 흐름을 시험할 수 있는 값들로 추출된다. 각 테스트 케이스는 테스트 케이스를 추출할 때 기반이 된 문장의 순서에 따라 프로그램을 수행시켜 그 흐름에 에러가 있는지의 여부를 확인한다.

화이트박스 테스팅은 어떻게 프로그램의 내부구조의 타당성을 포괄적으로 검증할 것인가에 따라 문장 커버리지(Statement Coverage), 분기 커버리지(Branch Coverage), 조건 커버리지(Condition Coverage) 등으로 나누어진다. [그림 8-9]의 예제는 고과평점과 직원의 직위 그리고 자녀수가 주어졌을 때 보너스를 출력하는 프로그램을 순서도로 나타낸 것이다.

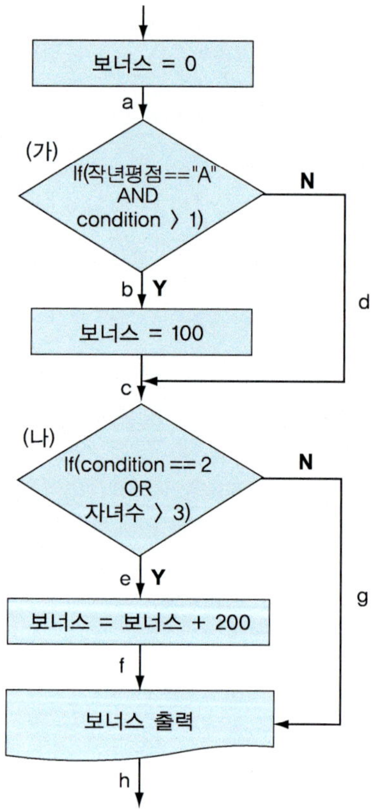

그림 8-9 테스팅 예제 순서도

문장 커버리지(Statement Coverage)

문장 커버리지는 프로그램을 구성하는 문장들이 최소한 한 번은 실행될 수 있도록 하는 입력값을 테스트 케이스로 선정한다.

표 8-6 문장 커버리지 테스트 케이스

ID	테스트 케이스		
	입력값	경로	출력값
1	(A, 2, 2)	(a-b-c-e-f-h)	300
...	...	...	...

※ 입력값은 (작년, condition, 자녀수)이며, 출력값은 보너스이다.

앞의 [그림 8-9]에서 테스트 케이스의 입력값이 [표 8-6]과 같이 (A, 2, 2)인 경우만으로도 <a-b-c-e-f-h>의 경로를 갖게 되므로 문장 커버리지를 만족하게 된다.

하지만 (가) 조건문의 AND가 아닌 OR가 올바른 프로그램일 경우를 생각해 보자. 이와 같은 경우에도 보너스는 역시 300으로 AND의 경우와 같은 값을 가지게 된다. 테스트 케이스에서 '작년==A'는 항상 True이기 때문에, (가) 조건문은 AND나 OR 상관없이 항상 True이고, <b> 경로를 갖게 되는 것이다. 즉 문장 커버리지 방법은 프로그램의 오류를 찾을 수 없는 경우가 많은, 약한(Weak) 화이트박스 테스팅 방법이다.

분기 커버리지(Branch Coverage)

분기 커버리지는 프로그램에 있는 분기를 최소한 한 번은 실행하게 하는 화이트박스 테스팅 방법이다. [그림 8-9]의 순서도를 다시 살펴보자. (가), (나) 조건문은 각각 Y, N에 따른 두 가지 경로를 갖는다. 이 경우 총 4가지의 분기를 가질 수 있다.

표 8-7 분기 커버리지 테스트 케이스

ID	테스트 케이스		
	입력값	경로	출력값
1	(A, 2, 2)	(a-b-c-e-f-h)	300
2	(B, 1, 2)	(a-d-c-g-h)	0
...	...	...	...

※ 입력값은 (작년, condition, 자녀수)이며, 출력값은 보너스이다.

이 예제에서는 [표 8-7]의 테스트 케이스와 같이 (A, 2, 2)와 (B, 1, 2)의 경우만으로도 모든 분기의 커버가 가능하다. 그러나 이러한 분기 커버리지에도 단점이 있다. 만약 올바르게 작성된 프로그램이 '자녀수 > 3'이 아닌 '자녀수 < 3'이었어야 하는 경우 분기 커버리지 방식으로는 오류를 찾지 못하는 단점이 있다.

● 조건 커버리지(Condition Coverage)

조건 커버리지는 &&, || 등의 조건을 가진 분기문이 전체 조건식의 결과와 관계없이 &&나 || 전후의 각 개별 조건식이 참 한 번, 거짓 한 번을 갖도록 테스트 케이스를 추출하는 것이다. 아래의 [그림 8-10]의 예제를 보자.

요구사항: 학생의 평균과 과목수를 받아서, 장학금 대상자를 선정하라. 장학금 대상자는 평균이 90점 이상이고, 과목수가 5과목 이상인 학생으로 한다.

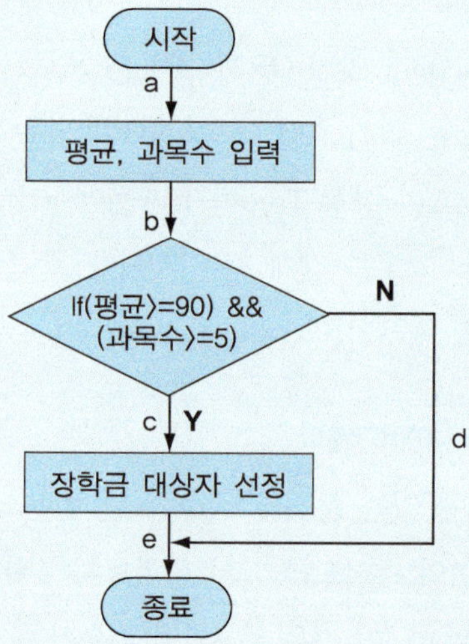

그림 8-10 장학금 대상자 선정 순서도

[그림 8-10]의 순서도는 대학을 다니는 한 학생의 평균 점수를 가지고 장학금 대상자를 선정하는 프로그램을 순서도로 표현한 것이다. 분기문인 if문은 [그림 8-11]과 같이 '평균'과 '과목수'에 관한 전체 조건식이 있다. '평균'과 '과목수'는 if문이라는 조건식의 각 개별 조건식에 해당하고, if문 안의 전체 조건식에 따라 장학금 대상자를 선정하게 된다.

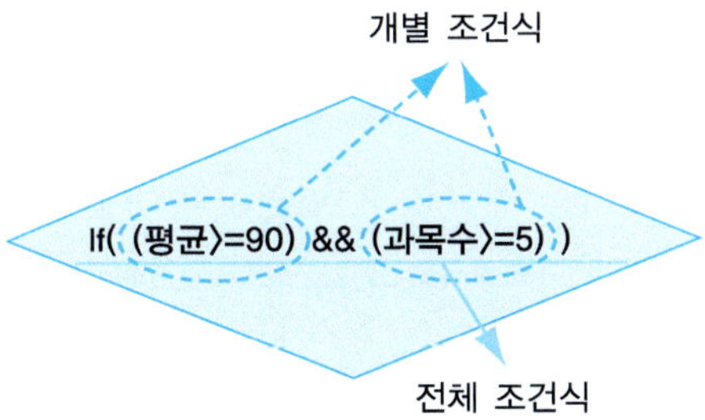

그림 8-11 전체 조건식과 개별 조건식

[표 8-8]은 각 개별 조건식인 (평균, 과목수) 조합이 (95, 4), (72, 7)을 입력하여 각각 참, 거짓을 한 번씩 가지도록 하는 테스트 케이스이다.

표 8-8 조건 커버리지 테스트 케이스

ID	테스트 케이스		
	입력값	경로	출력값
1	(95, 4)	(a−b−d−e)	대상자 아님
2	(72, 7)	(a−b−d−e)	대상자 아님
...	...	...	...

※ 입력값은 (평균, 과목수)이며, 출력값은 대상자 선정 여부이다.

표 8-9 조건 커버리지 테스트 케이스 진리표

평균	과목수	전체조건식
95이면 참	4이면 거짓	거짓
72이면 거짓	7이면 참	거짓
...	...	...

위와 같은 경우, 두 테스트 케이스는 각 개별 조건식이 참, 거짓을 가지므로 조건 커버리지를 만족하지만, if문 내부의 전체 조건식은 모두 거짓을 가지게 되므로 <a−b−d−e>의 경로를 갖게 되고 <c>의 분기는 실행이 되지 않는다. <c> 분기까지 실행하여 검사하는, 보다 강력한 화이트박스 테스팅 기법으로는 다중조건 커버리지가 있다.

● 다중조건 커버리지(Multiple Condition Coverage)

조건 커버리지가 각 개별 조건식의 조건을 검사하는 것이라면, 다중조건 커버리지는 전체 조건식의 조건을 검사하는 것이다. [그림 8-10]의 예제를 다시 살펴보자. if문을 만족하는 전체 조건식의 참과 거짓은 [표 8-10]과 같은 테스트 케이스를 가질 수 있다.

표 8-10 다중조건 커버리지 테스트 케이스

ID	테스트 케이스		
	입력값	경로	출력값
1	(95, 4)	(a-b-d-e)	대상자 아님
2	(72, 7)	(a-b-d-e)	대상자 아님
3	(80, 4)	(a-b-d-e)	대상자 아님
4	(92, 5)	(a-b-c-e)	대상자
...	...	...	...

※ 입력값은 (평균, 과목수)이며, 출력값은 대상자 선정 여부이다.

표 8-11 다중조건 커버리지 테스트 케이스 진리표

평균	과목수	전체 조건식
95이면 참	4이면 거짓	거짓
72이면 거짓	7이면 참	거짓
80이면 거짓	4이면 거짓	거짓
92이면 참	5이면 참	참
...	...	...

위의 테스트 케이스는 각각의 개별 조건식이 참, 거짓을 모두 가진다. 또한 전체 조건식 역시 참, 거짓을 모두 가지므로 <a-b-d-e>의 경로뿐만 아니라 <a-b-c-e>의 경로도 검사할 수 있어 조건문의 모든 경로에 대해 검사가 가능하다. 이처럼 다중조건 커버리지는 모든 개별 조건식의 모든 가능한 논리적인 조합을 고려하고, 전체 조건식의 모든 조건을 고려하는 테스팅 방법이다.

이처럼 화이트박스 테스팅은 테스팅하는 코드의 조건에 따라 여러 가지 방법이 있다. 이와 같은 방법들은 복잡도, 소요되는 시간(비용)에 각각의 특징이 있으므로, 테스트의 목적과 조건에 맞는 적절한 방법을 선택하는 것이 중요하다.

기본경로 테스팅(Basic Path Testing)

기본경로 테스팅은 프로그램의 제어구조(Control Structure)를 플로우 그래프(Flow Graph)로 표현하고, 순환복잡도(Cyclomatic Complexity)를 통해 독립적인 경로의 수를 찾아 테스트 케이스를 추출하는 기법으로, Tom McCabe에 의해 개발되었다. 이 기법을 이용하여 테스트 케이스를 추출하는 기본적인 단계는 다음과 같다.

(1) 테스팅 할 대상의 플로우 그래프를 그린다.
(2) 순환복잡도를 계산한다.
(3) 독립적인 경로들을 정의한다.
(4) 정의된 각 경로의 테스트 케이스를 작성한다.

첫 번째 단계로 테스팅 할 대상의 플로우 그래프를 그린다. 플로우 그래프는 프로그램 내부구조의 제어흐름(Control Flow)을 그래프로 표현하여 구조를 파악하고 시험경로(Path)를 추출하기 위해 표현되는데, 표기법은 [그림 8-12]와 같다.

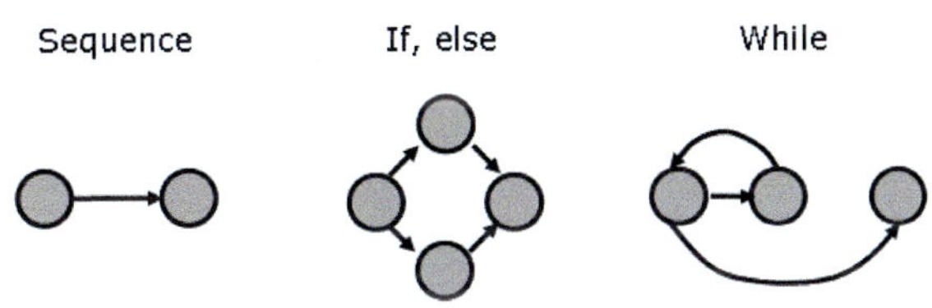

그림 8-12 플로우 그래프 표기법[1]

이 표기법을 통해 입력에서 출력에 이르기까지의 프로그램 내부구조를 플로우 그래프로 표현할 수 있다. 다음의 [그림 8-13]의 예제를 살펴보자.

요구사항: 국어, 영어, 수학 점수를 입력받아, 평균점수가 70점 이상이면 'PASS'를, 미만이면 'FAIL' 을 출력한다.

```
int main(int argc, char *argv[])
{
int[] testPoint = input[]

while(testpoint.count() =! 3)
{
    int inputPoint;
    printf("점수를 입력해주세요");
    scnaf("%d", &inputPoint);
    testPoint.add() = inputPoint;
}

int avPoint = (testPoint[0] + testPoint[1] + testPoint[2]) / 3;

if(avPoint >= 70)
{
    printf("PASS");
}
else
{
    printf("FAIL");
}
printf("출력이 종료되었습니다")
```

그림 8-13 3과목 평균점수의 PASS여부를 출력하는 예제

[그림 8-14]는 [그림 8-13]의 예제를 (A)와 같은 순서도로 표현하고 이를 통해 (B)와 같은 플로우 그래프를 표현한 것이다.

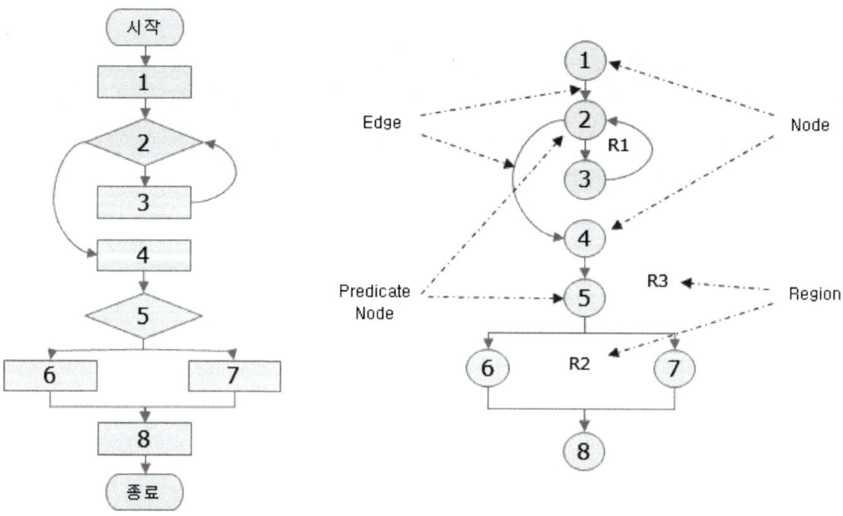

(A) 순서도(Flow chart)　　(B) 플로우 그래프(Flow graph)

그림 8-14 3과목 평균점수의 PASS여부 예제의 순서도와 플로우 그래프

이 그래프를 통해 노드(Node), 분기 노드(Predicate Node), 화살표(Edge), 구분된 지역(Region)을 파악할 수 있다. 이것들은 다음 단계인 순환복잡도를 계산하는데 사용된다. 순환복잡도는 프로그램의 논리적인 복잡도를 정량적으로 측정하기 위해 제공되는 매트릭(Matric)[1]이다. 이 방법은 프로그램 내부구조의 문장이 최소 한번 이상 실행되어, 전체 프로그램 내부구조를 시험 할 수 있는 독립적인 경로의 수를 계산한다. 순환복잡도를 계산하기 위한 공식은 다음과 같이 3가지의 방식이 있다.

- CC = R의 수
- CC = E − N + 2
- CC = P + 1

CC(Cyclomatic Complexity): 순환복잡도

R(Region): 노드와 가장자리 노드로 둘러싸인 영역과 그래프 밖 영역의 수

E(Edge): 화살표의 수

N(Node): 노드의 수

P(Predicate): 분기 노드의 수

[그림 8-14]의 (B)의 플로우 그래프를 통해 다음과 같이 순환복잡도를 계산 할 수 있다.

- V(G) = 3
- V(G) = 9 − 8 + 2 = 3
- V(G) = 2 + 1 = 3

계산 결과 순환복잡도는 3이므로, 최소한 3번 이상의 독립적인 경로를 시험하면 전체 내부구조를 포함할 수 있다.

세 번째 단계에서는 순환복잡도를 통해 계산된 횟수를 기반으로 독립적인 경로들을 정의한다. [그림 8-14]의 플로우 그래프에서 경로를 살펴보면 다음과 같다.

- 경로 1: 1 − 2 − 3 − 2 − 4 − 5 − 6 − 8
- 경로 2: 1 − 2 − 3 − 2 − 4 − 5 − 7 − 8
- 경로 3: 1 − 2 − 4 − 5 − 6 − 8

마지막으로 정의된 각 경로를 시험할 테스트 케이스를 작성한다.

표 8-12 3과목 평균점수의 PASS여부 예제의 테스트 케이스

ID	테스트 케이스		
	경로	입력값	예상 출력값
1	경로 1	선 입력 70, 75, 후 입력 80	PASS
2	경로 2	선 입력 60, 65, 후 입력 50	FAIL
3	경로 3	선 입력 70, 90, 80, 후 입력없음	PASS

※ 입력값은 (국어, 영어, 수학)으로 선,후의 입력된 조건이 있으며, 출력값은 PASS 여부이다.

테스트 케이스는 [표 8-12]와 같이, 정의한 경로를 시험가능 한 입력값을 정한다. 예제에서는 입력값이 3개가 되어야만 while문을 빠져 나올 수 있으므로 이를 시험하기 위하여 입력값에 조건을 두었다.

8.3.4 테스팅 예제

지금까지 살펴 본 테스팅 기법을 예제를 통해 살펴보자. 예제의 사용자 요구사항은 다음과 같다.

요구사항: 신용카드사의 멤버쉽 종류와 사용 금액에 따른 적립금 퍼센트를 보여준다. 적립금 퍼센트의 산정표는 [표 8-13]과 같다. 멤버쉽 종류와 사용금액이 주어지면 그에 해당하는 적립금 퍼센트를 출력한다. 예를 들어 어느 고객의 멤버쉽 등급이 VIP이고 카드 사용금액이 100만 원 이하 일 경우 적립금 퍼센트는 10%임을 보여준다.

표 8-13 적립금 퍼센트 산정표

등급 사용금액	일반	VIP	VVIP
5만원 이하	5%	5%	5%
20만원 이하	5%	7%	10%
100만원 이하	7%	10%	15%
100만원 초과	10%	15%	20%

(1) 블랙박스 테스팅

● 신택스 테스팅

[표 8-13]의 요구사항 예제에 신택스 테스팅을 적용해보자. 이 테스팅은 입력 데이터가 미리 정의한 유형에 적합한지를 검증하는 방식이므로, 입력 데이터를 어떠한 유형으로 정의하여 검증할지를 고려해야 한다. 다음의 [그림 8-15]는 입력 데이터가 사용금액 일 경우 적합조건을 자연수, 부적합 조건을 특별기호, 문자 혹은 공백 등으로 분류하고, 이에 따라 입력 유형을 정의하였다. 미리 정의한 유형에 따라 출력값을 예상해보면 [그림 8-15]와 같이 나타난다.

입력변수	적합조건	부적합조건
사용금액	자연수	특별 기호, 문자, 공백 등

NO	적합/부적합	입력 유형	입력값	예상출력값
1	적합	자연수	50,000	정상
2	부적합	0	0	경고창
3	부적합	음수	–1,000	경고창
4	부적합	소수	1.2785	경고창
5	부적합	문자	abcdefg	경고창
6	부적합	특수기호	#@*&	경고창

그림 8-15 신택스 테스팅 예제

● 동등 분할

다음으로 [표 8-13]의 요구사항 예제에 동등 분할을 적용해보자. 이 테스팅은 입력 도메인을 비슷한 특징의 동등 그룹으로 분류하고 각 그룹의 대표값을 통해 검증하는 방식이므로, 입력값을 어떻게 동등 그룹으로 분류할지를 고려해야 한다. 이 예제의 경우 입력 값의 범위가 정해져 있기 때문에, 다음의 [그림 8-16]과 같이 사용금액의 입력값을 요구사항에 나타난 범위에 따라 동등 그룹을 분류할 수 있다.

적합한 조건을 갖는 동등 그룹을 살펴보면 0 < 사용금액 <= 50,000의 경우, 50,000 < 사용금액 < 200,000의 경우, 200,000 < 사용금액 <= 1,000,000의 경우 그리고 1,000,000<사용금액의 경우로 나누어진다. 그리고 부적합한 조건을 갖는 동등 그룹은 0 > 사용금액의 경우 등으로 나누어진다.

	50,000	200,000	1,000,000	
	0< IP <= 50,000	50,000 < IP <= 200,000	200,000 < IP <= 1,000,000	1,000,000 < IP

테스트 케이스	1	2	3	4
입력값(금액)	5,000	100,000	800,000	3,000,000
입력값(등급)	일반	일반	일반	일반
금액 범위	5만원 이하	20만원 이하	100만원 이하	100만원 이하
예상 결과값	5%	5%	7%	10%
실제 결과값	5%	5%	7%	10%

그림 8-16 동등 분할 예제

● 경계값 분석

다음으로 [표 8-13]의 요구사항 예제에 경계값 분석을 적용해보자. 이 테스팅은 경계값을 기준으로 입력값을 선정하므로, 다른 결과값이 예상되는 입력값의 경계값 및 경계 전후값을 고려해야 한다. 이 예제의 경우 [그림 8-17]과 같이 경계값은 0원, 50,000원, 200,000원, 1,000,000원이 되므로 이 값의 전후값인 –1원, 1원, –49,999원, 50,001원, 199,999원, 200,001원, 999,999원 1,000,001원 등이 검증을 위한 입력값이 된다.

테스트 케이스	1	2	3	4	5	6	7	8	9
입력값(금액)	–1	0	1	49,999	50,000	50,001	199,999	200,000	...
입력값(등급)	일반	일반	일반	일반	일반	일반	일반	일반	...
금액 범위	초과	정상	정상	정상	정상	정상	정상	정상	...
예상 출력값	경고창	5%	5%	5%	5%	5%	5%	5%	...
실제 출력값	경고창	5%	5%	5%	5%	5%	5%	5%	...

그림 8-17 경계값 분석 예제

● 의사결정 테이블

다음으로 [표 8-13]의 요구사항 예제에 의사결정 테이블을 적용해보자. 이 테스팅은 입력, 출력값이 True, False로 결정될 수 있는 모든 경우의 수를 확인하는 방식이므로, [그림 8-18]과 같이 입력값들의 조합이 True, False의 모든 경우의 수를 포괄 할 수 있도록 구성한다. 이 예제의 경우 입력값 금액 70,000원이 True이고 일반 등급이 True일 경우, 출력값으로 5%의 적립금 퍼센트가 True로 예상된다.

테스트 케이스			1	2	3	4	5	6
입력값	금액	70,000	T	T	T	F	F	F
		500,000	F	F	F	T	T	T
	등급	일반	T	F	F	T	F	F
		VIP	F	T	F	F	T	F
		VVIP	F	F	T	F	F	T
예상 출력값	5%		T	F	F	F	F	F
	7%		F	T	F	T	F	F
	10%		F	F	F	F	F	T
	15%		F	F	F	F	F	T
	20%		F	F	F	F	F	F
실제 출력값	5%		T	F	F	F	F	F
	7%		F	T	F	T	F	F
	10%		F	F	T	F	T	F
	15%		F	F	F	F	F	T
	20%		F	F	F	F	F	F

그림 8-18 의사결정 테이블 예제

(2) 화이트박스 테스팅

[표 8-13]의 요구사항 예제를 화이트박스 테스팅의 문장 커버리지와 기본경로 테스팅을 통해 살펴보자. 이 예제에 대한 소스코드는 [그림 8-19]와 같이 일부 작성할 수 있고, 순서도는 [그림 8-20]과 같이 나타낼 수 있다. [그림 8-21]의 순서도는 [그림 8-20]의 순서도의 일부를 좀 더 상세히 나타낸 것이다.

```
//inputMoney는 사용금액으로 사용자로부터 입력 받음
//numberRate은 멤버쉽 등급으로 사용자로부터 입력 받음

int returnRate = 0;  //반환할 할인율
if(inputMoney <= 50000)
{
  returnRate = 5;
}
else if(50000 < inputMoney && inputMoney <= 200000)
{
   switch(numberRate)
   {
       case 0;  //멤버쉽 등급이 일반일 경우
         returnRate = 5;
         break;
       case 1; //멤버쉽 등급이 VIP일 경우

         returnRate = 7;
         break;
       case 2; //멤버쉽 등급이 VVIP일 경우

         returnRate = 10;
         break;
   }
}
else if(200000 < inputMoney && inputMoney <= 1000000)
{
   switch(numberRate)
   {
       case 0;
         returnRate = 7;
         break;
       case 1;
         returnRate = 10;
         break;
       case 2;
         returnRate = 15;
         break;
   }
...
}
printf("%d",returnRate);
```

그림 8-19 적립금 퍼센트 산정 예제의 일부 소스코드

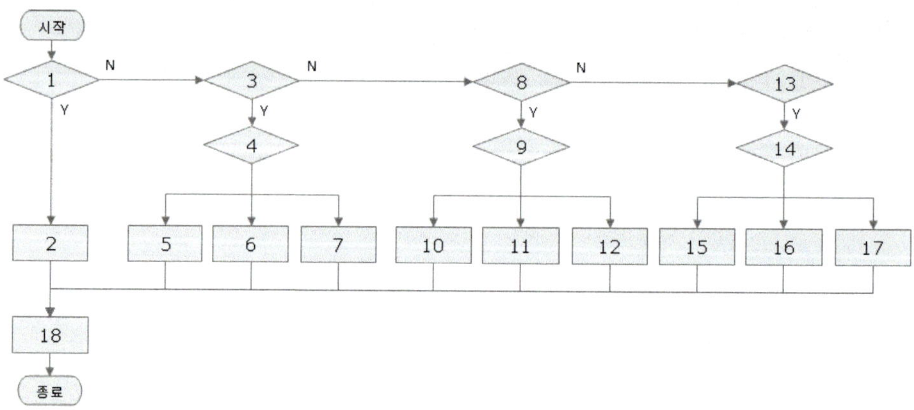

그림 8-20 적립금 퍼센트 산정 예제의 순서도

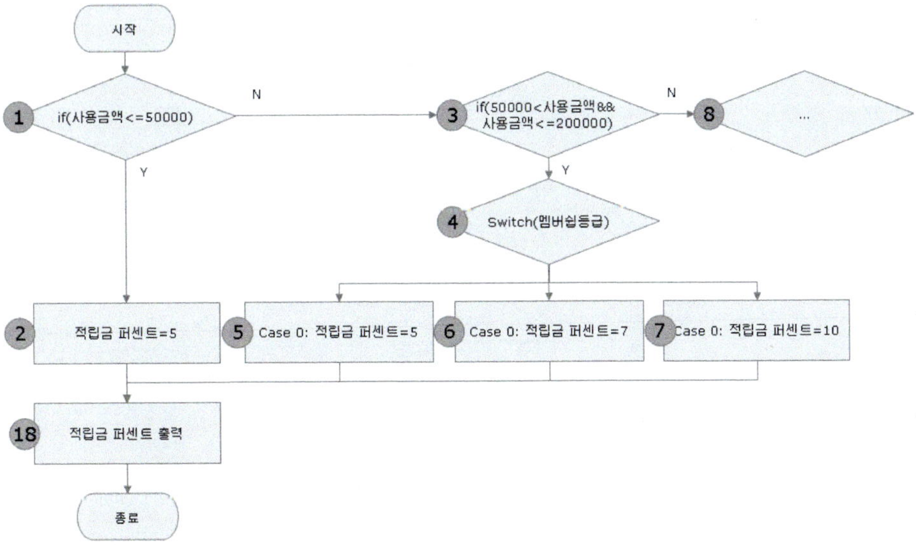

그림 8-21 일부의 경우를 상세히 나타낸 순서도

● 문장 커버리지

문장 커버리지는 프로그램 내부구조의 문장을 최소한 한 번씩 실행하여 시험하는 방식이므로, 이를 위한 입력값을 고려해야 한다. 이를 위해 입력값을 [표 8-14]와 같이 정의하여 각각의 경로들을 시험한다.

표 8-14 적립금 퍼센트 산정 예제의 문장 커버리지 테스트 케이스

ID	테스트 케이스		
	입력값	경로	출력값
1	(30000, 0)	(1 – 2 – 18)	5
2	(100000, 0)	(1 – 3 – 4 – 5 – 18)	5
3	(100000, 1)	(1 – 3 – 4 – 6 – 18)	7
4	(100000, 2)	(1 – 3 – 4 – 7 – 18)	10

※ 입력값은(사용금액, 멤버쉽등급)이며, 출력값은 적립금 퍼센트이다.

● 기본경로 테스팅

기본경로 테스팅은 테스트 케이스를 추출하기 위하여 플로우 그래프 작성, 순환복잡도 계산 등의 단계를 따르므로 예제를 통해 하나씩 살펴보자.

■ 플로우 그래프 작성

[그림 8-21]의 사용금액 <= 50000과 50000 < 사용금액 <= 200000경우의 순서도를 통해 플로우 그래프를 작성해 보면 다음의 [그림 8-22]와 같이 8개의 노드, 10개의 화살표, 3개의 분기노드 그리고 4개의 구분된 지역이 도출된다.

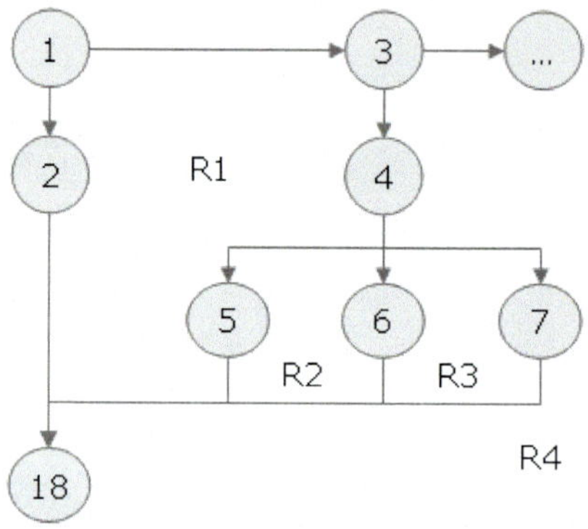

그림 8-22 적립금 퍼센트 산정 예제의 플로우 그래프

■ 순환복잡도 계산

플로우 그래프에서 도출된 노드, 화살표, 분기 노드, 구분된 지역의 수를 순환복잡도 공식에 대입해 보면, 다음과 같이 4개의 독립적인 경로의 수가 계산된다.

$V(G) = 4$

$V(G) = 10 - 8 + 2 = 4$

$V(G) = 3 + 1 = 4$

■ 독립적인 경로 정의

순환복잡도에 따라 4개의 독립적인 경로를 정의한다. 여기서 정의되는 경로들은 서로 중복되지 않게 하기 위해, 각 경로마다 각각 새로운 노드와 화살표를 포함 시킨다. 이는 최소한의 독립적인 시험 경로를 제공하는 것이므로 이 밖에 더 많은 경로를 시험할 수도 있다.

- 경로 1: 1 – 2 – 18
- 경로 2: 1 – 3 – 4 – 5 – 18
- 경로 3: 1 – 3 – 4 – 6 – 18
- 경로 4: 1 – 3 – 4 – 7 – 18

테스트 케이스 작성

마지막으로 정의한 경로에 따른 테스트 케이스를 작성한다. 테스트 케이스는 [표 8-15]와 같이, 정의된 경로를 시험가능 한 입력값으로 작성한다.

표 8-15 적립금 산정 예제의 테스트 케이스

ID	테스트 케이스		
	경로	입력값	예상 출력값
1	경로 1	(30000, 0)	5
2	경로 2	(100000, 0)	5
3	경로 3	(100000, 1)	7
4	경로 4	(100000, 2)	10

※ 입력값은(사용금액, 멤버쉽등급)이며, 출력값은 적립금 퍼센트이다.

지금까지 적립금 산정예제를 통하여 블랙박스 및 화이트박스 테스팅까지 다시한번 살펴보았다. 이 예제는 테스팅의 이해를 위해 지금까지 배운 모든 기법을 적용해 보았으나, 실제 테스팅에서는 모든 기법을 적용하는 것 보다 대상의 특징에 맞는 효과적인 기법을 선택하여 적용하는 것이 중요하다.

8.3.5 테스팅 단계

소프트웨어 개발 단계에 따라 각 단계에서 생성되는 산출물을 이용하여 테스팅을 수행할 수 있다. 이를 테스팅 단계라고 하며 아래의 그림과 같다.

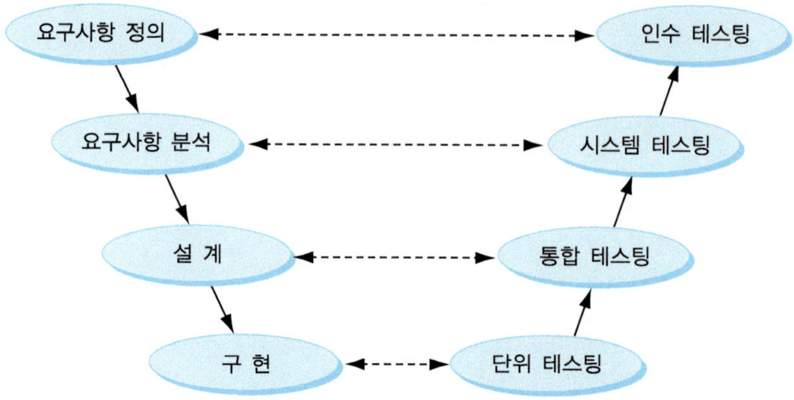

그림 8-23 소프트웨어 개발 단계와 테스팅

[그림 8-23]은 소프트웨어의 각 개발 단계와 매핑되는 테스팅 활동을 표현한 것이다. 단위 테스팅은 모듈이 구현된 후에 개별적인 모듈에 대해 수행하는 테스트이다. 단위 테스팅을 위해서 상세 설계 정보를 이용할 수 있다. 단위 테스팅은 기본적으로 각 모듈이 올바른 기능을 수행하는지를 판별한다. 이에 반해 통합 테스팅은 모듈 간의 인터페이스를 테스트하는 것이 주목적이다. 통합 테스팅은 소프트웨어 시스템을 통합하는 전략과 밀접한 관계가 있다. 모듈 간의 의존관계를 보여주는 구조 설계 문서가 통합 테스팅에서 필요하다. 시스템 테스팅은 모듈들을 통합하여 완전한 시스템이 구성될 때 개발자에 의해 수행되는 테스팅이다. 개발된 시스템이 사용자의 요구사항에 맞게 구현되었는지를 시스템 전체에 대해 검사한다. 마지막 인수 테스팅은 소프트웨어 개발 프로젝트의 종료 및 고객 인도를 위한 최종 테스트이다.

각각의 테스팅 기술과 단계에 대해서는 아래에서 자세히 설명할 것이다.

(1) 단위 테스팅(Unit Testing)

단위 테스팅은 구현 단계에서 각 모듈이 완성되었을 경우 개별적인 모듈을 테스팅 하는 것을 말한다. 따라서 단위 테스팅의 주체는 그 모듈을 개발한 개발자가 되며, 모듈 내부의 소스 코드에 대한 테스팅이 가능하므로 화이트박스 테스팅 기법을 이용할 수 있고, 모듈 자체의 입력 및 출력값에 대한 테스팅을 위해서 블랙박스 테스팅도 이용할 수 있다.

그러나 하나의 모듈이 완성되어 단위 테스팅을 한다고 해도, 하나의 모듈이 다른 모듈을 호출하거나 호출되었을 경우 테스팅 대상이 되는 모듈은 완전하게 실행되지 않으므로 테스팅이 어렵다. 따라서 테스팅 대상 모듈을 호출하는 환경과 테스팅 대상 모듈에서 호출하는 모듈을 가상으로 만들어 단위 테스팅에 이용한다. 이를 각각 스텁(Stub)과 테스트 드라이버(Test Driver)라고 한다.

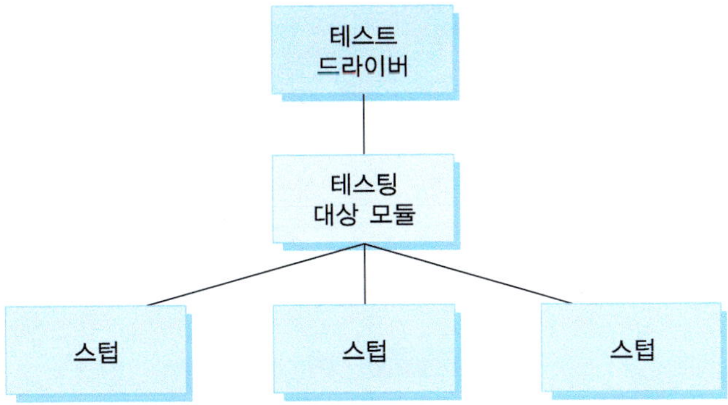

그림 8-24 스텁과 테스트 드라이버

스텁은 테스트 대상인 모듈에 의해 호출되는 더미(Dummy) 프로그램이며, 테스트 드라이버는 테스트 대상인 모듈을 호출하는 더미 프로그램이다. 스텁과 테스트 드라이버는 테스팅을 위하여 필요한 것이므로, 완벽하게 구현할 필요는 없고 상황에 맞도록 적절한 기능을 가지고 있으면 된다.

(2) 통합 테스팅(Integration Testing)

통합 테스팅은 모듈을 통합한 단계에서 수행되는 테스팅이다. 단위 테스팅을 통해 각 모듈이 정상적으로 기능을 수행한다는 것을 검사했지만, 단위 테스팅을 위해 작성한 테스트 드라이버와 스텁은 완벽한 기능을 가진 것이 아닌 임시적인 것이므로, 모듈을 통합하였을 경우 모듈 간의 상호작용이 제대로 이루어지지 않는 경우가 많기 때문에 이를 검사하는 테스팅이다.

통합 테스팅은 모듈을 통합시키는 방법에 따라 몇 가지 테스팅 기법을 사용할 수 있다. 그 기법은 아래와 같다[4].

● 빅뱅(Big Bang) 기법

» 모듈을 한꺼번에 통합하여 테스팅을 하는 방법
» 오류가 발생하였을 경우 어느 부분에서 오류가 났는지 찾기가 힘듦

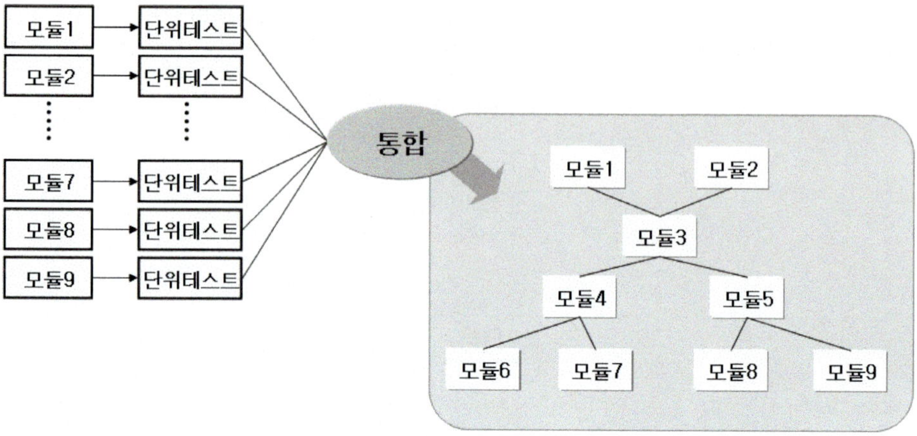

그림 8-25 빅뱅 기법

하향식(Top-Down) 기법

» 가장 상위 모듈부터 하위 모듈로 점진적으로 통합하는 방법

» 상위 모듈 테스팅 시, 하위 모듈에 대한 스텁이 필요

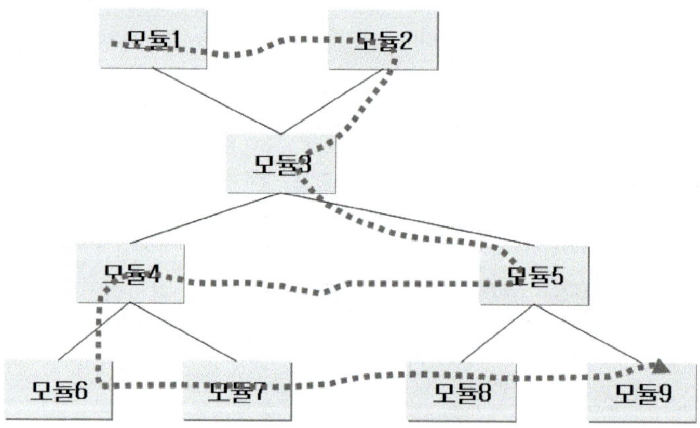

그림 8-26 하향식 기법[9]

상향식(Bottom-Up) 기법

» 하위 모듈부터 테스팅하고 상위 모듈로 점진적으로 통합하는 방법

» 하위 모듈 테스팅 시, 상위 모듈에 대한 테스트 드라이버가 필요

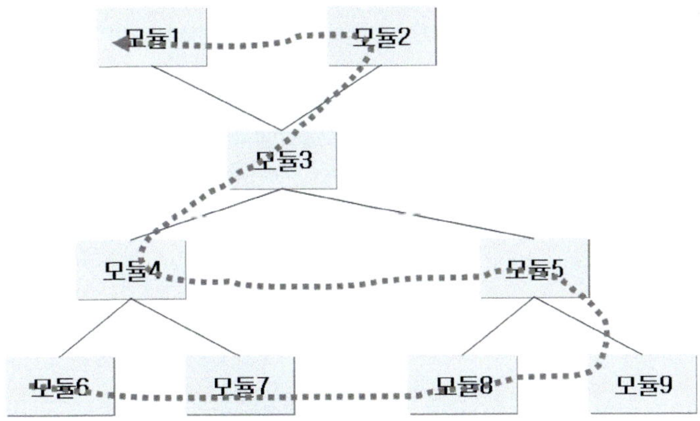

그림 8-27 상향식 기법[9]

(3) 시스템 테스팅(System Testing)

시스템 테스팅은 모듈이 모두 통합된 후, 사용자의 요구사항이 만족되었는지 검사하는 것이다. 고객에게 시스템을 전달하기 전에 시스템을 개발한 조직이 주체가 되는 마지막 테스팅이라고 할 수 있다. 요구사항 명세서를 기초로 하여 사용자의 기능 요구사항뿐만 아니라 보안, 성능, 신뢰성 등의 비기능 요구사항도 테스팅 대상이 된다. 예를 들면 게임 회사에서 실시하는 알파, 베타 테스팅도 시스템 테스팅에 속한다. 알파는 개발 조직 내부에서, 베타는 실제 시스템이 운영될 환경에서 실시하는 테스팅이다.

(4) 인수 테스팅(Acceptance Testing)

인수 테스팅은 시스템이 사용자에게 인수되기 전, 사용자에 의해 실시되는 테스팅이다. 인수 테스팅은 실제 사용자가 운영하는 환경에서 실시되며 인수 테스팅을 통과해야만 시스템이 성공적으로 사용자에게 인수되고 프로젝트는 종료된다.

08 연습문제

1. 모듈 안의 작동을 자세히 관찰할 수 있으며, 프로그램 소스 코드의 논리적인 구조를 커버하도록 테스트 케이스를 설계하는 프로그램 테스팅 방법은 무엇인가?

2. 블랙박스 테스팅은 무엇인가?

3. 소프트웨어의 테스팅 중 화이트박스 테스팅의 과정은 무엇이 있는가?

4. 테스팅 단계의 순서를 나열하라.

5. 디버깅(Debugging)이란 무엇인가?

팀 프로젝트 (12, 13주차)

이번 주 할 일

일자	본문 목차	본문 내용	프로젝트 활동	제출물
1주		과목 소개	프로젝트 소개	
2주	1장	S/W와 SE	1차 팀 구성	
3주	2장	생명주기	2차 팀 구성	
4주	3장	프로젝트	제안서	완성된 팀 구성
5주		제안서 발표		제안서
6주	4장	요구사항	요구사항 명세서	
7주	5장	계획(1)		요구사항 명세서
8주	중간고사			
9주	5장	계획(2)	계획서	
10주	6장	위험관리		계획서
11주	7장	설계	설계서	
12주	8장	V&V(1)		설계서
13주	8장	V&V(2)	테스트 결과 보고서	
14주		프로젝트 발표		테스트 결과 보고서
15주	9장	형상관리		최종 보고서
16주	기말고사			

이번 주 팀 프로젝트 활동은 본문에서 배운 내용을 토대로 지금까지 개발한 "Small Messenger"의 검증과 확인을 한다. 앞서 본문에서 살펴보았다시피 검증과 확인에는 단위 테스팅 그리고 통합 테스팅을 하는 방법이 있는데, 여기서는 이를 테스팅을 실시하고 그 결과 보고서를 작성하도록 한다. 테스트 결과 보고서를 작성하는 방법은 다음의 예시를 참조한다.

1. 개요

1.1 테스트 목적

이 테스트의 목적은 프로젝트 진행 중 오류를 미리 검출하고 수정함으로써 품질 높은 시스템을 개발하는 데 있다.

1.2 테스트 범위

본 프로젝트에서는 시스템이 사용자의 요구사항과 설계 명세서를 만족하도록 구현하였는지 검증하기 위해 다음의 테스트 활동을 수행한다.

- 단위 테스팅
- 통합 테스팅

1.3 시스템 개발 배경

본 시스템은 타 메신저 프로그램을 벤치마킹하여, 그들의 기능 중 일부를 구현한 것으로 1:1 대화 기능에 초점을 맞추어 개발한다.

1.4 위험 요소

개발자가 테스트할 수 있는 범위는 단위 테스팅으로 제한한다.

자신이 개발한 모듈은 타인에 의해 테스트되어 진다.

2. 테스트 전략

2.1 테스트 항목 및 통과 기준, 대안

유형	항목	척도	통과 기준	대안
단위 테스팅	블랙박스	오류 제거	발견된 모든 오류가 제거되어야 한다.	디버깅
		테스트 적절성	실행된 테스트 케이스의 수가 계획된 것의 80% 이상이어야 한다.	
단위 테스팅	화이트 박스	오류 제거	발견된 모든 오류가 제거되어야 한다.	디버깅
		테스트 적절성	실행된 테스트 케이스의 수가 계획된 것의 80% 이상이어야 한다.	

2.2 시스템 테스팅 기법 및 테스트 케이스 생성 방법

테스트 항목	특성	테스트 케이스 생성 방법
기능 테스팅	기능성	요구사항 명세서 이용
스트레스 테스팅	비기능성	기능 테스트, 품질 특성 이용

3. 테스팅 일정

주요 단계		테스트 케이스 작성일	시작일	종료일
단위 테스팅	요구사항 명세서 기반 블랙박스 테스팅	요구사항 명세서 도출 후	각 모듈 구현 완료 시	테스팅 시작 후 2일 12:00
	클래스 명세서 기반 화이트박스 테스팅	클래스 명세서 도출 후	각 모듈 구현 완료 시	테스팅 시작 후 2일 12:00
	클래스 명세서 기반 블랙박스 테스팅	클래스 명세서	각 모듈 구현 완료 시	테스팅 시작 후 2일 12:00
시스템 테스트		요구사항 명세서 도출 후	2006.11.13	2006.11.16

4. 테스트 케이스

테스트 케이스 ID	UT-0001			
목적	저장된 친구는 다시 저장할 수 없도록 처리한다.			
테스트 조건	내 친구 목록에 해당 ID가 저장되어 있다(ID:“aaa”).			
테스터	홍길동	테스트 일자	2006.11.6	
단계	입력값	예상 출력값	실행 결과	조치사항
1	ID: “aaa”	친구 추가 실패	친구 추가 실패	
2	ID: “abc”	친구 추가 성공	친구 추가 성공	
3	ID: “AAA”	친구 추가 성공	친구 추가 성공	
4	ID: “Aaa”	친구 추가 성공	친구 추가 성공	

참고문헌

[1] Roser S. Pressman, “Software Engineering a Practitioner's Approach 5/e”, McGraw-Hill Higher Education, 2001

[2] Steve McConnell 저, 김덕규 외 역, “소프트웨어 프로젝트 생존전략”, 인사이트, 2003

[3] Ian Sommervile 저, 권기태, 남영광 역, “소프트웨어 공학 7판”, 홍릉과학출판사, 2006

[4] 한/카네기멜론대학 기술교류협회, “최신 소프트웨어공학 기법”, V.I. Land, 2001

[5] SEI/CMU, “The Capability Maturity Model”, Addison-Wesley, 1994

[6] IEEE-Std-829, “Software Test Documentation”, The Institute of Electrical and Electronics Engineers, Inc., 1998

[7] Glenford J. Myers, "The Art of Software Testing", A Wiley-Interscience Publication, 1979
[8] IEEE-Std-610, "IEEE Standard Glossary of Software Engineering Terminology", The Institute of Electrical and Electronics Engineers, Inc., 1990
[9] Satish Mishra, "Integration testing", Humboldt State University

PART

4

지원

CHAPTER

9

형상 관리

형상 관리란? (What is configuration management?)

- "프로젝트는 신행되어 가면서 두 가지 형태로 변화한다. 첫 번째는 새로운 산출물들이 축적되고, 두 번째는 이러한 산출물들이 계속해서 버전업이 된다는 것이다. 이렇게 변화하는 산출물들을 관리하는 것이 형상 관리이다(Projects change in two ways as they progress toward completion. The First is through the accumulation of new parts. The second kind of change consists of successive versions of these parts. Configuration Management refers to the management of these parts)".

— by Eric J. Braude

"개발자 A는 고객으로부터 그룹 구별이 없이 등록된 인원과 대화할 수 있는 메신저를 개발하고 있었다. 개발이 진행되는 중 고객으로부터 메신저에 등록된 인원을 그룹별로 구분할 수 있게 해달라는 요구사항 변경 메일이 도착했다. 개발자 A는 팀장에게 보고했고, 데드라인이 얼마 남지 않았지만, 요구사항을 변경하기로 결정되었다. 변경을 담당하게 된 개발자 A는 3일 밤샘 작업을 통해 관련 부분의 소스 코드를 수정하였다. 하지만 개발자 A가 밤샘 작업 후 잠깐 자는 사이, 같은 팀의 개발자 B가 개발자 A가 수정한 소스 코드를 덮어 쓰게 되었다."

그림 9-1 메신저 프로젝트 예제

[그림 9-1]의 예제에서 문제는 무엇일까? 개발자 A는 고객의 요구사항 변경 요청을 받아 팀장에게 보고했고, 팀장의 결정에 따라 요구사항을 변경하기로 결정하였다. 하지만 소스 코드를 제대로 관리하지 못하여 3일간의 밤샘 노력이 물거품이 되어 버렸다.

이런 상황은 소프트웨어를 개발하는 조직에서는 흔히 일어나는 일이다. 심지어는 자기가 수정하고도 실수로 자신의 코드를 덮어 쓰는 경우도 있다. 어떻게 해야 이런 상황을 방지할 수 있을까? 이러한 질문에 대한 도움을 형상 관리(Configuration Management)에서 얻을 수 있다.

때때로 영어를 굳이 우리말로 번역해서 더 어렵게 느껴지는 경우가 있는데 "형상 관리"도 같은 경우이다. "형상 관리"란 번역된 이름만 봐서는 그것이 무슨 뜻인지 이해하기가 쉽지 않다. 그러면 "형상 관리"에 대해 알아보기 전에 과연 먼저 "형상"이란 무엇인지 알아보자.

Configuration = 형상 = 形狀

그림 9-2 configuration과 형상

[그림 9-2]는 영어로 configuration과 한글로 형상, 그리고 그 한자를 비교한 것이다. [그림 9-2]의 비교만을 봐서는 여전히 형상이란 무엇인가에 대해 이해하기 쉽지 않을 것이다. 네이버 사전에서 "configuration"을 검색해 보자.

영어사전 (총 1 건의 검색결과를 찾았습니다.)

configuration [kənfìgjuréiʃən] 발음듣기 단어장에 추가

명

1. (각 요소·부분의) 상대적 배치[배열]; 그것에 의해 결정되는 외형, 형태.
2. 〈천문〉
a) 성위(星位).
b) 성군, 별자리.
3. 〈물·화〉 원자 배열.
4. 〈컴퓨터〉 (시스템의) 구성.
5. 〈심리〉 형태(Gestalt).
~·al 형 ~·al·ly 부 ㄷ ra·tive 형

그림 9-3 "네이버"사전에서의 configuration 검색 결과

소프트웨어에 딱 맞는 뜻은 없지만, "형상"이란 [그림 9-3]에서 보듯이 소프트웨어 개발 산출물(문서나 소스 코드 등)이 배치되어 있는 배열 등으로 볼 수 있다.

소프트웨어는 앞서 1장에서 언급했듯이, 개발 어느 단계에서나 변경이 일어난다. 변경이 일어나면 소프트웨어 개발 산출물들의 배열에 변화가 일어나고, 새로운 형상이 구성된다. "형상 관리"란 이러한 소프트웨어 개발 산출물들의 배치나 구성을 관리하는 것이라고 하겠다.

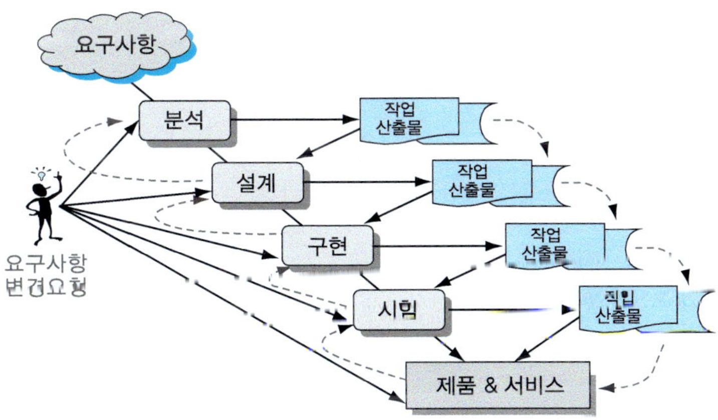

그림 9-4 소프트웨어 개발은 어느 단계에서나 변경이 일어난다.

9-1 형상 관리란?

9.1.1 형상 관리의 정의

앞서 형상 관리에 대한 일반적인 뜻에 대하여 살펴보았다. 그렇다면 표준에서는 형상 관리를 어떻게 정의하고 있을까? IEEE의 형상 관리에 대한 정의는 다음과 같다.

1. 형상 항목을 식별하여 그 기능적 물리적 특성을 문서화하고,
2. 그러한 특성에 대한 변경을 제어하고,
3. 변경 처리 상태를 기록 및 보고하고,
4. 명시된 요구사항에 부합하는지 확인하는 기술적이고 관리적인 감독, 감시 활동

> (A discipline applying technical and administrative direction and surveillance to (1) identify and document the functional and physical characteristics of a configuration item, (2) control changes to those characteristics, (3) record and report change processing and implementation status, and (4) verify compliance with specified requirements)[1]

즉 변경할 때 관리가 필요한 항목을 선정하고, 그 항목은 아무나 변경할 수 없도록 적절한 통제를 한다. 변경한 내용을 기록하고 그 기록과 실제 변경된 내용이 일치하는지 확인하는 활동으로, 프로젝트의 생명주기 동안 제품의 무결성(Integrity)과 변경에 대한 추적성(Traceability)을 확보하기 위한 활동이라 할 수 있다.

9.1.2 형상 관리 활동

프로젝트에 내재되어 있는 형상 관리와 관련된 문제점들을 살펴보면 다음과 같다.

- **요구사항의 변화가 많다**: 모든 요구사항을 다 변경할 것인가? 그로 인해 필요해지는 비용과 시간은 어떻게 할 것인가?
- **산출물에 대한 수정 결과가 관련자들에게 제대로 통보되지 않는다**: 개발자 A가 변경한 내용은 개발자 B는 모르고 있고, 재작업 또는 덮어 쓰기를 할 수 있다.
- **많은 개발자들이 동일한 산출물에 대하여 개별적으로 이중 작업을 실시한다**: 개발자 A가 변경한 산출물을 개발자 B도 동시에 수정하고 있다.

- **하나의 산출물이 여러 개의 사본으로 존재하여 작업에 혼란을 초래한다**: 서버에 통합하여 관리하는 것이 아니기 때문에 어느 사본이 최신 버전인지, 어느 사본에서 모든 기능이 동작하는지 알 수 없다.

즉 소프트웨어의 비가시성, 변경 추적의 어려움, 관리와 통제의 어려움, 요구사항 변경으로 인한 잦은 변경발생 등으로 인해 발생할 수 있는 위험을 최소화하기 위한 활동이 필요하다.

이러한 목적으로 수행되는 형상 관리 활동은 [그림 9-5]와 같이 크게 네 가지로 정리할 수 있는데, 형상 식별, 형상 제어, 형상 상태 보고, 형상 감사가 그것이다[1].

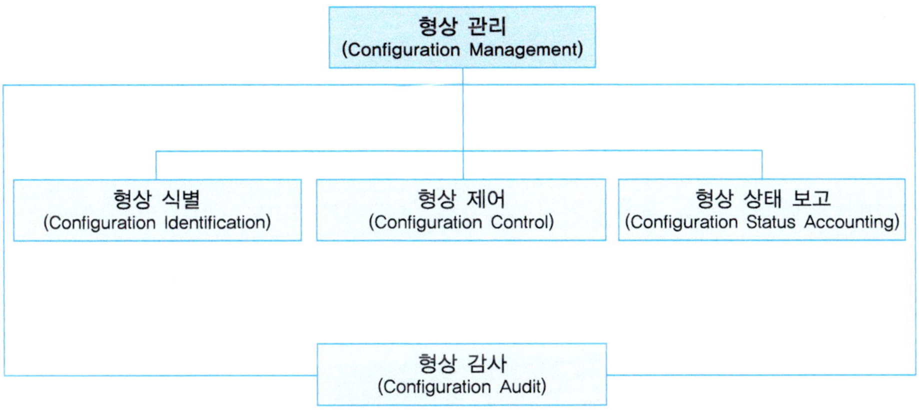

그림 9-5 형상 관리 활동

네 가지의 활동을 간략히 살펴보면 다음과 같다.

- **형상 식별**: 형상 관리를 할 항목을 식별하는 것
- **형상 제어**: 형상에 대한 변경 요청이 있을 경우, 변경 여부와 변경 활동을 통제하는 것
- **형상 상태 보고**: 형상 변경에 대한 내용을 기록하고 보고하는 것
- **형상 감사**: 형상 항목이 요구사항에 맞도록 잘 변경되었는지 확인하는 것

이러한 활동들을 하기 위해서는 이러한 활동을 전담할 수 있는 역할이 필요하다. 형상 관리를 계획하고, 형상 항목을 관리하는 형상 담당자(Configuration Manager)와 형상 항목의 변경을 결정하는 형상 통제 위원회(CCB: Configuration Control Board)가 그것이다.

형상 담당자(Configuration Manager)

형상 담당자는 프로젝트 팀원 중 프로젝트 전체 흐름을 볼 수 있는 중간 개발자 이상의 인원을 선정한다. 규모가 작은 프로젝트에서는 겸직할 수 있다. 형상 담당자의 책임과 수행 활동은 아래와 같이 정리할 수 있다.

표 9-1 형상 담당자의 책임과 수행 활동

책임	수행 활동
• 형상 관리 계획서에 따라 형상 관리 활동 수행 • 형상 관리의 생성 및 유지 • 형상 관리 절차의 개발 및 문서화 • 베이스라인의 확립 및 변화 관리	• Kick-off meeting 참석 • 형상 관리 계획서 작성에 참여 • 형상 항목 식별 및 관리 • 주기적인 형상 상태 보고

형상 통제 위원회(CCB: Configuration Control Board)

형상 통제 위원회는 형상 항목의 변경을 수락 또는 거절하거나, 형상 항목이 통제를 거쳐 변경이 되도록 하는 책임을 가진 그룹으로, 형상 항목의 변경으로 영향을 받는 사람들로 구성된다. 일반적으로 프로젝트 관리자, 형상 담당자, 품질 담당자, 기술 담당자와 고객 측 담당자 등이 참여한다. 형상 통제 위원회의 역할은 다음과 같다.

- 형상 항목 결정
- 베이스라인 수립 여부 결정
- 승인된 변경에 대한 책임 및 보증
- 베이스라인의 변경 요청이 필요한 경우, 이에 대한 검토 및 승인
- 베이스라인 라이브러리에 산출물들의 완성을 승인

형상 통제 위원회는 효율성을 위하여 변경 내용의 중요도에 따라 1급 형상 통제 위원회'와 2급 형상 통제 위원회'와 같이 등급을 나누어 구성하기도 한다.

9-2 형상 식별(Configuration Identification)

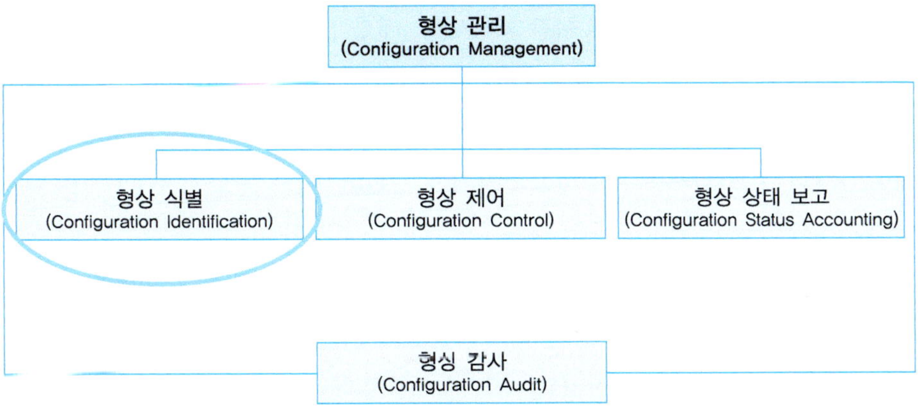

그림 9-6 형상 관리 활동에서의 형상 식별 활동

[그림 9-6]의 형상 식별 활동은 형상 관리의 밑바탕이 되는 활동으로, 형상 관리의 대상을 식별하고 베이스라인의 기준을 정하는 활동이다. 형상 식별 활동은 크게 형상 항목 선정과 베이스라인 수립의 세부 활동으로 이루어져 있다.

9.2.1 형상 항목 선정

소프트웨어를 개발하면 많은 개발 문서와 소스 코드, 이미지 등의 산출물이 발생한다. 이러한 산출물 중 계속해서 수정되는 계획서나 소스 코드는 수정에 대비한 적절한 저장 방법과 접근 방침이 필요하다. 또한 그 중 고객과 합의한 요구사항 명세서와 같이 함부로 변경되면 안 되는 문서들은 적절한 통제를 통하여 관리되어야 한다.

이처럼 관리 방법이나 변경에 대한 통제 여부에 따라 산출물을 구분하고, 이 중 변경에 대한 통제가 필요한 산출물을 선정하는 것을 형상 항목 선정이라고 한다.

형상 항목의 선정은 제품 개발 초기 단계에서 프로젝트 관리자가 형상 담당자를 정하고, 그와 함께 형상 관리 대상이 되는 형상 항목을 정함으로써 이루어진다.

9.2.2 형상 식별자 선정

형상 항목에 유일한 이름과 번호를 정하고, 버전을 부여하는 식별 체계를 형상 식별자라 한다. 형상 식별자는 산출물의 파일 이름으로 쓰여지며, 이는 일정한 법칙을 가지고 유지되어야 한다.

Project id	Doc. id	Version id	Draft id

그림 9-7 형상 식별자의 예

[그림 9-7]은 형상 식별자의 예를 나타낸다. 예제의 첫 번째에는 프로젝트의 고유 ID가 쓰여지고, 그 다음은 산출물의 ID, 버전 ID, 드래프트 ID 형식으로 쓰여 형상을 구분하도록 하였다. 만약 'SELAB_SRS_1.0.0_C'라는 식별자를 가진 형상 항목은 SELAB이라는 프로젝트의 요구사항 명세서이며, 1.0.0 버전을 만들어가는 C 단계라고 구분할 수 있다.

이러한 형상 식별자는 파일명으로 문서의 종류와 버전을 쉽게 알 수 있다는 장점이 있다. 만약 버전 관리 툴을 사용한다면, 버전 ID는 버전 관리 툴에서 자동으로 관리해 주기도 한다. 이럴 경우 버전 ID는 붙일 필요가 없다.

9.2.3 베이스라인(Baseline) 기준 선정

일반적으로 베이스라인은 소프트웨어 개발의 특정 시점에서 형상 항목이 소프트웨어 개발에 하나의 완전한 산출물로써 쓰일 수 있는 상태(1.0 버전으로 표현하기도 한다)의 집합을 나타낸다. 이러한 베이스라인 상태가 되기 위해서는 형상 통제 위원회의 공식적인 검토와 승인을 거쳐야 한다.

IEEE 표준에서는 베이스라인을 다음과 같이 정의한다.

> "책임이 있는 관리를 통해 공식적으로 검토 및 동의되었고, 추후 개발의 기초가 되며, 오직 공식적인 변경 통제 절차에 의해서만 변경될 수 있는 상태(A Specification or product that has been formally reviewed and agreed upon, that thereafter serves as the basis for further development, and that can be changed only through formal change control proce- dures.)[2]."

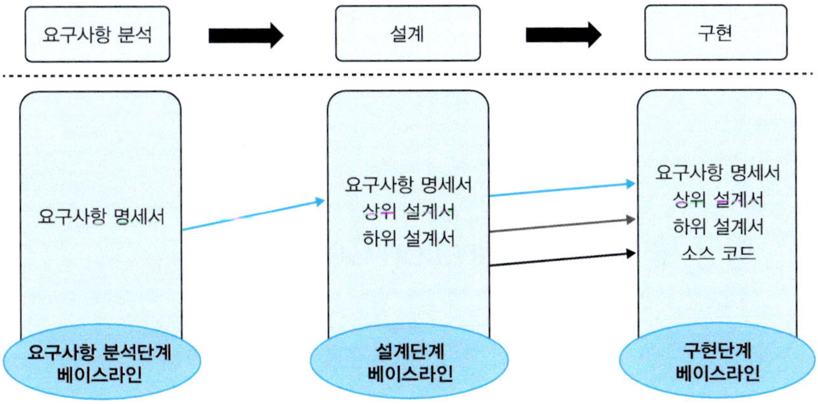

그림 9-8 베이스라인 수립 단계

베이스라인은 [그림 9-8]과 같이 일반적으로 소프트웨어 개발 주기를 단위로 기준을 수립하는데, 예를 들면 요구사항 분석 단계가 끝나면 요구사항 명세서를, 설계 단계 후에는 이전 단계의 베이스라인에 설계 문서를, 구현 단계 후에는 소스 코드를 베이스라인으로 포함시키는 경우이다. 이렇게 진행이 된다면 구현 단계가 끝난 후의 베이스라인은 요구사항 명세서, 설계 문서, 소스 코드가 될 것이다.

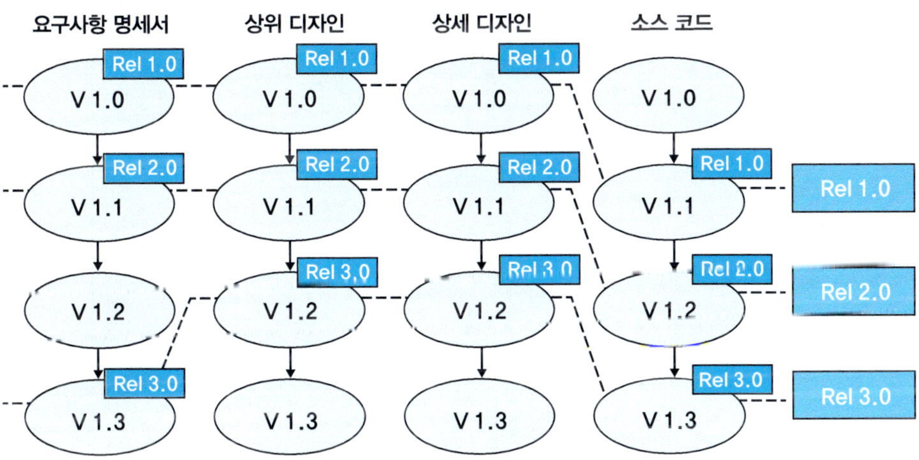

그림 9-9 구현 단계 후 베이스라인 예제

이와 같은 베이스라인의 기준은 형상 관리 계획서 작성 시 수립되고, 베이스라인이 될 형상 항목의 선정은 앞서 살펴보았듯이 형상 통제 위원회에서 결정하게 된다.

베이스라인은 개발에 중요한 산출물에 대하여 적절한 통제를 통해 변경을 관리하기 위한 목적인만큼, 변경을 위해서는 형상 통제 위원회의 평가와 승인이 필요하며, 이러한 모든 과정은 공식적인 절차에 의해 이루어진다. 이에 대한 자세한 내용은 다음 장에서 알아보도록 하겠다.

9-3 형상 제어(Configuration Control)

요구사항은 언제나 변하기 마련이다. 특히 소프트웨어는 앞서 살펴보았듯이 더더욱 변경이 잦다. 모든 요구사항의 변경은 관련 산출물의 변경을 수반한다. 만약 개발 후반부에 요구사항이 변경된다면 소스 코드뿐만 아니라 개발 전반부에서 만든 요구사항 문서부터 설계 문서까지 변경해야 한다. 이것은 비용과 납기일과 관련된 중요한 문제이다. 그러므로 변경을 위해서는 엄격한 심사 프로세스가 있어야 한다. 고객의 요구사항 변경을 수용할 것인지 평가하고, 관련자들이 모여 결정하는 절차를 형상 제어 프로세스라고 한다.

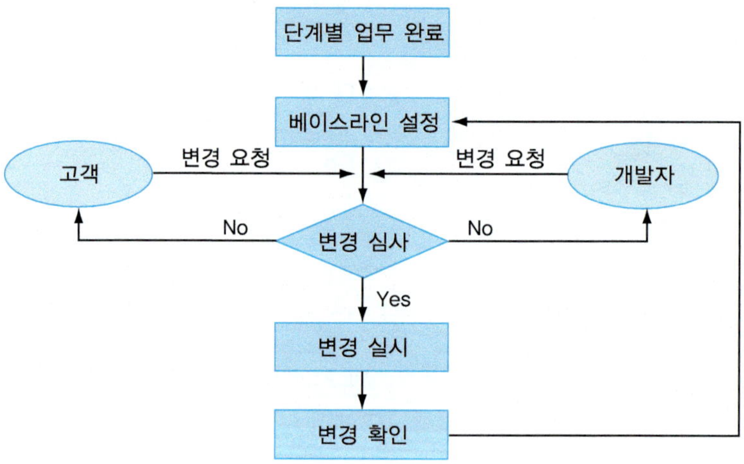

그림 9-10 형상 제어 절차

[그림 9-10]은 일반적인 형상 제어의 절차를 나타내고 있다. 베이스라인에 대해 고객이나 개발자의 변경 요청(Change Request)이 있을 경우 형상 제어 절차가 시작된다. 변경 요청은 미리 지정한 양식에 맞추어 형상 담당자에게 제출되어야 하며, 형상 담당자는 이를 토대로 형상 제어 절차를 따르게 된다. 형상 제어의 다음 단계는 아래와 같다.

변경 심사

형상 담당자는 변경 요청을 확인하여 소집할 형상 통제 위원회(CCB)의 등급을 결정한다. 소집된 형상 통제 위원회는 변경 요청에 대한 평가를 한 후, 변경 여부에 대하여 결정한다. 이때, 심사는 기술적인 관점이 아닌 전략적이고 조직적인 관점에서 변경의 영향을 고려해야 한다[3]. 프로젝트 기간, 예산, 인력 등의 평가를 거친 후 변경이 결정되면 변경 실시 단계로 진행되며, 변경이 거부된 경우에는 변경 요청자에게 통보된다.

변경 실시

변경 요청된 내용에 대하여 변경을 실시한다. 변경은 하나의 문서에 대해서만 이루어질 수도 있고, 관련된 여러 문서, 코드에 대해 이루어질 수도 있다. 변경을 하기 위해서는 형상 저장소에서 해당 항목을 체크아웃(Check-out)해야 한다. 체크아웃은 형상 저장소에서 내가 작업할 컴퓨터로 변경할 항목을 가져오는 것으로, 내가 체크아웃한 항목은 작업 종료 후 체크인(Check-in)을 통해 다시 형상 저장소에 저장할 때까지 다른 개발자는 그 항목을 변경할 수 없다[4].

변경 확인

형상 통제 위원회는 변경된 내역에 대해 변경 요청 내용에 따라 잘 변경이 되었는지 확인한다. 변경이 확인되면 변경된 베이스라인은 형상 저장소에 체크인되며, 다시 베이스라인으로 수립된다.

9-4 형상 상태 보고(Configuration Status Accounting)

형상 제어 프로세스에 따라 변경된 형상 항목이 있다면 그 항목이 제대로 변경되었는지 중간 중간 살펴보는 것 역시 중요한 일이다. 형상 상태 보고는 베이스라인이 지금 어떤 상태인지, 변경한 항목들은 잘 반영되고 있는지 보고하는 절차이다

형상 상태 보고의 목적은 베이스라인으로 설정된 형상 항목의 구조와 변경 상태를 기록하여 보고함으로써, 형상 항목의 개발 상태에 대한 가시성을 제공하는 데 있다. 프로젝트 진행 과정상 제품의 현재 개발 상황, 형상 항목의 변경 내역을 모니터링하고 감독하는 활동으로서, 형상 상태 보고서를 기반으로 하여 현재 프로젝트 저장소에 저

장되어 있는 형상 항목들이 계획대로 유지되고 있는지 혹은 개발자들의 비공식적인 형상 항목 변경이 있는지를 파악하는 활동이다.

형상 상태 보고는 형상 관리 계획서에서 정한 주기대로 형상 상태 보고서를 작성하여 실시하되, 분기를 넘지 않도록 해야 한다. 또한 형상 상태 보고는 상위 관리자에게 보고하여 형상 상태와 관련된 이슈 발생 시 적절한 조치를 취해야 한다.

형상 상태 보고서의 주요 내용으로는 베이스라인의 상태, 변경 제어 상태, 형상 통제 위원회 활동 내역, 변경 요청의 상태 등이 있으며 형상 담당자가 작성한다.

9-5 형상 감사(Configuration Audit)

형상 감사란 형상 관리 계획서대로 형상 관리가 진행되고 있는지, 요구사항 문서대로 제품이 제작되었는지 감사하는 활동이다.

형상 감사의 목적은 형상 관리 활동이 형상 관리 프로젝트 또는 형상 관리 계획서에 따라 수행되는지 확인하여 베이스라인의 무결성을 검증하는 데 있다. 형상 감사는 형상 담당자가 실시하며, 형상 관리 계획서에 형상 감사에 대한 계획이 수립되어 있어야 한다. 그리고 정기적인 형상 감사 외에 베이스라인이 수립되기 전에도 실시한다.

형상 담당자는 사전에 준비한 체크 리스트를 통하여 감사를 실시하며, 검증하는 내용은 다음과 같다.

- 모든 승인된 변경의 반영 여부
- 관련된 항목의 갱신 여부
- 승인되지 않은 변경의 반영 여부
- 인도될 항목과 요구사항, 디자인과의 일치 여부
- 모든 알려진 소프트웨어의 문제가 변경 승인에 의해 검토되었는지 여부
- 버전 기술 문서의 준비 여부

09 연습문제

1. 형상(Configuration)이란 무엇인지 설명하라.

2. 형상 관리(Configuration Management)에 대해 설명하라.

3. 베이스라인(Baseline)에 대하여 설명하라.

4. 형상 통제 위원회(CCB)는 무엇이고 어떤 역할과 책임을 가지는가?

5. 형상 관리의 관리 대상 항목을 2가지 이상 기술하라.

6. 형상 관리의 목적을 설명하라

7. 형상 제어(Configuration Control)란 형상 관리가 수행하는 여러 기능 중 하나인데, 어떠한 기능인지 설명하라.

참고문헌

[1] IEEE-Std-1042, "IEEE Guide to Software Configuration Management", The Institute of Electrical and Electronics Engineers, Inc., 1998

[2] IEEE-Std-610, "IEEE Standard Glossary of Software Engineering Terminology", The Institute of Electrical and Electronics Engineers, Inc., 1990

[3] Ian Sommervile 저, 권기태, 남영광 역, "소프트웨어 공학 7판", 홍릉과학출판사, 2006

[4] Pankaj Jalote, "CMM in Practice", Addison-Wesley, 2000

PART

5

부록

APPENDIX

A

소프트웨어 분류표

소프트웨어 분류표

표 부록-1 산업자원부 소프트웨어 분류표

소프트웨어 군		비 고
중분류	소분류	
일반사무용 S/W	오피스 군 S/W	데스크탑 기반 응용
통신용 S/W	화상통신 S/W	
	원격제어 S/W	
기업용 S/W	인사/급여/물품/회계/판매/자산관리 S/W	
	MIS지원 S/W	
과학용 S/W	영상처리 S/W	
	수학계산 S/W	
	데이터/통계 분석 S/W	
산업용 S/W	CAD/CAM/CAE S/W	임베디드 응용
	건설/건축 S/W	
일반 컨텐츠 개발용 S/W	멀티미디어 저작 도구	데스크탑 기반 응용
	그래픽 저작 도구	
	웹문서 편집기	
웹 관리 도구	웹사이트 저작 도구	웹 기반 응용
유틸리트 S/W	압축관리 S/W	데스크탑 기반 응용
	PC 자원 공유지원 S/W	
기업관리 S/W	ERP류 S/W (SCM, CRM 포함)	데스크탑 기반 응용
	그룹웨어 S/W (KMS 포함)	
인터넷 응용 S/W 개발 도구	인터넷 광고지원 S/W	웹 기반 응용
	인터넷 방송 관련 S/W	
	웹 DB 연동 관련 도구	
서버 운영 S/W	웹 서버	웹 기반 시스템/미들웨어
	메일 서버	
	프락시 서버	

소프트웨어 군		비 고
중분류	소분류	
서버 운영 S/W	Web Application Server	웹 기반 시스템/미들웨어
	서버 모니터링 도구	
프로그램 개발용 S/W	프로그램 개발 도구	데스크탑 기반 응용
	Web Application 개발 도구	웹 기반 응용
DBMS	DBMS (DB 서버)	데스크탑 기반 미들웨어/시스템
	Data Mining 관련 도구	
	Data Warehouse 관련 도구	
	OLAP/OLTP 관련 도구	
운영체제		데스크탑 기반 시스템
네트워크 S/W	네트워크 분석 도구 (예: 통신 프로토콜 분석 도구)	데스크탑기반 네트워크
	NMS (Network Management System)	
	네트워크 백업 관련 도구	
	웹 리포팅 도구	웹기반 시스템/네트워크
시스템 유틸리티 S/W	바이러스/백신 S/W	데스크탑 기반 응용
	PC 복구/ 백업 관련 S/W	
시스템 관리 S/W		데스크탑 기반 시스템
미들웨어류	CORBA 지원 등 (예: Tuxedo 등)	데스크탑 기반 미들웨어

표 부록-2 TTA 소프트웨어 분류표

대분류		중분류	비고
패키지 S/W (22개 분야)	일반 패키지 S/W (9개 분야)	일반 사무용 S/W	데스크탑 기반 응용
		통신용 S/W	데스크탑 기반 응용
		기업용 S/W	데스크탑 기반 응용
		과학용 S/W	데스크탑 기반 응용
		산업용 S/W	임베디드 용용
		정보 액세스 도구	데스크탑 기반 응용
		일반 컨텐츠 개발용 S/W	데스크탑 기반 응용
		웹 관리 도구	웹기반 응용
		유틸리티 S/W	데스크탑 기반 응용
	통합지원 패키지 S/W (5개 분야)	기업관리 S/W	데스크탑 기반 응용
		인터넷 응용 S/W 개발도구	데스크탑 기반 응용
		서버 운영 S/W	데스크탑 기반 시스템
		특수 컨텐츠 개발용 S/W	데스크탑 기반 응용
		기타 S/W	데스크탑 기반 응용
	시스템 응용 패키지 S/W (8개 분야)	프로그램 개발용 S/W	데스크탑 기반 시스템
		DBMS	데스크탑 기반 시스템
		네트워크 S/W	데스크탑 기반 시스템
		운영체제 S/W	데스크탑 기반 시스템
		시스템 유틸리티 S/W	데스크탑 기반 시스템
		시스템 관리 S/W	데스크탑 기반 시스템
		미들웨어류 S/W	데스크탑기반 미들웨어
		기타 S/W	데스크탑 기반 시스템

APPENDIX

B

기능점수 측정 규칙

- Chapter5장에 있는 기능점수의 데이터 기능과 트랜잭션 기능의 측정 규칙을 포함하였다. 이해를 돕기 위하여 영문으로 된 측정 규칙에 대해서 한글 해석과 관련 그림 및 예를 추가하였다. 보다 자세한 사항은 IFPUG에서 발간하는 CPM4.2를 참고하기 바란다.

데이터 기능

데이터 기능은 ILF(Internal Logical File)와 EIF(External Logical File)로 이루어져 있다. 이들을 식별하는 규칙은 다음과 같다.

ILF 식별 규칙

ILF로 식별되기 위해서는 다음의 2가지 규칙을 모두 만족해야 한다.

(1) The group of data or control information is logical and user identifiable.

» 데이터 그룹과 제어 정보의 그룹은 사용자에게 식별 가능해야 한다. 예를 들어, 영화 제목, 등급 등은 사용자에게 식별 가능한 영화와 관련된 데이터 그룹이다.

※ 데이터 정보와 제어 정보: 데이터 정보(영화 제목, 등급 등)는 파일에 저장되어 활용되기 위한 정보이며, 제어 정보(에어컨을 끄는 조건을 나타내는 온도)는 시스템의 상태를 변경 시키는 정보이다.

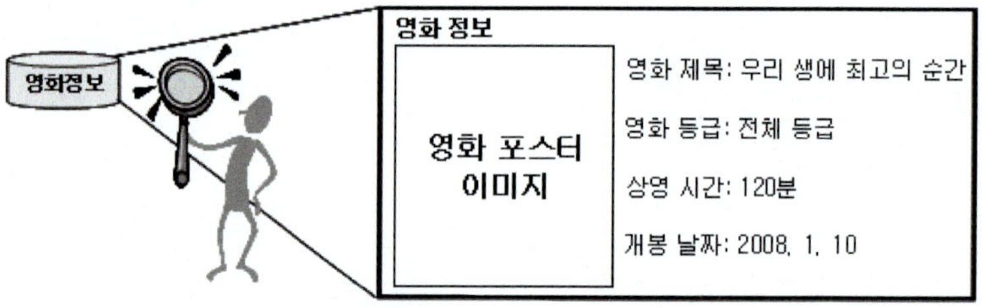

그림 B-1 ILF 식별 규칙 1의 예

(2) The group of data is maintained through an elementary process within the application boundary being counted.

» 데이터 그룹이 측정 대상 어플리케이션 경계 내에서 유지되어야 한다. 예를 들어, 회원 관리 어플리케이션에서 회원 등록 기능을 수행 하면, 회원의 정보는 회원 관리 어플리케이션 내의 회원 정보 ILF에 저장된다.

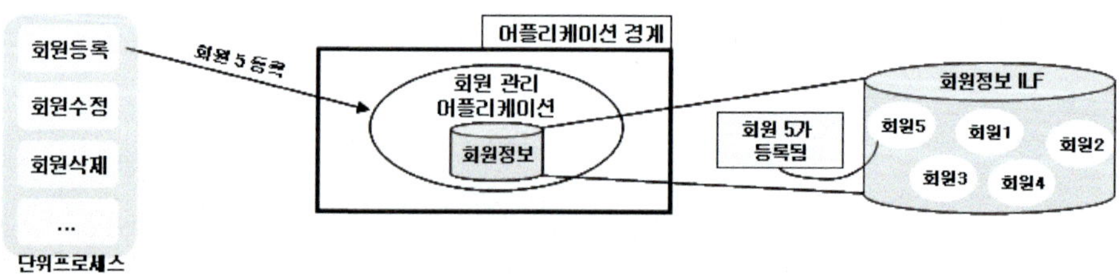

그림 B-2 ILF 식별 규칙 2의 예

EIF 식별 규칙

EIF로 식별되기 위해서는 다음의 3가지 규칙을 모두 만족해야 한다.

(1) The group of data or control information is logical and user identifiable.

» ILF 식별 규칙 (1)을 참고하기 바란다.

(2) The group of data is referenced by, and external to, the application being counted.

» 데이터 그룹이 측정 대상 어플리케이션 외부에서 참조되어야 한다. 예를 들어, 영화 예매 어플리케이션에서 온라인 결제를 하기 위해 은행 목록을 조회하고자 할 때, 외부의 결제 처리 어플리케이션에서 유지되는 은행 정보 EIF로부터 은행 목록 정보를 참조한다.

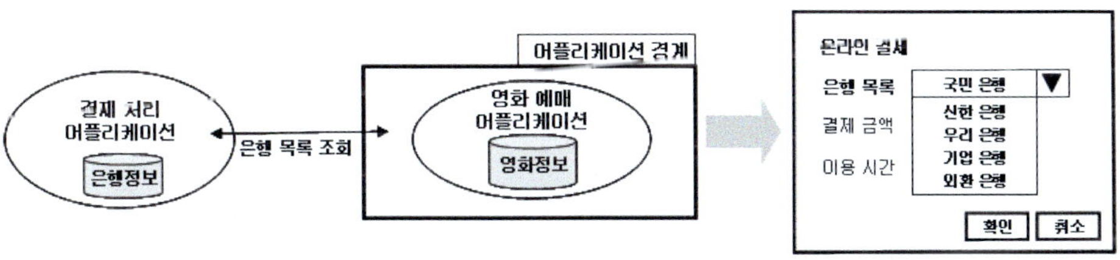

그림 B-3 EIF 식별 규칙 2의 예

(3) The group of data is not maintained by the application being counted. The group of data is maintained in an ILF of another application

» 데이터 그룹은 측정 대상 어플리케이션 경계 외부의 참조 대상 어플리케이션에서 ILF로 유지되어야 한다. 예를 들어 영화 예매 시스템에서 결제를 하기 위해 은행 목록을 조회하고자 할 때, 은행 목록은 외부 결제 처리 어플리케이션에서 유지되는 은행 정보 ILF에 있는 데이터이다.

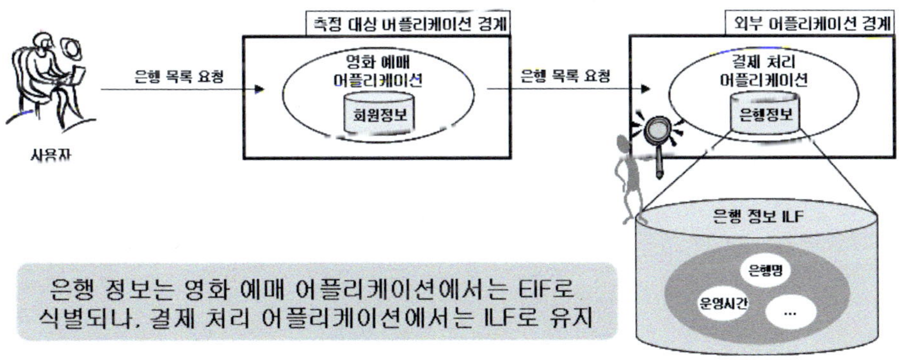

그림 B-4 EIF 식별 규칙 3의 예

ILF와 EIF는 RET(Record Element Type)와 DET(Data Element Type)로 이루어져 있다. 이들을 식별하는 규칙은 다음과 같다.

RET 식별 규칙

RET로 식별되기 위해서는 다음의 2가지 규칙을 모두 만족해야 한다.

(1) Count a RET for each optional or mandatory subgroup of the ILF or EIF

» ILF 또는 EIF 내의 필수적 또는 선택적 서브 그룹 각각을 1개의 RET로 식별한다. 예를 들어, 직원 정보 ILF에서 어느 직원이든 정규직 또는 일용직 그룹에 속해야 하므로 이들은 필수적 그룹으로 식별되고, 부양가족은 있을 수도 있고, 없을 수도 있으므로 선택적 그룹으로 식별된다. 그러므로 직원 정보 ILF는 3개의 RET로 그룹지어진다.

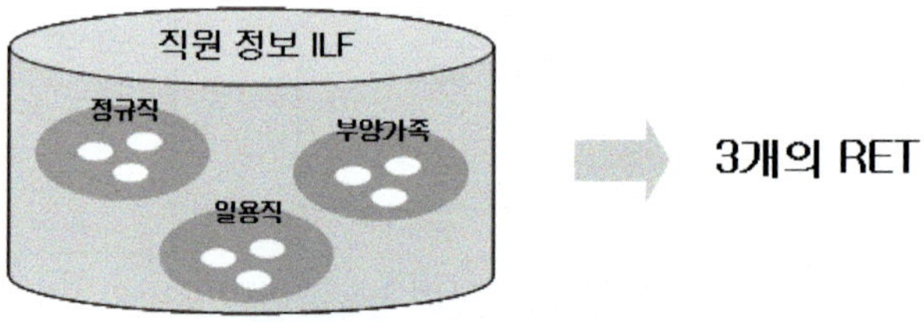

그림 B-5 RET 식별 규칙 1의 예

(2) If there are not subgroups, count the ILF or EIF as one RET

» 서브 그룹이 없을 경우, ILF 또는 EIF의 개수는 1개의 RET와 같다. 예를 들어, 은행 정보 ILF의 경우, 은행명, 운영시간과 같은 은행 관련 데이터가 하나의 그룹으로 묶여진다고 할 때, 은행 정보는 한 개의 RET면서 1개의 ILF 또는 EIF가 된다.

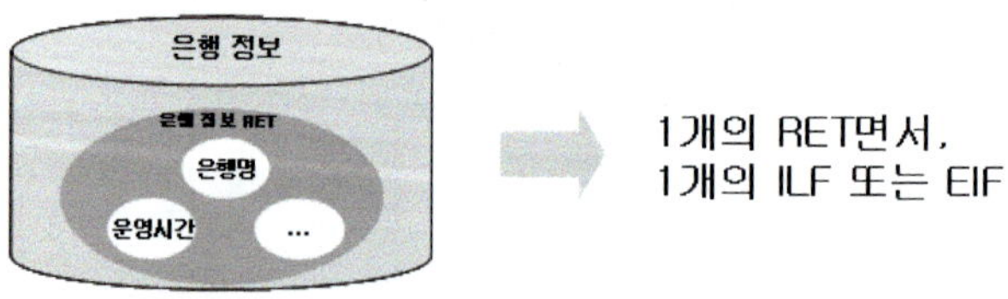

그림 B-6 RET 식별 규칙 2의 예

DET 식별 규칙

DET로 식별되기 위해서는 다음의 3가지 규칙을 모두 만족해야 한다.

(1) Count a DET for each unique user recognizable, non-repeated field maintained in or retrieved from the ILF or EIF through the execution of an elementary process

» 사용자가 요청한 기능을 수행하는데 요구되는, 사용자 식별 가능하고 반복적이지 않는 유일한 필드를 1개의 DET로 식별한다. 예를 들어, 영화 정보 조회 화면에서, 영화 포스터 이미지, 영화 제목, 등급, 상영 시간, 개봉 날짜는 각각 1개의 DET이다.

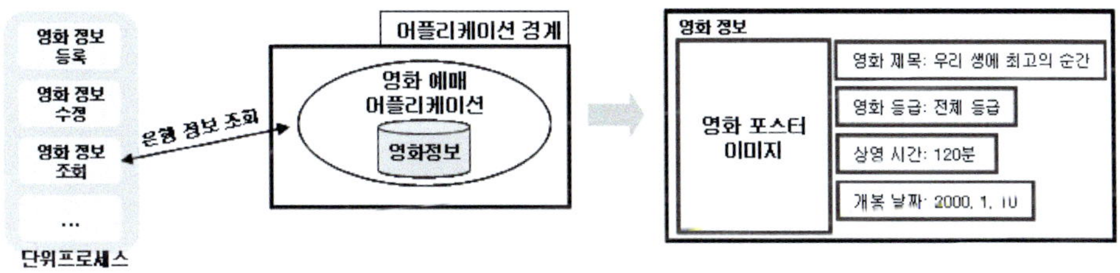

그림 B-7 DET 식별 규칙 1의 예

(2) When two applications maintain and/or reference the same ILF/EIF, but each maintains/references separate DETs, count only the DETs being used by each application to size the ILF/EIF

» 각 어플리케이션에서 사용되는 필드만을 해당 어플리케이션의 DET로 식별한다. 예를 들어, 회원 관리 어플리케이션과 직원 관리 어플리케이션이 있을 때, 같은 주소 정보에 대해서 회원 관리 어플리케이션에서는 주소 정보를 시, 구, 동, 번지 4개의 DET로 식별할 수 있고, 직원 관리 어플리케이션에서는 시, 구, 동, 번지를 1개의 DET로 식별할 수도 있다.

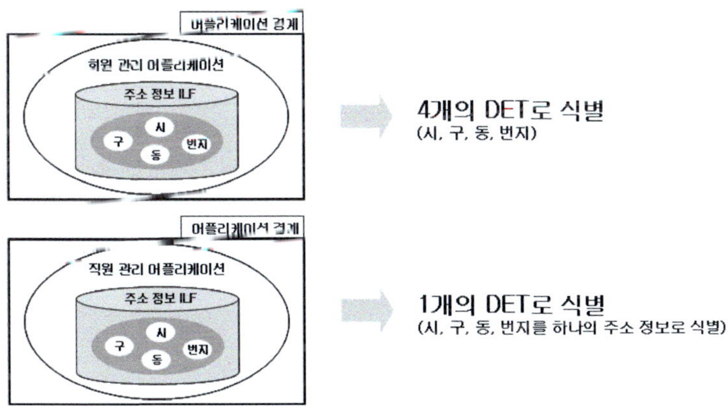

그림 B-8 DET 식별 규칙 2의 예

(3) Count a DET for each piece of data required by the user to establish a relationship with another ILF or EIF

» ILF 및 EIF 간 관계 설정에 사용되는 필드(외래 키)를 1개의 DET로 식별한다. 예를 들어, 직원 정보 테이블과 부양가족 정보 테이블이 일대다 관계를 맺고 있을 때, 직원 정보 테이블의 직원 번호는 부양가족 정보 테이블과 관계 설정에 사용되는 필드로서 1개의 DET로 식별된다.

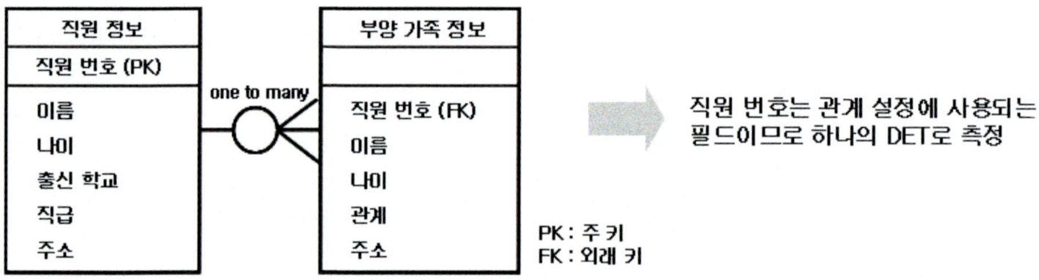

그림 B-9 DET 식별 규칙 3의 예

트랜잭션 기능

트랜잭션 기능은 EI(External Input), EO(External Output) 그리고 EQ(External inQuery)로 이루어져 있다. 이들을 식별하는 규칙은 다음과 같다.

EI 식별 규칙

EI로 식별되기 위해서는 다음의 3가지 규칙을 모두 만족해야 한다.

(1) The data or control information is received from outside the application boundary.

» 데이터나 제어 정보가 어플리케이션 경계 외부에서 들어와야 한다. 예를 들어, 회원 등록 기능은 외부의 사용자에 의해서 회원 정보가 입력되어 어플리케이션 내부의 데이터베이스에 저장된다.

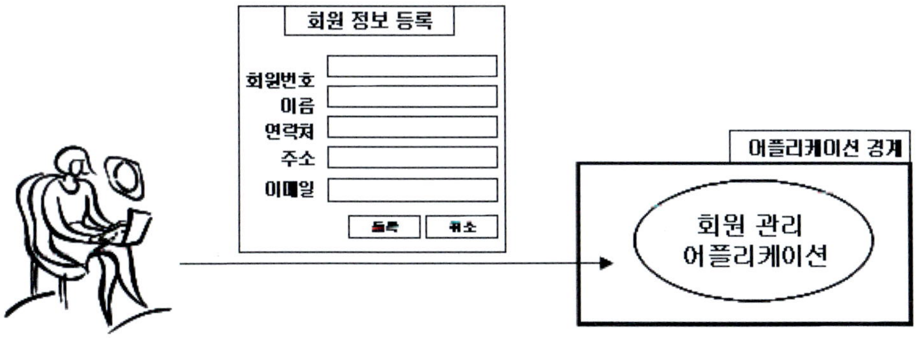

그림 B-10 EI 식별 규칙 1의 예

(2) At least one ILF is maintained if the data entering the boundary is not control information that alters the behavior of the system.

» 어플리케이션 경계 외부로부터 들어온 정보가 제어 정보가 아니면, 이 정보는 일반 데이터이므로 ILF를 유지해야 한다. 왜냐하면 제어 정보는 시스템의 상태를 변경 시키는 반면, 일반 데이터는 시스템의 상태를 변경 시키지 않고, ILF를 유지하기 때문이다. 예를 들어, 영화 예매를 하기 위해 입력한 영화 제목, 상영 시간 등의 정보는 제어 정보가 아니므로, 영화 예매 시스템의 영화 정보 ILF에 저장되어 유지된다.
※ 유지한다: 등록, 수정 또는 삭제가 이루어짐을 의미한다.

(3) For the identified process, one of the following three statements must apply.

» 단위 프로세스로 식별되기 위해서 다음 셋 중 적어도 1개의 규칙이 적용되어야 한다.
※ 단위 프로세스: 사용자에게 의미를 주는 최소 단위의 활동, 즉 사용자가 요청한 기능이 시작되어 완료될 때까지 이루어지는 전체 과정을 말한다. 예를 들어, 사용자가 회원 등록의 기능을 요청했을 경우, 자신이 정보를 입력하고 등록 버튼을 누른 후, 시스템이 해당 기능이 처리를 완료하는 전 과정을 단위 프로세스라 할 수 있다.

① Processing logic is unique from the processing logic performed by other external inputs for the application.

» EI들은 처리 로직이 서로 달라야 한다. 예를 들어, 회원 등록과 회원 수정 기능은 모두 EI로 식별 되지만, 회원 등록 기능의 목적은 신규 회원을 등록하기 위해서이고, 회원 수정 기능은 등록된 회원 정보를 수정하는 목적이므로 서로 다른 처리 로직을 가진 2개의 EI로 식별된다.

② The set of data elements identified is different from the sets identified for other external inputs for the application.

» EI들에 의해 식별된 데이터 그룹 또는 테이블은 서로 달라야 한다. 예를 들어, 회원 정보 ILF 내에 회원 정보 테이블과 도서 정보 ILF 내에 도서 정보 테이블이 있다고 하자. 회원 등록을 하기 위해서는 회원 정보 테이블을 이용하고, 도서 등록을 하기 위해서는 도서 정보 테이블을 이용하므로 이들은 서로 다른 2개의 EI로 식별된다.

③ The ILFs or EIFs referenced are different from the files referenced by other external inputs in the application.

» EI들은 참조하는 ILF 또는 EIF가 달라야 한다. 예를 들어, 회원 정보 ILF와 영화 정보 ILF가 있다고 하자. 회원 등록을 하기 위해서는 회원 정보 ILF를 이용하고, 영화 예매를 하기 위해서는 영화 정보 ILF를 이용하므로 이들은 서로 다른 2개의 EI로 식별된다.

EO 식별 규칙

EO로 식별되기 위해서는 다음의 3가지 규칙을 모두 만족해야 한다.

(1) The function sends data or control information external to the application boundary.

» EO는 데이터나 제어정보를 어플리케이션 경계 외부로 보내야 한다. 예를 들어, 사용자가 영화 예매를 완료하기 위해 결제 버튼을 누르면, 결제 정보가 어플리케이션 경계 외부로 출력된다.

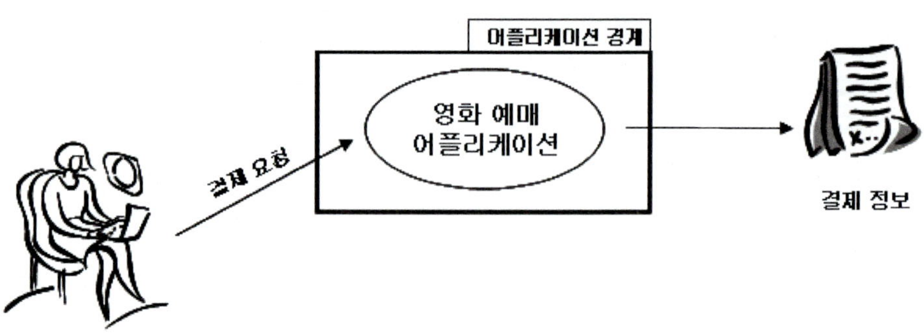

그림 B-11 EO 식별 규칙 1의 예

(2) For the identified process, one of the following three statements must apply.

» 식별된 단위 프로세스는 다음 셋 중 적어도 1개의 규칙이 적용되어야 한다.

① Processing logic is unique from the processing logic performed by other external outputs for the application.

» EO들은 처리 로직이 서로 달라야 한다. 예를 들어, 직원의 평균 나이를 출력하는 기능과 직원의 평균 연봉을 출력하는 기능은 모두 EO 이지만, 서로 다른 목적을 위해 다른 로직을 사용하므로 2개의 EO로 식별된다.

② The set of data elements identified is different from the sets identified for other external outputs for the application.

» EO들에 의해 식별된 데이터 그룹 또는 테이블은 서로 달라야한다. 예를 들어, 회원 정보 ILF 내에 회원 정보 테이블이 있고, 도서 정보 ILF 내에 도서 정보 테이블이 있다고 하자. 회원의 평균 나이를 출력하기 위해서는 회원 정보 테이블을 이용하고, 월 별 평균 도서 대여수를 출력하기 위해서는 도서 정보 테이블을 이용하므로 이들은 서로 다른 2개의 EO로 식별된다.

③ The ILFs or EIFs referenced are different from the files referenced by other external outputs in the application.

» EO들은 참조하는 ILF 또는 EIF가 달라야 한다. 예를 들어, 학생 정보 ILF와 수업 정보 ILF가 있다고 하자. 학생들의 평균 점수를 출력하기 위해서는 학생 정보 ILF를 이용하고, 전체 수업의 강의 평점을 출력하기 위해서는 수업 정보를 이용하므로 서로 다른 2개의 EO로 식별된다.

(3) For the identified process, one of the following rules must apply for the elementary process to be counted as a unique external output.

» EO로 식별되기 위해서 처리 로직은 아래 규칙 중 적어도 하나가 적용되어야 한다.

① The processing logic of the elementary process contains at least one mathematical formula or calculation.

» 처리 로직은 적어도 1개의 수학 공식이나 계산 과정을 포함해야 한다. 예를 들어, 하루하루의 거래 금액을 입력하여, 한 달 총 거래 금액을 구하기 위해서는 모든 거래 금액을 더해야 하는 수학 공식이 포함된다.

② The processing logic of the elementary process creates derived data.

» 처리 로직은 파생 데이터를 발생시켜야 한다. 예를 들어, 하루하루의 매출액을 입

력하면, 한 달 총 매출액 및 한 달 평균 매출액 데이터와 같은 파생 데이터를 발생시킨다.

③ The processing logic of the elementary process maintains at least one ILF.

» 처리 로직은 적어도 1개의 ILF를 유지해야 한다. 예를 들어, 하루하루의 매출액 입력을 통해, 한 달 평균 매출액 데이터를 구할 수 있는데, 이 데이터는 다시 ILF에 유지된다.

④ The processing logic of the elementary process alters the behavior of the system.

» 처리 로직은 시스템의 상태를 변경해야 한다. 예를 들어, 에어컨의 온도조절 장치에 실내 온도가 23도가 되면 정지하라는 사용자 입력이 주어진다고 하자. 에어컨이 가동 중의 상태일 때 이 조건을 충족하면 정지 상태로 시스템을 변경한다.

EQ 식별 규칙

EQ로 식별되기 위해서는 다음의 3가지 규칙을 모두 만족해야 한다.

(1) The function sends data or control information external to the application boundary.

» EQ는 데이터나 제어정보를 어플리케이션 경계 외부로 보내야 한다. 예를 들어, 사용자가 영화 제목을 검색창에 입력한 뒤 조회 버튼을 누르면, 영화 정보가 조회된다.

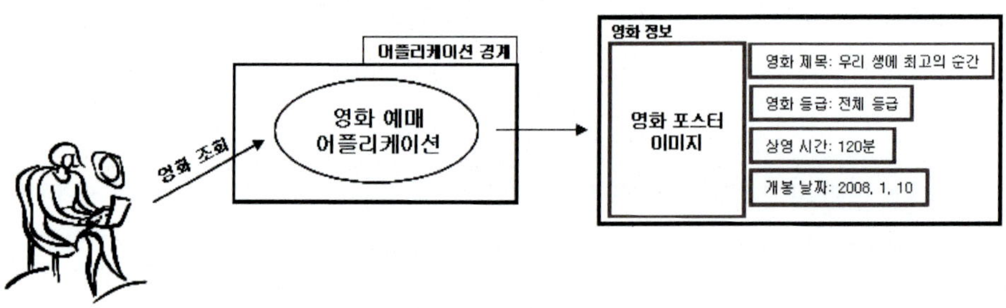

그림 B-12 EQ 식별 규칙 1의 예

(2) For the identified process, one of the following three statements must apply.

» 식별된 단위 프로세스는 다음 셋 중 적어도 1개의 규칙이 적용되어야 한다.

① Processing logic is unique from the processing logic performed by other external inquiries for the application.

» EQ들은 처리 로직이 서로 달라야 한다. 예를 들어, 영화 정보를 조회하는 기능과 영화관 정보를 조회하는 기능은 모두 EQ이지만, 서로 다른 목적을 위해 사용되므

로 2개의 EQ로 식별된다.

② The set of data elements identified is different from the sets identified for other external inquiries for the application.

» EQ들에 의해 식별된 데이터 그룹 또는 테이블은 서로 달라야 한다. 예를 들어, 회원 정보 ILF 내에 회원 정보 테이블이 있고, 도서 정보 ILF 내에 도서 정보 테이블이 있다고 하자. 회원의 목록을 조회하기 위해서는 회원 정보 테이블을 이용하고, 도서 목록을 조회하기 위해서는 도서 정보 테이블을 이용하므로 이들은 서로 다른 2개의 EQ로 식별된다.

③ The ILFs or EIFs referenced are different from the files referenced by other external inquiries in the application.

» EQ들은 참조하는 ILF 또는 EIF가 달라야 한다. 예를 들어 학생 정보 ILF와 수업 정보 ILF가 있다고 하자. 학생의 신상 정보를 조회하기 위해서는 학생 정보 ILF를 이용하고, 수업에 관한 정보를 조회하기 위해서는 수업 정보 ILF를 이용하므로 서로 다른 2개의 EQ로 식별된다.

(3) For the identified process, one of the following rules must apply .for the elementary process to be counted as a unique external inquiry.

» EQ로 식별되기 위해서 처리 로직은 다음의 5개 규칙 모두가 적용되어야 한다.

① The processing logic of the elementary process retrieves data or control information from an ILF or EIF.

» 처리 로직은 ILF 또는 EIF로부터 데이터를 검색해야 한다. 예를 들어, 회원 정보 ILF로부터 남자 회원의 정보를 검색하는 처리로직이 있다.

② The processing logic of the elementary process does not contain a mathematical formula or calculation.

» 처리 로직은 수학 공식이나 계산 과정을 포함하지 말아야 한다. 예를 들어, 학생의 정보를 조회하는데 있어서 수학 공식이나 계산 과정과 같은 처리 로직이 필요 없다.

③ The processing logic of the elementary process does not create derived data.

» 처리 로직은 파생 데이터를 발생시키지 말아야 한다. 예를 들어, 회원 목록을 조회하는데, 평균 나이 등과 같은 회원 목록 조회에 의해 파생된 데이터가 발생하지 않아야 한다.

④ The processing logic of the elementary process does not maintain an ILF.

» 처리 로직은 ILF를 유지하지 말아야 한다. EQ는 파생 데이터를 발생시키지 않고, 기존 데이터를 변경할 수 없기 때문이다. 예를 들어, 도서 제목을 조회하는데, 도서의 평균 소장 기간과 같은 파생 데이터가 발생하지 않고, 이 데이터는 다시 ILF에 유지되지 않는다.

⑤ The processing logic of the elementary process does not alter the behavior of the system.

» 처리 로직은 시스템의 상태를 변경하지 말아야 한다. EQ는 있는 그대로의 데이터를 외부로 출력하기만 하기 때문이다. 예를 들어, 영화 정보를 조회하는데 있어서, 영화 제목, 상영 시간 등의 정보가 외부로 출력될 뿐 시스템의 상태가 변경되지 않는다.

EI, EO 그리고 EQ는 FTR(File Type Referenced)과 DET의 복잡도 측정을 통해 이루어져 있다. 이들을 식별하는 규칙은 다음과 같다.

EI에 관한 FTR 식별 규칙

EI에 관한 FTR로 식별되기 위해서는 다음의 3가지 규칙을 모두 만족해야 한다.

(1) Count one FTR for each ILF or EIF maintained during the processing of the EI

» EI 수행 중 유지되는 ILF 또는 EIF를 1개의 FTR로 식별한다. 예를 들어, 회원 정보를 등록할 때, 회원 정보 ILF는 1개의 FTR로 식별된다.

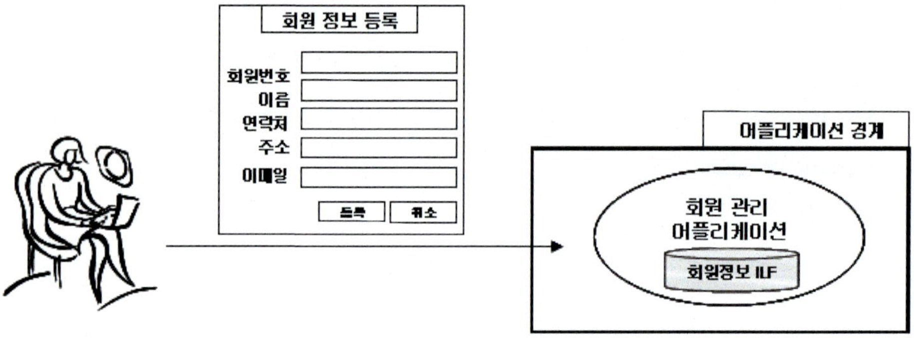

그림 B-13 EI에 관한 FTR 식별 규칙 1의 예

(2) Count one FTR for each ILF or EIF read during the processing of the EI

» EI 수행 중 읽히는 ILF 또는 EIF를 1개의 FTR로 식별한다. 예를 들어, 회원 등록 중에 우편번호 조회 시스템을 이용한다면, 이 시스템 내에서 유지되는 우편번호 ILF는 1개의 FTR로 식별된다.

(3) Count only one FTR for each ILF that is both maintained and read during the processing of the EI

» EI 수행 중 유지되면서 동시에 읽히는 ILF는 1개의 FTR로 식별한다. 예를 들어, 회원 정보 ILF를 읽어서 회원 정보를 조회한 뒤, 주소, 전화번호와 같은 정보를 변경하여 수정을 요청할 때, 회원 정보는 읽히면서 동시에 유지되므로 1개의 FTR로 식별한다.

EI에 관한 DET 식별 규칙

EI에 관한 DET로 식별되기 위해서는 다음의 4가지 규칙을 모두 만족해야 한다.

(1) Count one DET for each user recognizable, non-repeated field that enters or exits the application boundary and is required to complete the EI

» 어플리케이션 경계로 들어오거나 나가며 EI 완료에 필요한 사용자가 식별 가능하고 유일한 필드를 1개의 DET로 식별한다. 예를 들어, 영화 예매를 하기 위해 영화 명, 상영 일시 등을 1개의 DET로 식별한다.

(2) Do not count fields that are retrieved or derived by the system and stored on an ILF during the elementary process if the fields did not cross the application boundary

» EI 수행 중 시스템에 의해 검색되거나 파생되어 ILF에 저장되는 필드로, 어플리케이션 경계를 넘지 않는 것은 DET로 식별하지 않는다. 예를 들어, 영화 예매를 하는 과정에서 영화 상영 가격은 시스템에 의해서 자동 검색된 데이터로 어플리케이션의 경계를 넘지 않았으므로 DET로 식별하지 않는다.

(3) Count one DET for the capability to send a system response message outside the application boundary to indicate an error occurred during processing, confirm that processing is complete or verify that processing should continue

» EI 수행 중 어플리케이션 경계 밖으로 보내는 시스템의 메시지는 1개의 DET로 식별한다. 예를 들어, 도서 정보를 등록하는 과정에서 저자명을 입력하지 않고, 등록

버튼을 누를 때 발생하는 경고 창은 1개의 DET로 식별된다.

(4) Count one DET for the ability to specify an action to be taken even if there are multiple methods for invoking the same logical process

» 동일한 기능을 수행시키는 여러 가지 방법은 1개의 DET로 식별한다. 예를 들어, 회원 등록을 완료하기 위해서 등록 버튼을 누르거나 Alt + R과 같은 기능키를 사용하는 경우, 같은 기능을 수행하기 때문에 1개의 DET로 식별한다.

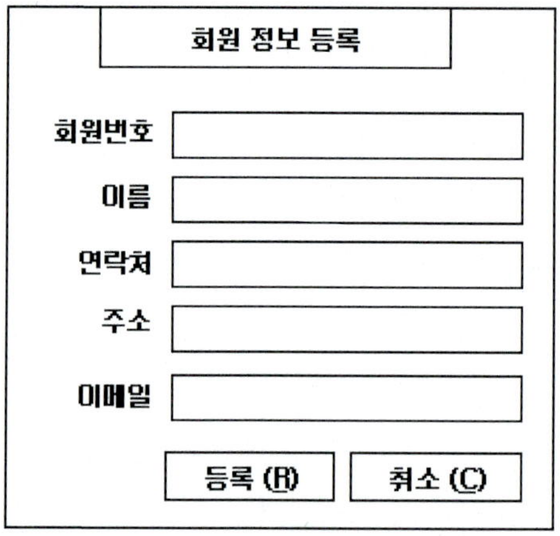

그림 B-14 EI에 관한 DET 식별 규칙 4의 예

EO에 관한 FTR 식별 규칙

EO에 관한 FTR로 식별되기 위해서는 다음의 3가지 규칙을 모두 만족해야 한다.

(1) Count one FTR for each ILF or EIF maintained during the processing of the EO

» EO 수행 중 유지되는 ILF 또는 EIF를 1개의 FTR로 식별한다. 예를 들어, 일 년 동안 등록한 회원의 총 수를 출력할 때, 처리 과정에서 파생한 회원의 총 수가 다시 결산 정보 ILF에 유지된다면, 결산 정보 ILF는 1개의 FTR로 식별된다.

(2) Count one FTR for each ILF or EIF read during the processing of the EO

» EO 수행 중 읽히는 ILF 또는 EIF를 1개의 FTR로 식별한다. 예를 들어, 영화 예매 결제 정보를 출력할 때 읽히는 영화에 관한 정보를 담고 있는 영화 정보 ILF는 1개의 FTR로 식별된다.

(3) Count only one FTR for each ILF that is both maintained and read during the processing of the EO

» EO 수행 중 유지되면서 동시에 읽히는 ILF는 1개의 FTR로 식별한다. 예를 들어, 회원 정보 ILF를 읽어서 회원의 평균 나이를 출력한 뒤, 다시 이 정보가 회원 정보 ILF에 유지될 때, 회원 정보는 읽히면서 동시에 유지되므로 1개의 FTR로 식별한다.

EQ에 관한 FTR 식별 규칙

EQ에 관한 FTR로 식별되기 위해서는 다음의 규칙을 모두 만족해야 한다.

(1) Count one FTR for each ILF or EIF read during the processing of the EQ

» EQ 수행 중 읽히는 ILF 또는 EIF를 1개의 FTR로 식별한다. 예를 들어, 영화 정보를 조회할 때 읽혀지는 영화에 관한 정보를 담고 있는 영화 정보 ILF는 1개의 FTR로 식별된다.

EO, EQ가 공유하는 DET 식별 규칙

EO, EQ가 공유하는 DET로 식별되기 위해서는 다음의 7가지 규칙을 모두 만족해야 한다.

(1) Count one DET for each user recognizable, non-repeated field that enters the application boundary and is required to specify when, what and/or how the data is to be retrieved or generated by the elementary process

» 어플리케이션 경계 밖에서 들어와 언제, 무슨 데이터가, 어떻게 생성 또는 검색되는지 명시하기 위해 필요한 사용자가 식별 가능한 유일한 필드는 1개의 DET로 식별한다. 예를 들어 도서 검색을 하기 위해 전체, 도서명, 저자명 등의 카테고리에서 사용자가 선택하는 검색 조건 데이터는 1개의 DET로 식별한다.

(2) Count one DET for each user recognizable, non-repeated field that exits the boundary

» 어플리케이션 경계 밖으로 나오는 사용자가 식별 가능하고, 반복적이지 않은 필드를 1개의 DET로 식별한다. 예를 들어 회원 신상 정보를 출력할 때, 회원 명, 주소 등이 1개의 DET가 된다.

(3) Count one DET for the capability to send a system response message outside the application boundary to indicate an error occurred during processing, confirm that processing is complete or verify that processing should continue

» 어플리케이션 경계 밖으로 내보내는 시스템의 메시지는 1개의 DET로 식별한다. 예

를 들어, 회원 신상 정보를 조회하고자 할 때, 해당 정보에 접근할 수 없어 시스템으로부터 받은 응답 메시지는 1개의 DET로 식별한다.

(4) Count one DET for the ability to specify an action to be taken even if there are multiple methods for invoking the same logical process

» 동일한 기능을 수행시키는 여러 가지 방법은 1개의 DET로 식별한다. 예를 들어, 도서 목록을 출력하기 위해서 출력 버튼을 누르거나 Alt + P와 같은 기능키를 사용하는 경우, 같은 기능을 수행하므로 1개의 DET로 식별한다.

(5) Do not count fields that are retrieved or derived by the system and stored on an ILF during the elementary process if the fields did not cross the application boundary

» EO 또는 EQ 수행 중 시스템에 의해 검색되거나 파생되어 ILF에 저장되는 필드로 어플리케이션 경계를 넘지 않는 것은 DET로 식별하지 않는다. 예를 들어, 회원 정보 출력에 있어서 출력 리스트에 포함된 회원의 경우에는 출력 유무 필드가 체크된다고 할 때, 이 필드는 어플리케이션 경계를 넘어서 출력되는 정보가 아니므로 DET로 식별하지 않는다.

(6) Do not count literals as DETs

» 문자 상수는 DET로 식별하지 않는다. 예를 들어, 영화 목록을 조회할 때, 실제 영화와 관련된 데이터를 지칭하고 있는 영화 제목, 개봉 날짜 등과 같은 제목 필드는 DET로 식별하지 않는다.

(7) Do not count paging variables or system-generated stamps

» 페이지 번호나 시스템에 의해서 묵시적으로 생성되는 요인은 DET로 식별하지 않는다. 예를 들어, 회원 정보 출력 시 하단에 나타나는 날짜나 페이지 번호는 DET로 식별하지 않는다.

APPENDIX

C

2016 소프트웨어 사업대가 산정 가이드

2016 소프트웨어 사업대가 산정 보정 계수

[출처: 2016 SW 사업대가 산정 가이드, 한국소프트웨어산업협회]

소프트웨어 개발사업의 생산성은 사람, 기술, 환경, 제품 등의 여러 가지 복잡성 요소에 의해 영향을 받게 되므로, 소프트웨어의 규모만으로는 사업의 정확한 소요비용을 산정하기 어렵다. 따라서 이러한 복잡성 요소들 중 예산 수립 또는 제안단계에서 파악 가능하고, 정량화 가능한 요소들을 중심으로 보정계수를 도출하였으며, 이들을 감안해서 소프트웨어 개발비를 산정해야 한다.

지금부터 소프트웨어 사업대가에서 정한 보정 계수들을 살펴보자.

규모 보정 계수

소프트웨어 개발사업의 규모가 커짐에 따라 투입인력과 커뮤니케이션 채널이 증가하여 생산성이 떨어지기 때문에 사업규모의 증가에 따른 규모의 보정이 필요하게 되었다. 규모 보정 계수를 구하는 방법은 다음과 같다.

규모보정계수 $= 0.108 \times \log_e(\text{기능점수})+0.2229$

(단, 300 기능점수 미만인 경우에는 0.65를 적용)

예를 들어, 기능점수가 1,175.78일 경우,

규모보정계수 $= 0.108 \times \log_e(1{,}175.78) + 0.2229 = 0.9864$와 같이 구할 수 있다.

어플리케이션 유형 보정 계수

같은 규모의 어플리케이션 소프트웨어라 하더라도 그 특성별 유형에 따라 개발자의 생산성은 달라진다. 즉, 데이터나 정보처리 위주의 측면이 강조되는 어플리케이션 프로그램보다 통제 및 통신 측면이 강조되는 어플리케이션 프로그램이나 복잡한 계산이 많은 알고리즘 위주의 어플리케이션 프로그램이 훨씬 개발에 많은 노력이 소요된다 할 수 있다. 따라서 이러한 어플리케이션 유형에 따른 특성 또한 보정치로서 반영해야 한다.

어플리케이션 유형에 따른 보정계수는 다음과 같다.

어플리케이션유형	범위	보정계수
업무처리용	인사, 회계, 급여, 영업 등 경영 관리 및 업무처리용 소프트웨어 등	1.0
과학기술용	과학계산, 시뮬레이션, 스프레드시트, 통계, OR, CAE 등	1.2
멀티미디어용	그래픽, 영상, 음성 등 멀티미디어 응용분야, 지리정보시스템, 교육·오락용 등	1.3
지능정보용	자연어처리, 인공지능, 전문가시스템 등	1.7
시스템용	운영체제, 언어처리 프로그램, DBMS, 인간·기계 인터페이스, 윈도시스템, CASE, 유틸리티 등	1.7
통신제어용	통신프로토콜, 에뮬레이션, 교환기 소프트웨어, GPS 등	1.9
공정제어용	생산관리, CAM, CIM, 기기제어, 로봇제어, 실시간, 내장형 소프트웨어 등	2.0
지휘통제용	군, 경찰 등 군장비·인력의 지휘통제를 요하는 소프트웨어 등	2.2

언어 유형 보정계수

소프트웨어의 생산성은 개발에 사용된 프로그래밍 언어에 영향을 받게되므로 언어에 따른 보정계수를 적용하여야 한다.

언어 유형에 따른 보정계수는 다음과 같다.

언어 구분	보정계수
Assembly, 기계어, 자연어	1.9
C, CHILL, C++, JAVA, C#, PROLOG, UNIX Shell Scripts	1.2
COBOL, FORTRAN, PL/1, PASCAL, Ada	1.0
ABAP4, Delphi, HTML, Power Builder, Program Generator, Query default, Small Talk, SQL, Visual Basic, Statistical default, XML default, Script default(JSP, ASP, PHP 등)	0.8
EXCEL, Spreadsheet default, Screen painter default	0.6

품질 및 특성 보정계수

사용자가 어플리케이션 시스템에 요구하는 특정한 품질 및 특성은 소프트웨어 개발의 생산성에 영향을 미치게 된다. 따라서 사용자가 어플리케이션 시스템에 요구하는 품질 및 특성에 따른 보정계수를 적용하여야 한다. 품질 및 특성 보정계수를 구하는 방법은 다음과 같다.

어플리케이션의 품질 및 특성 보정계수 = (0.025 × 총 영향도) + 1.0

총 영향도 = 분산처리 영향도 + 성능 영향도 + 신뢰성 영향도 + 다중사이트 영향도

품질 및 특성 보정계수를 구하는데 영향을 미치는 보정요소는 다음과 같다.

<table>
<tr><th colspan="2">보정요소</th><th>판단기준</th><th>영향도</th></tr>
<tr><td rowspan="3">분산 처리</td><td rowspan="3">어플리케이션이 구성요소 간에 데이터를 전송하는 정도</td><td>• 분산처리에 대한 요구사항이 명시되지 않음</td><td>0</td></tr>
<tr><td>• 클라이언트/서버 및 웹 기반 어플리케이션과 같이 분산처리와 자료 전송이 온라인으로 수행됨</td><td>1</td></tr>
<tr><td>• 어플리케이션상의 처리기능이 복수개의 서버 또는 프로세서 상에서 동적으로 상호 수행됨</td><td>2</td></tr>
<tr><td rowspan="3">성능</td><td rowspan="3">응답시간 또는 처리율에 대한 사용자 요구수준</td><td>• 성능에 대한 특별한 요구사항이나 활동이 명시되지 않으며, 기본적인 성능이 제공됨</td><td>0</td></tr>
<tr><td>• 응답시간 또는 처리율이 피크타임 또는 모든 업무시간에 중요함
• 연동 시스템의 처리 마감시간에 대한 제한이 있음</td><td>1</td></tr>
<tr><td>• 성능 요구사항을 만족하기 위해 설계 단계에서부터 성능 분석이 요구되거나, 설계·개발·구현 단계에서 성능 분석 도구가 사용됨</td><td>2</td></tr>
<tr><td rowspan="3">신뢰성</td><td rowspan="3">장애 시 미치는 영향의 정도</td><td>• 신뢰성에 대한 요구사항이 명시되지 않으며, 기본적인 신뢰성이 제공됨</td><td>0</td></tr>
<tr><td>• 고장 시 쉽게 복구가능한 수준의 약간 불편한 손실이 발생함</td><td>1</td></tr>
<tr><td>• 고장 시 복구가 어려우며, 재정적 손실이 많이 발생하거나 인명피해 위험이 있음</td><td>2</td></tr>
<tr><td rowspan="3">다중 사이트</td><td rowspan="3">상이한 하드웨어와 소프트웨어 환경을 지원하도록 개발되는 정도</td><td>• 설계 단계에서 하나의 설치 사이트에 대한 요구사항만 고려됨
• 어플리케이션이 동일한 하드웨어 또는 소프트웨어 환경 하에서만 운영되도록 설계됨</td><td>0</td></tr>
<tr><td>• 설계 단계에서 하나 이상의 설치 사이트에 대한 요구사항이 고려됨
• 어플리케이션이 유사한 하드웨어 또는 소프트웨어 환경 하에서만 운영되도록 설계됨</td><td>1</td></tr>
<tr><td>• 설계 단계에서 하나 이상의 설치 사이트에 대한 요구사항이 고려됨
• 어플리케이션이 상이한 하드웨어 및 소프트웨어 환경 하에서 동작하도록 설계됨</td><td>2</td></tr>
</table>

APPENDIX

D

프로젝트 산출물

- 부록으로는 S대학 학부 3학년 소프트웨어 공학 수업 프로젝트 결과물로 제출된 “Small Messenger”의 산출물 중 하나를 수정하여 포함하였다. 프로젝트 진행 중 가장 중요한 문서라고 할 수 있는 프로젝트 계획서, 요구사항 명세서, 설계서를 수록하였으며, 지면의 제한으로 유스케이스별 명세와 같이 반복되는 부분은 대표적인 부분만 삽입하였다.

요구사항 명세서

문서 이력

일자	버전	변경 이력	작성자	검토자
2006.09.26	V0.6	요구사항 명세서 초안 작성	이주승	황태윤
2006.10.02	V1.0	요구사항 명세서 작성	이주승	황태윤
2006.10.23	V1.1	오타 수정	박영미	황태윤

1. 개 요

1.1 개발 시스템의 목표

본 "Small Messenger"프로젝트는 언제 어디서나 쉽게 사용할 수 있도록 JAVA를 기반으로 하여 플랫폼에 관계 없이 동작하는 메신저 프로그램을 개발함으로써 프로젝트 경험을 쌓는다.

1.2 현재 시스템 상태 분석

1.2.1 네이트온

네이트온은 [메인 윈도우]와 커뮤니케이션을 직접 할 수 있는 [대화], [쪽지], [메일] 등 저장된 메시지를 관리할 수 있는 [통합메시지함]으로 구성되어 있다.

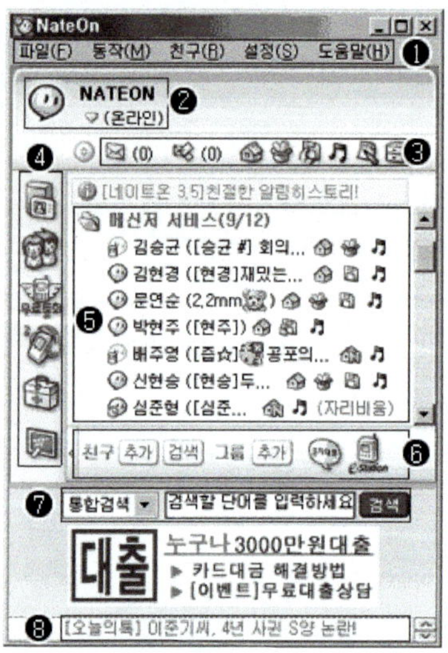

그림 D-1 네이트온

(1) 네이트온의 기본 기능을 순차적으로 찾아 들어갈 수 있는 메뉴로 구성
(2) 내 상태 변경과 별명, 개인정보를 바꿀 수 있는 자기 표현 영역
(3) [메모짱], [파일방], [미니홈피], [음악], [통합메시지함] 바로가기 아이콘
  * 네이트온의 주소록은 통합 메시지 함 내에 위치
(4) 탭 서비스 영역: 탭 서비스를 통해 제휴사 및 네이트닷컴의 다양하고 재미있는 서비스 이용
(5) 친구 목록

1.2.2 성능 비교

주요 기능	네이트온	버디버디	Small Messenger
가입, 로그인, 로그아웃, 채팅	○	○	○
간결한 인터페이스	○	○	△
그룹 채팅	○	○	×
음성 채팅	○	×	×
화상 채팅	○	×	×
파일 공유/전송	○	○	×
상태 표시	○	○	○
이메일 체크	○	×	×
친구 관리	○	○	○
친구 정보	○	△	△
친구 목록 백업	○	×	×
친구 목록 아이콘	△	△	×

2. 기능 요구사항

"Small Messenger"는 로그인, 1:1 대화와 같은 기본적인 메신저 기능을 제공한다.

2.1 시스템 요구사항

JAVA 기반의 플랫폼 독립적인 메신저 프로그램이다.

2.1.1 유스케이스 다이어그램

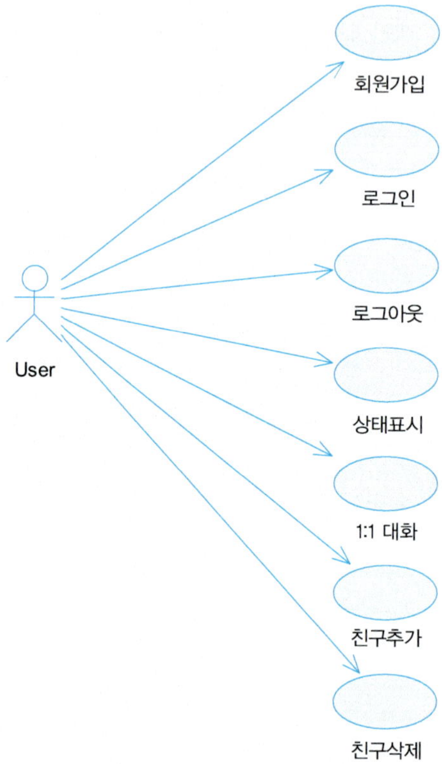

2.1.2 액터 목록

액터	설명
User	프로그램을 사용하는 사람

2.1.3 유스케이스 목록

유스케이스 ID	유스케이스명	설명	우선순위
UC_Member	회원가입	사용자의 정보 등록	1
UC_Login	로그인	아이디와 비밀번호를 입력하여 접속	1
UC_Logout	로그아웃	사용자의 접속 해제	2
UC_Status	상태표시	온라인, 회의중 등 상태 표시	2
UC_Talking	1:1 대화	텍스트 입력창에서 메시지 송수신	1
UC_FriendAdd	친구추가	메신저에 새로운 친구를 등록	1
UC_FriendDel	친구삭제	메신저에 등록된 친구를 삭제	2

2.1.4 유스케이스 기술

2.1.4.1 UC_Login

유스케이스명	로그인	
설명	아이디와 비밀번호를 입력하여 서버에 접속	
관련 액터	User	
사전 조건	사용자 정보(아이디, 비밀번호, 이름)가 등록되어 있다.	
사후 조건	시스템의 사용 인증을 얻는다.	
기본 흐름	**액터**	**시스템**
	1. 아이디와 비밀번호를 입력한다. 4. 유스케이스를 종료한다.	2. 프로그램 메인 화면을 출력한다. 3. 친구목록을 출력한다.
예외 흐름	1. 잘못된 아이디 또는 비밀번호를 입력한다.	2. 오류 메시지를 출력한다.
시나리오	B1 > B2 > B3 > B4	
	E1 > E2 > B4	

2.1.4.2 UC_Talking

유스케이스명	1:1 대화	
설명	텍스트 입력창에서 메시지 송수신	
관련 액터	User	
사전 조건	사용자가 로그인되어 있다.	
사후 조건	상대방과 대화가 가능하다.	
기본 흐름	**액터**	**시스템**
	1. 사용자가 친구에게 대화를 요청한다. 3. 사용자가 메시지를 입력한다. 5. 유스케이스를 종료한다.	2. 대화창을 출력한다. 4. 메시지를 출력한다.
시나리오	B1 > B2 > B3 > B4 > B5	

2.1.5 시퀀스 다이어그램

2.1.5.1 UC_Login

(1) 로그인(정상 처리)

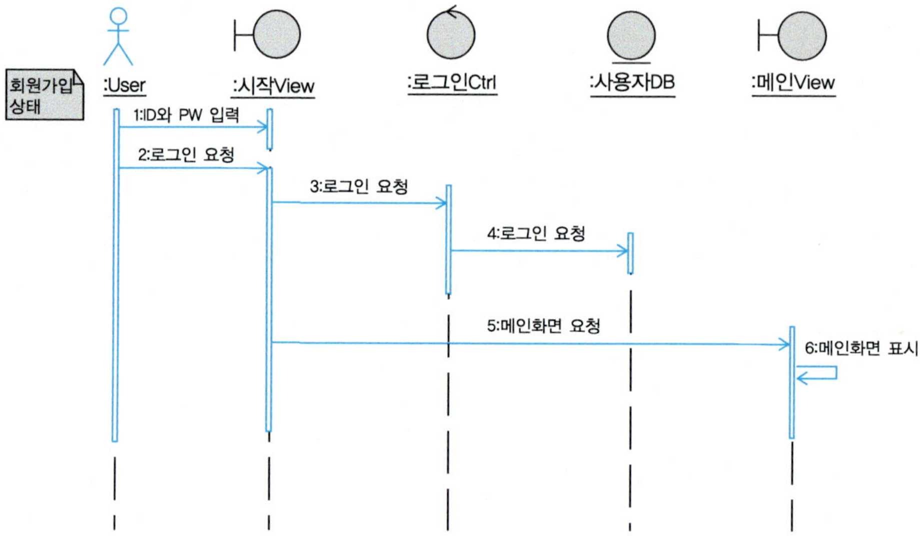

(2) 로그인(잘못된 아이디, 비밀번호 입력)

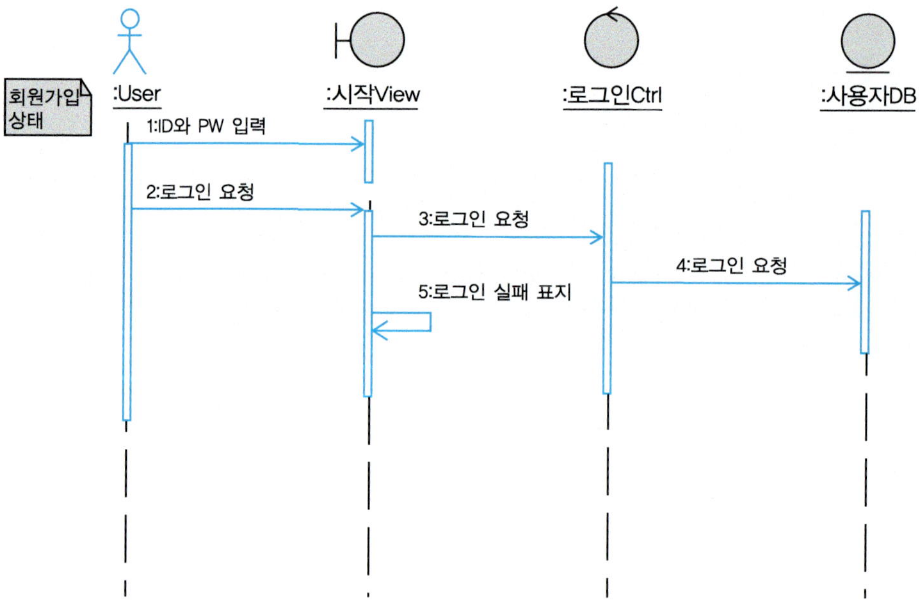

2.1.5.2 UC_Talking

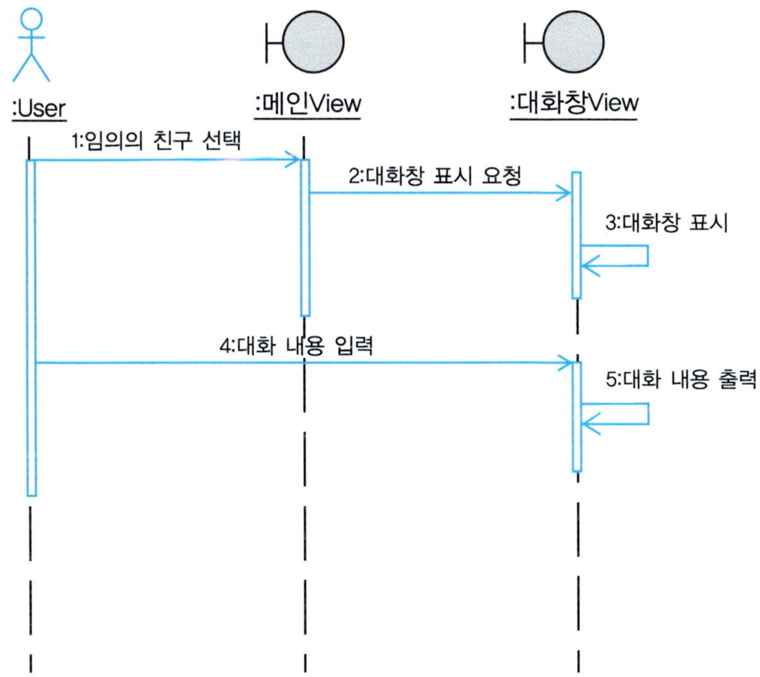

2.1.6 기능 목록

유스케이스 ID	유스케이스명	항목	요구사항
UC_Login	로그인	아이디 입력	아이디 입력창에 아이디를 입력한다.
		비밀번호 입력	비밀번호 입력창에 비밀번호를 입력한다.
		로그인	로그인을 선택한다.
UC_Talking	1:1 대화	상대 지정	채팅할 상대방 이름은 선택한다.
		1:1 대화 신청	"1:1 대화하기"를 선택한다.
		대화하기	아래는 입력창, 위는 출력창이 있는 채팅창이 생기고, 입력창에 전할 말을 쓰고, 대화 내용을 확인한다.

2.2 유저 인터페이스 요구사항

2.2.1 메인 화면

화면	 
설명	• 메신저 프로그램을 실행하면 제일 먼저 실행되는 메인 화면(좌측)이다. • 회원가입이 되어 있으면 아이디와 비밀번호를 입력하여 로그인 후 사용 가능하며, 가입이 되어 있지 않다면 회원가입 후 메신저 사용이 가능하다. • 로그인 후 대화 상대 목록창(우측)이 표시된다. • 목록에서 원하는 상대를 선택 후 1:1 대화하기 버튼을 누르면 대화창이 실행된다. • 로그아웃, 내 상태 설정, 친구 추가, 친구 삭제 기능이 있다.

2.2.2 화면 목록

유스케이스 ID	유스케이스명	화면명	설명
UC_Member	회원가입	UI_Member	사용자의 정보(아이디, 비밀번호, 이름)를 등록
UC_Login	로그인	UI_Login	아이디와 비밀번호를 입력하여 서버에 접속
UC_Logout	로그아웃	UI_Logout	사용자의 접속 해제
UC_Status	상태 표시	UI_Status	로그인 상태에서 온라인, 오프라인, 자리 비움, 회의중 상태 표시
UC_Talking	1:1 대화	UI_Talking	텍스트 입력창에서 메시지 송수신
UC_FriendAdd	친구 추가	UI_FriendAdd	메신저에 새로운 친구를 등록
UC_FriendDel	친구 삭제	UI_FriendDel	메신저에 등록된 친구를 삭제

2.2.3 화면 기술

2.2.3.1 UI_Login

유스케이스명	로그인
화면명	로그인 화면
화면	
요구사항	• 아이니를 입력한다. • 비밀번호를 입력한다. • 로그인 버튼을 누른다. • 아이디와 비밀번호가 없을 경우 회원가입 버튼을 눌러 회원가입을 한다.

2.2.3.2 UI_Talking

유스케이스명	1:1 대화
화면명	대화창
화면	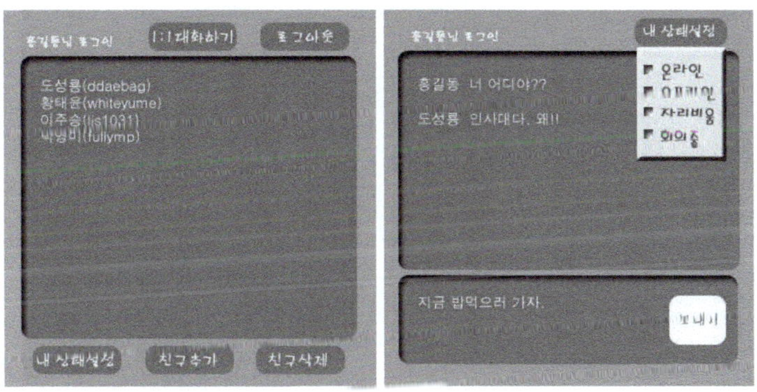
요구사항	• 좌측 창에서 채팅할 상대 아이디를 선택한다. • 선택 후 상단 메뉴에 1:1 대화하기를 누른다. • 1:1 대화창은 우측 화면에 아래는 입력창, 위는 출력창이 생긴다. • 입력창에서 메시지 입력 후 보내기 버튼을 누른다. • 대화 중 내 상태 설정 버튼을 누르면 원하는 상태를 선택할 수 있다.

2.3 데이터베이스 요구사항

2.3.1 ER 다이어그램

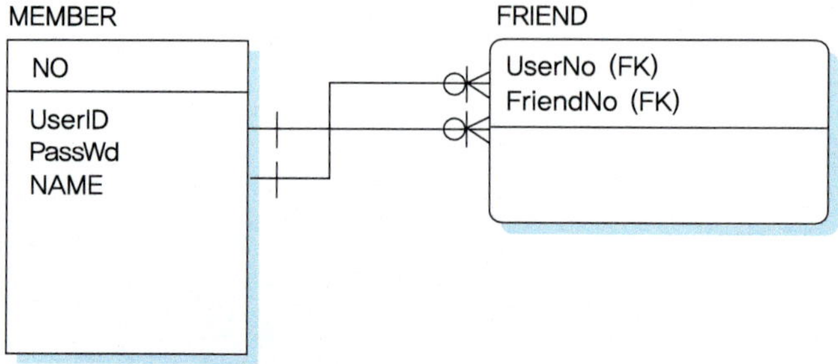

2.3.2 테이블 목록

유스케이스 ID	유스케이스명	테이블명	설명
UC_Member UC_Login	회원가입 로그인	MEMBER	회원 정보 테이블
UC_FriendAdd UC_FriendDel	친구 추가 친구 삭제	FRIEND	친구 정보 테이블

2.3.3 테이블 기술

2.3.3.1 UC_Login

유스케이스명	로그인			
테이블명	MEMBER			
테이블	속성	필드명	데이터타입	비고
	회원 일련번호	NO	Integer	PK
	회원 아이디	UserID	Varchar(12)	
	회원 비밀번호	PassWd	Varchar(12)	
	회원 이름	NAME	Varchar(12)	
요구사항	• 회원가입 시에 중복되지 않은 아이디로 가입한다. (중복 아이디 검사하지 않음)			

프로젝트 계획서

문서이력

일자	버전	변경 이력	작성자	검토자
2006.10.3	V0.6	프로젝트 계획서 초안 작성	도성룡	황태윤
2006.10.9	V1.0	프로젝트 계획서 작성	도성룡	황태윤

1. 서론

1.1 프로젝트 개요

- 프로젝트명: Small Messenger
- 프로젝트 기간: 06.9.18 ~ 06.11.30
- 개발 대상: 인터넷 메신저 프로그램
- 개발 목적: JAVA를 이용하여 간단한 기능의 메신저 프로그램을 개발함으로써 프로젝트에 대한 경험을 쌓는다.
- 구현 환경: Windows XP, My-SQL, JDK5.0
- 개발 언어: JAVA
- 개발 도구: EditPlus, Rational Rose
- 관리 도구: MS-Project, Subversion 1.4.0
- 팀 구성: 황태윤, 박영미, 도성룡, 이주승 총 4명

1.2 주요 일정

주요 개발 활동	수행 일정	주요 산출물
프로젝트 제안	2006.09.25	프로젝트 제안서
요구사항 분석	2006.09.25 ~ 2006.10.02	요구사항 명세서
프로젝트 계획	2006.10.02 ~ 2006.10.09	계획서
설계	2006.10.09 ~ 2006.10.23	설계 사양서
구현/테스트	2006.10.23 ~ 2006.11.13	소스/단위 테스트, 통합 테스트 결과 보고서
테스트	2006.11.13 ~ 2006.11.20	시스템 테스트 결과 보고서
프로젝트 종료	2006.11.20 ~ 2006.11.27	프로젝트 완료 보고서

2. 프로젝트 팀 구성

2.1 프로젝트 팀 조직

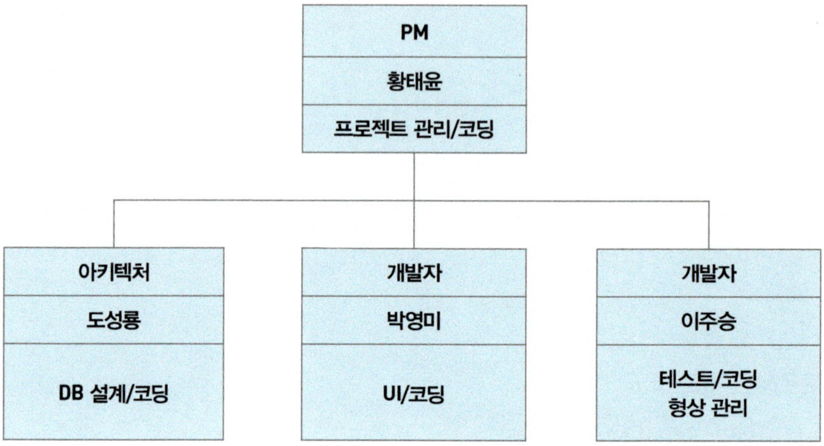

3. 개발 계획

3.1 개발 생명주기 모델

3.1.1 프로젝트 생명주기

피드백이 있는 Waterfall Model

3.1.2 생명주기

단계	입력 산출물	수행 태스크	출력 산출물	시작 기준	완료 기준
요구 사항	프로젝트 제안서	기능 분석 및 명세서 작성	요구사항 명세서	프로젝트 제안서가 작성된다.	요구사항 명세서가 작성된다.
설계	요구사항 명세서	아키텍처 DB 설계	설계서	요구사항 명세서가 작성된다.	설계서가 작성된다.
구현	설계 사양서	개발 코딩 단위 테스트	소스 코드 테스트 보고서	설계서가 작성된다.	구현 후 단위 테스트를 마친다.
테스트	소스 코드	시스템 테스트 인수 테스트	테스트 보고서	통합 테스트를 마친다.	시스템/인수 테스트를 마친다.
유지 보수	테스트 보고서	프로젝트 검토	프로젝트 완료 보고서	전 테스트를 마친다.	완료 보고서가 작성된다.

3.2 개발 방법론 및 도구 선정

3.2.1 개발 방법론

객체지향 방법론을 이용한다.

» 프로젝트 개발 언어가 완벽한 객체지향 언어인 JAVA이기에 메소드와 속성이 결합한 객체를 표현하기에 적합하다.

3.2.2 객체지향 방법론 절차

개발 단계	상세 내용
객체지향 분석	메신저를 사용하는 사람(User)과 메신저의 기능을 UML 언어의 Use Case와 Sequence Diagram을 이용하여 시스템 요구사항을 분석하고, ER 다이어그램과 테이블 목록 및 기술을 하여 데이터베이스 요구사항을 분석한다.
객체지향 설계	시스템 설계 및 객체 설계를 분리하여 설계한다. • 시스템 설계-DB 서버 및 형상관리 서버를 성능 및 최적 방안을 모색해 설계한다. • 객체 설계-UML 언어의 Class Diagram을 이용 class를 정의하고 class들 간의 관계 및 알고리즘 그리고 자료구조를 설계한다. 또한 Sequence Diagram을 이용하여 메신저 프로그램의 흐름을 설계한다. • DB 설계-ER 다이어그램을 이용하여 테이블을 상세 기술한다.
객체지향 프로그래밍	객체지향 설계를 바탕으로 Java 프로그램 언어를 이용하여 데이터 구조 부분과 관련 메소드를 포함하는 여러 객체들로 구현한다.

4. 개발 규모 산정

4.1 WBS

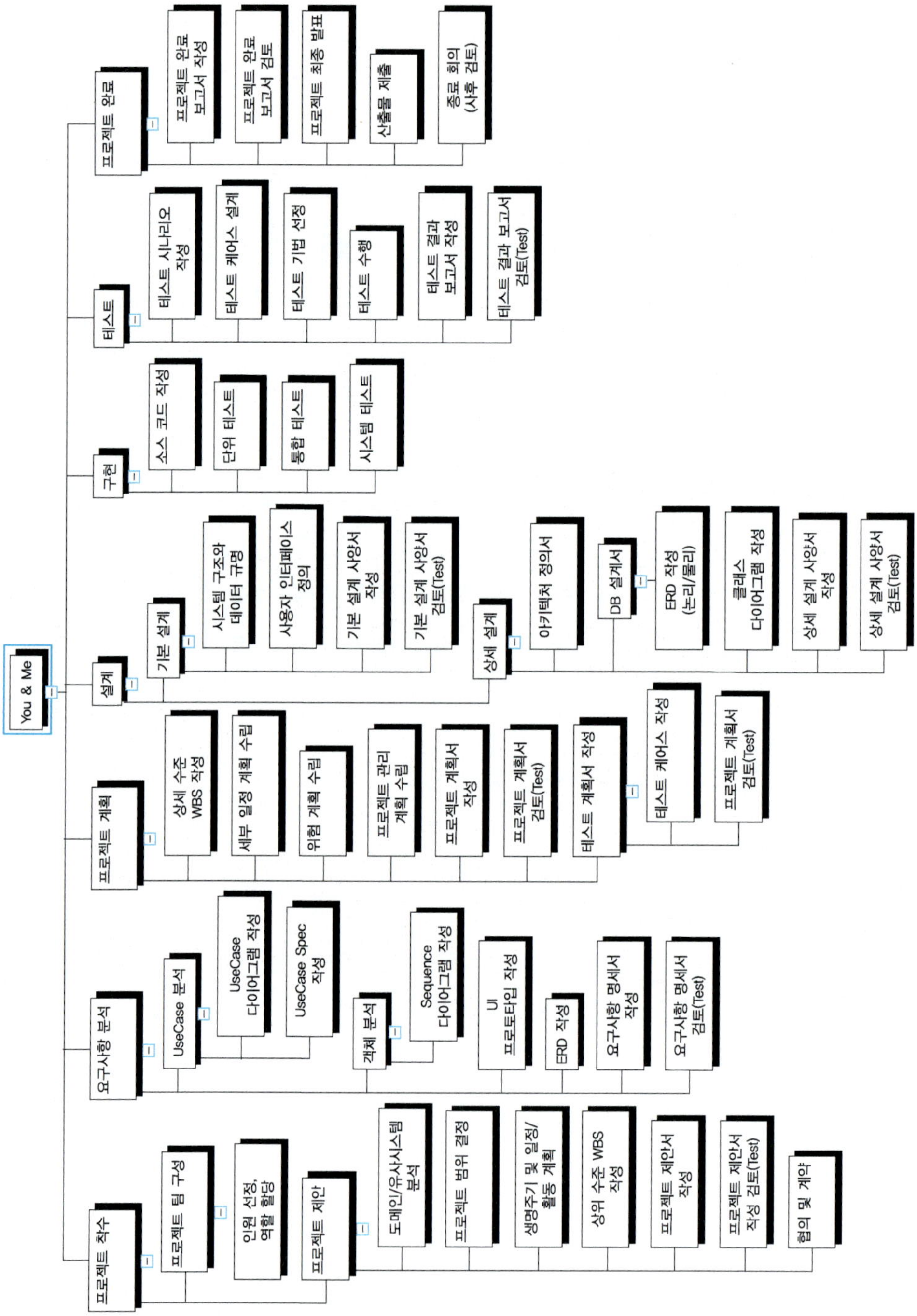

4.2 상세 일정

	작업 이름	산출물	시작 날짜	완료 날짜
1	You & Me	You & Me 프로그램	06-09-18 (월)	06-11-30 (목)
2	**프로젝트 착수**		**06-09-18 (월)**	**06-09-25 (월)**
3	**프로젝트 팀 구성**		**06-09-18 (월)**	**06-09-19 (화)**
4	인원 선정, 역할 할당		06-09-18 (월)	06-09-19 (화)
5	**프로젝트 제안**	**프로젝트 제안서**	**06-09-18 (월)**	**06-09-25 (월)**
6	도메인/유사시스템 분석		06-09-18 (월)	06-09-19 (화)
7	프로젝트 범위 결정		06-09-18 (월)	06-09-19 (화)
8	생명주기 및 일정/활동 계획		06-09-18 (월)	06-09-19 (화)
9	상위 수준 WBS 작성		06-09-19 (화)	06-09-20 (수)
10	프로젝트 제안서 작성		06-09-20 (수)	06-09-22 (금)
11	프로젝트 제안서 검토(Test)		06-09-22 (금)	06-09-23 (토)
12	협의 및 계약		06-09-25 (월)	06-09-25 (월)
13	**요구사항 분석**	**요구사항 명세서**	**06-09-25 (월)**	**06-09-30 (토)**
14	**Use Case 분석**		**06-09-25 (월)**	**06-09-28 (목)**
15	Use Case 다이어그램 작성		06-09-25 (월)	06-09-26 (화)
16	Use Case Spec 작성		06-09-26 (화)	06-09-28 (목)
17	**객체 분석**		**06-09-28 (목)**	**06-09-29 (금)**
18	Sequence 다이어그램 작성		06-09-28 (목)	06-09-29 (금)
19	UI 프로토타입 작성		06-09-28 (목)	06-09-29 (금)
20	ERD 작성		06-09-28 (목)	06-09-29 (금)
21	요구사항 명세서 작성		06-09-29 (금)	06-09-30 (토)
22	요구사항 명세서 검토(Test)		06-09-29 (금)	06-09-30 (토)
23	**프로젝트 계획**	**프로젝트 계획서**	**06-10-02 (월)**	**06-10-07 (토)**
24	상세 수준 WBS 작성		06-10-02 (월)	06-10-03 (화)
25	세부 일정 계획 수립		06-10-02 (월)	06-10-03 (화)
26	위험 계획 수립		06-10-02 (월)	06-10-04 (수)
27	프로젝트 관리 계획 수립		06-10-02 (월)	06-10-04 (수)
28	프로젝트 계획서 작성		06-10-04 (수)	06-10-06 (금)
29	프로젝트 계획서 검토(Test)		06-10-06 (금)	06-10-07 (토)
30	**테스트 계획서 작성**	**테스트 계획서**	**06-10-04 (수)**	**06-10-07 (토)**
31	테스트 케이스 작성		06-10-04 (수)	06-10-06 (금)
32	테스트 계획서 검토(Test)		06-10-06 (금)	06-10-07 (토)
33	**설계**	**설계 사양서**	**06-10-10 (화)**	**06-10-21 (토)**
34	**기본 설계**		**06-10-10 (화)**	**06-10-13 (금)**
35	시스템 구조와 데이터 규명		06-10-10 (화)	06-10-10 (화)
36	사용자 인터페이스 정의		06-10-10 (화)	06-10-10 (화)
37	기본 설계 사양서 작성		06-10-10 (화)	06-10-12 (목)
38	기본 설계 사양서 검토(Test		06-10-12 (목)	06-10-13 (금)
39	**상세 설계**		**06-10-13 (금)**	**06-10-21 (토)**
40	아키텍처 정의서		06-10-13 (금)	06-10-14 (토)
41	**DB 설계서**		**06-10-13 (금)**	**06-10-14 (토)**
42	ERD 작성(논리/물리)		06-10-13 (금)	06-10-14 (토)
43	클래스 다이어그램 작성		06-10-16 (월)	06-10-18 (수)
44	상세 설계 사양서 작성		06-10-18 (수)	06-10-20 (금)
45	상세 설계 사양서 검토(Test		06-10-20 (금)	06-10-21 (토)
46	**구현**	**소스 코드**	**06-10-23 (월)**	**06-11-13 (월)**
47	소스 코드 작성		06-10-23 (월)	06-11-13 (월)
48	단위 테스트		06-10-23 (월)	06-11-13 (월)
49	통합 테스트		06-10-23 (월)	06-11-13 (월)
50	시스템 테스트		06-10-23 (월)	06-11-13 (월)
51	**테스트**	**테스트 결과 보고서**	**06-11-13 (월)**	**06-11-18 (토)**
52	테스트 시나리오 작성		06-11-13 (월)	06-11-15 (수)
53	테스트 케이스 설계		06-11-13 (월)	06-11-15 (수)
54	테스트 기법 선정		06-11-13 (월)	06-11-15 (수)
55	테스트 수행		06-11-15 (수)	06-11-18 (토)
56	테스트 결과 보고서 작성		06-11-17 (금)	06-11-18 (토)
57	테스트 결과 보고서 검토(Test)		06-11-17 (금)	06-11-18 (토)
58	**프로젝트 완료**	**프로젝트 완료 보고서**	**06-11-20 (월)**	**06-11-30 (목)**
59	프로젝트 완료 보고서 작성		06-11-20 (월)	06-11-28 (화)
60	프로젝트 완료 보고서 검토		06-11-28 (화)	06-11-29 (수)
61	프로젝트 최종 발표		06-11-30 (목)	06-11-30 (목)
62	산출물 제출		06-11-30 (목)	06-11-30 (목)
63	종료 회의(사후 검토)		06-11-30 (목)	06-11-30 (목)

5. 투입 공수 및 비용

5.1 소요 인력 계획(M/M)

개발단계	분석	계획	설계	구현	시험	합계
CJO 팀	0.9	0.9	1.8	2.7	1.9	8.2

6. 마일 스톤 및 일정 계획

마일 스톤		일정 계획
착수 단계	프로젝트 제안서	2006.09.18 ~ 09.25
분석 단계	요구사항 명세서	2006.09.25 ~ 10.02
계획 단계	프로젝트 계획서	2006.10.02 ~ 10.09
설계 단계	설계 사양서	2006.10.09 ~ 10.23
구현 단계	소스 코드	2006.10.23 ~ 11.13
테스트 단계	테스트 결과 보고서	2006.11.13 ~ 11.18

7. 데이터 관리 계획

7.1 Subversion 1.4.0 형상 관리 프로그램을 이용한다.

7.2 Subversion 저장소 목록

» schedule: 회의 스케쥴과 개발 스케쥴에 관한 문서 저장 관리

» artifacts: 프로젝트 산출물 문서 및 회의록 저장 관리

» reference: 프로젝트 교육 자료 및 참고자료 저장 관리

» source: 소스 코드 및 DB 스키마 저장 관리

7.3 관리자: 이주승

8. 주요 컴퓨터 자원 관리 계획

서버	자원명	비고
DB 서버	CPU: 3.0 GHz RAM: 1.0 GB Disk: 40GB 하드디스크	회원 정보 DB 서버
형상관리 서버	CPU: 3.0 GHz RAM: 1.0 GB Disk: 20GB 하드디스크	형상 관리 서버 (Subversion)

9. 리스크 관리 계획

9.1 리스크 분석의 판정 기준

9.1.1 리스크 영향도

구분	비용 초과	일정 지연	품질 목표
상	20% 이상	20% 이상	달성불가
중	5 ~ 20%	5 ~ 20%	현저한 영향
하	5% 미만	5% 미만	경미한 영향

9.1.2 발생 가능도

구분	내용
상	발생 가능성이 50% 이상인 경우
중	발생 가능성이 49% ~ 10%인 경우
하	발생 가능성이 9% 이하인 경우

9.2 리스크 상세 분석 내용

9.2.1 프로젝트 측면 위험

리스크 요소	발생 상황	대처 방안	리스크 영향도	발생 가능성
요구사항 변경	• 사용자 요구사항 변경 및 추가 발생 예상	• 지속적인 면담 및 의사소통을 유지하여 발생 최소화	상	중
인력교체/중도 탈락	• 조직 적응력 부족 및 맡은 임무 인세싱 극복 실패, 개인사정으로 인한 사직	• 상호 간 협력 유지 • 해당 등급 이상의 기술자 신속 대치 • 충분한 기간 동안 문서화를 통해 인수인계	상	하
일정 지연	• 앞선 구축 일정 지연으로 인한 전체 구축 일정 지연	• 개발관리대상 업무별 요구관리 철저 • 주간, 월간 일정 관리 철저	상	상
제품 품질 저하	• 개발 표준 미준수 제품에 대한 이해 부족 • 고객 요구사항 파악 미흡	• 각종 표준 및 품질 보증에 대한 충분 교육 실시 • 공통 선노를 통한 지속적 품질 수준 체크	상	하
예산 초과	부정확한 비용 산정	• 프로젝트 착수 시 정확한 비용 산정 • 주간, 월간 보고를 통한 철저한 예산 관리	상	하

9.2.2 기술적 측면 위험

리스크 요소	발생 상황	대처 방안	리스크 영향도	발생 가능성
기술력 부족	• 개발 인력의 업무 수행 능력 부족	• 개발 인력에 대한 충분한 사전 교육 실시	상	중
성능 미달	• 시스템 성능 미달 • H/W 또는 S/W 규모 변경	• 시스템 구축 전 충분한 능력, 용량 산정 • 설계에서 가동까지 일관성 유지	상	하
산출물 관리 소홀	• 구축 시스템 및 산출물 훼손	• 백업 및 복구 체제 마련 • 일일 백업 관리 철저	상	하

9.2.3 사용자 측면 위험

리스크 요소	발생 상황	대처 방안	리스크 영향도	발생 가능성
요구사항 누락	사용자의 요구사항을 정확히 파악할 수 없음	지속적 면담 및 의사소통유지	상	중
요구사항 변경	사용자의 요구사항 변경 및 추가	지속적 면담 및 의사소통 유지	상	상

설계서

문서 이력

일자	버전	변경 이력	작성자	검토자
2006.10.11	V0.6	설계서 초안 작성	박영미	황태윤
2006.10.18	V0.8	설계서 추가 작성	박영미	황태윤
2006.10.23	V1.0	설계서 작성	박영미	황태윤
2006.10.27	V2.0	요구사항 변경으로 인한 수정-요구사항 변경 ID #1 참조	이주승	황태윤

1. 시스템 설계

본 시스템은 서버/클라이언트 시스템이다.

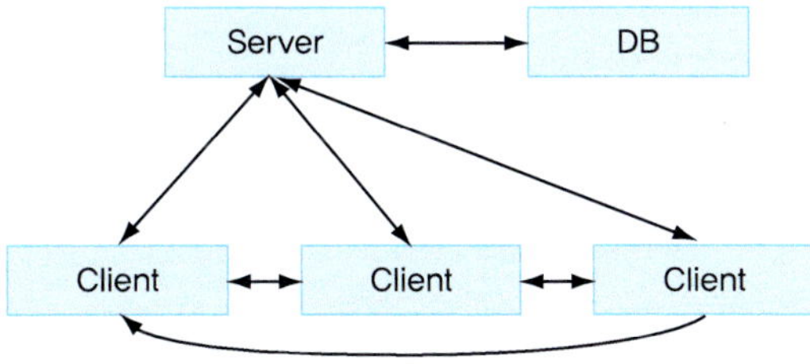

- **Server ↔ Client**: 서버와 클라이언트 간 로그인, 로그아웃 및 사용자 정보의 통신을 지원한다.
- **Server ↔ DB**: 서버와 DB 서버 간의 DB 접근을 위한 통신을 지원한다.
- **Client ↔ Client**: 클라이언트 간 1:1 통신을 지원한다.

2. 클래스 설계

2.1 클래스 다이어그램

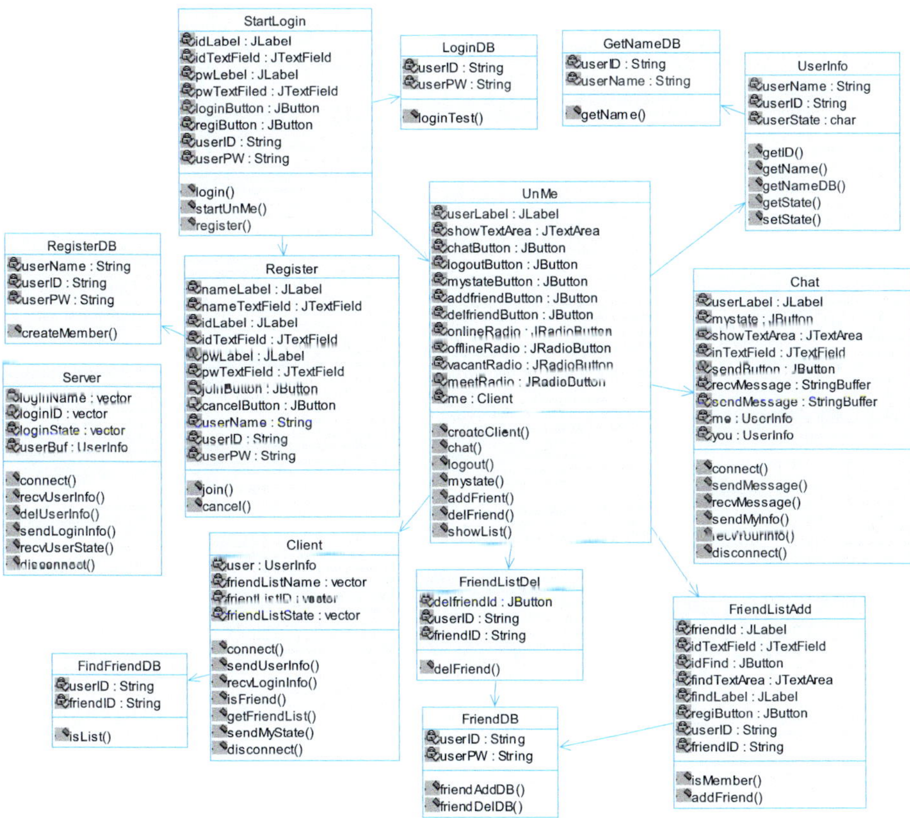

2.2 클래스 명세서

2.2.1 StartLogin

클래스명		StartLogin		
클래스 개요		프로그램 실행 시 보여지는 로그인 화면 클래스		
Stereotype		Boundary		
Public Interface	Operations	**Operation(Parameter)**	**Return**	**설명**
		regist()	boolean	회원가입 클래스를 호출한다.
		login()	boolean	LoginDB를 생성한다.
		startUnMe()	void	UnMe를 객체 생성한다.
	Attributes	**Attribute**	**Type**	**설명**
		idLabel	JLabel	아이디 필드의 제목
		idTextField	JTextField	아이디 텍스트 필드
		pwLabel	JLabel	비밀번호 필드의 제목
		pwTextField	JTextField	비밀번호 텍스트 필드
		loginButton	JButton	로그인 버튼
		regiButton	JButton	가입 버튼
		userID	String	사용자 아이디 필드
		userPW	String	사용자 비밀번호 필드

2.2.2 LoginDB

클래스명		LoginDB		
클래스 개요		로그인 시 해당 아이디와 비밀번호의 일치 여부를 체크하는 클래스		
Stereotype		Entity		
Public Interface	Operations	**Operation(Parameter)**	**Return**	**설명**
		loginTest(username, userID, userPW)	boolean	해당 아이디가 존재하고 비밀번호의 일치 여부 테스트를 한다.
	Attributes	**Attribute**	**Type**	**설명**
		userID	String	사용자 아이디 필드
		userPW	String	사용자 비밀번호 필드

2.2.3 Client

<table>
<tr><td>클래스명</td><td colspan="4">Client</td></tr>
<tr><td>클래스 개요</td><td colspan="4">서버와 연결, 종료, 사용자 정보 확인을 위한 클래스</td></tr>
<tr><td>Stereotype</td><td colspan="4">Control</td></tr>
<tr><td rowspan="10">Public Interface</td><td rowspan="5">Operations</td><td>Operation(Parameter)</td><td>Return</td><td>설명</td></tr>
<tr><td>connect()</td><td>boolean</td><td>서버와 연결을 한다.</td></tr>
<tr><td>sendUserInfo
(UserInfo user)</td><td>boolean</td><td>사용자 정보를 전송한다.</td></tr>
<tr><td>disconnect()</td><td>boolean</td><td>서버와 연결을 종료한다.</td></tr>
<tr><td>sendMyState
(UserInfo user)</td><td>boolean</td><td>사용자의 상태 변경 내용을 전송한다.</td></tr>
<tr><td rowspan="5">Attributes</td><td>Attribute</td><td>Type</td><td>설명</td></tr>
<tr><td>User</td><td>UserInfo</td><td>사용자 정보(자신 정보)</td></tr>
<tr><td>friendListName</td><td>Vector</td><td>친구 목록 이름</td></tr>
<tr><td>friendListID</td><td>Vector</td><td>친구 목록 아이디</td></tr>
<tr><td>friendListState</td><td>Vector</td><td>접속한 친구의 상태</td></tr>
</table>

2.2.4 Server

<table>
<tr><td>클래스명</td><td colspan="4">Server</td></tr>
<tr><td>클래스 개요</td><td colspan="4">현재 접속한 사람의 아이디, 이름, 상태를 유지하는 클래스</td></tr>
<tr><td>Stereotype</td><td colspan="4">Control</td></tr>
<tr><td rowspan="7">Public Interface</td><td rowspan="7">Operations</td><td>Operation(Parameter)</td><td>Return</td><td>설명</td></tr>
<tr><td>connect()</td><td>boolean</td><td>클라이언트와 연결을 한다.</td></tr>
<tr><td>recvUserInfo(loginName,
loginID, loginState)</td><td>boolean</td><td>클라이언트의 정보를 받아 vector에 저장</td></tr>
<tr><td>sendLoginInfo
(UserInfo userBuf)</td><td>boolean</td><td>현재 접속하고 있는 사용자의 정보 전송</td></tr>
<tr><td>delUserInfo
(UserInfo userBuf)</td><td>boolean</td><td>접속을 종료한 사용자 정보를 vector에서 삭제</td></tr>
<tr><td>recvUserState
(UserInfo userBuf)</td><td>boolean</td><td>변화된 사용자의 상태 값을 받음</td></tr>
<tr><td>disconnect()</td><td>boolean</td><td>클라이언트와 연결을 종료한다.</td></tr>
</table>

		Attribute	Type	설명
Public Interface	Attributes	loginName	Vector	접속한 사람들의 이름
		loginID	Vector	접속한 사람들의 아이디
		loginState	Vector	접속한 사람들의 상태
		userBuf	UserInfo	연결 성공한 사용자 정보의 임시 저장

2.2.5 UnMe

클래스명		UnMe		
클래스 개요		프로그램의 메인 화면 클래스		
Stereotype		Boundary		
Public Interface	Operations	**Operation(Parameter)**	**Return**	**설명**
		logout(Client me)	boolean	서버와의 종료를 수행한다.
		myState(onlineRadio)	boolean	내 상태 조회 및 수정을 한다.
		showList(Client me)	boolean	갱신된 친구 목록을 보여 준다.
		createClient()	boolean	클라이언트를 생성한다.
		addFriend()	boolean	친구를 추가한다.
		delFriend()	boolean	친구를 삭제한다.
		chat()	boolean	대화창을 실행한다.
	Attributes	**Attribute**	**Type**	**설명**
		userLabel	JLabel	사용자 이름
		showTextArea	JTextArea	대화 영역
		charButton	JButton	채팅 활성화 버튼
		logoutButton	JButton	로그아웃 버튼
		myStateButton	JButton	내 상태 버튼
		addfriendButton	JButton	친구 추가 버튼
		delfriendButton	JButton	친구 삭제 버튼
		onlineRadio	JRadioButton	내 상태(온라인) 표시 버튼
		offlineRadio	JRadioButton	내 상태(오프라인) 표시 버튼

Public Interface	Attributes	vacantRadio	JRadioButton	내 상태(자리 비움) 표시 버튼
		meetRadio	JRadioButton	내 상태(회의중) 표시 버튼
		me	Client	클라이언트 접속 및 정보 유지 객체

2.2.6 Chat

클래스명	Chat		
클래스 개요	1:1 대화하기 클래스		
Stereotype	Boundary		

Public Interface	Operations	Operation(Parameter)	Return	설명
		connect()	boolean	대화 연결
		sendMessage()	boolean	메시지 보내기
		recvMessage()	boolean	메시지 받기
		sendMyInfo()	boolean	내 정보 보내기(내 상태 바꿀 시에 사용)
		recvYourInfo	boolean	상대 정보 받기(상대 상태가 바뀌었을 경우에 사용)
		disconnect()	boolean	대화 종료
	Attributes	Attribute	Type	설명
		userLabel	JLabel	사용자 표시 제목
		myState	JButton	내 상태 표시 버튼
		showTextArea	JTextArea	대화 내용 표시
		inTextField	JTextField	대화 내용 입력 필드
		sendButton	JButton	전송 버튼
		recvMessages	StringBuffer	받은 메시지
		sendMessages	StringBuffer	보낸 메시지
		me	UserInfo	사용자 정보 객체
		you	UserInfo	사용자 정보 객체

2.2.7 UserInfo

<table>
<tr><td colspan="2">클래스명</td><td colspan="3">UserInfo</td></tr>
<tr><td colspan="2">클래스 개요</td><td colspan="3">사용자의 정보를 가지는 클래스</td></tr>
<tr><td colspan="2">Stereotype</td><td colspan="3">Entity</td></tr>
<tr><td rowspan="11">Public Interface</td><td rowspan="6">Operations</td><td>Operation(Parameter)</td><td>Return</td><td>설명</td></tr>
<tr><td>getID()</td><td>String</td><td>사용자 아이디 조회 메소드</td></tr>
<tr><td>getName()</td><td>String</td><td>사용자 이름 조회 메소드</td></tr>
<tr><td>getNameDB()</td><td>String</td><td>사용자 아이디에 해당하는 이름 DB (Get-Name-DB) 클래스 이용에서 가져오기</td></tr>
<tr><td>getState()</td><td>String</td><td>내 상태 조회 메소드</td></tr>
<tr><td>setState()</td><td>void</td><td>내 상태 설정 메소드</td></tr>
<tr><td rowspan="4">Attributes</td><td>Attribute</td><td>Type</td><td>설명</td></tr>
<tr><td>userName</td><td>String</td><td>사용자 이름</td></tr>
<tr><td>userID</td><td>String</td><td>사용자 아이디</td></tr>
<tr><td>userState</td><td>char</td><td>현재 사용자의 상태</td></tr>
</table>

3. 시퀀스 다이어그램

3.1 로그인

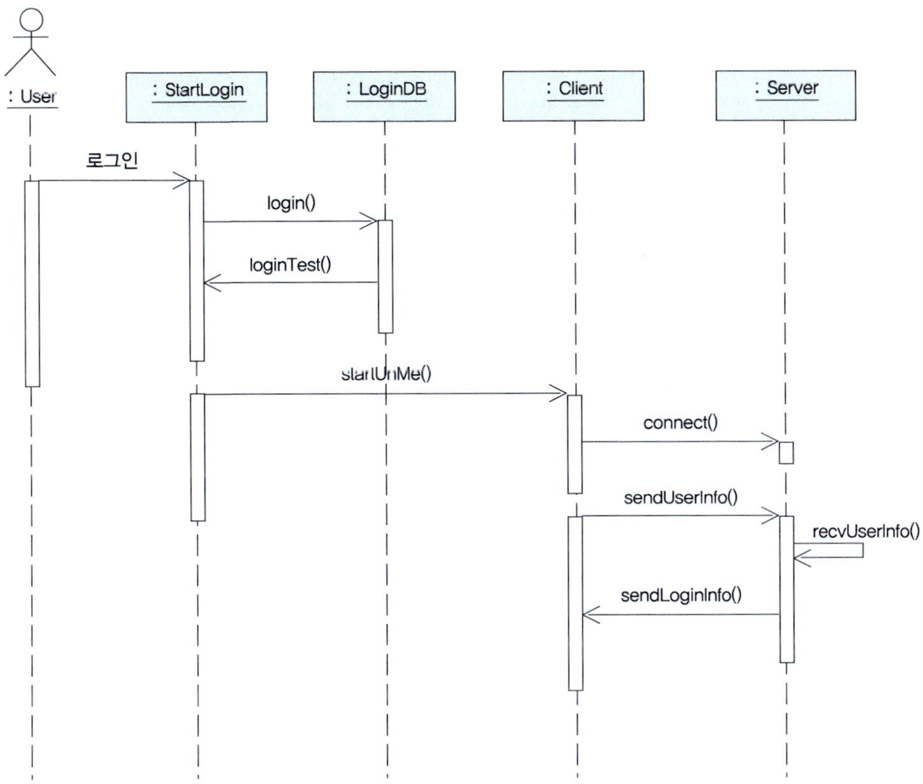

3.2 1:1 대화 연결

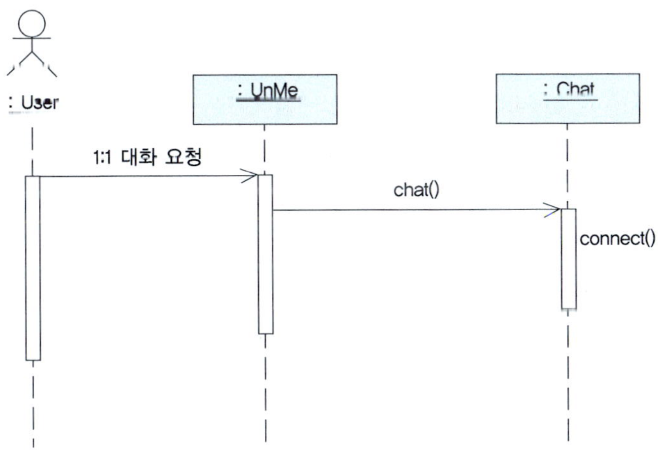

4. DB 설계

4.1 ER 다이어그램

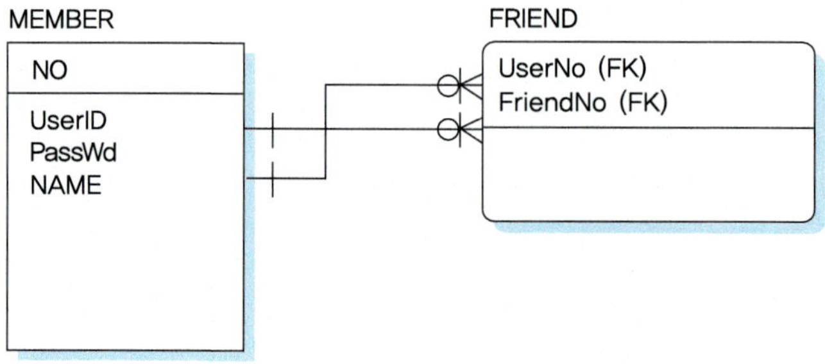

5. 테이블 설계

테이블명	MEMBER			
테이블	속성	필드명	데이터타입	비고
	회원 일련번호	NO	Integer	PK
	회원 아이디	UserID	Varchar(12)	
	회원 비밀번호	PassWd	Varchar(12)	
	회원 이름	NAME	Varchar(12)	

APPENDIX

E

연습문제 답안

※ 문제의 괄호 안 날짜는 본 문제와 유사한 문제가 정보처리 산업기사/기사 필기 문제로 출제되었던 날짜임을 밝혀둠.

Chapter 01

01. 소프트웨어가 가지고 있는 특성에 대해 설명하라.

답 소프트웨어는 하드웨어 제품과는 달리 눈에 보이지 않고 만져지지 않는 "소프트웨어(Software)"라는 특성을 가지고 있음

02. 소프트웨어 공학이란 무엇인가? (05.4 시행)

답 가장 경제적으로 신뢰도 높은 소프트웨어를 만들기 위한 방법, 도구와 절차들의 체계

03. 소프트웨어 공학이 나타나게 된 배경은 무엇인가? (05.5 시행)

답 S/W 비용의 증가, S/W 품질과 생산성의 재고, 특정 개인에 의존한 시스템 개발 등의 문제점으로 인해서 소프트웨어 공학이 나타나게 됨

04. 소프트웨어 위기를 설명하라. (02.9 시행)

답 컴퓨터의 발달 과정에서 소프트웨어의 개발 속도가 하드웨어의 개발 속도를 따라가지 못해 사용자들의 요구사항을 감당할 수 없는 문제가 발생함을 이르는 말

05. 소프트웨어 공학의 분야들을 나열하라.

답 요구공학, 아키텍처, 개발 방법론, 테스팅, 프로세스, 형상 관리, 품질, 재사용

06. 소프트웨어와 관련된 고객, 사용자, 개발자의 역할에 대하여 설명하라.

답 고객의 역할: 소프트웨어의 개발 필요성을 결정하고 기존에 하던 작업을 소프트웨어를 통해 개선할 수 있다는 사업적 타당성을 판단하여 개발자에게 소프트웨어 시스템 개발을 의뢰하고, 이에 대한 개발비를 제공하는 역할

사용자: 개발자에게 소프트웨어 시스템에 대한 사용자 측면에서의 요구사항을 제공함

개발자: 고객과의 계약에 명시된 주어진 시간 및 비용 내에서 사용자들의 요구사항을 기반으로 소프트웨어 시스템을 개발하는 역할

Chapter 02

01. 소프트웨어 개발 생명주기의 역할은 무엇인가? (99.10 시행)

답 프로젝트의 비용 산정과 개발 계획을 수립할 수 있는 기본 골격이 됨
용어의 표준화를 가능하게 함
문서화가 충실한 프로젝트 관리를 가능하게 함

02. 소프트웨어 개발 생명주기 단계 중 가장 오랜 시간이 걸리며, 대부분의 비용을 차지하는 단계는 무엇인가? (04.3, 02.3, 99.8 시행)

답 운용 및 유지보수 단계

03. 소프트웨어 개발 생명주기 모델 중 폭포수 모델(Waterfall Model)의 개발 단계를 표현하라. (01.9 시행)

답 계획 – 분석 – 설계 – 구현 – 테스팅 – 유지보수

04. 폭포수 모델에 대하여 설명하라. (03.5 시행)

답 산출물이 명확하여 개발 공정의 기준점을 잘 제시하고 단계적 정의가 분명함
전체 공조의 이해가 용이함

05. 실제 상황이 나오기 전에 가상으로 시뮬레이션을 통해 최종 결과물에 대한 예측을 할 수 있는 소프트웨어 개발 생명주기 모델은 무엇인가? (04.3, 01.3 시행)

답 프로토타입 모델(Prototype Model)

06. 원형 모델의 가장 큰 장점은 무엇인가? (05.4, 05.3, 03.3 시행)

답 요구사항을 충실히 반영하는 점

07. 원형 모델의 개발에 필요한 작업을 순서대로 표현하라. (00.10 시행)

답 요구 수집 – 빠른 설계 – 프로토타입 구축 – 고객 평가 – 프로토타입 조정 – 구현

08. 나선형 모델에 대하여 설명하라. (04.5 시행)

답 반복적인 작업을 수행하는 점증적 생명주기 모델로, 비용이 많이 들거나 시간이 많이 소요되는 대규모 프로젝트나 큰 시스템을 구축할 때 유리한 모델

09. 나선형 모델의 태스크(Task)를 나열하라. (05.5, 04.9 시행)

답 계획 수립, 리스크 분석, 공학적 개발, 고객 평가

10. Jacobson, Booch, Rumbaugh에 의해 1999년에 개발된 객체지향 소프트웨어 개발 방법론인 UP(Unified Process)의 특징을 나열하라.

답 반복적(Iterative)이고 점진적(Incremental)인 개발방법, 유스케이스(Use Case) 기반으로 함, 아키텍쳐 중심의 개발을 지향함, 리스크 관리를 중시함

11. XP(eXtreme Programming)는 어떠한 방법론인가?

답 '고객의 요구사항은 변경된다.'는 가정으로 두고, 여러 번의 '릴리즈(Release)' 및 '반복(Iteration)'을 통해 고객의 피드백을 수용하여 개발하도록 하는 소프트웨어 개발 방법론

12. XP에서 고객의 요구사항을 무엇이라 하는가?

답 스토리(Stroy) 혹은 사용자 스토리(User Story)

13. 한국전자통신연구원의 소프트웨어 공학 연구팀에서 국내 여건을 반영하여 개발한 한국형 소프트웨어 개발 방법론은 무엇인가?

답 마르미(MaRMI: Magic and Robust Methodology Integrated)

Chapter 03

01. 소프트웨어 프로젝트의 실패 요인으로는 어떤 것들이 있는가?

답 관리자와 개발자 등 프로젝트에 관계된 이해 관계자들의 잘못된 통념에 의한 기본적인 마인드 부족, 또는 스티브 멕코넬이 말한 프로젝트 팀이 소프트웨어 프로젝트를 성공적으로 수행하는 데 필요한 지식을 가지고 있지 않거나, 프로젝트를 효과적으로 수행하는 데 필요한 의지가 없어서 등이 실패 요인이 될 수 있음

02. 소프트웨어 프로젝트를 성공으로 이끌기 위해서는 어떠한 노력이 필요한가?

답 많은 프로젝트 참여자들에게 프로젝트 관리에 도움이 되었다고 입증된 방안들을 지침서로 제공한 PMBOK을 이용하거나, ISO 표준, CMM/CMMI 등의 지침서 등을 이용하여 프로젝트 관리를 하는 노력이 필요함.

03. 소프트웨어 프로젝트 관리에 대해 간략하게 설명하라. (99.10 시행)

답 주어진 기간과 최소의 비용으로 고객이 만족하는 소프트웨어를 제공하기 위한 여러 활동

04. 프로젝트 관리의 대상 대표적인 3가지를 기술하라.

답 계획 관리, 품질 관리, 리스크 관리

05. 프로젝트 관리의 구성 단계 4단계를 기술하라.

답 프로젝트 계획 수립 → 프로젝트 실행 → 프로젝트 통제 → 프로젝트 종료(순서대로 써야 함)

06. 프로젝트 관리는 소프트웨어 개발 계획을 세우고 분석, 설계, 구현 등의 작업을 통제하는 것으로 소프트웨어 생명주기의 전 과정에 걸쳐 진행된다. 이러한 소프트웨어 프로젝트 관리가 성공적으로 수행되기 위해 반드시 알아야 할 사항을 3가지 이상 기술하라.

답 수행할 작업의 범위, 필요한 자원, 수행 업무, 마일스톤, 비용, 추진 일정 (3가지 이상)

Chapter 04

01. 요구사항을 정확하게 명세하는 이유는 무엇인가?

답 참여자들로 하여금 개발되는 소프트웨어 제품을 전체적으로 파악하도록 하여 의사소통 시간을 절약하게 해주기 때문이며, 상세한 요구사항이 있어야만 산정이 가능하고 이를 기반으로 계획을 세울 수 있기 때문

02. 기능적 요구사항과 비기능적 요구사항의 차이점을 나열하라.

답 기능적 요구사항: 수행될 기능과 관련되어 입력과 출력 및 그들 사이의 처리 과정이나 목표로 하는 제품의 구현을 위해 소프트웨어가 가져야 하는 기능적 속성을 나타내는 것으로서 예를 들어 처리 및 절차, 입출력 양식(한글, 한자, 색상, 위치), 명령어의 수행 결과, 키보드 조작, 주기적인 자료 출력 등이 있음

비기능적 요구사항: 제품의 품질 기준 등을 만족시키기 위해 소프트웨어가 가져야 하는 성능(응답 시간, 처리량), 사용의 용이성, 신뢰도, 보안성, 운용상의 제약, 안전성과 같은 행위적 특성으로 시스템의 기능에 관련되지 않는 사항을 나타냄

03. 요구사항 개발 단계를 나타내어라.

답 요구사항 추출 → 요구사항 분석 → 요구사항 명세 → 요구사항 검증(전 단계를 통한 요구사항 관리)

04. 요구사항 명세서(SRS: Software Requirement Specification)란 무엇인가?

답 요구사항 개발의 최종 목표로, 프로젝트 산출물 중 가장 중요함

사용자, 분석가, 개발자 및 테스터 모두에게 공동의 목표를 제시하는 것으로, 사용자들과 개발자 등 모든 참여자들로부터 명확하게 이해되어야 하고, 수행할 기능이 완전하게 기술되어야 하는 산출물

05. 유스케이스 다이어그램을 작성하는 이유는 무엇인가?

답 사용자의 요구사항을 가시화하기 위함

고객과 개발자가 이 다이어그램을 보며 요구사항에 대한 의견을 조율할 수 있도록 함

06. 유스케이스 다이어그램을 표현하는 절차를 설명하라.

답 액터 식별 → 시스템 경계 식별 → 유스케이스 식별 → 관계 정의

Chapter 05

01. 프로젝트 계획 수립을 시작할 때 제일 먼저 해야 하는 작업을 기술하라. (03.3 시행)

답 프로젝트의 규모 파악(복잡도, 구조적 불확실성의 정도, 과거 정보의 가용성, 위험성도 답이 될 수 있음)

02. 프로젝트의 개발 비용 산정 시 결정에 영향을 주는 요소를 3가지 기술하라. (04.5 시행)

답 시스템의 크기, 시스템의 신뢰도, 제품의 복잡도

03. 소프트웨어 개발 비용은 시스템 크기, 개발 기간, 신뢰도, 투입 인력들과 일정한 상관관계가 있다. 개발 비용을 Y축으로 하는 반비례 그래프를 그려본다면, X축으로 어떤 요소가 가장 타당한지 기술하라. (03.3 시행)

답 개발 기간

04. 두 명의 개발자가 5개월에 걸쳐 10,000 라인의 코드를 개발하였을 때, 월별(Man Month) 생산성 측정을 위한 계산 방식은 어떻게 하는지, 식을 기술하라. (01.6 시행)

답 10,000/(5 × 2)

05. LOC 기법에 의하여 예측된 총 라인수가 25,000 라인일 경우 개발에 투입될 프로그래머의 수가 5명이고, 프로그래머들의 평균 생산성이 월당 500라인일 때, 개발에 소요되는 시간을 계산하라. (01.3 시행)

답 25,000/500 = 50(노력)이므로, 개발 기간은 50/5=10, 10개월 임

06. 대표적인 소프트웨어 산정 모형(Estimation Model) 3가지를 기술하라. (01.9 시행)

답 델파이 기법, COCOMO, Function-Point

07. 기능점수(Function Point) 산정 방식의 7단계 프로세스를 기술하라.

답 측정 유형의 결정 → 측정 범위와 어플리케이션 경계 식별 → 데이터 기능 측정 → 트랜잭션 기능 측정 → 미조정 기능점수 결정 → 조정인자 결정 → 조정 기능점수 결정

08. 일정 계획에 사용되는 대표적인 차트는 무엇이고, 이들에 대해서 기술하라.

답 퍼트차트는 프로젝트를 구성하는 여러 작업 사이의 관계 및 흐름을 그래픽으로 표현한 것이고, 간트차트는 일정, 예산 및 자원 계획 등을 목적으로 사용될 수 있는 프로젝트 일정 계획 기법

09. 프로젝트 통제 기법에 대표적인 EVM에 대해서 기술하라.

답 EVM은 프로젝트의 일정 상태, 비용 상태 그리고 완료된 작업량을 비용화하여 계획 대비 실적을 비교 및 평가함으로써 프로젝트의 성과와 진행률을 정량적으로 관리하는 것으로, 현재 시점까지 완료된 작업량에 대해 계획 대비 일정이 지연되고 있는지 또는 비용이 더 지출되고 있는지를 파악 가능함

10. EVM의 측정 지표와 성과 지표에는 무엇이 있는가?

답 측정 지표에는 BCWS, BCWP, ACWP, SV, CV, VAC가 있으며, 성과 지표에는 SPI와 CPI가 있음

Chapter 06

01. 리스크가 현실화 되어 발생한 것을 무엇이라 하는가?

답 문제(Problem)

02. 프로젝트의 성공에 위협이 되는 불안 요소들을 파악하는 활동을 무엇이라 하는가?

답 리스크 식별

03. 리스크 식별을 위해 활용되는 방법은 어떠한 것들이 있는가?

답 브레인스토밍, 조사, 인터뷰

04. 리스크 우선순위를 선정하는 이유는 무엇인가?

답 모든 리스크에 대해 대응하기에는 프로젝트 자원의 제약이 있기 때문

05. 리스크의 영향을 최소화하기 위해 식별된 리스크에 대해 대처하기 위한 수단을 무엇이라 하는가?

답 리스크 대처 방안

Chapter 07

01. 설계 품질을 평가하기 위해서는 반드시 좋은 설계에 대한 기준을 세워야 한다. 좋은 설계 기준은 무엇인가? (04.5, 00.3 시행)

답 설계가 모듈적이어야 함

설계는 자료와 프로시저에 대한 분명하고 분리된 표현을 포함해야 함

소프트웨어 요소들 간의 효과적인 제어를 위해 설계에서 계층적 조직이 제시되어야 함

02. 결합도(Coupling)가 강한 순서대로 나열하라. (05.5, 04.9, 02.3, 01.9 시행)

답 내용 결합도 – 공통 결합도 – 제어 결합도 – 스탬프 결합도 – 데이터 결합도

03. 한 모듈이 다른 모듈의 내부 기능 및 그 내부 자료를 참조하는 경우를 무슨 결합이라고 하는가? (03.3, 01.6 시행)

답 내용 결합

04. 데이터 설계에 있어서 응집도(Cohesion)는 무슨 의미인가? (03.5, 01.3 시행)

답 모듈이 독립적인 기능으로 잘 정의되어 있는 정도

모듈 안의 요소들이 서로 관련 되어 있는 정도

05. 효과적인 모듈화 설계 방안은 무엇인가? (04.5, 03.3, 99.8 시행)

답 응집도를 높이고 결합도를 낮춤

06. 응집도(Cohesion)가 강한 것부터 약한 순서로 나타내어라. (04.3, 01.6 시행)

답 기능적 – 교환적 – 절차적 – 시간적 – 논리적 – 우연적

07. 모듈의 구성 요소가 하나의 활동으로부터 나온 출력 자료를 그 다음 활동의 입력 자료로 사용하는 같은 모듈 내에서의 응집의 정도를 나타내는 것은 무엇인가?

답 순차적 응집도

08. 객체지향 방식의 특징인 캡슐화, 상속, 다형성에 대해 설명하라.

답 캡슐화는 소프트웨어 모듈인 객체 내부의 상세한 정보와 처리방식을 외부로부터 감추는 것이며, 상속은 다른 클래스의 속성을 물려받아 내 것처럼 쓰는 것이다. 다형성은 같은 메시지에 대하여 서로 다른 구현을 제공하는 것이다.

09. 4+1 View의 View들을 모두 나열하라.

답 논리 관점(Logical View), 개발 관점(Development View), 프로세스 관점(Process View), 물리 관점(Physical View)

10. 소프트웨어 개발 방법론에서 구현에 대해 설명하라. (04.9, 02.3 시행)

답 프로그래밍 또는 코딩이라고 불리며 설계 명세서가 컴퓨터가 알 수 있는 모습으로 변환되는 과정

11. 코딩 스타일(Coding Style)과 코딩 표준(Coding Standard)의 차이점은 무엇인가?

답 코딩 스타일은 프로그램의 논리 혹은 알고리즘, 소스 코드 내 문장의 배치 등 개발자마다 다른 구현방식인 반면, 코딩 표준은 개발자들이 따르도록 정해놓은 표준화된 코딩 스타일이라 할 수 있음

Chapter 08

01. 모듈 안의 작동을 자세히 관찰할 수 있으며, 프로그램 소스 코드의 논리적인 구조를 커버하도록 테스트 케이스를 설계하는 프로그램 테스팅 방법은 무엇인가? (01.9 시행)

답 화이트박스 테스팅

02. 블랙박스 테스팅은 무엇인가? (05.3 시행)

답 제품이 수행할 특정 기능을 알기 위해서 각 기능이 완전히 작동되는 것을 입증하는 검사로, 기능 검사라고도 함

03. 소프트웨어의 시험 중 화이트박스 테스팅의 과정은 무엇이 있는가? (05.4 시행)

답 문장 커버리지, 분기 커버리지, 조건 커버리지, 다중조건 커버리지

04. 테스팅 단계의 순서를 나열하라. (04.5 시행)

답 단위 테스팅 – 통합 테스팅 – 시스템 테스팅 – 인수 테스팅

05. 디버깅(Debugging)이란 무엇인가? (99.10 시행)

답 성공적인 테스팅 결과로 발생하는 것으로 징후로부터 원인을 찾아 수정하는 과정

Chapter 09

01. 형상(Configuration)이란 무엇인지 설명하라.

답 소프트웨어 개발 단계의 각 과정에서 만들어지는 프로그램, 프로그램을 설명하는 문서, 데이터 등을 통칭하는 것

02. 형상 관리(Configuration Management)에 대해 설명하라. (00.3, 02.9 시행)

답 소프트웨어 개발 과정의 변화되는 사항을 관리하는 것

03. 베이스라인(Baseline)에 대하여 설명하라.

답 책임이 있는 관리를 통해 공식적으로 검토 및 동의되었고, 추후 개발의 기초가 되며, 오직 공식적인 변경 통제 절차에 의해서만 변경될 수 있는 상태

04. 형상 통제 위원회(CCB)는 무엇이고 어떤 역할과 책임을 가지는가?

답 형상 항목의 변경을 수락 또는 거절하거나 형상 항목이 통제를 거쳐 변경이 되도록 하는 책임을 가진 그룹으로, 형상 항목의 변경으로 영향을 받는 사람들로 구성된다. 일반적으로 프로젝트 관리자, 형상 담당자, 품질 담당자, 기술 담당자와 고객 측 담당자 등이 참여하여 형상 항목 결정, 베이스라인 수립 여부 결정, 승인된 변경에 대한 책임 및 보증, 베이스라인의 변경 요청이 필요한 경우, 이에 대한 검토 및 승인, 베이스라인 라이브러리에 산출물들의 완성을 승인하는 역할과 책임을 가짐

05. 형상 관리의 관리 대상 항목을 2가지 이상 기술하라. (01.3, 04.3 시행)

답 정의 단계의 문서
개발 단계의 문서와 프로그램
유지보수 단계의 변경사항

06. 형상 관리의 목적을 설명하라.

답 소프트웨어 개발의 전체 비용을 줄이고, 개발 과정의 여러 방해 요인이 최소화되도록 보증하는 데 목적이 있음

07. 형상 제어(Configuration Control)란 형상 관리가 수행하는 여러 기능 중 하나인데, 어떠한 기능인지 설명하라.

답 형상에 대한 변경 요청이 있을 경우, 변경 여부와 변경 활동을 통제하는 것

APPENDIX

F

용어집

영문

- 4+1 View Model: 시스템 개발에 참여하는 이해관계자들의 역할에 따라 적합한 관점(View)을 보여주기 위한 Software Architecture Model로, Usecase View, Process View, Development View, Physical View로 구성됨.
- ACWP(Actual Cost of Work Performed): AC(Actual Cost)라고도 하는 ACWP는 수행한 작업량이 실제 얼마의 비용을 지출하였는지를 나타냄
- BAC(Budget at Completion): BCWS의 합으로 프로젝트 완료 시 계획된 예산을 의미
- BCWP(Budgeted Cost of Work Performed): EV(Earned Value)라고도 하는 BCWP는 수행한 작업량이 계획 시에는 얼마의 비용으로 계획되어 있었는지를 나타내는 것으로, 수행한 작업량이 얼마의 가치로 계획되었는지를 의미함
- BCWS(Budgeted Cost of Work Scheduled): PV(Planned Value)라고도 하는 BCWS는 프로젝트 일정 계획에 따라 분배된 작업량을 완료하는데 소요되는 예산으로 다른 데이터에 대한 베이스라인이 됨
- CMMI(Capability Maturity Model Integration): 통합 역량 성숙도 모델로 SW-CMM 등 여러 CMM을 통합하고 ISO 15504와 호환이 가능하도록 하여 2001년에 발표된 모델
- COCOMO(Constructive Cost Model): Barry Boehm의 경험적 산정 모델
- CPI(Cost Performance Index): BCWP에 ACWP를 나눈 값으로, CPI가 1보다 작으면 비용이 초과되었음을 의미
- CSI(Cost Schedule Index): SPI와 CPI를 곱한값으로, 1.0에서 멀어질수록 프로젝트 성공에서 멀어짐을 의미
- CV(Cost Variance): '수행한 작업량의 계획된 비용'에서 '수행한 작업량의 실제 비용'을 뺀 값을 의미
- EAC(Estimate at Completion): ACWP에 남은 작업량에 대한 예측된 비용이 더해진 값으로 현 시점의 수행한 작업량에 대한 실제 비용을 통해 예측되는 프로젝트 완료 시점의 비용을 의미
- EV(Earned Value): 완료된 작업의 가치를 비용으로 표현한 것
- EVM(Earned Value Management): 프로젝트의 일정 상태, 비용 상태 그리고 완료된 작업량을 비용화하여 계획 대비 실적을 비교 및 평가함으로써 프로젝트의 성과와 진행률을 정량적으로 관리하는 것
- ISO 12007: 소프트웨어 개발을 위한 일관적이고 체계적인 구조(framework)를 제공하기 위하여 제정된 소프트웨어 생명주기 공정 표준
- LOC(Lines Of Code): 프로그램의 소스 코드 라인 수. 프로그램의 크기를 나타낼 때 사용
- PMBOK(Project Management Body of Knowledge): 프로젝트 관리 전문 분야에 대한 관련 내용을 담은 지식 체계

- SPI(Schedule Performance Index): BCWP에 BCWS를 나눈 값으로, SPI가 1보다 작으면 일정이 지연되었음을 의미
- SV(Schedule Variance): '수행한 작업량의 계획된 비용'에서 '계획된 작업량의 계획된 비용'을 뺀 값을 의미
- SW-CMM(Software Capability Maturity Model): 소프트웨어 역량 성숙도 모델. 소프트웨어 개발 조직의 성숙도를 점진적으로 개선하기 위한 모델
- Swim Lane: 가로축은 한 사람 혹은 여러 사람이 담당하는 역할을 나타내고 세로축은 작업의 순서를 나타낸 프로세스 플로우 다이어그램의 한 종류
- UML(Unified Modeling Language): 객체 관련 표준화 기구인 OMG에서 1997년 11월 객체 모델링 기술, OOSE 방법론 등을 연합하여 만든 통합 모델링 언어
- UP(Unified Process): Jacobson, Booch, Rumbaugh에 의해 1999년에 개발된 개발 방법론. 소프트웨어 개발이 여러 번의 반복(Iteration)을 거치며 수행됨
- VAC(Variance at Completion): BAC와 EAC의 차로 값이 도출되는 값으로, VAC의 값이 마이너스이면 전체 작업 완료 시 계획보다 비용이 초과됨을 예측할 수 있고 플러스이면 전체 작업 완료 시 계획보다 비용이 남음을 예측할 수 있음
- WBS(Work Breakdown Structure): 작업 분류 체계. 프로젝트를 완료하기 위해 수행되어야 할 모든 작업 혹은 활동을 정의하는 작업
- XP(eXtreme Programming): 1990년대 초 Kent Beck에 의해 고안된 개발 방법론. 기존의 방법과는 달리 요구사항의 변경으로 인한 비용이 개발 기간에 상관없이 일정하게 유지되도록 하는 것이 주목적

ㄱ

- 간트 차트(Gantt Chart): 일정, 예산 및 자원 계획 등을 목적으로 사용될 수 있는 프로젝트 제어 기법. 바 차트, 막대 차트로도 불림
- 개발 프로젝트 기능점수(DFP: Development Project Function Point): 프로젝트가 신규로 시작되는 시점부터 유지보수가 시작되기 전까지의 최초의 기능의 크기를 산정하는 것
- 개선 프로젝트 기능점수(EFP: Enhancement Project Function Point): 신규 프로젝트가 완료된 후에 이루어지는 개선 프로젝트들에 대한 기능의 크기를 산정하는 것
- 객체(Object): 특성(Attribute)과 행위(Behavior)를 가지고 있는 개체(Entity)로, 다른 객체와 구별할 수 있는 정체성(Identity)을 가짐
- 검증(Verification): 소프트웨어가 고객이 의도한 요구사항에 따라 구현되었음을 보장하는 활동
- 결함(Defect): S/W 개발 산출물 (소스코드, 요구사항문서, 설계문서 등)에서 잘못된 사항들을 나타내는 것으로, 에러가 원인이 되어 제품에 포함된 결함

- 기능적 요구사항(Functional Requirement): 수행될 기능과 관련되어 입력과 출력 및 그들 사이의 처리 과정이나 목표로 하는 제품의 구현을 위해 소프트웨어가 가져야 하는 기능적 속성
- 기능점수(Function Point): 소프트웨어를 구성하는 기능의 크기를 통해 소프트웨어의 규모를 나타내는 것

ㄴ

- 내부논리파일(ILF: Internal Logical Files): 측정 대상 어플리케이션 내부에서 유지되며, 사용자가 요구한 기능을 수행하기 위해 읽히거나 참조되는 데이터 그룹의 모음
- 나선형 모델(Spiral Model): 프로젝트 수행 시 발생하는 리스크를 관리하고 최소화하기 위해 폭포수 모델과 원형 모델의 장점에 리스크 분석을 추가한 모델

ㄷ

- 다형성(Polymorphism): 하나의 인터페이스를 통해서 서로 다른 구현을 제공하는 것
- 단계적 분해(Stepwise Refinement): 문제를 상위 개념부터 더 구체적인 단계로 분할하는 하향식 기법의 원리
- 단위 테스팅(Unit Testing): 구현 단계에서 각 모듈이 완성되었을 경우 개별적인 모듈을 테스팅 하는 것. 개발자가 테스팅의 주체가 됨
- 데이터요소유형(DET: Data Element Type): RET(Record Element Type)에 존재하는 것으로, RET를 구성하는 개별 데이터
- 델파이(Delphi) 기법: 전문가의 직관을 객관화하는 산정 방법. 내용이 아직 알려지지 않거나 일정한 합의점에 달하지 못한 내용을 산정해야 할 때 사용
- 동료 검토(Peer Review): 개발 동료들이 검출된 결함의 개선을 위해 정의되어진 순서를 따르는 소프트웨어 작업 산출물(Software work product)을 검토하는 작업
- 디버깅(Debugging): 테스트 등을 통해 발견된 결함을 제거하는 작업

ㄹ

- 레코드요소유형(RET: Record Element Type): 하나의 정보를 구성하는 데이터베이스의 테이블과 같은 관련데이터의 그룹

ㅁ

- 미조정 기능점수(UFP: Unadjusted Function Point): 소프트웨어 산정을 데이터 기능과 트랜잭션 기능의 크기와 같이 기능적인 관점에서 계산한 것

ㅂ

- 발주자(Acquirer): 소프트웨어 개발을 의뢰하는 조직이나 개인
- 베이스라인(Baseline): 책임이 있는 관리를 통해 공식적으로 검토 및 동의되었고, 추후 개발의 기초가 되며, 오직 공식적인 변경 통제 절차에 의해서만 변경될 수 있는 상태
- 블랙박스 테스팅(Black-Box Testing): 소스코드를 직접 참조하지 않고 요구사항 명세서나 설계서를 참조하는 테스팅 기술
- 비기능적 요구사항(Non-functional Requirement): 제품의 품질 기준 등을 만족시키기 위해 소프트웨어가 가져야 하는 행위적 특성

ㅅ

- 산정(Estimation): 프로젝트 수행에 필요한 규모(Size), 공수(Effect), 비용(Cost) 등을 정량적으로 예측하는 것
- 상속(Inheritance): 다른 클래스의 속성을 물려 받아 다시 사용하는 방법
- 상위 설계(High-Level Design): 시스템 수준에서의 소프트웨어 아키텍처에 대한 설계
- 설계(Design): 시스템이나 컴포넌트의 구조, 구성 요소, 인터페이스 그리고 다른 특징들을 정의하는 프로세스
- 소프트웨어(Software): 하고자 하는 기능이나 성능을 실행하기 위한 명령어(컴퓨터 프로그램), 정보를 적합하게 가공하여 프로그램을 구동시키는 자료구조이며 프로그램의 사용과 동작을 설명한 문서
- 소프트웨어 개발 생명주기(Software Development Life Cycle): 소프트웨어를 어떻게 개발할 것인가에 대한 추상적 표현으로 순차적 또는 병렬적인 단계의 구성
- 소프트웨어 공학(Software Engineering): 소프트웨어 생산의 모든 측면과 관련된 공학 분야
- 소프트웨어 프로세스(Software Process): 소프트웨어의 생산 및 진화에 사용되는 활동, 방법 및 실무 활동들의 집합. 인력, 절차, 방법, 장치 및 도구들이 원하는 산출물을 생산할 수 있도록 통합하는 수단
- 수주자(Supplier): 소프트웨어 개발 의뢰를 받은 조직이나 개인. 공급자라고도 함
- 스텁(Stub): 테스트 대상인 모듈에 의해 호출당하는 더미 프로그램
- 시스템 소프트웨어(System Software): 사용자가 컴퓨터를 원활히 사용할 수 있도록 도와주며 하드웨어를 관리하고 성능을 측정할 수 있는 소프트웨어
- 시스템 테스팅(System Testing): 모듈이 모두 통합된 후, 사용자의 요구사항이 만족되었는지 검사하는 테스팅
- 시퀀스 다이어그램(Sequence Diagram): 객체들 사이에서 시간에 따라 발생하는 상호 작용(Interaction)을 보여주는 다이어그램
- 실패(Failure): 제품의 결함(Defect)이 있는 부분이 실행될 때 발생되는 현상

ㅇ

- 아키텍처(Architecture): 시스템의 주요 기능 또는 서비스를 제공하는 아키텍처 구성 요소와 이 구성 요소들 간의 관계, 그리고 시스템의 기능, 속성 및 제약 사항 등을 적절히 반영하는 구조가 서로 조직화되어 목표 시스템의 전체적인 형태를 표현한 것
- 어플리케이션 경계: 측정 대상 어플리케이션과 다른 어플리케이션 및 사용자 사이의 경계
- 어플리케이션 기능점수(AFP: Application Function Point): 시스템이 제공하는 현재 기능의 크기를 측정하는 것으로, 신규 개발된 기능의 크기와 개선된 기능 크기를 통합하여 계산
- 에러(Error): 결함(Defect)의 원인이 되는 것으로, 사람(S/W 개발자, 분석가 등)에 의하여 생성된 실수가 주를 이룸
- 외부연계파일(EIF: External Interface Files): 측정 대상 어플리케이션 외부에서 유지되며, 사용자가 요구한 기능을 수행하기 위해 읽히거나 참조되는 데이터 그룹의 모음
- 외부입력(EI: External Input): 어플리케이션 경계 외부의 사용자 또는 다른 어플리케이션으로부터 들어오는 데이터나 제어 정보를 이용하여 사용자의 요구를 처리하는 기능
- 외부조회(EQ: External inQuery): 데이터나 제어 정보를 어플리케이션 경계 외부의 사용자 또는 다른 어플리케이션으로 내보낸다는 점에서 EO와 같으나, 사용자가 요청한 기능을 수행하기 위해, 회원의 평균 나이를 계산하는 과정과 같은 처리 로직을 포함하지 않으며, 파생 데이터 또한 발생하지 않는 특징이 있음
- 외부출력(EO: External Output): 데이터나 제어 정보를 어플리케이션 경계 외부의 사용자 또는 다른 어플리케이션으로 내보내어 사용자의 요구를 처리하는 기능
- 요구사항(Requirement): 문제의 해결 또는 목적 달성을 위하여 고객에 의해 요구되거나, 표준이나 명세 등을 만족하기 위하여 시스템이 가져야 하는 서비스 또는 제약 사항
- 요구사항 명세서(Software Requirement Specification): 분석된 요구사항을 명확하고 완전하게 기록하는 것으로, 소프트웨어 시스템이 수행하여야 할 모든 기능과 시스템에 관련된 구현상의 제약 사항 및 개발자와 사용자가 합의한 성능에 관한 사항 등을 명세한 문서
- 원형 모델(Prototyping Model): 고객의 요구사항으로부터 원형을 개발하고, 평가하여 점진적으로 시스템을 개발해 나가는 모델
- 리스크(Risk): 프로젝트에서 리스크란 일정, 비용, 범위, 품질과 같은 프로젝트 목적들 중 적어도 하나의 목적에 나쁜 영향을 끼칠지도 모르는 이벤트 혹은 상태
- 리스크 관리(Risk Management): 프로젝트의 리스크 요소들을 인식하고 그 영향을 분석, 관리하는 활동
- 유스케이스 다이어그램(Usecase Diagram): 시스템이 어떻게 사용될지에 대해 UML의 표준화된 규칙에 따라 표현한 다이어그램
- 응용 소프트웨어(Application Software): 사용자가 원하는 목적에 맞도록 개발된 소프트웨어

- 인수 테스팅(Acceptance Testing): 시스템이 사용자에게 인수되기 전, 사용자에 의해 실시되는 테스팅

ㅈ

- 정보 은닉(Information hiding): 설계된 각 모듈의 자세한 내용에 대해서는 보이지 않고, 잘 정의된 인터페이스를 통해서만 메시지를 전달할 수 있도록 하는 개념
- 정형기법Formal Method): 수식이나 기호를 사용하여 시스템을 정형화함으로써 보다 체계적으로 시스템의 전체 범위를 검증 할 수 있는 방법
- 조정기능점수(AFP: Adjusted Function Point): 미조정 기능점수에 조정 인자를 반영한 기능점수
- 조정 인자(VAF: Value Adjustment Factor): 소프트웨어 산정 시 기능 외에 영향을 받는 다른 요인들. 소프트웨어 산정에 영향을 미치는 14개의 요인들을 일반 시스템 특성(GSC: General System Characteristics)이라고 하고, 이들을 산정에 반영함
- 주먹구구식 개발 모델(Build-Fix Model): 요구사항 분석이나 설계 단계 없이 일단 개발에 들어가고 만족할 때까지 수정 작업을 하는 방식

ㅊ

- 참조파일유형(FTR: File Type Referenced): 사용자가 요청한 기능을 처리하는데 필요한 ILF나 EIF들
- 추상화(Abstraction): 세부적인 하나하나를 잊고 그것을 포괄할 수 있는 상위 개념부터 차례로 자세히 분류함으로써 구체화시켜 나가는 방법
- 측정 범위: 기능점수를 측정하는 대상이 되는 범위로, 하나 이상의 어플리케이션이 포함될 수 있음

ㅋ

- 캡슐화(Encapsulation): 소프트웨어 모듈인 객체의 내부에 가진 상세한 정보와 처리 방식을 외부로부터 감추는 것
- 코딩 스타일(Coding Style): 프로그램의 논리 혹은 알고리즘, 소스 코드 내 문장의 배치 등 개발자마다 다른 구현방식
- 코딩 표준(Coding Standard): 개발자들이 따르도록 정해놓은 표준화된 코딩 스타일
- 클래스 다이어그램(Class Diagram): 시스템들의 정적인 구조를 표현한 다이어그램

ㅌ

- 테스트 드라이버(Test Driver): 테스트 대상인 모듈을 호출하는 더미 프로그램
- 테스트 케이스(Test Case): 테스팅 대상에 대한 입력값과 예상 출력값의 기록을 통해 효과적으로 테스팅을 수행하도록 하는 테스팅 예제
- 테스팅(Testing): 특정한 조건 하에서 시스템 또는 컴포넌트를 실행하고, 그 결과를 관찰/기록하며, 시스템 또는 컴포넌트의 일부 측면을 평가하는 프로세스
- 통합 테스팅(Integration Testing): 모듈을 통합한 단계에서 모듈 간의 인터페이스를 검사하는 테스팅

ㅍ

- 퍼트 차트(PERT Chart): 프로젝트를 구성하는 여러 작업 사이의 관계 및 흐름을 그래픽으로 표현한 것
- 폭포수 모델(Waterfall Model): 소프트웨어 개발의 전 과정을 요구사항 분석, 설계, 코딩, 테스팅, 유지보수로 나누어 체계적이고 순차적으로 접근하는 모델
- 프로세스(Process): 주어진 목적을 위해 수행되는 일련의 절차. 또는 그 절차가 완전히 정해진 상태
- 프로젝트(Project): 유일한 제품이나 서비스를 만들기 위해 수행되어야 할 일시적인 행동
- 프로젝트 관리(Project Management): 프로젝트의 요구사항을 만족시키기 위해 지식, 기술, 툴 및 기법을 프로젝트 활동에 적용하는 것

ㅎ

- 하위 설계(Low-Level Design): 아키텍처 설계에 나타난 구성 요소들에 대한 설계
- 화이트박스 테스팅(White-Box Testing): 프로그램 내부 구조의 타당성 여부를 시험하기 위해, 소스 코드를 직접 참조하면서 수행하는 테스팅 기술
- 확인(Validation): 소프트웨어가 정확한 요구사항에 부합되어 구현되었음을 보장하는 활동
- 형상 감사(Configuration Audit): 형상 관리 활동이 형상 관리 프로젝트 또는 형상 관리 계획서에 따라 수행되는지 확인하여 베이스라인의 무결성을 검증하는 활동
- 형상 관리(Configuration Management): 형상 항목을 식별하여 그 기능적 물리적 특성을 문서화하고, 그러한 특성에 대한 변경을 제어하고, 변경 처리 상태를 기록 및 보고하고, 명시된 요구사항에 부합하는지 확인하는 기술적이고 관리적인 감독, 감시 활동
- 형상 상태 보고(Configuration Status Accounting): 베이스라인으로 설정된 형상 항목의 구조와 변경 상태를 기록하여 보고함으로써, 형상 항목의 개발 상태에 대한 가시성을 제공하는 활동

- 형상 식별(Configuration Identification): 형상 관리의 대상을 식별하고 베이스라인의 기준을 정하는 활동
- 형상 제어(Configuration Control): 고객의 요구사항 변경을 수용할 것인지 평가하고 관련자들이 모여 결정하는 활동
- 형상 통제 위원회(CCB: Configuration Control Board): 형상 항목의 변경을 수락 또는 거절하거나 형상 항목이 통제를 거쳐 변경이 되도록 하는 책임을 가진 그룹

찾아보기

정가 25,000원

소프트웨어 공학의 소개 2판

2017년 2월 17일 초판 인쇄
2017년 2월 24일 초판 발행
지 자 : 한혁수
발행자 : 우명찬 · 송 준
발행처 : 홍릉과학출판사
주 소 : 서울시 강북구 인수동 455-60
01093
등 록 : 1976년 10월 21일 제5-66호
전 화 : (02) 999-2274~5, 903-7037
팩 스 : (02) 905-6729
e-mail: hongpub@hongpub.co.kr
http://www.hongpub.co.kr
ISBN: 979-11-5600-504-9

저자와의 협의하에 인지생략